Anonymous

Schicks humoristische Bibliothek

Das Konzert in Rübental

Anonymous

Schicks humoristische Bibliothek
Das Konzert in Rübental

ISBN/EAN: 9783744601290

Hergestellt in Europa, USA, Kanada, Australien, Japan

Cover: Foto ©Thomas Meinert / pixelio.de

Weitere Bücher finden Sie auf **www.hansebooks.com**

Humoresken und Gedichte

von

Friedrich Gerstäcker, Dietzsch-Hoff, und Anderen.

Chicago.
Verlag von L. Schick.

Das Konzert in Rübenthal.

I. Der Petersburger.

In dem kleinen Landstädtchen Rübenthal lebte, und lebt heute noch, ein sehr dicker Mann, Namens Friedrich Kunst. Seine ganz außergewöhnliche Korpulenz gibt der Vermuthung Raum: daß der Mann Bäcker, Metzger, Bierbrauer oder Gemeinderath sein müsse, und in der That, Herr Friedrich Kunst ist Bäcker und Gemeinderath in einer Person, welche Doppelstellung durch sein körperliches Wohlbefinden eine natürliche Erklärung erhält. Der körperliche Umfang des würdigen Mannes war stets ein Gegenstand des Neides und der Bewunderung seines Nachbarn, des Schneiders Staube, und dieser nahm ihm nie das Maaß zu einer Weste, ohne bewundernd seine Hände zu falten, und einen wehmüthigen Blick auf die Stelle zu werfen, die bei ihm selbst einen Bauch vorzustellen sich unterfing.

Mit Herrn Kunst's Kopf ist die Natur minder verschwenderisch umgegangen, und wenn dieser Kopf auf einem gewöhnlichen Körper auch ein ganz anständiger Kopf gewesen wäre, so schien er auf dem riesigen Rumpfe des Herrn Kunst doch nur wie ein deutsches Tüpflein auf einem lateinischen I.

Der Kopf war deßhalb auch seine schwächste Partie, und wenn Herr Kunst ein Mann von Gewicht war, (er wog reichlich 2½ Zollzentner) so war sein Kopf nicht schuld daran, und daß er als Gemeinderath seinen Platz ausfüllte, verdankte er einem ganz andern Körpertheile, für den der breiteste Lehnsessel des Rathszimmers kaum breit genug war. Dieser Kopf war mit einer lehmfarbigen Perrücke geziert, die — wie die meisten Perrücken — ihr Dasein dem Umstande verdankte, daß das Haupt ihres Besitzers, entweder in Folge tiefen Nachdenkens, oder, in unserem Falle vielleicht, durch die Hitze des Backofens seines natürlichen Schmuckes entkleidet war. Die Enthüllung dieses Geheimnisses verdankte die Welt einem Schusterjungen, der, wißbegierig wie alle Schusterjungen, an einem schönen Morgen sich in den Anblick einer großen vor dem Ladenfenster liegenden Bretzel vertieft, und bei dieser Gelegenheit durch das Fenster hindurch Herrn Kunst beobachtet hat, wie er, seiner Perrücke entledigt, vor dem Spiegel stand, und sich damit beschäftigte, seinem kahlen Schädel mittelst eines seidenen Taschentuches einen möglichst hohen Grad von Politur zu verleihen. Der junge Naturforscher hat nachmals in Freundeskreisen versichert, Herr Kunst besitze auf seinem Haupte nicht mehr Haare als ein recht sauber gewaschener Porzellanteller.

Herr Kunst hatte natürlich von der Verrätherei des Schusterjungen keine Ahnung, und würde die Behauptung, er habe eine „falsche Behauptung" stets als falsche Behauptung mit Entrüstung zurückgewiesen haben, weßhalb er auch, um die Gesellschaft über diesen Punkt vollständig zu beruhigen, sich die Redensart angewöhnt hatte: „Da möchte man sich ja alle Haare ausreißen", was allerdings bei ihm mit einem einzigen Griffe und schmerzlos möglich war.

Wenn nun aber auch zugegeben werden muß, daß dieser Umstand einen entschiedenen Mangel am Haupte des Herrn Kunst bildete, so wurde der Beschauer doch reichlich dadurch entschädigt, daß dasselbe an seiner vordern Fläche mit einem Gesicht geziert war, welches an Ausdruck selbst den Mond in seiner vollsten Fülle übertraf. Man mußte fast bedauern, daß die schöne Einheit dieses vollendet abgerundeten Antlitzes da

durch an künstlerischer Ruhe verlor, daß sie an den gewöhnlichen
Stellen durch eine Nase, zwei Augen und einen Mund unter=
brochen war; allein da diese Organe nur bei näherer Betrach=
tung als dunkle Punkte in den Gefilden der Wangen auftauch=
ten, störten sie den Totaleindruck weniger als man hätte er=
warten sollen.

Daß Herr Kunst bei allen diesen ausgezeichneten Eigen=
schaften eine wahre Zierde des Rübenthaler Gemeinderaths
war, wird keines weitern Beweises bedürfen, und in der
That wurde in dieser ausgezeichneten Versammlung kein wich=
tiger Beschluß gefaßt, ohne daß Herr Kunst dabei gesessen
wäre, ja es soll sogar schon vorgekommen sein, daß er sich nicht
wie ein gewöhnlicher Abgeordneter mit seinem einfachen Ja=
Votum begnügt, sondern es sogar versucht habe, über den Fall
nachzudenken und sein Votum zu begründen, was aber jedesmal
sehr angreifend für ihn gewesen sein soll. In Anbetracht der
gewichtigen Leibesbeschaffenheit des Herrn Kunst war ihm durch
Gemeinderathsbeschluß gestattet worden, sein Ja=Votum nicht
wie üblich durch Aufstehen, sondern durch Sitzenbleiben abzu=
geben, und diesem glücklichen Umstande ist es zu danken, daß in
den Gemeinderathssitzungen auch noch nicht ein einziger Antrag
gestellt worden ist, der sich nicht der Zustimmung des Herrn
Kunst zu erfreuen gehabt hätte. Herr Kunst liebte es aber
nicht, sich „Herr Gemeinderath“ tituliren zu lassen, seine Be=
scheidenheit begnügte sich mit einem „Herrn Rath“ kurzweg,
wobei er es der Phantasie des Publikums überließ, sich unter
dem Herrn Rath einen Geheimen= einen Finanz= oder einen
Kommerzien=Rath zu denken.

Was aber diesen hier beschriebenen hervorragenden Eigen=
schaften erst die rechte Weihe gab, war — wie schon sein Name
vermuthen ließ — seine ganz außerordentliche Liebe für Kunst,
und nicht nur seine Liebe für den Kunst, d. h. für sich selbst,
sondern auch seine Liebe für die Kunst, und namentlich für
Musik, für die er ein ganz besonders feines Verständniß ent=

wickelte. Diese künstlerische Richtung hatte er seinen großen
Reisen zu verdanken.

Bevor er nämlich sich zu seiner jetzigen Höhe aufge=
schwungen, hatte er das Schicksal gewöhnlicher Bäckergesellen
theilen müssen, nämlich auf die Wanderschaft zu gehen, was
ihm bei seiner schon früh entwickelten Konstitution recht schwer
geworden; denn er konnte nicht wie die heutigen Handwerks=
burschen seine Fußreisen per Eisenbahn machen, sondern er
mußte wirklich zu Fuß marschiren, weil es damals noch keine
Eisenbahn gab. Wahrscheinlich in einer ahnungsvollen Sym=
pathie mit der fetten Eskimonatur, hatte er seine Schritte gen
Norden gelenkt, und hatte sich im Verlauf einiger Jahre glücklich
bis in die große Stadt Petersburg hineingefochten und hinein=
gebacken, um daselbst in bisher ungeahnte Tiefen des Bäcker=
fachs zu bringen.

Da er bei dieser mehrjährigen Wanderung, wie Bäckers=
gesellen zu thun pflegen, die Nächte hindurch Teig geknetet und
Brod gebacken, und die Tage hindurch geschlafen hat, so hat er
natürlich reichliche Gelegenheit gehabt, sich eine Menge schäz=
barer Lebenserfahrungen zu sammeln, die er alle als künftiger
Gemeinderath, zum Heile seiner Rübenthaler Mitbürger, zu
verwerthen beschloß. Gemeinderath in Rübenthal zu werden
war überhaupt sein Ehrgeiz, das Ziel seines Lebens, weßhalb
auch in Petersburg sein umfassender Geist sich nicht mit dem
Fachstudium begnügte, nein, er begann sofort die verschieden=
artigsten und merkwürdigsten Beobachtungen zu machen, und
zwar nach einer eigenen selbst erfundenen Methode, vermöge
deren er stets zu andern Resultaten gelangte als alle Menschen
vor und nach ihm. In einem seiner Briefe, der noch jetzt im
Archiv Rübenthals aufbewahrt wird, legte er den wichtigsten
Theil seiner Beobachtungen nieder, zum Beispiel: daß bei
Petersburg der Rhein Newa heiße und fast so breit sei als
bei Mainz; daß an seinen Ufern sehr schöne Häuser stünden,
die man „Docks" nenne; daß die Kosaken sich vorzugsweise von

Unschlittlichtern ernährten, weßhalb sie so viel Schnaps trinken müssen; daß die Petersburger solche Sprachgenies wären, daß sogar kleine Kinder schon russisch sprechen können, und andere merkwürdige Beobachtungen mehr.

Diese große Reise in die nordische Hauptstadt unternom= men, zu einer Zeit, wo das Reisen noch nicht so bequem war als jetzt, und wo ein Mann, der 12 Stunden über seinen Ge= burtsort hinausgekommen, für eine Autorität angesehen wurde, war die Ursache, daß die guten Rübenthaler zu ihres Mitbür= gers und ihrer eigenen Ehre demselben den Beinamen „der Petersburger" ertheilten, ein Beinamen, den dieser mit der in= nigsten Befriedigung führte und auf den er so stolz war, als wohl jemals ein Herrscher auf den Beinamen „des Großen". An langen Winterabenden pflegte sich der „Petersburger" in seinen breiten Sessel niederzulassen und wenigen auserwählten Freunden von Petersburg zu erzählen, womit er den ganzen Winter ausreichte, da er der Gewohnheit huldigte, Alles zwei= mal zu wiederholen, was er schon dreimal gesagt hatte.

Den Glanzpunkt aller seiner Erzählungen aber bildeten die großen Opernvorstellungen, denen er im Auftrage seines Meisters beiwohnen mußte, um bei dem Publikum der 4. Gal= lerie in den Zwischenakten Bretzeln und Aepfelkrapfen zu ver= kaufen, und so sehr war seine Aufmerksamkeit während der Vor= stellung gespannt, daß er in der Regel mit Genauigkeit anzu= geben mußte, wie viele Lichter an dem Kronleuchter gebrannt, und wie viele Bretzeln er verkauft habe. Hier legte er den Grund zu seiner musikalischen Bedeutung, und da die Akustik auf den Höhen der 4. Gallerie etwas eigenthümlicher Natur war, so daß die Töne des Orchesters sich gewöhnlich überpur= zelten und die Accorde nicht immer in der richtigen Reihenfolge in das Ohr der Zuhörer des Paradieses gelangten, so erhielt dadurch die musikalische Geschmacksrichtung des Herrn Kunst eine originelle Färbung, die ihm ganz besonders zum Ruhme gereichte.

So viel steht fest, daß der Petersburger in Rübenthal für
den Inbegriff aller musikalischen Intelligenz galt, und daß er
diesen Ruhm weit eifriger bewachte, als selbst denjenigen seiner
Bäckerwaaren, obgleich ihm auch dieser aus finanziellen Rücksichten nicht ganz gleichgültig war. Er hatte darin eine auf-
fallende Aehnlichkeit mit Friedrich dem Großen, der bekanntlich
auf sein Flötenspiel auch stolzer war, als auf seine gewonnenen
Schlachten. In Rübenthal war er der Kunstmäcen, und wo
ein Künstler sich auftreiben ließ, so machte sich der „Petersburger" an ihn und veranlaßte ihn, den Rübenthalern Proben
seiner Kunstfertigkeit abzulegen. Allerdings, Künstler ersten
Ranges verirrten sich sehr selten nach Rübenthal, und es waren
meist Drehorgeln, welche die Rübenthaler Jahrmärkte mit ihren
Kunstleistungen verherrlichten; Herr Kunst schätzte aber auch
die Drehorgelkünstler ganz besonders hoch, ihrer ungewöhnlichen Taktfestigkeit und ihres meist klassischen Repertoirs
wegen.

II.

Die „blaue Donau" und ihre Folgen!

Unter andern vortrefflichen Eigenschaften hatte Herr Kunst
auch ein hübsches Töchterlein. Das heißt Karoline war eigentlich nicht seine Tochter, sondern seine Nichte, die er, als ihr
Vater, ein armer Subalternbeamter, gestorben war, zu sich genommen hatte, um sich von ihr die Zeit vertreiben zu lassen,
von welchem Artikel er einen solchen Ueberfluß besaß, daß er
oft gar nicht wußte was er damit anfangen solle. Herr Kunst
war niemals verheirathet und deßhalb auch kinderlos, was bei
unverheiratheten Männern sehr häufig der Fall zu sein pflegt.
Er war auch im Grunde ganz leiblich mit diesem Zustande zufrieden, denn er hatte einst in einer vertrauten Stunde gestanden, daß er noch niemals ein menschliches Wesen getroffen —
nicht einmal in Petersburg — das er für völlig würdig gehalten, ihn Gatte oder gar Vater zu nennen.

Herr Kunst liebte sich selbst ganz außerordentlich, und er

hatte so sehr seinen ganzen Vorrath von Liebe für sich in An=
spruch genommen, daß er für eine andere Person mit dem besten
Willen nichts mehr an Liebe erübrigen konnte. Wenn es deß=
halb auch keine eigentliche Liebe sein konnte, welche er für sein
Pflegekind, die niebliche, blonde Karoline fühlte, so war es doch
eine schwache Abart von Liebe, die sogar eine wärmere Färbung
erhielt, als er die Entdeckung machte, daß seine Nichte ein mu=
sikalisches Genie sei.

Die Folge dieser Entdeckung war ein merkwürdiges Er=
eigniß, welches ganz Rübenthal in Aufregung versetzte. Herr
Kunst kaufte nämlich in der benachbarten Residenz ein Klavier,
und ließ seiner Nichte von dem Rübenthaler Schullehrer Musik=
unterricht geben, wofür der Herr Lehrer die Berechtigung er=
hielt, als Honorar sein Frühstückbrob unentgeltlich aus dem
Bäckerladen zu beziehen. Ein Bäckermeister ein Kla=
vier! Kein Wunder, daß ganz Rübenthal in Aufregung ge=
rieth, denn so etwas Ungeheuerliches war noch nicht vorgekom=
men, seitdem Rübenthal existirte, und es existirte schon lange,
denn die Fama sagt, es sei von den Römern gegründet worden,
was auch ganz unzweifelhaft ist, da das einzige Wirthshaus in
Rübenthal den römischen Kaiser im Schilde führt.

Und zwar war dieses Klavier kein gewöhnliches Klavier,
sondern ein sogenanntes Fortepiano mit 2 Pedalen, auf denen
man Forte und Piano treten konnte, das einzige musikalische
Instrument in ganz Rübenthal, ausgenommen das Horn des
Nachtwächters, der zugleich Kuhhirt war, und der Geige des
Schulmeisters. Diese Geige konnte aber wegen gänzlichen
Mangels an Saiten kaum mehr ein musikalisches Instrument
genannt werden, denn, wenn der Herr Lehrer auch einmal aus=
nahmsweise in die glückliche Lage kam, seine Fonds in Därmen
anzulegen, so hielt er es doch für ersprießlicher statt Darmsaiten
sich Därme in Form von Knoblauchwürsten anzuschaffen, von
denen er behauptete, daß sie nahrhafter seien, und dabei doch
auch nicht ganz unmusikalisch.

Nach Verlauf eines Jahres hatte die Schülerin ihren Lehrer übertroffen, der Schulmeister wurde zu seinem großen Leidwesen entlassen, denn er wurde dadurch bezüglich seines Frühstückes wieder auf die frühere schmale Ration gesetzt, in deren Folge er auch bald wieder seine budgetmäßige Magerkeit erreichte. Herr Kunst hatte nun seine eigene Hauskapelle, und konnte jeden Abend, in seinem ledernen Sorgenstuhle sitzend, sich durch seine Nichte mit Walzer und Polkas in den Schlaf spielen lassen. Der Anfang seines Schnarchens war jeweils das Ende des Konzertes.

Eines Nachmittags nun schlenderte ein sehr anständig ge=kleideter junger Mann durch die Straßen des Städtchens. Er war offenbar ein Fremder, denn er wandelte ganz behaglich und langsam, schaute an den Häusern hinauf, als hätte er noch nie=mals etwas so Merkwürdiges gesehen und fuchtelte mit seinem Spazierstöckchen in der Luft herum. Plötzlich blieb der Fremde stehen und lauschte, denn die Töne eines Pianos erreichten sein Ohr. Er lächelte. „Hat auch in diesem Neste die edle Mu=sika ihren Tempel aufgeschlagen?“ murmelte er. „Oho! dort aus dem Bäckerhause? Dies Wunder muß ich doch näher untersuchen.“ Der Fremde trat in den Bäckerladen. Auf den schrillen Klang der Thürglocke schwieg plötzlich die Musik und Karoline erschien hinter dem Ladentische. Der junge Mann schien verblüfft, denn eine so gar liebliche Erscheinung hatte er an diesem Platze offenbar nicht erwartet. Er machte unwill=kürlich eine achtungsvolle Verbeugung. Aber auch das Mäd=chen war betroffen, denn ein junger eleganter Mann mit schwar=zen Haaren, einem fein geschnittenen bleichen Gesichte, das ein kleiner Schnurrbart zierte, und dunklen Augen, das war ein seltener Gast in dem Bäckerladen, und als die sanften blauen Augen Karolinens mit dem Feuerblicke des Fremden zusammen=trafen, da erröthete sie bis an die Stirne hinauf, und kaum konnte sie ein freundliches: „Was ist gefällig?“ stammeln. „Ein Groschenbrödchen“, sagte der Fremde lächelnd. Das

Bröbchen wurde gegeben und bezahlt, nochmals ein bewundern=
der Blick, eine Verbeugung, und der Fremde war fort. Am
Abend dieses Tages spielte Karolinchen den Sehnsuchtswalzer,
so daß Herr Rath Kunst in seinem Lehnstuhl brummte: „Dum=
mes Zeug! Da möchte man sich alle Haare ausreißen. Spiele
etwas Lustiges, einen Hopfer.“ Dem Mädchen war es aber
nicht hopferig zu Muthe; sie schloß das Klavier und schaute in
die stille Mondnacht hinaus.

Am andern Morgen kam der Fremde wieder und kaufte sich
sein Groschenbröbchen, und auch am Mittag und am Abend,
und so Tag für Tag. Es war offenbar, der arme junge Mann
war krank und mußte eine Semmelkur gebrauchen. Ein so
ungewöhnlicher und beharrlicher Vertilger seiner Kunsterzeug=
nisse konnte von Herrn Kunst nicht lange unbemerkt bleiben,
und eines Nachmittags, als der Fremde auf den Laden zu=
steuerte, befahl der Bäckermeister seiner Nichte, sich an das
Klavier zu setzen und die „blaue Donau“ loszulassen, er wolle
den Musje diesmal selbst bedienen. Der junge Mann schien
von dem Wechsel hinter dem Ladentische keineswegs erbaut,
denn er verlangte ziemlich kurz sein Groschenbröbchen, und
wollte sich eben mit demselben entfernen, als Herr Kunst ihn
über den Ladentisch hinüber am Rockknopf faßte, und mit dem
Daumen rückwärts über die Schulter nach dem Nebenzimmer
deutend sagte: „Aber Hä! Die blaue Donau! Teufels=
mäbel! Da möchte man sich ja alle Haare ausreißen!“

„Ausgezeichnet! sagte der junge Mann lachend. „Ihre
Tochter?“

„Tochter? Nein, nur meine Nichte. Auch musikalisch?
He?“

„So, so! Violine,“ erwiderte der Fremde, die lakonische
Kürze des würdigen Herrn nachahmend. Wenn Herr Kunst
imponiren wollte, sprach er stets in kurzen, abgerissenen Sätzen.

„Violine?“ rief Herr Kunst, segelte um den Ladentisch

herum, und faßte des Fremden beide Hände. „Violine! Herrlich! Der Postur nach Schullehrer?"

„Versteht sich, Schullehrer," sagte der junge Mann und
schüttelte die fetten Hände des musikalischen Bäckers.

Dieser machte einen verunglückten Versuch einen Freudensprung zu machen und schrie: „Herein spazieren, herein spazieren! Karoline! Schullehrer! Violine! Duett! Da
möchte man sich ja alle Haare ausreißen!"

Das Resultat dieses glücklichen Zusammentreffens war,
daß Herr Felix — der Fremde nannte sich Herr Felix — die
Semmelkur aufgab und dafür jeden Abend mit der blonden
Karoline Duetten spielte, wobei Herr Kunst in seinem Lehnstuhle das Publikum vorstellte.

Dieser kam jedoch bald zur Ueberzeugung, daß er sich in
dem Talent des fremden Schullehrers eigentlich getäuscht habe,
und daß dieser ein Künstler vom aller untergeordnetsten Range
sei; denn während Herr Kunst den ¾ Takt und die G-dur
Tonart allein berechtigt hielt, in der klassischen Musik eine
Stelle einzunehmen, spielte Herr Felix in allen möglichen Tak-
ten und sogar in unmöglichen Tonarten, so eine Art Zukunfts-
musik, für die Herr Kunst ganz und gar kein Verständniß hatte
und die er somit gründlich verachtete.

Er verstand allerdings nichts von der praktischen Seite der
Kunst, allein es ist eine alte Erfahrung, daß diejenigen Kritiker
die geistreichsten und scharfsinnigsten sind, die am wenigsten im
Stande sind in den Dingen, welche sie beurtheilen, selbst etwas
zu leisten. Karoline hatte offenbar ein weniger kritisches Ta-
lent, als ihr Pflegevater, denn wenn der junge Künstler in den
Tönen seiner Violine zu ihr sprach, da erhoben sich ihre blauen
Augen zu seinem edeln Gesichte, und die Thränen, die ihr nicht
selten in die Augen stiegen, gaben Zeugniß, wie sehr der junge
Mann es verstand, mit den Saiten seiner Violine die zartesten
Saiten ihrer Seele wiederklingen zu machen.

Herr Felix bemerkte übrigens bald den Unwillen des kunst-

verständigen Herrn Kunst über seine verkehrte Geschmacksrich=
tung, und erfreute diesen nun öfters mit G-dur und $\frac{3}{4}$ Takt.

Wenn ein 25jähriger, schwarzlockiger, dunkeläugiger und
wohlgestalteter Mann mit einem 18jährigen, blondhaarigen, und
blauäugigen Mädchen gemeinschaftlich Musik treibt, so liegt,
was ebenfalls ein allgemeiner Erfahrungssatz ist, die Gefahr
sehr nahe, daß außer den Harmonien der Töne noch andere, und
viel bedenklichere Harmonien entstehen und diese Gefahr, die
schon während der Semmelkur ihren Anfang genommen hatte,
trat in besonders hohem Maße bei dem jungen Künstler und
dem Töchterlein des Herrn Kunst ein.

Wenn ein Schnarchen aus dem Lehnstuhle die jungen Leute
belehrte, daß Herr Kunst mit $\frac{3}{4}$ Takt und G-dur in selige
Traumgefilde hinübergegangen war, dann ruhte die Violine,
und Herr Felix begann dem Mädchen Unterricht im Klavier=
spielen zu ertheilen, wobei er sich nicht nehmen ließ, mit seiner
Hand die kleinen Hände seiner lieblichen Schülerin auf den
Tasten zu leiten, wodurch allerdings meist ein ganz eigenthüm=
licher Fingersatz entstand, der in keiner Klavierschule gelehrt
wird.

Und wenn Herr Kunst im Schlafe pustete und stöhnte,
dann wurde auch der Klavierunterricht unterbrochen, und Herr
Felix unterrichtete seine Schülerin in der Theorie der Liebe,
und einmal soll er es sogar versucht haben, seine Lehre durch
das praktische Beispiel eines Kusses anschaulicher zu machen.

Herr Kunst hatte keine Ahnung von diesem theoretischen
Unterricht mit praktischen Beispielen; die Nichte des Gemeinde=
raths und Bäckermeisters Kunst, die Nichte des berühmten
„Petersburgers" konnte unmöglich sich so weit vergessen und
eine Neigung zu dem blassen, leibarmen Musikanten fassen, und
noch viel unmöglicher war es, daß ein solcher Schlucker die
Augen zu seiner Nichte erheben könne. Es war allerdings ein
Lieblingswunsch des würdigen Mannes, seine Pflegetochter einst
an einen Musiker zu verheirathen, aber ein Künstler ersten

Ranges mußte es sein, und er mußte in Petersburg gewesen sein, kein solcher Pfuscher, der die Erhabenheit des ¾ Taktes, und die Tiefe von G-dur nicht zu würdigen vermochte.

III.

Das Complot.

Eines Abends hatten die jungen Leute wiederum musicirt und zwar zum großen Mißfallen des Petersburgers, denn der junge Geiger verließ diesmal bald die gewohnten Walzermelo= dien und erging sich zu Karolinens einfacher Begleitung in ganz anderen freien Tönen, in denen der Bäcker weder Takt, noch Sinn, noch Verstand fand. Die beiden Spielenden dagegen schienen sich dabei besser als je zu verstehen und konnten der Sache kein Ende finden, bis der Alte die Geduld verlor. „Kopfweh von dem Gedudel“, brummte er, hob mit einem „Gute Nacht“, die Sitzung auf und schickte den jungen Mann ziemlich unzweideutig nach Hause. Auch Karoline wurde zur Ruhe verwiesen, und der Petersburger lehnte sich allein in seinen Sessel zurück, und nach einiger Anstrengung gelang es ihm diesmal ohne Musik einzuschlafen. Er war eben im Sta= dium des Schnarchens angekommen, als ein leises Klopfen am Fenster ihn aufschreckte, und nachdem er die Augen ausgerieben, erkannte er alsbald hinter der Fensterscheibe im Mondenscheine ein langes blasses Gesicht, welches nach unten in ein äußerst spitziges Kinn, nach oben in eine noch spitzigere flanellene Nacht= mütze überging, und in der Mitte oberhalb der dünnen Nase mit einer gewaltigen Hornbrille bewaffnet war. Aus diesen Geringfügigkeiten schloß der Petersburger mit seinem über= wältigenden Scharfblicke sofort, daß sein Nachbar, der Schneider Staube, vor dem Fenster stehen müsse; er öffnete dasselbe, und im Nu sprang die besagte Persönlichkeit auf die Fensterbrüstung, wo sie geheimnißvoll im Mondscheine wie eine tropische Zier= pflanze leise hin und her schwankte.

„Ha! Staube! Mann! Was giebt's?“ fuhr ihn der

Petersburger an. „Morgen Sitzung. Wichtige Frage! Tiefe
Gedanken! Störung! Esel!"

„Herr Kunst," sagte Staube auf diese schmeichelhafte An=
rede mit Selbstgefühl, „auch ich habe meine Berufsgeschäfte
für einen Augenblick ruhen lassen, obgleich drei Hosen und eine
Weste mit Sehnsucht auf meine hilfreiche Nadel warten, allein
ich muß Euch eine so wichtige Mittheilung machen, daß selbst
die Hosen des Kaisers von Rußland mich nicht hätten abhalten
können."

Dabei kreuzte der Schneider Staube die Arme nach Art
des Kaisers Napoleon über die Brust, eine Bewegung, die er
nur selten vornahm, und nur, wenn es sich darum handelte,
das ganze Gewicht seiner Persönlichkeit zur Geltung zu brin=
gen. Herr Kunst war durch diese imponirende Haltung des
Schneiders etwas stutzig geworden, und anstatt diesen, wie er
anfangs beabsichtigte, wieder zum Fenster hinauszuwerfen,
nöthigte er ihn seinen zu einer gemüthlichen Unterhaltung
etwas ungewöhnlichen Platz auf der Fensterbank zu verlassen,
und in's Zimmer zu treten. Herr Staube schwebte alsbald
sylphenartig herab und hüpfte auf den nächsten Stuhl, auf
welchem er nach Art eines türkischen Paschah seine Beine
kreuzte.

„Nun?" bemerkte Herr Kunst erwartungsvoll.

„Herr Rath, Sie haben einen Garten hinter dem Hause?"
begann der Schneider mit halblauter Stimme. Herr Kunst
nickte mit dem Kopfe. „Und in dem Garten eine Laube?"
fuhr Staube etwas lauter fort. Herr Kunst gab durch ein
abermaliges Nicken zu erkennen, daß er auch diese Thatsache
nicht bestreiten wolle.

„Und im Hause eine Pflegetochter?" rief der Schneider
mit erhobener Stimme. Auch dieser Umstand war nicht zu
läugnen.

„Und einen jungen, schwarzen Musikanten, als Haus=
freund?" schrie der Kleiderkünstler im höchsten Discant.

„Nun ja, zum Teufel!" schrie nun auch Herr Kunst unge=
duldig.   „Was sollen die Narrenspossen?"

„Narrenspossen? He, He, He! Narrenspossen! Geruh=
same Nacht, Herr Rath! Narrenspossen! Ja wohl!" und
indem der Schneider ein meckerndes Triumphgeschrei ausstieß,
schnellte er wie eine Stahlfeder vom Stuhle auf, wieder auf
die Fensterbrüstung und war eben im Begriff, auf diesem
etwas ungewöhnlichen Wege seinen Rückzug zu bewerkstelligen,
als Herr Kunst, dem die Sachlage noch nicht in einem wün=
schenswerthen klaren Lichte erschien, ihm ein donnerndes
„Halt" zurief.

In einem Nu saß Herr Staude wieder auf dem Sessel.

Um dem hüpfenden Gedankengange des Schneiders eine
solide Basis zu geben, stellte Herr Kunst, der sich erinnerte,
daß Herr Staude die Gewohnheit angenommen hatte, stets
hungrig zu sein, aus dem Wandschranke ein ansehnliches Stück
Schwartenmagen nebst Brod auf den Tisch, welchem Lecker=
bissen er eine vielversprechende, langhalsige, in Stroh einge=
bundene Flasche beifügte.

„Erst essen, dann schwatzen," kommandirte Herr Kunst.
Herr Staude zeigte sich gegen die Reize des Schwartenmagens
keineswegs unempfänglich, seine Augen glänzten vor Kampfes=
lust, und er griff den Schwartenmagen mit einem Elan an,
daß in kurzer Zeit nichts mehr als die Haut auf dem Schlacht=
felde übrig blieb.   Einem Angriff auf die Flasche widersetzte
sich Herr Rath Kunst, indem er die Strohumflochtene zurück=
zog und sagte:

„Erst erzählen, und dann trinken!" — Herrn Staude
wäre es umgekehrt lieber gewesen, allein er fügte sich in die
unerbittliche Nothwendigkeit, und erzählte in geflügelter Eile:

„Diesen Morgen, es war noch dämmerig, ging ich an
Eurem Garten vorbei . . . ."

„Aepfel mausen?" schaltete Herr Kunst dazwischen.

„Behüte, was denkt Ihr, sie sind ja noch nicht reif; . . . .

ging ich an Eurem Garten vorbei, und hörte in der Laube ein Geflüster. Meinen Grundsätzen getreu, niemals zu lauschen, blieb ich stehen, da unterschied ich die feine Stimme Eurer Pflegetochter. Holla, dacht' ich, und trat näher, und was sah ich durch die Fliederhecke?"

„Na, was werdet Ihr gesehen haben? Karolinen, Bohnen putzen," brummte der Bäcker.

„Bohnen putzen? Hat sich was. Den schwarzen Musikanten sah ich; er saß bei Karolinen auf der Bank, und hatte seinen Arm um ihre Taille geschlungen, und sie sagte zu ihm: Sprechen Sie mit meinem Onkel, hat sie gesagt, und er sagte: Theuerstes Mädchen, hat er gesagt, die nächsten Tage werde ich mit ihm sprechen und um Deine Hand anhalten. Und darauf hin gab er ihr einen Kuß."

„Wa...., was? Einen Ku.... Kuß?" schrie Herr Kunst, und schlug mit der Faust auf den Tisch, daß der Schneider auf dem Stuhle, und die Flasche auf dem Tische einen Hopser machten. „Da möchte man sich alle Haare ausreißen! Die undankbare Dirne! Einen Kuß! Gebe ich ihr nicht jeden Morgen und jeden Abend einen, konnte sie damit nicht zufrieden sein?!" Herr Kunst vergaß in seiner gerechten Entrüstung ganz seine gewohnte lakonische Redeweise, und ergoß sich in einen Redeschwall, daß der Schneider ob dieses merkwürdigen Ereignisses Mund und Augen aufsperrte.

„Der Lump, der Tropf, der Stümper, der.... der.... Kreuzerweck! Wenn er auch noch ein Musiker wäre, aber er kann nichts, nein er kann gar nichts! — Heute Abend noch forderte ich ihn auf, bis übermorgen, wo mein Geburtstag ist, eine Sonate zu componiren, im Dreivierteltakt, aus G-dur! Und was meint Ihr, was er sagte? Nichts sagte er, aber gelacht hat der Tropf, und hat gesagt, die Zeit sei zu kurz! Ha! Ha! Ha! Aber ich hab's ihm heimgegeben! Sie sind mir der Rechte, sagte ich, nehmen Sie sich ein Beispiel an mir, wenn bei mir Jemand eine Bretzel bestellt, und sie sei noch

so groß, am andern Morgen ist sie fertig. Und eine Bretzel
ist doch ein ander Ding, als so eine lumpige Sonate. Ha!
die Zeit zu kurz! Der Pfuscher! Und ich glaube, er war nicht
einmal in Petersburg!"

Es war die längste Rede, die Herr Kunst jemals gehalten,
erschöpft hielt er inne, schnappte nach Luft, dann setzte er die
Strohumwundene an den Mund, und nahm einen langen,
langen Schluck, der offenbar sehr beruhigend auf seine aufge=
regten Gefühle wirkte. Dieser Schluck in eine fremde Kehle,
und daß der Musikant nicht in Petersburg gewesen sei, erregte
die Entrüstung Herrn Staude's im höchsten Grade, und er
gab Herrn Kunst, indem er die Flasche an sich zog, und sich
auch zu einem Schluck verhalf, den Rath, sogleich den Musi=
kanten gerichtlich zu belangen. Herr Kunst entsann sich aller=
dings, einmal von Majestätsbeleidigung gehört zu haben, und
es schien ihm nicht unwahrscheinlich, daß der Fall hierher voll=
kommen paßte. Allein in seinem Haupte keimte ein anderer
Gedanke; mit einer gewöhnlichen Majestätsbeleidigung konnte
er sich nicht begnügen, der impertinente Eindringling mußte
weit empfindlicher gezüchtigt werden. Zunächst fand er es an=
gemessen, die vollste Sympathie des Schneiders zu erwerben,
da er ihn bei seinem Plan zu verwenden gedachte. Er mischte
ein großes Glas Grog, winkte Herrn Staude mit außerge=
wöhnlicher Herablassung zuzugreifen, und redete ihm so wacker
zum Trinken zu, daß sein Gast nach einer halben Stunde eine
Thatkraft in sich verspürte, die ihn für diesen Abend bitter
bereuen ließ, statt Schneider nicht lieber Feldherr geworden zu
sein. Der berühmte General Derfflinger ist ja ursprünglich
auch ein Schneider gewesen. Ja, er gestand später, an jenem
Abende allen Ernstes daran gedacht zu haben, noch in seinen
Jahren umzusatteln und sich bei Moltke in den Generalstab zu
melden. Der Arme hatte bisher nie Gelegenheit gehabt, die
Wirkungen eines gut bereiteten Grogs an sich selber zu studiren.
Und nun entwickelte der Petersburger seinen teuflischen Plan,

wie er den armen Künstler für seine Vermessenheit züchtigen
wolle. „Uebermorgen, an meinem Geburtstag," sagte er,
„will ich ein Fest geben, wie es Rübenthal noch nicht gesehen
hat, so lange es steht; ich bin es mir selbst schuldig, etwas zu
meiner und der Stadt Verherrlichung zu thun. Es soll auch
in dem großen Zimmer getanzt werden, und ich will es mich
etwas kosten lassen, und den ausgezeichneten Kapellmeister
Siebert mit seinem Quartett, der seit einem halben Jahre sich
in der Residenz niedergelassen hat, hierher kommen lassen, um
zum Tanze zu spielen. Dann soll unser Hasenfuß von Musi=
kant sich ebenfalls hören lassen, und sich gründlich blamiren,
und ha, ha, ha, und dann, wenn ihm der Kapellmeister gezeigt
hat, was Musik ist, wenn er sich blamirt hat, dann wollen wir
vor der ganzen Gesellschaft den elenden Schlucker entlarven als
Pfuscher und Ignorant und ihm mit Schande und Spott die
Thüre weisen. Ja, das wollen wir. Der berühmte Siebert
soll aber ein etwas curioser Mensch sein, wie alle großen
Künstler sind, und sich gern nöthigen lassen; natürlich, ein
solch genialer Mann wirft sich nicht an Jeden weg. Deßhalb
gedenke ich eine Deputation recht feierlich an ihn abzusenden,
um ihn einzuladen, und an deren Spitze, lieber Staude,
müssen Sie sich stellen.

„Siebert kommt!" schrie Staude, „er ist sogar schon so
gut, wie da; machen Sie ihm nur gleich das Nachtlager
zurecht, und richten Sie den Flaschenkeller, denn große Künst=
ler haben alle großen Durst. — Morgen mit Tagesanbruch
werde ich abmarschiren, ich werde in die Residenz kommen, ich
werde den großen Mann aufsuchen, und sei er zu Fuß, oder zu
Roß, oder zu Luftballon, in Gesellschaft oder im Bett, ich
werde sagen: „„Großmächtigster Künstler und Viertuchhose,
herrlicher Quartettbesitzer und Kolophoniumfürst! Der Peters=
burger ladet Sie zum Balle ein, nehmen Sie Ihr Quartett
unter den Arm und den Taktirstock in die Hand, und beglücken

Sie Rübenthal mit Ihrem persönlichen Dasein. Dixi, sa-
pienti sat!""

Der Petersburger schien mit dieser schwungvollen Anrede
zufrieden, und reichte zum Abschiede Herrn Staude ein recht
anständiges Zehrgeld auf den Weg. Damit derselbe nicht
ganz schutzlos reise, und durch einiges Gefolge um so mehr
imponire, wurde ein Bäckergesell und ein alter ausgedienter
Polizeidiener angewiesen, sich mit ihren Sonntagskleidern in
Bereitschaft zu halten, um die Deputation zu vervollständigen.

IV.
Der Sturm im Backtrog.

Als der Schneider sich entfernt hatte, warf sich Herr
Kunst erschöpft in seinen Sorgenstuhl, denn die Anstrengung
war zu gewaltig für ihn gewesen, und er hatte in dieser einen
Stunde mehr gesprochen, als in allen Gemeinderathssitzungen
der letzten zehn Jahre zusammengenommen.

Aber es war nur eine kurze Ruhe, die seine aufgeregten
Gefühle ihm gestatteten, es war die Ruhe vor dem Sturm,
und dieser Sturm brach in der entrüsteten Bäckerseele auf's
Neue los. Er stürzte noch ein Glas Grog hinunter, sprang
auf, warf sich in sein Backkostüm, und dann auf den im Backtroge zugerichteten Brodteig, den er mit gewaltigen Armen
bearbeitete, und der unter der Wucht der Fäuste des ergrimm-
ten Pflegevaters einer orkanbewegten See glich. Es war ein
gewaltiger Anblick, wie der Rathsherr von Rübenthal, von
wilden Leidenschaften durchstürmt, und mit einer kurzen, grün
und grau carrirten Kattunjacke bekleidet, die, eingedenk ihrer
höheren Bestimmung, jede Berührung mit den unterhalb ihr
befindlichen Beinkleidern vermied, seinen Gefühlen in dem
Backtrog Raum gab. Es war offenbar, indem er bis an die
Ellenbogen in den Teig hineingriff, große Fetzen herausriß,
und sie dann mit gewaltigen Armen wieder in die Masse
zurückschleuderte, glaubte er den unglücklichen Musikanten

unter den Fäusten zu haben, und ihm die verruchte Seele
aus dem Leibe herauszukneten. Und was den gewaltigen
Mann in diesem Augenblick wirklich groß erscheinen ließ, war,
daß er selbst im Sturme der Leidenschaft mit dem Angenehmen
das Nützliche zu verbinden wußte, denn, indem er den verwegenen Musikanten bildlich bearbeitete, wurde der Teig so vortrefflich durcheinander geknetet, daß die Rübenthaler am folgenden Morgen das ausgezeichnetste Frühstücksbrod verspeisten.
Endlich schien der imaginäre Musikus im Backtroge seinen
letzten Seufzer ausgehaucht zu haben, denn mit einem grim-
migen Lächeln der Befriedigung stellte der unbarmherzige
Rächer seiner häuslichen Ehre seine Knetarbeit ein, und rief
mit Donnerstimme: „Karoline!" „Lieber Onkel!" rief es aus
dem Nebenzimmer, und das junge Mädchen erschien unter der
Thür, ein Licht in der Hand und bereits ein weißes Nacht-
häubchen auf den blonden Locken. Als sie aber in das zorn-
glühende Antlitz ihres Pflegevaters sah, wie er dastand, die mit
Teig bedeckten Arme über der grün und grau karrirten Kattunjacke kreuzend, da ahnte sie Schlimmes, und mit zitternder
Stimme sagte sie: „Was wünschen Sie, lieber Onkel, ich
wollte soeben zu Bette gehen —"

Herr Kunst hielt es der Wichtigkeit der Situation ange-
messen, seine imponirende lakonische Kürze anzuwenden, und
deßwegen herrschte er das arme Mädchen an: „Heute früh!
Gartenlaube! Musikant! Kuß! Heirathen? He? Bah! Ich
weiß Alles! Pfui! Geigender Gelbschnabel, Pfuscher! versteht nichts von Musik! Niemals! Verstanden? Marsch, in
deine Kammer! Da möchte man sich alle Haare ausreißen!"
Karoline verstand den Onkel so gut, als hätte er die größte
Rede gehalten, ja noch besser, denn die langen Reden des
Herrn Rath zeichneten sich meist durch eine verwickelte Tiefe
aus, die nicht so leicht zu ergründen war. Sie wagte es aber
nicht, ihrem zornigen Pflegevater zu erklären, daß die Musik

in dieser Angelegenheit durchaus nicht die Hauptsache sei, und schweigend und weinend verließ sie das Zimmer.

Nach dieser That fühlte sich Herr Kunst befriedigt, und mit beruhigten Gefühlen suchte er sein Lager, um von den Triumphen des kommenden Festes zu träumen.

V.

Herr Wupptich.

Zu der Zeit, wo diese merkwürdige Geschichte spielt, lebte in der nahen, kleinen Residenz ein Mann, hoch in den Vierzigern, der von den Einwohnern zum Proletarierstande gerechnet wurde, der sich selbst aber als Rentier betrachtete, da er von seinem Witze lebte; denn den Witz hielt er nicht mit Unrecht auch für ein rentables Kapital. Er hieß eigentlich Krummel, wegen einer gewissen elastischen Thatkraft und seiner excentrischen Auffassung der Lebensverhältnisse, die ihn über manche Bedenklichkeiten der gewöhnlichen Menschen hinweg springen ließ, nannten ihn aber die Leute mit einer Art von Naturlaut: „Wupptich." Dieser Wupptich war ein kleiner stämmiger Mann mit einem Gesicht, welches aussah, als sei es aus faulem Holze gearbeitet, und einem Paar kleiner, schlauer grauer Augen. Er hatte kurze struppige Haare, von denen jedes einzelne nach einer verschiedenen Himmelsgegend sah, und deren hochgelbe Farbe sehr malerisch mit einer Juppe harmonirte, die ursprünglich blau gewesen, dann grün geworden war und sich schließlich durch consequent einwirkende atmosphärische Einflüsse zu einer zweifelhaften Farbe bekehrt hatte, für welche der geschickteste Färber kein Recept besaß.

Ohne diese Juppe, ein Paar sehr weite graue Hosen und ein leichtfertig umschlungenes zinnoberrothes Halstuch, in welchem eine große Busennadel von Tombak mit einem geschliffenen gläsernen Diamant steckte, hatte niemals Jemand den Wupptich gesehen. Ueber die Beschaffenheit seines Weißzeuges gingen die Meinungen des Publikums auseinander,

denn Herr Wupptich hatte die Vorsicht, diesen Theil seiner
Toilette beharrlich der zudringlichen Neugierde Unberechtigter
zu entziehen. Seine Wäscherin hätte hierin allerdings Aufschluß geben können, allein er hatte keine. Eine Haupteigen-
thümlichkeit dieser auffallenden Persönlichkeit bestand in einer
stark näselnden Sprache, die an das Meckern einer Ziege erinnerte, und wahrscheinlich durch die stark aufgerichtete Stellung
des sehr kurzen Riechorgans ihre wissenschaftliche Erklärung
fand. Einen bestimmten Beruf zu haben duldete die ausge-
sprochene Genialität des Herrn Krummels nicht, die Schwingen seines Genius konnten solche Fesseln nicht ertragen, er zog
es deßhalb vor, sich hier und da in den Straßen herumzu-
treiben, und wie es ihm gerade bequem war, sich der Menschheit in den verschiedensten Dingen nützlich zu machen. Mehr
zu seiner persönlichen Belustigung verhalf er mehreren von
ihm besonders begünstigten Honorationen auf einen glänzenden
Fuß, indem er ihnen die Stiefel wichste. Früher, in seiner
Jugend hatte er einmal Neigung gezeigt, sich einem bestimmten
Berufe zu widmen, und war bei einem Schreiner in die Lehre
getreten; allein, da er in der Werkstätte sehr viele Gedanken-
spähne und sehr wenig Hobelspähne zu Tage förderte, so wurde
er bald wieder veranlaßt, sich in das Privatleben zurückzu-
ziehen. Uebrigens war er in seinen Bedürfnissen nicht sehr
anspruchsvoll; er hielt vom Essen weniger als vom Trinken,
das seinem Durste nach geistigen Genüssen mehr entsprach,
doch huldigte er diesem Drange nie in solchem Maße, daß er
aufgehört hätte, sich als Gentleman zu benehmen.

Am folgenden Morgen nach dem Abende, an welchem das
finstere Complot zwischen dem racheburstenden Bäcker und dem
verrätherischen Schneider geschmiedet worden, wandelte Herr
Krummel hinaus vor das Thor, um, da er heute sonst nichts
zu genießen hatte, wenigstens die Schönheit der Natur zu genießen. Die Schönheit der Natur schien ihn aber diesmal
nicht besonders zu befriedigen, sie war mit Beigabe eines em-

pfindlichen Herbstwindes, ein ziemlich kalter Genuß, und er
hätte gerne etwas Warmes genossen. — Er wickelte sich
fröstelnd in seine Juppe, kreuzte die Arme über den leeren
Magen und überließ sich ernsten Betrachtungen. „Ein Mensch
ohne Frühstück ist doch ein jammervolles Geschöpf," murmelte
er grimmig vor sich hin. „Mein Fehler ist, daß ich ein gescheidter Kopf bin, ein Genie; wollte Gott, ich wäre ein Esel,
wie die reichen Dummköpfe, denen ich die Stiefel wichse, ich
hätte es schon lange zu etwas gebracht. Ein warmes Zimmer,
ein Frühstück mit Kaffee, Schinken und Eier, nebst einem
Gläschen Doppelgebrannten zur Verdauung! Donnerwetter,
das wäre doch nicht unbescheiden für einen Mann von meinen
Qualitäten!" Bei diesem schmackhaften Phantasiegebilde
schnalzte Herr Krummel und wischte sich über den Mund.
Dann schweifte seine Phantasie zurück in seine vier Wände, die
kein weiteres Ameublement einschlossen, als ein schlechtes Bett,
eine Wichsflasche, ein Lichtstümpchen auf einem Bouteillenhals,
eine kurze Pfeife, Nasenwärmer genannt, und ein uraltes
Gesangbuch noch von seiner Großmutter selig her, mit schönen
geistlichen Liedern, die aber der Antiquar nicht zu schätzen
wußte, denn er hatte nicht einen Groschen darauf geboten, es
sei nur noch gut für Käsepapier, sagte der Ignorant!

Käsepapier, Ja wohl! Es sind geistliche Lieder darin für
alle Situationen des Lebens, vom ersten Lallen des Säuglings
bis zum Lobgesang eines Hingerichteten. Nur der Lobgesang
eines Menschen ohne Frühstück war nicht darin zu finden.
Und für den herannahenden Winter bestand der ganze Holz-
vorrath des Herrn Krummel in einem Stiefelzieher.

Mit diesen erbaulichen Betrachtungen war Herr Krummel
bis an den „rothen Löwen" gelangt, einem beliebten Be-
lustigungsorte der Residenzstadt. Wehmüthig blieb er vor
dem Wirthsschilde stehen, und betrachtete sinnend die Bestie,
die ein schäumendes Glas in den Klauen hielt. Mit einem
verzweifelten Versuch fuhr er in die Tasche seiner Jupe, aber

„Der Kapellmeister Siebert, der — der bin ich selbst!"

mit einem hoffnungslosen Seufzer zog er sie wieder zurück, da sie nichts darin fand, als einen Hosenknopf, der heute bei der Morgentoilette pflichtvergessen seinen Posten verlassen hatte.

Da wurde seine Aufmerksamkeit durch den Gesang dreier Menschen erregt, die sehr vergnügt des Weges daherwandelten. „Drei Landpomeranzen," dachte Herr Krummel. „Sollte mir das Schicksal dennoch ein Frühstück beschieden haben?"

Diese Gesellschaft aber, die Herrn Krummel in seinen Selbst=
betrachtungen störte, war niemand anders als die Deputation
des Herrn Bäckermeisters Kunst, den Schneider Staude an der
Spitze. Dieser würdige Ambassadeur begrüßte den Herrn
Krummel mit der seiner hohen Stellung angemessenen Würde
und fragte, ob es hier am Orte irgendwo herum nicht einen
Kapellmeister Siebert gebe?

„Siebert? Kapellmeister? Ja wohl giebt es einen, ich . .“

Herr Krummel wollte eben hinzusetzen: „ich wichse ihm ja
die Stiefel,“ aber er besann sich und unterließ vorerst diese
interessante Mittheilung.

„Was soll’s mit dem Kapellmeister Siebert?“

„Drum von wegen der.... Tanzmusik...., er kann ein
schönes Stück Geld verdienen,“ stotterte Herr Staude etwas
verblüfft durch die eigenthümliche Erscheinung des Herrn
Krummel und durch dessen meckernde Stimme, die in ihm
einen Fachgenossen vermuthen ließ.

„Tanzmusik? Geld verdienen?“ sagte Herr Krummel,
und in seinem Kopfe stieg ein kühner Gedanke auf. „Der
Kapellmeister Siebert, der — der bin ich selbst!“

Die Deputation fuhr auseinander, als hätte eine Bombe
zwischen ihr eingeschlagen. Er selbst, der große Mann selbst.

„Ich selbst,“ wiederholte Herr Krummel, den Zeigefinger
auf die Brust setzend.

Herr Staude war durch diese plötzliche Begegnung mit
dem großen Künstler so verblüfft, daß die schöngesetzte Rede,
welche er vorbereitet und seiner Begleitung, dem Polizeidiener
und dem Bäckerknecht unterwegs gewiß zehnmal der Uebung
wegen hergesagt hatte, ganz aus seinem Gedächtnisse ent=
schwunden war.

Er zog den Hut ab und brachte in sehr mangelhafter
Weise sein Anliegen vor, daß der Herr Stadtrath Kunst den
Herrn Kapellmeister Siebert mit seiner Kapelle zu einer musi=
kalischen Soirée und Tanz einladen lasse, er hoffe bestimmt,

keine Fehlbitte zu thun, und was die Verpflegung anbeträfe, so
würde diese selbst den höchsten Erwartungen entsprechen. Die
beiden anderen Mitglieder der Deputation standen, während=
dem, die Mützen vor die Schienbeine haltend, als wollten sie
diese gegen irgend eine unbekannte Gefahr beschützen, demüthig
neben dem Redner und harrten gespannt, was der große
Künstler antworten werde. Wupptich sah mit gerunzelten
Brauen gen Himmel und begann vor sich hin zu murmeln:
„Diesen Mittag Tafelmusik im Schlosse — heut Abend phil=
harmonische Gesellschaft — morgen früh Gesangverein —
Verpflegung sagt Ihr?" und Herr Krummel wischte sich den
Mund — — — „Ich werde kommen," sagte er dann laut,
„vorausgesetzt, daß Herrn Kunst ein besonderer Gefallen
damit geschieht, denn für gewöhnlich gehe ich nicht gerne aus
der Stadt."

„Und das Honorar?" frug Staube schüchtern. „Beträgt
einen Friedrichsd'or pro Mann," entgegnete Herr Krummel
kurz. „Und nun, meine Herren, zur näheren Besprechung der
Sache, und Sie werden ohnedieß noch nicht gefrühstückt haben,
folgen Sie mir in den „rothen Löwen," und Herr Krummel
eilte mit langen Schritten, gefolgt von der Deputation, dem
Wirthshause zu. —

Als die Deputation, nach Rübenthal zurückgekehrt, Herrn
Kunst Rapport erstattete, war dieser entzückt, daß Alles so gut
gegangen war; besonders befriedigte ihn die Schilderung, die
Staube mit großer Genauigkeit von der berühmten Persönlich=
keit entwarf. „Man erkennt in Allem das originelle Genie!"
meinte Herr Kunst. Daß der Herr Kapellmeister die Bezah=
lung seines sehr reichlichen Frühstücks im „rothen Löwen" der
Deputation überlassen hatte, fand Herr Kunst ganz begreiflich,
denn so sind sie ja, die großen Künstler.

VI.
Der „Vetter Michel.“

Herr Krummel, nachdem er die Deputation entlassen
hatte, schritt in sehr gehobener Stimmung seiner Behausung
entgegen und genoß bereits das Vorgefühl der Traktamente,
die er sich um keinen Preis entgehen zu lassen gedachte, selbst
für den ihm nicht unmöglich denkenden Fall, daß sie einen
unangenehmen Nachgeschmack hinterlassen sollten. Auf den
in der Umgegend liegenden Oekonomien war es Sitte, daß zur
Zeit der sogenannten Schafwasche das Landvolk sich mit Musik
und Tanz vergnügte. Bei dieser Gelegenheit hatte Wupptich
in früheren Jahren in Gemeinschaft mit dreien seiner Bekannten, die wie er selbst später die Kunst gänzlich vernachlässigt,
die Musik zu den Tänzen gegen genügende Beköstigung geliefert. Da Herr Krummel keine sehr hohen Begriffe von
dem Kunstsinne der Rübenthaler hatte, gedachte er seine ehe-
maligen Genossen aufzusuchen, eine Uebungsstunde zu halten,
und sich dann mit ihnen gemeinschaftlich in Rübenthal einen
guten Tag zu machen. Die größte Capacität unter diesen
Künstlern beschäftigte sich zur Zeit gleich Herrn Staube mit
dem Handwerk der Flickschneiderei; sie hieß Paar und hatte
früher den Baß gespielt. In die Wohnung des Herrn Paars
lenkte Wupptich seine Schritte zuerst, um ihn für sein Vorhaben zu gewinnen, und ihn zu bestimmen, den Grundton
dabei anzugeben; Paar war ein kahlköpfiger, sechzigjähriger
und etwas invalider Mann, der das Unglück gehabt, durch
einen Zufall ein Auge zu verlieren. Obgleich daher an sich
zu bedeutenden Unternehmungen weniger geeignet, vermochte
er doch der Ueberredungsgabe Wupptichs nicht zu widerstehen,
und begann emsig nach dem Basse zu suchen, den er auch so
glücklich war, schließlich in einem Bodenwinkel zu finden, und
der, obgleich Staub und Luft erheblich auf ihn eingewirkt, doch
noch deutlich als solcher zu erkennen war. Der Besitzer der
Bratsche zeigte sich sofort bereitwillig, er hatte hin und wieder

sein Instrument noch benutzt, um seine Säuglinge, deren er
fortwährend etliche besaß, in Schlaf zu streichen, und es war
in verhältnißmäßig gutem Zustande. Die erste Violine wollte
Herr Krummel selbst übernehmen, ein zweiter Geiger aber war
nicht aufzutreiben. Wupptich ließ sich jedoch durch diese Klei=
nigkeit nicht entmuthigen und es gelang ihm statt dessen einen
invaliden Soldaten aufzutreiben, der zwei verschiedene Signale
mit unglaublich kräftigem Tone auf der Trompete zu blasen
verstand, die an geeigneter Stelle angebracht, ganz gut als
Ersatz für eine zweite Violine dienen konnten. Am meisten
Schwierigkeiten machte Herrn Krummel die Beschaffung eines
Instrumentes für sich selbst, denn das seinige hatte sich schon
vor Jahren in seine einzelnen Bestandtheile aufgelöst, da kam
ihm ein guter Gedanke. Wichste er nicht die Stiefel des Herrn
Kapellmeisters Siebert? War der Herr Kapellmeister nicht
seit einigen Tagen verreist? Hatte Herr Krummel in seiner
Eigenschaft als Stiefelwichser nicht freien Zutritt zu Herrn
Sieberts Gemächer? Und war dieser nicht im Besitze einer
kostbaren Geige von einem gewissen Amati? Nichts war ein=
facher. Herr Krummel verfügte sich in Herrn Sieberts Be=
hausung, wichste dort den ganzen Vorrath von Stiefeln, und
war auch so glücklich, in einem kostbar eingelegten Kasten, das
werthvolle Instrument zu finden. Um sein zartes Gewissen
zu beschwichtigen, nahm er einen großen Bogen Papier und
kritzelte darauf die folgende Zuschrift: Verehrtester Herr
Kapellmeister! Da ich aufgefordert wurde, in Rübenthal ein
Conzert zu geben, bin ich so frei und borge mir Ihre Figge=
line. Die Meinige steht Ihnen ein andermal auch dafür zu
Diensten. Freundlichst grüßend Ihr Herr Krummel, genannt
Wupptich. Dieses Placat heftete Herr Krummel der Thüre
gegenüber mitten an die Wand. Dann ergriff er mit großer
Geistesgegenwart einige beliebige auf dem Flügel liegende
Notenbände — denn zu einem Conzert gehören auch Noten —
und verließ, den Violinkasten unter dem Arme, höchst vergnügt

Herr Krummel gab höchst ernsthaft das Zeichen zum Angriff.

das Zimmer.   Auf Mittags 12 Uhr war die Probe in Wupp=
tichs Salon angesetzt, Notenhefte wurden der Form halber
aufgeschlagen, Herr Krummel gab höchst ernsthaft das Zeichen
zum Angriff, und es entstand alsbald ein Ton, der an Unge=
heuerlichkeit alles bis dahin in der Art Gehörte weit hinter sich
zurückließ.   Seine Ungewöhnlichkeit fiel selbst dem Quartett
auf, und Paar sprach deßhalb die Ansicht aus, es sei nicht hin=
reichend Kolophonium in Anwendung gekommen.   Dem Man=
gel wurde alsbald abgeholfen, und während dieses geschah, fiel
Herrn Krummel die Melodie zu einem einst gespielten Tanze

ein, der eine große Aehnlichkeit mit dem allbekannten „Vetter=
Michel" hatte, und der sich durch außerordentliche rhythmische
Einfachheit auszeichnete. Herrn Paar gelang es, auf seinem
Basse ein so dunkles Gemurmel dazu zu veranstalten, daß ihm
kein Mensch hätte beweisen können, er spiele falsch, die Bratsche
wußte sich noch besser zu finden, und der Trompeter schmetterte
jedesmal, wenn Herr Krummel das Zeichen dazu gab, was
stets an den unerwartetsten Stellen geschah, sein Signal
zwischen das Ganze mit solchem Erfolge, daß die übrige
Musik momentan verschwand.

Als der Tanz dreimal durchgespielt war, erklärte Herr
Krummel die Probe für beendet und traf die Bestimmung, daß
das Quartett sich morgen früh um 9 Uhr vor dem Thore reise=
fertig versammeln solle, damit man zeitig genug ankomme, um
sich vor dem feierlichen Abende noch hinreichend pflegen und
stärken lassen zu können.

VII.

Herr Wupptich als Beschützer der Liebe.

Im Bäckerhause zu Rübenthal herrschte am Tage des
Festes ein reges Treiben. In der Küche siedete, bratete und
brodelte es in allen möglichen großen und kleinen Kochappa=
raten, die zu Küchenjungen ernannten Bäckerjungen rannten
auf und ab und waren überall der Köchin im Wege, die
schließlich mit dem Kochlöffel dreinschlug, und Karoline schlug
den Schnee zur Makronen=Torte und ließ manche Thräne
hineinfallen. Herr Kunst, mit Hilfe des Schneiders Staube,
war beschäftigt, die große Stube, die heute den stolzen Namen
„Saal" führte, kunstsinnig zu schmücken. Eine Unmasse der
dicksten Guirlanden zierten in allen möglichen Windungen und
Verdrehungen die Wände, an der Hauptwand war der wohl
ausgebackene Namenszug des Jubilars aus mürbem Bretzelteig
angebracht, und über dem für das Orchester bestimmten, aus
zwei Backtrögen mit darüber gelegten Brettern gebildeten Po=

bium prangten zwei Büsten. Die eine stellte den richtigen
Beethoven vor, die andere dagegen war die Büste des Kaisers
Napoleon. Daß der Beherrscher Frankreichs in diese Gesell=
schaft eigentlich nicht recht passe, war dem feinen Gefühle des
Petersburger nicht entgangen, da es aber der Symmetrie
wegen nothwendig zwei Büsten sein mußten, so stempelte er
mittelst einer kühnen Metamorphose den Kaiser zum Musiker
(er hat ja auch lange genug in Europa die erste Violine ge=
spielt), indem er ihn seines Schnurr= und Knebelbartes be=
raubte, ihm einen dicken das halbe Gesicht beschattenden Lor=
beerkranz aufsetzte, und, um alle Zweifel zu beseitigen, mit
dicken schwarzen Buchstaben „Mozart" darunter setzte.

Schon am Mittag waren alle Vorbereitungen beendet,
und der Petersburger bog sich alle paar Minuten zum Fenster
hinaus, um nach dem berühmten Kapellmeister Siebert und
seinem Quartette zu spähen, die jeden Augenblick in einer
eleganten Kalesche heranrasseln mußten, ja Herr Kunst hatte
sogar gegründete Hoffnung, der berühmte Mann werde per
Extrapost reisen, mit einem Postillon als Vorreiter.

Alle im Hause waren voller Spannung und Vergnügen,
ausgenommen die arme Karoline. Schon die Vorwürfe ihres
Pflegevaters vorgestern Abend hatten sie mit banger Sorge
erfüllt, und als sie nun heute früh die mit ihren Thränen
gewürzte Makronen=Torte aus der Küche in die neben dem
„Salon" gelegene Speisekammer trug, da belauschte sie un=
willkürlich eine zweite Unterredung ihres Oheims mit Schnei=
der Staude, die ihr das Ganze gegen ihren Geliebten geschmie=
dete Complot enthüllte. Sie barg ihr Gesicht in ihre Schürze
und weinte bitterlich. In eine Falle locken wollte man den
Ahnungslosen, blamiren, beschämen wollte man ihn vor der
ganzen Gesellschaft, durch einen Künstler ersten Ranges nieder=
geigen lassen, und ihm dann mit Spott und Hohn die Thüre
weisen! Das durfte nicht sein, sie mußte ihn warnen, diese
öffentliche Beschimpfung durch den berühmten Kapellmeister

mußte ihm erspart werden. Herr Felix hatte, als er erstmals das Pflaster Rübenthals betrat, nicht im Städtchen selbst, sondern irgendwo in der Umgegend seine Wohnung aufgeschlagen, und erst, nachdem er seine Semmelkur mit der angenehmeren Kur bei Herrn Kunst's Abendconcerten vertauscht, sich ein kleines Zimmer in Rübenthal selbst gemiethet. Dahin schickte ihm Karoline durch einen verschwiegenen Bäckerjungen ein flüchtig geschriebenes Billet. Allein die Depesche traf den Adressaten nicht zu Hause, und kam mit der Nachricht zurück, er sei auch die Nacht nicht zu Hause gewesen, wie schon oft, und wahrscheinlich in der Villa Marbelli zu finden. Die Villa Marbelli war ein hübsches Landhaus in der Umgegend Rübenthals, von ihrem Besitzer Herrn Marbel auf Speculation erbaut, Marbelli getauft, und jeweils an reiche Fremde vermiethet, die hier einen längeren oder kürzeren Erholungs-Aufenthalt nehmen wollten.

„In der Nacht nicht zu Hause gewesen? In der Villa Marbelli zu finden? Was hat Felix in der Villa Marbelli zu thun?" Das waren beunruhigende Gedanken für die arme Karoline. Was nun thun? Das arme Mädchen gerieth in die größte Angst. Doch die dem Geliebten zugedachte Beschimpfung überwog die Furcht vor der eigenen, es mußte gehandelt, rasch gehandelt werden, und schnell entschlossen, schlug sie eilig ein Tuch um den Kopf und eilte der Villa Marbelli zu. Sie hatte eben eine kleine Anhöhe erstiegen und die Villa mit ihren grünen Läden und blinkenden Spiegelscheiben im Sonnenschein glänzend, lag in kurzer Entfernung vor ihren Augen, da erblickte sie eine ganz eigenthümliche Gesellschaft, welche ihr entgegen aus dem Thale heraufstieg. Drei wunderlich aufgeputzte Figuren marschirten in Reih und Glied. Der eine der Musikanten, denn das waren sie offenbar, eine spindeldürre Figur, keuchte unter der Last einer riesigen Baßgeige, der zweite trug eine Bratsche und der dritte, der sich des Besitzes einer sehr rothen Nase erfreute, war mit einer Trompete be-

waffnet. Ihnen voraus marschirte ein Vierter mit dem An-
stande eines Feldherrn. Seine Kleidung war der schon etwas
rauhen Jahreszeit nicht ganz entsprechend, denn sie bestand aus
einem sehr kurzen blauen Fracke mit riesigen gelben Knöpfen,
einer großgeblümten Atlasweste, die den Fehler des Frackes
dadurch wieder gut zu machen suchte, daß sie bis an die Kniee
hinab reichte; oben war dieses Costüm gekrönt mit einem
schwarzen Cylinder und unten endigte es in einem Paar
Stegen, die sich verzweifelte Mühe gaben, die etwas gelbe
Nankinghose über die Stiefel herunterzuziehen. Diese Stiefel
waren offenbar der Glanzpunkt der ganzen Erscheinung, denn
sie strahlten wie ein Spiegel. Unter dem Arm trug diese Persönlichkeit einen eleganten Geigenkasten, und um den Hals an
einem Riemen hängend eine alte Ledertasche, aus welcher mit
großer Ostentation mehrere Notenhefte herausschauten, und in
der man bei näherer Besichtigung eine Menge Kolophonium
hätte entdecken können. Als diese Bande mit dem Mädchen
zusammentraf, kommandirte der Anführer „Halt!" und mit
einer Verbeugung seinen Cylinder berührend, stellte er an
Karolinen die Frage: „Mein schönes Kind, können Sie uns
nicht sagen, ob es noch weit ist bis nach Rübenthal?"

„Nein," erwiederte Caroline schüchtern, „nicht mehr weit;
sobald sie die Anhöhe erstiegen haben, werden Sie es er-
blicken."

„Gut! Bon!" sagte der Anführer. „Nämlich ich bin der
Kapellmeister Siebert aus der Residenz, und auf dem Wege
mit den Leistungen meines Quartetts das Geburtsfest des
Rathsherrn Kunst zu verherrlichen."

„Das also ist der Gefürchtete," dachte das Mädchen.
Freilich hatte sie sich das berühmte Quartett, das ausersehen
war, ihren Geliebten niederzugeigen ganz anders vorgestellt,
allein was wußte das arme Kind von den Launen der großen

Künstler, und der bizarre Aufzug des Quartetts machte sie nur
noch ängstlicher besorgt, ihr Felix könne in dem bevorstehenden
Kampfe unterliegen.

Da gab ihr die Liebe Muth, sie faßte einen plötzlichen
Entschluß und bat den Kapellmeister um eine geheime Unterredung, die auch mit der größten Artigkeit bewilligt wurde.
Nachdem er seiner Mannschaft befohlen hatte vorauszumar-
schiren, hielt er die Hand an das Ohr und lauschte den ver-
traulichen Mittheilungen des armen Mädchens. Sie schüttete
ihm ihr ganzes gepreßtes Herz aus, sie theilte ihm mit, welches
Complot geschmiedet, aus welchem Grunde sein berühmtes
Quartett hauptsächlich berufen worden, und wie von seinem
Benehmen ihr ganzes Lebensglück abhänge. „Sagen Sie,"
so schloß sie ihre Bitten, „sagen Sie meinem Verlobten, wenn
er in seiner Arglosigkeit seine Kunst zeigt, ein ermuthigendes
Wort, und wenn Sie noch mehr thun, und mich glücklich
machen wollen, so spielen Sie selbst nicht — nicht allzu
hinreißend."

Der Kapellmeister, als er hörte, daß er es mit einem
wirklichen Geiger zu thun haben solle, schien anfangs etwas
verblüfft, doch fand er bald in edlem Selbstbewußtsein seine
Fassung wieder, und gerührt durch den Jammer des hübschen
Mädchens tröstete er sie auf das Verbindlichste, versprach
ihrem Verlobten allen Vorschub zu leisten, ja er ließ sogar
durchblicken, er werde, um das Glück der Liebenden zu fördern,
sich selbst verläugnen und sich Mühe geben, nicht allzu hinreißend zu spielen.

„Beruhigen Sie sich, mein schönes Kind," sagte er, Karolinen zum Abschied galant die Hand küssend, „Wupptich, will
sagen, Kapellmeister Siebert, ist stolz darauf, der Beschützer
Ihrer Liebe zu sein."

VIII.

Villa Marbelli.

Der Herr Kapellmeister eilte seinen Musikanten nach und
Karoline betrat nach wenigen Minuten den Garten der Villa
Marbelli. Sie durchschritt diesen, und da sie Niemand fand,
bei dem sie sich nach Felix hätte erkundigen können, so stieg sie
die breite steinerne Treppe hinauf und befand sich in einer mit
Marmor gepflasterten und mit Stuck bekleideten, höchst ge=
schmackvollen und reich dekorirten Hausflur. Es ward Karo=
linen fast unheimlich in diesen eleganten Räumen, denn hier
konnte doch unmöglich ihr Felix zu suchen sein. Und doch,
vielleicht gab er bei einer reichen Familie Musikstunden, der
brave Mensch, ja, ja, so wird es wohl sein. Sie lauschte,
aber Alles war mäuschenstill. Die nächste Thüre, da wird
wohl der Hausmeister wohnen, bei dem will sie sich erkundigen.
Sie klopft leise an, und glaubt ein „Herein“ zu vernehmen; sie
öffnet die Thüre, aber als sie einen Blick in das Zimmer warf,
blieb sie von Scham übergossen, gefesselt an der Thüre stehen.
Sie blickte in einen auf das Reichste und Geschmackvollste, und
zugleich auf das Behaglichste ausgeschmückten Raum. Ein
kostbarer Teppich bedeckte den ganzen Boden, schwerseidene
Gardinen verhüllten die Fenster, seltene Gewächse standen
malerisch gruppirt, fremdartig geschnitzte Meubles, von schöner
Form und mit reichen Stoffen überzogen, waren auf das
Geschmackvollste vertheilt; ein kostbarer Flügel nahm beinahe
die ganze Wand ein, er war aufgeschlagen und Noten lagen
auf dem Pulte, und vor dem Flügel auf dem bunten Teppiche
ruhte eine gewaltige fahle englische Dogge und hob das mür=
rische Haupt erstaunt dem jungen Mädchen entgegen. An
einem eleganten Schreibtische, der Thüre den Rücken zuwen=
bend, saß ein junger Mann und schrieb emsig. Karoline
konnte kaum mehr sehen, als sein schwarzes lockiges Haar,
das in Wellen auf den Rücken herab fiel, gerade wie bei ihrem

Geliebten. Sie hatte dies Alles mit einem Blicke übersehen, und wollte sich, da sie unbemerkt geblieben, schüchtern wieder zurückziehen. Doch die englische Dogge war anderer Meinung, und schien sich für verpflichtet zu halten, der jungen Dame gegenüber die Honneurs des Hauses zu machen. Sie erhob sich und stieß ein Geheul aus, das wie ein ferner Donner schallte.

„Ruhig, Nero! Schäme dich! Was giebt es? Wer ist da?" sagte der junge Mann und drehte den Kopf nach der Thüre. Karoline stieß einen Schrei aus, denn sie hatte ihren Geliebten erkannt. „Felix — Herr Felix! Du, Du — Sie sind es? Sind Sie es wirklich?!" stammelte das zitternde Mädchen. Herr Felix war überrascht aufgesprungen und eine leichte Verlegenheit malte sich in seinen Zügen.

„Freilich bin ich es, leibhaftig," rief er zärtlich ihre Hand fassend. „Was starrst du mich so erschreckt an, als sähest Du meinen Doppelgänger?"

„Du, Du, und hier in diesen prachtvollen Räumen?" sagte das arme Mädchen immer noch mit ängstlichem Zweifel dem jungen Manne in die bekannten dunkeln Augen sehend. Und wie um sich selbst zu beruhigen, setzte sie hinzu: „Oder bist Du — ja so wird es sein, — bist Du etwa Hauslehrer hier bei einer reichen Familie?"

„Richtig, Hauslehrer; Du hast's errathen," erwiderte Herr Felix lächelnd, „meine Zöglinge, — die — die Musikstunde ist so eben beendet, da liegen die Noten noch auf dem Flügel. Aber Du, mein süßes Mädchen, wie kommst Du hierher? Es ist doch kein Unglück? Hat am Ende gar Herr Kunst sich in Wirklichkeit alle Haare ausgerissen?"

„Felix, spotte nicht," sagte das Mädchen, durch Thränen lächelnd, „er ist mein Pflegevater. Ich war so erschrocken, so beängstigt; doch jetzt bin ich wieder beruhigt. O Felix, ich glaube an Dich und ich vertraue Dir!"

„Das sollst du auch, meine holde Braut, vertraue mir in

allen Dingen," sagte der junge Mann gerührt; „und nun setze
Dich und erzähle mir, wie kommst Du hierher und wie hast
Du mich aufgefunden?"

„Warum ich hierher komme, fragst Du mich? O Felix,
die Angst um Dich hat mich hierher getrieben, denn höre nur."
Und nun erzählte Karoline alles Vorgefallene, vergaß aber
schließlich nicht, ihren Geliebten zu beruhigen, indem sie ihm
die freundliche Zusage des berühmten Kapellmeisters Siebert
und dabei dessen merkwürdige Persönlichkeit selbst nebst Be-
gleitern schilderte. Herr Felix lachte herzlich bei der Beschreibung des Quartetts, über die Persönlichkeit des Herrn Kapellmeisters aber schüttelte er bedenklich den Kopf.

„Unbegreiflich, ich habe Herrn Siebert selbst gekannt: er
war stets ein feiner, geschmackvoll gekleideter Mann und ein
tüchtiger Künstler. Sollte der arme Mann so weit herunter-
gekommen sein? Doch, dem sei wie ihm wolle," fuhr er fort
und faßte herzlich Karolinens Hand, „Du, mein treues, be-
sorgtes Kind, kannst ruhig sein. Habe keine Noth um Dich
und mich, und forsche auch nicht weiter, warum ich hier so
heimisch bin in diesen eleganten Räumen, ich" — setzte er
lächelnd hinzu — „der ich, wie Du weißt, hier nur Hauslehrer
bin; und glaube mir, wo auch mein Haupt ruht, ruht es mit
gutem Gewissen, und wo auch mein Herz schlägt, schlägt es in
treuer Liebe zu meinem holden Mädchen. Die Wellen des
Lebens," fuhr er ernster werdend fort, „haben mich im Sturm
und Sonnenschein auf und nieder geworfen, und jetzt suche ich
nach einem kleinen See, auf dem mein Nachen sich in Frieden
schaukeln mag, bis ich mich wieder auf's Neue hinauswage in
die Stürme des Lebens. Du kennst mein vergangenes Leben
nicht genug, um mich völlig zu verstehen, aber glaube an mich
und vertraue mir. Und nun, mein süßes Mädchen, gehe nach
Hause, damit Dein Pflegevater nicht Ursache habe, zu zürnen.
Ich muß die paar Stunden vor dem Feste noch nützen, zu dem
auch ich das Meinige beitragen werde, wenn auch nicht,"

setzte er lächelnd hinzu, „als geigender Nebenbuhler des Herrn
Kapellmeisters Siebert. Auf den Abend werde ich zu Euch
kommen, und — glaube mir, mein Liebchen — Alles wird
nach unsern Wünschen endigen."

Karoline hatte mit leichtem Herzen den Heimweg ange=
treten. Als sie auf der Höhe des Berges angekommen war,
da schaute sie noch einmal zurück nach der Villa, und da — sie
traute ihren Augen kaum — da sah sie etwas, das sie auf's
Neue in angstvolles Erstaunen versetzte. Vor der Gartenthüre
stand ein elegantes Reitpferd, von einem Reitknechte gehalten,
und eben stieg ein junger Mann auf, der eine wunderbare
Aehnlichkeit mit ihrem Felix hatte. Ja, wahrhaftig, er war
es selbst, er wendete sich um und winkte grüßend mit der
Hand, dann sprengte er in der Richtung nach der Residenz
davon.

Ein armer Schullehrer und Musiker, und nun gar zu
Pferde, und wie stattlich er dahin sprengte. Und wieder war
das Herz des armen Mädchens bedrückt von schweren Zweifeln.
Wie werden die Räthsel des Tages sich lösen?

IX.

Ueberraschungen.

Stunden waren vergangen, und Herr Kunst harrte mit
verzweiflungsvoller Ungeduld auf die Ankunft des berühmten
Kapellmeisters. Da wurde er aufgeschreckt durch den Galopp=
schlag eines Pferdes, das sich seinem Hause näherte. „Sollte
das Quartett zu Pferde kommen," dachte Herr Kunst mit
einiger Verwunderung und öffnete zum zwanzigsten Male das
Fenster. Vor dem Fenster hielt ein Reiter. „Sind Sie Herr
Rathsherr Kunst?"

„Rath Kunst, ja wohl, der bin ich."

„Hier ein Brief und ein Packet für Sie aus der Resi=
denz," sagte der Mann, reichte Beides durch das Fenster,
wendete sein Pferd und sprengte davon.

Herr Kunst hielt den Brief und ein ziemlich umfangreiches Packet in der Hand. Es war bei ihm Grundsatz und Herr Kunst handelte stets nach Grundsätzen, wenn er einen Brief und ein Packet zu gleicher Zeit erhielt, stets zuerst das Letztere zu öffnen, nach der ganz richtigen Erfahrung, daß ein Packet in der Regel etwas Reelles, häufig sogar eine angenehme Ueberraschung enthalte, während die Ueberraschungen in Briefen oft sehr unangenehm sein können, namentlich wenn sie in Form von Mahnungen und unbezahlten Rechnungen auftreten. Auch in vorliegendem Falle hatte Herrn Kunst die Erfahrung nicht getäuscht, denn, nachdem er hastig die Siegel und Schnüre des Packets geöffnet hatte, lagen vor seinen erstaunten und bewundernden Augen eine kostbare goldene Uhr mit schwerer goldener Kette, sowie ein wundervoller Ballanzug, bestehend in einem kostbaren weißen Atlaskleide nebst Spitzenschleier und äußerst zierlichen weißen seidenen Schuhen. Mit seinem bekannten Scharfsinne schloß Herr Kunst sogleich, daß diese letzten Artikel wohl nicht persönlich für ihn bestimmt seien. Um sich jedoch sichere Aufklärungen zu verschaffen, öffnete er den Brief, der folgendermaßen lautete:

„Verehrtester Rathsherr von Rübenthal!"

Verzeihen Sie es dem in Anerkennung der Stellung, die ihm Ihnen gegenüber einzunehmen gestattet ist, nur unvollständig Unterzeichneten, wenn er es wagt, Ihnen an Ihrem Wiegenfeste in dem kleinen zum Messen Ihrer kostbaren Zeit bestimmten Instrumente nebst Kette einen kleinen Beweis seiner Dankbarkeit und Freundschaft zu liefern. Nicht dem Rathsherren, nicht dem Mehlkünstler gilt dieser Tribut, sondern vor allen Dingen dem Pflegevater eines liebenswürdigen Mädchens und dann in zweiter Reihe, dem Musiker und Ethnografen, dessen Leistungen in G-dur mit Dreivierteltakt stets mein Erstaunen, und dessen Schilderungen Petersburgs stets meine Heiterkeit erregt haben. Die Liberalität, mit der Sie mir den Zutritt in die heutige

Soirée gestatten, und noch mehr, die soeben empfangene
Nachricht, daß Sie mir bei dieser Gelegenheit
besonders ausgesuchte Rücksichten zu erwei=
sen gedenken, veranlaßten mich den Ausdruck meiner
Gesinnungen möglichst zu beschleunigen. Was die beige=
legten Toilettengegenstände betrifft, so kann ich hier über
ihre Bestimmung nur so viel sagen, daß diese ganz von
Ihnen abhängt, und daß es meine schönste Hoffnung ist,
Sie möchten diese Bestimmung bereits errathen und gebilligt
haben.   Hochachtungsvoll Ihr ergebenster

                              F. S."

Der Petersburger gerieth über diesen Brief in das freu=
digste Erstaunen, obgleich ihm Manches darin dunkel blieb,
namentlich gegen den Schluß. Eines aber war ihm in dem
Briefe vollkommen klar, daß der Schreiber ihn einen Ethno=
grafen genannt. Was für eine Art Graf dieses sei, schien ihm
zwar noch etwas zweifelhaft, denn bis jetzt kannte er außer ge=
wöhnlichen Grafen, nur Markgrafen, Gaugrafen, Pfalzgrafen
und Telegrafen, jedenfalls aber mußte ein Ethnograf eine sehr
hochgestellte Persönlichkeit sein, und daß er mit einer solchen
verglichen werden konnte, erfüllte ihn mit stolzem Hochgefühle.
Doch wer konnte der Schreiber des Briefes und der Spender
der kostbaren Geschenke sein? Und was sollte das Geschenk
eines seidenen Kleides bedeuten? Unter den geladenen Gästen
konnte Herr Kunst durchaus Niemanden entdecken, dessen
Geldbeutel einer solchen That fähig gewesen wäre, und nicht
einer der Honoratioren des Städtchens konnte sich rühmen,
F. S. zu heißen. Der Bürgermeister hieß G. Wählmich, der
Rathschreiber J. Sportel, der Accisor H. Zettel, der Kamin=
feger F. Glanzruß, der Nachtwächter H. Schmeckambecher,
und die beiden letzten waren zudem des Schreibens unkundig.

„Da möchte man sich ja alle Haare ausreißen! Da muß
der Schneider rathen, der ist so eine Art Diplomat!" Eben
wollte Herr Kunst den Schneider Staube ersuchen lassen, sich

herüber zu bemühen, als eine imponirende in einen eleganten
Pelz gehüllte Gestalt in das Zimmer trat. Aus den weiten
Falten des mächtigen Kleidungsstückes schaute eine spitze Nase
hervor und zwei dürre Arme machten verzweifelte Anstrengun=
gen, sich der pelzigen Umhüllung zu entwinden. Nachdem dieß
mit Hilfe des Bäckermeisters gelungen, und der dünne Kern
aus der mächtigen Schale herausgeschält war, producirte sich
dem erstaunten Auge des Herrn Kunst der eben gesuchte
Schneider Staude.

„Staude, seid Ihr ein Narr geworden, oder wollt Ihr
meine Gäste als Pelznickel überraschen?"

„Narr? Pelznickel? Bah! Hört!" rief Herr Staude
würdevoll, und indem er triumphirend einen Brief aus der
Tasche zog, begann er zu lesen:

„Hochverehrter Nadelkünstler und Zwirndirektor!

Da Sie selbst in den heißesten Hundstagen auf den
Unterzeichneten stets den Eindruck machten, als seien Sie
nahe daran, den Tod des Erfrierens zu sterben, so konnte
derselbe nicht umhin, bei der herangekommenen kühleren
Jahreszeit, und um der Menschheit ein so kostbares Crem=
plar zu erhalten, das beifolgende warme Kleidungsstück zu
übersenden. **Hoffentlich wird es Ihnen in dem=**
selben so heiß werden, als es diesen Abend
durch Ihre gütige Hülfe dem Unterzeichneten
werden sollte. Der Pelz ist von der besten Qualität
und haben zu dessen Herstellung zwei der edelsten Ziegen=
böcke ihr Leben opfern müssen.

Hochachtungsvoll Ihr ganz ergebener
F. S."

„Auch F. S.?" schrie der Bäckermeister, „da möchte man
sich ja alle Haare ausreißen! Da, leset, ich habe auch einen
Brief von diesem F. S. Wer ist dieser F. S.? Mir steht der
Verstand stille!"

Herr Staude schien durch diesen Stillstand gar nicht be=

sonders überrascht zu sein, und nachdem er seine Hornbrille
aufgesetzt und den Brief gelesen hatte, erklärte er, daß der
Verstand ein beweglicher Gegenstand sei, der bei ihm niemals
stille stehe, und daß er von der unumstößlichen Ueberzeugung
durchdrungen sei, daß der Briefschreiber und der Spender der
Geschenke Niemand anders sein könne, als der berühmte
Kapellmeister Franz Siebert selbst. „F. S., Franz Siebert!"
Nichts ist klarer. Der Mann will sich offenbar dankbar
zeigen für die Anerkennung, die wir seinem Genie zollen.
Und was liegt einem so berühmten Mann, wie Siebert, an
einer goldenen Uhr und einem Pelzrocke? Die bekommt er nach
jedem Conzerte dutzendweise geschenkt. Und was den Ballanzug betrifft, na, das liegt doch auf der flachen Hand, der ist
für Eure Karoline bestimmt, er hat ein Auge auf sie geworfen,
und wer weiß, wir begrüßen Sie vielleicht noch heute Abend
als Schwiegervater eines berühmten Mannes!"

Diese mehr als wahrscheinliche Schlußfolgerung des
scharfsinnigen Schneiders versetzte Herrn Kunst in das höchste
Entzücken. Einen Musiker als Schwiegersohn zu haben, war
von jeher sein Lieblingswunsch, und nun gar einen so berühmten Kapellmeister, das übertraf seine kühnsten Hoffnungen.
„Da möchte man sich ja alle Haare ausreißen!" Er faßte
auch alsbald den festen Entschluß, vor keinen, auch den grau-
samsten Maßregeln, zurückzuschrecken, wenn Karoline sich wei-
gern sollte, den Kapellmeister zu heirathen; und er bedauerte
nur, daß die Tortur mit spanischen Stiefeln und Daumen-
schrauben in dieser verschrobenen Zeit nicht mehr zur Anwendung gebracht werden dürfen. Inzwischen aber eilte er in
höchst eigener Person in den Keller, um zum würdigen Empfang seines berühmten Schwiegersohnes eine Flasche Champagner an das Tageslicht zu fördern, die schon seit undenklichen
Zeiten darauf geharrt, bei einer ganz besonderen Feierlichkeit
losknallen zu dürfen.

Herr Krummel besorgte in anmuthigster Weise die gegenseitige
Vorstellung.

X.

Sie sind da.

Kaum war Herr Kunst dem Keller wieder entstiegen, als
vor dem Hause der dumpfe Ton einer Baßgeige erklang, den
Paars kunstreiche Hand seinem Instrumente entlockte, um auf
diese sinnige Weise anzuzeigen, daß das Quartett im Anzuge
sei. „Sie sind da!" schrie Herr Staube und stürzte zur Thüre

hinaus, um gleich darauf im Triumphe die Künstlergesellschaft einzuführen.

Herr Krummel schüttelte dem Herrn Kunst mit großer Herzlichkeit die Hand, und besorgte in anmuthigster Weise die gegenseitige Vorstellung. „Herr Paar, Baß, — Herr Kunst; Herr Feuchterle, Klapptrompete — Herr Kunst; Herr Kratzer, Bratsche — Herr Kunst." Dieser war durch den eigenthüm= lichen Aufzug seines Schwiegersohns etwas außer Fassung ge= bracht, und daß ein solcher Mann Uhren und Pelzröcke ver= schenke, schien ihm nun gar wunderbar. Doch wer will die Launen solcher großen Künstler ermessen? Da muß man noch auf ganz andere Dinge gefaßt sein.

„Die Herren kommen zu Fuß?" fragte Herr Kunst, nach= dem er sich von seinem Erstaunen erholt hatte. „Allerdings," meckerte Herr Krummel, „Fußgehen ist meine Liebhaberei, es regt die Phantasie an und ist gesund für die Leber; und die Leber ist die Hauptsache bei einem Musiker. Nicht wahr, Paar?" Herr Paar stimmte vollkommen bei, daß die Leber die Hauptsache sei. „Ich lasse deßhalb stets meine Equipage mit den Schecken zu Hause, ich fahre niemals mit meinen Schecken, reiner Luxus, daß ich sie halte. Nicht wahr, Paar?"

Herr Paar bestätigte mit größter Bereitwilligkeit, daß der Herr Kapellmeister niemals mit Schecken fahre. „Habt Ihr gehört?" flüsterte Herr Staube und gab dem Bäckermeister einen Rippenstoß, „Equipage und Schecken! Glücklicher Schwiegervater!" Der Gedanke, daß seine Pflegetochter er= koren sei, einst in einer Equipage mit Schecken zu fahren, war für Herrn Kunst sehr beruhigend. „Sie waren wohl auch in Petersburg, Herr Kapellmeister?"

„In Petersburg? Und ob! Paar, wann waren wir in Petersburg?"

„Vorgestern," sagte Herr Paar, der die Vorstellung hatte, dieses Petersburg müsse ein Nest sein irgendwo in der Nähe, wo vorgestern Kirchweihe war.

„Paar, besinne Dich, voriges Jahr willst Du sagen,"
suchte Herr Krummel den geographischen Schnitzer seines
Kunstgenossen zu verbessern. „Es war auf unserer Rückreise
von Constantinopel, wo wir in den Dardanellen logirten, und
wir nahmen Petersburg nur so unterwegs mit, weil der Czar
uns absolut hören wollte. Recht lieber Mann, der Czar;
nicht wahr, Paar?"

„Sehr lieb," sagte dieser.

Die Bedenken des Herrn Kunst waren vollständig zerstreut, und mit jedem Worte stieg die Hochachtung vor dem
ausgezeichneten Manne; welches Glück, einen solchen Mann
einst Schwiegersohn nennen zu dürfen! Der Wichtigkeit des
Momentes entsprechend, verfiel Herr Kunst alsbald in seine
imponirende lakonische Kürze, und nachdem er etwas gemurmelt hatte von „Haarausreißen," sagte er, nach einem gedeckten
Tische deutend: „Eine Erfrischung! Setzen! Essen! Trinken!
Gefällig?"

Herr Paar hat nachmals versichert, das sei die schönste
Rede gewesen, die er jemals gehört habe, und alsbald fiel er
über einen Kalbsschlägel her, kräftig unterstützt von der Trompete und der Bratsche, denen schon längst das Wasser im
Munde zusammengelaufen war, bei dem ungewohnten Anblicke
eines mit Eßwaaren bedeckten Tisches. Herr Krummel dagegen öffnete mit einer kunstgerechten Gewandtheit die Cham-
pagnerflasche, als sei diese angenehme Beschäftigung seine täg-
liche Uebung. Als der Pfropfen gegen die Decke sprang, sagte
Herr Paar, der in seinem Leben noch keinen Champagner gesehen hatte: „Das ist aber einmal ein curioses Bier?" Ein
kräftiger Fußtritt unter dem Tische von Seiten des Herrn
Krummel belehrte ihn aber, er solle sein Maul halten und
seine gastronomischen Bemerkungen für sich behalten. „Famo-
ser Champagner! Dieselbe Sorte, von der wir bei den Dardanellen täglich ein halbes Dutzend Flaschen tranken. Nette
Leute, diese Dardanellen, nicht wahr, Paar?" Herr Paar

konnte nur einen unartikulirten Laut von sich geben, denn er hatte den Mund voll Kalbsbraten; jedenfalls war er aber auch der Ansicht, daß es recht nette Leute seien. Das Abendessen war glücklich beendet, denn Herr Krummel hatte es verstanden, jede verrätherische Aeußerung seines Collegen Paar (die Trompete und die Bratsche fanden keine Zeit zum Sprechen) im Keime zu ersticken, und das Quartett zog sich zurück, um dem Geschäfte der Verdauung obzuliegen, und sich für die kommenden Ereignisse zu sammeln. —

Die große Stunde war gekommen und der „Salon" des Festgebers füllte sich mit den geladenen Gästen in ihren glänzendsten Toiletten; die Gäste wurden von Herrn Kunst auf das Verbindlichste empfangen. Auch Herr Felix war erschienen, war jedoch von Herrn Kunst kaum eines Blickes gewürdigt worden, und zog sich in eine Fensternische zurück, von wo aus er mit augenscheinlichem Behagen den Schauplatz dieses kleinspießbürgerlichen Festes überblickte. Karoline sah reizend aus in ihrem weißen Atlaskleide, obgleich ihre Augen stets in Thränen schwammen, denn ihr Pflegevater hatte die furchtbarsten Drohungen gegen sie ausgestoßen, und ihr in Ermangelung von spanischen Stiefeln die Annehmlichkeiten eines spanischen Fliegenpflasters in Aussicht gestellt, wenn sie sich weigere, sich mit dem kostbaren Stoffe zu bekleiden, und sie hatte sich endlich unter Thränen gefügt. Ihr Blick suchte öfters das Auge des Geliebten, ihn um Verzeihung bittend, daß sie, die sonst so bescheiden war, in so auffallender und ihren Verhältnissen unangemessener Eleganz erscheine, und die bewundernde Neugierde der ganzen Gesellschaft auf sich ziehe. Herr Felix aber nickte ihr freundlich und ermuthigend zu, und sein Auge folgte mit einem glücklichen Ausdruck ihrer lieblichen Erscheinung. Als die Kerzen durch die gewandte Hand des Schneiders Staube, der ein kleines Frösteln vorschützend, um keinen Preis seinen Pelz abgelegt hätte, angezündet waren, und der „Salon" in einem Glanze strahlte, den nur 12 Stearin=

kerzen, 6 Stück per Pfund, verleihen konnten, da entstand
in der Gesellschaft jene erwartungsvolle Stille, die bedeutenden
Ereignissen stets voranzugehen pflegt, und so gewaltig erregt
war die Neugierde der Gesellschaft, daß die Erfrischungen,
welche von zwei Bäckergesellen herumgereicht wurden, obgleich
sie in Bier und Fastenbretzeln bestanden, kaum beachtet wur=
den.   Da, endlich öffnete sich die Thüre des Nebenzimmers
und herein schritt Herr Krummel, gefolgt von seinen Traban=
ten, mit eleganter Zuversicht in den Saal, und machte allseits
seine Verbeugung.   Seine äußere Erscheinung erregte wie ge=
wöhnlich allgemeines Aufsehen.   Eine ältliche Dame, die im
Besitze eines alten Bandes der „Gartenlaube“ war, welchem
Umstande sie es verdankte, daß sie in Sachen der Kunst und
der Literatur in Rübenthal als Autorität galt, diese Dame
machte zu ihrer Umgebung die Bemerkung, daß der berühmte
Paganini bei seinem ersten Auftreten gleichfalls etwas sehr
Fremdartiges gehabt habe; dieser treffende Vergleich machte
die Runde durch die Gesellschaft, und bei einigen besonders
scharfsinnigen Gästen hatte sich alsbald die Ueberzeugung fest=
gesetzt, daß der berühmte Italiener selbst es sei, der sie heute
mit einem Vortrag entzücken werde.   Ein allgemeines Gemur=
mel der gespanntesten Erwartung lief durch die Reihen der
Gäste, und Herr Kunst hielt nun auch den Zeitpunkt für den
Beginn des Konzertes gekommen.

„Allgemeine Spannung! Gefällig?“ wendete sich der
Gastgeber an den berühmten Kapellmeister, indem er sehr
künstlich die Pantomimen des Geigens machte.   Dieser aber
schien es nicht sehr eilig zu haben: „Sehr gerne,“ stotterte er
mit etwas unsicherer Stimme, „jedoch vorher noch eine Bitte.
Wir sind gewohnt, unmittelbar vor jeder Production uns noch
einmal körperlich zu erquicken.   Nervenstärkung.   Die Musik
ist sonst zu angreifend für unsere zarte Künstler=Constitution.
In Petersburg tranken wir jedesmal vorher Champagner.“

„Champagner?" erwiderte Herr Kunst in einiger Ver=
legenheit. „Bedaure, keiner mehr da. Aber Klingelberger?"

„Klingelberger? Gut, Klingelberger! Ist auch ein musi=
kalischer Wein. Ist er nicht, Paar?"

„Sehr musikalisch," sagte Herr Paar, und auch die
Trompete und die Bratsche versicherten, daß sie an der musi=
kalischen Eigenschaft des Klingelbergers noch nie gezweifelt
hätten.

„Bringen Sie Klingelberger und etwas zum Beißen.
Auf den Mann einen Vogel," bat Herr Krummel.

Es wurde auf dem Podium wacker aufgetischt und Herr
Kunst ließ es sich nicht nehmen, seine berühmten Gäste selbst
zu bedienen, wobei er in auffälliger Weise und unmittelbar vor
den Augen des Herrn Kapellmeisters seine goldene Uhrkette
spielen ließ. Doch Herr Krummel betrachtete dieses Manöver
mit der größten Unbefangenheit, und schenkte den Leberwürsten
und dem Klingelberger weit größere Aufmerksamkeit als der
goldenen Kette, ein Zartgefühl, welches die höchste Bewunde=
rung des Herrn Kunst erweckte. Das gleiche Zartgefühl be=
thätigte er gegenüber dem Herrn Schneider Staube, denn er
fragte Herrn Kunst, warum denn der alte Narr in einem Pelze
herumlaufe, worauf Herr Kunst nur mit einem bedeutungs=
vollen Lächeln und pfiffigen Augenzwinkern antwortete.

XI.

Das Conzert.

Das Quartett gab sich äußerste Mühe, diesen angenehmen
Vorbereitungsakt so viel als möglich zu verlängern, denn Herr
Krummel befürchtete mit eben so viel Recht als Scharffinn,
daß die Verhältnisse im weitern Verlaufe des Geschickes nicht
immer so günstig bleiben würden, weshalb er seinen Collegen
auch die treffende Bemerkung zuflüsterte: „Hauet ein und
lasset's Euch schmecken, denn lange kann der Schwindel doch
nicht mehr dauern." Allein nach Verlauf einer Stunde gab

das Publikum so unverkennbare Symptome von Ungeduld zu
erkennen, daß die Produktion sich nicht länger hinausschieben
ließ. „Nun denn in Gottes Namen," sagte Herr Krummel,
und das Quartett griff seufzend zum Kolophonium, dessen es
sich weitere zehn Minuten mit großer Energie bediente, den
Trompeter nicht ausgenommen, der in Folge des Klingelber=
gers und von einem dunkeln Nachahmungstriebe geleitet, sein
Instrument ebenfalls und zum großen Erstaunen des Publi=
kums auf das Gründlichste mit diesem musikalischen Peche
einrieb. Die mitgenommenen Notenhefte lagen aufgeschlagen
auf den Pulten, die Künstler waren sämmtlich in Positur, und
Herr Krummel ließ einen hoffnungslosen Blick über die Gesell=
schaft schweifen, ob sich denn gar kein Mittel zum weiteren
Aufschub finden ließe. Es ließ sich keines finden. Herr
Krummel wischte sich seufzend die Stirne, richtete sich mit dem
Muthe der Verzweiflung hoch auf, ergriff den Taktirstock und
rief mit lauter Stimme: „Paar! Nummer 5!" Die Noten=
hefte wurden durchblättert, die imaginäre Nr. 5 wurde endlich
aufgefunden, Herr Krummel schwang seinen Commandostab,
und die Künstler begannen todesmuthig den in der Probe
einstudirten „Vetter Michel," dessen Grund=Thema etwa so
lautete:

Sie brachten das Musikstück auch glücklich zu Ende, mit Aus=
nahme einiger Schwachheiten, die sich Herr Paar mit seinem
Basse zu Schulden kommen ließ, und ausgenommen des Um=
standes, daß die Bratsche einige Takte zu spät eingesetzt hatte,
weßhalb sie in consequenter Durchführung ihrer Stimme
natürlich auch einige Takte später aufhören mußte. Diese
kleinen Verstöße wußte aber der Trompeter mit ungeheurem
Blasen gleichmäßig zu überdecken, so daß das kunstsinnige
Publikum nicht viel davon merken konnte. Nachdem das

Schlußsignal der Trompete verklungen, herrschte das tiefste
Schweigen in der Gesellschaft, man hätte können eine Nadel
fallen hören. Für einen denkenden Künstler ist das Schweigen
des in Entzückung erstarrten kunstsinnigen Publikums ein
größerer Triumph, als der lärmende Applaus einer tobenden
Menge, und in dieser Beziehung ließ das Schweigen der Zu=
hörer nichts zu wünschen übrig. Allerdings schien Jedermann
die Produktion ganz eigenthümlicher, kaum jemals gehörter
Art zu sein, doch wagte es Niemand, einem so berühmten
Künstler gegenüber sich ein Urtheil anzumaßen. Ein junger
Unterlehrer, der in jugendlicher Selbstüberhebung so unvor=
sichtig war, etwas von Unsinn und Pfuscherei zu murmeln,
wurde alsbald auf Veranlassung des Herrn Kunst durch
Bäckergesellen zur Thüre hinausspedirt, und dieser Zwischenfall
löste die Erstarrung der Menge, die nun auf das Signal des
Herrn Staube in einen rauschenden Beifallssturm ausbrach.

Karoline sendete dem Herrn Krummel einen dankbaren
Blick zu, denn sie allein mußte ja zu beurtheilen, aus welch'
edlen Beweggründen der würdige Mann sich mit einer so
niedern Leistung begnügte, ja sie fand, daß er seine Selbst=
verläugnung förmlich übertrieben habe, denn das Quartett
hätte schon noch etwas besser spielen dürfen, ohne deßhalb
ihren Geliebten in Schatten zu stellen. Dieser hatte sich
übrigens selbst in den Schatten gestellt, in den Schatten einer
Fensternische, von wo aus er mit unbeschreiblichem Behagen,
der weitern Entwicklung der Scene entgegensah.

Herrn Krummel stand der helle Angstschweiß auf der
Stirne, denn die Selbstständigkeit der Bratsche war seinem
feinen musikalischen Ohre nicht entgangen. „Ihr seid ein
Esel," zischelte er der unglücklichen Bratsche zu, „und wenn
das Publikum kein Rhinoceros wäre, so hätten sie uns schon
hinausgeschmissen." Doch der Beifall der Zuhörer wirkte be=
ruhigend auf seine empörten Gefühle, und als nun Herr Kunst
neue Erfrischungen herbeischleppen ließ, da begann die sich

allmälig steigernde Wirkung des Weines einen höchst günstigen
Einfluß auf die Zuversicht der Künstler auszuüben. Herr
Krummel nahm hiernach die Glückwünsche der Gesellschaft mit
großer Herablassung als gebührenden Tribut entgegen, und
auch Herr Felix kam aus seinem Verstecke hervor, um an
den Kapellmeister eine Frage zu richten: „Von wem ist das
interessante Musikstück, welches Sie so eben die Güte hatten,
uns vorzutragen?“ „Beethovens letzter Gedanke auf seinem
Sterbebette“ sagte Herr Krummel mit großer Unbefangenheit.
„Er konnte bereits nicht mehr sprechen, sondern nur noch
singen, und die Gedanken wären verloren gegangen, wenn nicht
zufälliger Weise Mozart und Meyerbeer gegenwärtig gewesen
wären, die sie sogleich aufschrieben.“ Diese interessante Mit=
theilung über die letzten Augenblicke des großen Componisten
wurden von der Gesellschaft mit dem gebührenden Interesse
aufgenommen. „Ich danke, Herr Siebert,“ sagte Herr Felix,
den Herrn Krummel als ein ganz außerordentliches Phänomen
anstarrend. „Sie haben sich etwas weniges verändert, Herr
Siebert, seitdem ich das letzte Mal das Vergnügen hatte, Sie
zu sehen.“ „Wie — wieso?“ sagte Herr Krummel stotternd,
und warf unwillkürlich einen Blick nach der Thüre. „Nein,
nein, beruhigen Sie sich,“ sagte Herr Felix lachend, „ich
täuschte mich, Sie sind noch ganz der gleiche geniale Herr
Siebert.“ — Dieses Compliment schien dem Herrn Krummel
nicht so recht zu behagen, und auch Herrn Paar hatte die be=
denkliche Frage des naseweisen jungen Mannes hinter seine
Baßgeige gescheucht.

　　Doch blieb keine Zeit zur weiteren Ueberlegung, denn die
Zuhörer begannen bereits ungeduldig zu werden, und Herr
Kunst wandte sich an den Kapellmeister mit der Bitte, um ein
zweites Musikstück. „Was befehlen Sie?“ fragte dieser mit
großer Bereitwilligkeit. „Ich denke eine schöne Polonaise,“
meinte der Petersburger. „Polonaise? Von!“ erwiderte Herr
Krummel, ergriff seinen Taktstock und rief: „Paar! Polonaise

Nr. 107! Aber mit Gefühl!" Die Notenhefte wurden umge=
blättert, der Taktstock wurde geschwungen und zum zweiten
Male erklang der "Vetter Michel":

Obgleich die Bratsche diesmal dadurch Abwechslung in
das Thema brachte, daß sie mehrere Takte zu früh einsetzte und
folgerichtig auch mehrere Takte zu früh aufhörte, so war die
Aehnlichkeit mit der ersten Produktion doch zu handgreiflich,
als daß sie den Zuhörern hätte entgehen können, und auf ihren
Gesichtern malte sich eine sichtliche Enttäuschung. Nur der
Petersburger und Schneider Staude ahnten nichts Arges,
denn sie schwelgten noch immer im Entzücken über Uhr und
Pelz und folglich auch über die Musik. "Nun, Herr Felix,"
sagte Herr Kunst und klopfte dem jungen Mann triumphirend
auf die Schulter, was sagen sie zu der Musik? He? da ist
Kraft, da ist Fülle, da ist Einheit! Was?"

"Allerdings," sagte Herr Felix lachend, "die merkwür=
digste Musik, die ich in meinem Leben gehört."

"Und wie er seine Geige streicht, der Siebert! Da können
Sie sich heimgeigen lassen! Wie? Was?"

"Er spielt allerdings eine der besten Violinen, die ich
gesehen. Wie mag der Schlingel — der Herr Kapellmeister,
wollte ich sagen, nur dazu gekommen sein? Eine Amati."

"Amati? Ja wohl, amo, amati, aber nichts für Sie
amo, dort steht der amo! Ha, Ha, Ha; merken Sie etwas?
Er wird jetzt gleich ein Solo geigen. Werden Sie auch eines
geigen? Nicht? Hab' mir's gedacht. Neben einem solchen
Künstler! Bah!"

Unterdessen hatte Herr Krummel seinen "Vetter Michel"
zum drittenmale unter Nr. 36 als Notturno begonnen; aber
schon während des Spieles steckten die Zuhörer die Köpfe zu=
sammen und zischelten sich ihre Bemerkungen über die über=

raschende Aehnlichkeit der Musikstücke in die Ohren, und als
die Trompete das Stück abermals mit den zu einem Nachtliede
durchaus nicht passenden Signale in ganz vorzüglicher Stärke
schloß, gab sich in der Gesellschaft eine sehr bedenkliche und
demonstrative Bewegung kund.

XII.
Die Katastrophe.

In diesem Augenblicke hörte man rasch einen Wagen vor
dem Hause anfahren, und gleich darauf trat ein fremder Herr
in den Saal.

Der Fremde war offenbar in großer Aufregung; er ließ
sich sogleich zum Hausherrn führen, den er in eine Ecke zog,
und heftig mit den Armen gestikulirend in ihn hineinsprach.

Herr Kunst schien durch seine Mittheilungen höchlich und
nicht auf die angenehmste Weise überrascht, denn er erhob die
Hände und rief ein über das andere Mal: „Da möchte man
sich ja alle Haare ausreißen! Und wer sind Sie, mein Herr,
daß Sie es wagen, mit dieser Beschuldigung in mein Haus
einzudringen?"

„Ich bin der Kapellmeister Siebert!"

„Wa — was?" stotterte der Rathsherr und wurde käse-
weiß, „der Kapellmeister Siebert? Dort oben steht ja der
Kapellmeister Siebert. Der berühmte Mann ist ja seit mehreren Stunden mein sehr geehrter Gast!?"

„Was?" schrie der Fremde, „hat der Schlingel mir außer
meiner Geige auch noch meinen Namen gestohlen? Wo ist der
Kerl? He da, Krummel! Wupptich!!"

Dieses freundschaftliche Zwischengespräch war so laut geführt worden, daß es der Aufmerksamkeit der Gesellschaft nicht
entgehen konnte, und alsbald bildete sich eine Gruppe um die
Streitenden.

Auch Herrn Krummel war der Lärm zu Ohren gedrungen, und er machte einen langen Hals nach der Richtung hin,

in banger Ahnung, daß dort etwas vorgehe, was mit seiner Person in Verbindung stehe. Als nun aber gar der Ruf „Krummel!“ und sein Künstlername „Wupptich!“ durch den Saal erschallte, da wurde er um eine Schattirung blässer. Mit Feldherrn-Blick übersah er sofort die Lage der Dinge; die Schlacht war verloren; es mußte für einen geordneten Rückzug gesorgt werden. „Paar, noch einen Schluck, den letzten,“ sagte er zu seinem zitternden Collegen, denn auch dieser hatte den Donnerruf „Wupptich!“ gehört. „Der Teufel ist los! Noch einen Schluck und dann mir nach!“ —

Doch dem Rückzug stellte sich ein unerwartetes Hinderniß entgegen, der Fremde, bei dessen Anblick Herr Krummel einen Schreckensruf ausstieß und einen Satz rückwärts machte. Die beiden Kapellmeister standen sich gegenüber.

„Krummel! Wupptich! Infamer Schlingel!“ rief der Fremde und packte Herrn Krummel beim Kragen. „Was treibst Du hier?! Wo hast Du meine Violine! Meine Amati?!“

Herr Krummel stotterte etwas von Künstlern, die sich in der Noth aushelfen müssen, und überreichte in tiefer Zerknirschung seine Violine.

Der kunstsinnige Rathsherr hatte dieser Scene mit maßlosem Erstaunen zugehört. „Ja,“ stammelte er, „sind denn Sie nicht der Kapellmeister Siebert?“

Herr Krummel hatte sich von der ersten Ueberraschung wieder erholt, und antwortete auf diese verfängliche Frage mit ziemlicher Unbefangenheit: „Kapellmeister Siebert? Ja wohl! das heißt nicht so eigentlich ganz; jedoch wäre es nicht so ganz unmöglich, sintemalen......“

„Sintemalen er mir die Stiefel wichst!“ rief der Fremde lachend, denn die Situation war zu überwältigend komisch. „Ich bin der Kapellmeister Siebert, und dieser Mensch hier heißt Krummel, vulgo Wupptich, und ist mein Stiefelwichser!“

Herr Krummel stieg in die dunkle, der freien Natur bloßgelegte Tiefe
des Passes und hielt eine Abschiedsrede.

„Wa — was? Er ist kein Kapellmeister? Er heißt nicht
Siebert?" brüllte der erboste Rathsherr, und machte Miene,
sich auf den unglücklichen Wupptich zu stürzen. Doch Herr
Krummel entging der Gefahr, indem er den Kopf senkte gleich
einem Mauerbrecher, und mit dem Rufe: „Mir nach!" in
der Richtung hinstürmte, wo er die Thüre vermuthete. Herr
Kunst sprang auf die Seite, denn der Stoß war gerade auf

seinen edelsten Theil, den Magen, gerichtet, und Herr Krummel, gefolgt von dem Trompeter und dem Bassisten, von denen Jeder eine in der Eile noch erbeutete Flasche Klingelberger drohend über dem Haupte schwang, erreichten glücklich die Thüre. Schlimmer erging es dem armen Paar, der mit seiner Baßgeige belastet, seinen fliehenden Collegen nicht so rasch folgen konnte. Herr Schneider Staude, vielleicht in Ahnung des gemeinschaftlichen Berufes, hatte den unglücklichen Bassisten zu seinem Separat-Gegner ausersehen, und bearbeitete dessen, glücklicherweise nur wenig umfangreiche Hinterseite in so erfolgreicher Weise, daß der geängstigte Paar seinen Baß fahren ließ, zur Thüre hinausstürzte und die Treppe hinunter purzelte, um vor der Hausthüre den interessanten Anblick zu genießen, wie sein Instrument als eine dunkle Masse unter dem Fenster erschien, um alsbald mit dumpfem Verzweiflungstone auf dem Pflaster zu bersten. Herr Krummel, der mit großem Interesse dem Vorgange gefolgt war, stieg in die dunkle, zum ersten Male der freien Natur blosgelegte Tiefe des Basses, und hielt an die unter den Fenstern sich drängende Gesellschaft eine Abschiedsrede, die in ergreifender Weise die Vergänglichkeit alles Irdischen behandelte, und schließlich den tiefgefühltesten Dank des Quartettes aussprach für die genossene Gastfreundschaft. Unter dem Eindrucke dieser Rede trat das Quartett in später Stunde den Rückweg an, im Ganzen sehr befriedigt von dem Verlaufe der Expedition. „Der Baß ist auf dem Felde der Ehre gefallen!" rief Herr Krummel, indem er seinen Hut schwenkte, „wir aber, wir leben noch! Hurrah! Es lebe das Genie!"

XIII.

Aufklärungen.

Der kunstsinnige Rathsherr und Bäckermeister Kunst befand sich in einem bedauernswerthen Zustande. Die beabsichtigte Demüthigung des Herrn Felix war total mißlungen, und

er selbst mußte sich gestehen, daß es um seinen Ruf als feinen
Kunstverständigen ein für allemal geschehen war, und er sich
vor ganz Rübenthal gründlich blamirt habe. Er saß in seinem
Sessel zurückgesunken, und wischte sich den kalten Schweiß von
der Stirne, und auch den tröstenden Zuspruch seines Freundes
Staube wies er mit dem Bemerken zurück: „Er, der Schneider
sei ein Esel, sonst hätte er gleich merken müssen, daß der
Wupptich ein Pfuscher und kein Kapellmeister sei!" Selbst ein
Blick auf die schwere goldene Kette, die über seinen Magen
herabhing, vermochte ihn nicht zu trösten, denn jetzt wußte er
ja wieder nicht, von wem die kostbaren Geschenke kamen, und:
„Wenn ich nur wüßte, von wem die Uhr und Kette ist; da
möchte man sich ja alle Haare ausreißen," rief er, seinem ge-
preßten Herzen Luft machend. Da trat Herr Felix zu dem
unglücklichen Rathsherrn, und mit freundlichem Lächeln seine
Hand ergreifend, sagte er: „Ueber diesen Punkt, Herr Rath,
bin ich in der glücklichen Lage, Sie aufklären zu können. Uhr
und Kette und die übrigen Geschenke sind von mir. Mein
Reitknecht hat Ihnen heute Abend das Packet übergeben. Bei
der Gastfreundschaft, die ich in Ihrem Hause genossen, hielt ich
mich für berechtigt, Ihnen an Ihrem Wiegenfeste mit diesen
Kleinigkeiten einen schwachen Beweis meiner Freundschaft zu
geben. Verzeihen Sie, wenn ich zu viel gewagt und Ihr
Zartgefühl verletzt habe."

Herr Kunst saß da mit offenem Munde und starrte sein
Gegenüber mit ungeheurem Erstaunen an: „Reitknecht? Kleinigkeiten? Zartgefühl?" stotterte er. „Ja, zum Henker, sind
Sie denn nicht ein armer Schlucker von Schullehrer? Oder
was sind Sie denn eigentlich?"

Der wirkliche Kapellmeister Siebert hatte schon seit einiger Zeit mit wachsendem Erstaunen den Herrn Felix betrachtet,
jetzt trat er aus der neugierig sich zudrängenden Gruppe hervor und rief: „Täuschen mich meine Augen? Herr Sebald,
sind Sie es oder sind Sie es nicht?"

Der junge Mann streckte dem Kapellmeister beide Hände
entgegen: „Freilich bin ich's, wie ich leibe und lebe, und herz=
lich freue ich mich, mein lieber Siebert, Sie bei dieser spaß=
haften Gelegenheit begrüßen zu können!"

„Aber mein Gott!" rief der Kapellmeister, „wie kommen
Sie, der berühmte Künstler, hierher nach Rübenthal? Ich
glaubte, Sie seien noch in Petersburg?" „Nun," sagte Felix
lächelnd, „bin ich doch ein Rübenthaler Kind, der Sohn des
verstorbenen Schulmeisters, man wird mir das Recht, hier zu
sein, nicht streitig machen können. In Petersburg war ich,
dort habe ich mein letztes Conzert gegeben; nun aber habe ich
mich seit mehreren Wochen hierher zurückgezogen, um nach all
den Strapazen mich zu erholen."

Jetzt aber sprang der Rathsherr Kunst von seinem Stuhle
auf und schrie mit dunkelrothem Gesichte: „Was ist das?
Was soll das? Will man mich noch einmal zum Narren
haben? Sie waren in Petersburg? Sie sind der Felix? Des
alten Sebald kleiner Felix? Und ein berühmter Künstler! Hol'
der Teufel die Künstler! Da möchte man sich ja alle Haare
ausreißen!"

„Beruhigen Sie sich," sagte Herr Siebert beschwichtigend,
„und reißen Sie sich ja Ihre Haare nicht aus. Ich habe die
Ehre, Ihnen hiermit in aller Form vorzustellen den königlichen
Kapell= und Conzertmeister Herrn Felix Sebald, einen der
ersten Violinisten unserer Zeit, der, von Petersburg zurückge=
kehrt, wo er den kaiserlichen Hof mit seiner Kunst entzückt —
man hat's in der Zeitung gelesen — der Gesellschaft hier durch
seine Anwesenheit eine hohe Ehre erzeigt. Ich bin stolz
darauf, ihn meinen Freund zu nennen." Herr Kunst war
in seinen Stuhl zurückgesunken und starrte den jungen Künstler
mit einem albernen Lächeln an; diesmal stand ihm wirklich der
Verstand stille.

„Ja, ich bin der kleine Felix," sagte dieser mit gewinnen=
dem Lächeln, „Ihres verstorbenen Freundes Sebald einziger

Sohn. Auch spiele ich ein wenig die Violine, wie Sie wissen, Herr Rath Kunst — habe aber die Erfahrung gemacht, daß es weit schwieriger ist, hier in Rübenthal Anerkennung zu finden, als in Paris, Berlin, London und Petersburg." Herr Kunst zuckte in seinem Lehnstuhle zusammen, als hätte man ihm einen Stich versetzt. Herr Felir aber fuhr fort: „Ich war des Umhertreibens in den großen Städten, Glanz und Ehre müde geworden, und gedachte eine Zeitlang in der Einsamkeit zu leben, und mich ganz als den armen, gering geachteten Menschen zu betrachten, der ich war, als ich vor vielen Jahren meine Heimath verließ. Mich aber hat mein Glücksstern hierher geführt, denn ich habe hier einen Schatz gefunden, den zu besitzen, das Glück meines Lebens ist. Karoline, die Gespielin meiner Kindheit! Geben Sie mir die Hand Ihrer Pflege= tochter und sie zieht ein als Herrin in die Villa Viarbelli, die ich gestern gekauft habe."

In dem Saale tönte ein Schrei der höchsten Glückselig= keit. „Felir, Du, Du?!" und Karoline sank halb ohnmächtig in die Arme ihres Geliebten. „Mein süßes, mein theures Mädchen! Vater, geben Sie uns Ihren Segen."

Herr Kunst war wie im Traume. Er kneipte sich in die Nase, und da er durch diese Operation die Ueberzeugung ge= wann, daß er wirklich wache, so fing er laut an zu schluchzen, kräftig unterstützt durch ein Geheul, welches aus der Pelz= umhüllung des Herrn Staube erscholl.

„Kapellmeister! Petersburg! Marbelli!" schluchzte der tief ergriffene Pflegevater. „Der Himmel segne Euch! Da möchte man sich ja alle Haare ausreißen!"

XIV.

Schluß.

Es war am Morgen des zweiten Tages der eben geschil= derten merkwürdigen Ereignisse, als Herr Krummel auf seinem Lager erwachte. Er befand sich in dem Zustande, den man als moralischen Katzenjammer zu bezeichnen pflegt. Herr Krummel sah sich mit einem schmerzlichen Humor in seiner armseligen Stube um, und die Ehren, die er so flüchtig genossen, obgleich sie so tragisch geendet, ließen ihn seine erbärmliche Lage doppelt schmerzlich empfinden. „Das muß anders werden," rief er vom Bette aufspringend und mit gekreuzten Armen sein Zimmer messend. „Ich muß ein neues Leben beginnen! Noch ist es Zeit! Mit der Musik bin ich fertig, und das Stiefelwichsen befriedigt meinen Geist nicht. Jetzt Himmel, sende mir einen Retter, oder ich thue etwas Entsetzliches und gehe unter die Mucker."

Und der Himmel bewahrte ihn vor diesem furchtbaren Schicksale, und sendete ihm einen Retter in Gestalt eines Briefträgers. Er erhielt den ersten Brief in seinem Leben, und zum Glück war er frankirt. Der Brief kam vom Kapellmeister Felix Sebald, und enthielt die Anweisung auf eine Summe, deren Größe Herr Krummel bisher nur vom Hörensagen kannte. Dabei war die Erwartung ausgesprochen, daß es Herrn Krummel bei seinen Fähigkeiten und seiner Gewandtheit gelingen möge, mit diesen Mitteln sich eine e h r e n h a f t e Existenz zu gründen. „Ich bin überzeugt," schrieb Herr Felix, „daß ich mich in Ihrer E h r e n h a f t i g k e i t nicht täusche, daß es Ihnen darum zu thun ist, von Ihren Talenten einen würdigeren Gebrauch zu machen, und in diesem Falle können Sie auch fernerhin auf meine Theilnahme zählen." Herr Krummel machte keinen Freudensprung oder einen Purzelbaum, wie er bei einem so freudigen Ereignisse unter andern Verhältnissen gethan haben würde; nichts von alledem, sondern er drückte den Brief an die Brust und fuhr sich mit der Faust über die Augen. „Ein Anderer hätte mich einen Lump genannt; sie verachteten mich, sie traten mich mit Füßen und zwangen mich von meinem Witze zu leben; — dieser aber" — und er schlug mit der flachen Hand auf den Brief — „dieser aber appellirt an meine Ehrenhaftigkeit, e r weiß, daß noch

etwas von Ehre in mir steckt, nnd bei Gott, der Mann soll
Recht behalten!"

In einer bescheibenen Straße der Residenz ist ein kleiner
Spezereiladen, der den prunkenden Schild zeigt:

"S p e z e r e i - u n d C o l o n i a l w a a r e n - G e s c h ä f t
v o n K r u m m e l,"

und auf einem besonderen Blechschilde:

"A e c h t e H a v a n n a h!"

Hinter dem kleinen Ladentische steht Herr Krummel in
seiner bekannten Juppe und mit dem rothen Halstuche und
bringt seine Colonialwaaren in möglichst kleinen Portionen und
meist lothweise unter das Publikum, das seinem Laden zu-
strömt, ebensowohl wegen der Vortrefflichkeit seiner Waaren
als wegen der ausgezeichneten Witze, mit denen der Besitzer des
Geschäftes seine Kunden zu erheitern pflegt.   Seine Freunde
Paar, die Bratsche und die Trompete haben ein kleines Conto
an Zucker und Kaffee bei ihm offen, und täglich eine echte
Havannah gratis, die aber jedesmal mit der bringenden Aufforderung übergeben wird, sie nicht im Laden, sondern im
Freien zu rauchen.   Jeden Sonntag Nachmittag aber schließt
er sein "Gewölbe," und marschirt hinaus nach der Villa Marbelli, wo er sich's nicht nehmen läßt, seinem Wohlthäter wenigstens ein Mal in der Woche die Stiefel zu wichsen, und der
jungen Frau die meisten Neuigkeiten aus der Residenz zu erzählen.   Herr Rath Kunst hat mit dem falschen Kapellmeister
Frieden geschlossen.

Wenn sich Herr Krummel ein ganz besonderes Vergnügen
machen will, dann trommelt er sein Quartett zusammen, und
birigirt in dem Stübchen hinter dem Laden den "Vetter
Michel."   "Paar! die Polonaise Nr. 107, aber mit Gefühl!"

Die Blatternimpfung.

Von

Friedrich Gerstäcker.

Doctor Julius Forbach war ein alter Junggeselle, der, und wenn auch nur in seiner eigenen Meinung, von der Zeit vergessen und weit über ein halbes Jahrhundert, trotz grauer Haare, Runzeln im Gesicht und eines nichtswürdigen Rheumatismus im linken Bein, noch jung geblieben war.

Morgens brauchte er, genau nach der Zeit lebend, wenigstens zwei Stunden zu seiner Toilette, zum Arrangiren seiner falschen Zähne, zum Brennen seiner, immer noch von Zeit zu Zeit gefärbten Haare, zum Rasiren, zum Anziehen, und tänzelte er, mit einem kleinen Spazierstöckchen nachher aus, so besuchte er noch immer die Damen, für die er vor langen Jahren geschwärmt und die sich dann im Laufe derselben verheirathet hatten und Mütter, ja Großmütter geworden waren. Mit dem Schlag 12 Uhr saß er aber j e d e n Morgen regelmäßig am Stammtisch bei Röhrichs am Markt, um sein Glas Bier zu trinken, speiste im Hotel, las nach Tisch in Café die Zeitungen, verbrachte seine Abende im Theater oder Concert, oder auch im Casino bei einer Parthie L'hombre, und kehrte, genau um zehn Uhr, in sein wohl freunbliches aber doch auch sehr einsames Logis zurück, wo ihm eine alte Haushälterin die Wirthschaft führte, und ein etwas sehr fauler Bursche in einer Art von Livreerock die anderen nöthigen Dienste leistete.

Uebrigens galt er bei allen seinen Bekannten und Freunden als eine Art von Factotum, das, mit gar keiner bestimmten

Beschäftigung, von ihnen zu allerlei kleinen Diensten zweckmäßig
verwendet werden konnte: Besorgungen in der Stadt, beson=
ders von Theater= und Concertbilleten, Briefe in den Brief=
kasten zu stecken, einen Wagen zu bestellen, Annoncen in die
Zeitungen zu rücken, Bücher in der Leihbibliothek umzutauschen,
ein Recept in der Apotheke abzugeben, daß es das Mädchen
nachher holen konnte, und andere dem ähnliche Dinge wurden
ihm von den verschiedenen Damen mit dem größten Vertrauen
übergeben und irgend einen solchen Dienst zu verweigern, ge=
stattete ihm schon sein gutes Herz und seine wirklich unermüd=
liche Gefälligkeit nicht.

Dafür war er aber auch überall gern gesehen; die Kinder
jubelten wohin er nur kam, denn er trug stets die Taschen voll
Bonbons, und die Frauen lächelten ihm freundlich entgegen;
war nämlich etwas in der Stadt passirt, so erfuhren sie es jetzt.
Er kannte auch alle die kleinen Familiengeheimnisse, da sich kein
Mensch vor ihm genirte, und überraschte er auch wirklich einmal
eine Dame seiner Bekanntschaft zu etwas früher Stunde noch
in ihrem Morgenrock, so erschrack sie wohl im ersten Augen=
blick darüber, beruhigte sich aber rasch, sobald sie ihn erkannte
mit einem: „ach, es ist nur der Doctor,“ und dieß „nur der
Doctor“ sicherte ihm zu jeder Stunde und aller Orten einen
freundlichen und ungehinderten Empfang.

Doctor Julius Forbach war übrigens nicht etwa Arzt, ob=
gleich er zahllose kleine unschuldige Hausmittel für jedes Leiden
wußte, und gewisse Pillen z. B. auch stets bei sich trug, son=
dern einfacher Doctor der Philosophie und Einer von den Tau=
senden von Menschen, die auf der Welt „ihren Beruf verfehlt
haben“. Er liebte die Wissenschaft, ja aber mehr noch als sie,
seine eigene Bequemlichkeit; er machte allerdings früher einige
Versuche, in irgend welche Thätigkeit einzutreten, aber es ging
nicht — er hatte zu viele Bekannte, die er nicht vernachlässigen
durfte, kurz und mit einem Worte: er v e r b u m m e l t e , und
da er ein kleines Vermögen besaß, von dem er zur Noth sorgen=

frei leben konnte, so gab er endlich alle weiteren Bemühungen
auf und wurde, was er jetzt war: Doctor Julius Forbach, der
gute Freund aller Welt.

In der Ferdinandsstraße der kleinen, aber ziemlich belebten
Stadt Buntzlach wohnte der Notar Erich, noch nicht sehr lange
mit seiner allerliebsten Frau verheirathet, in deren Eltern Haus
Forbach seit langen Jahren aus- und einging und Elise Erich,
als damaliges Lieschen Bertram noch als kleines Kind gekannt
und oft auf dem Arm herumgetragen oder auf dem Knie ge-
schaukelt hatte. Er nannte sie deßhalb auch jetzt noch D u und
L i e s ch e n , und war dort wie fast überall wo er verkehrte,
wie zu Hause.

Es ging auf 11 Uhr Morgens, als er an einem freundlichen Sommertag, und eben von einem kleinen Spaziergang
zurückkehrend, Erich's Wohnung passirte, und, da er doch keine
weitere Beschäftigung hatte, beschloß, eben einmal vorzufragen,
wie es ginge. Die kleine Frau war vor etwa drei Monaten
von einem allerliebsten Mädchen entbunden worden, und er
hatte die Kleine eigentlich noch gar nicht recht bewundert —
was die Mütter doch sämmtlich verlangen; so gern er aber
Kinder von etwa 2 Jahren an leiden mochte, so wenig machte
er sich aus Säuglingen, und ging ihnen eher lieber etwas aus
dem Weg.

Er kam heute aber — für s e i n e Bequemlichkeit wenigstens, — zu nicht sehr günstiger Zeit, desto willkommener aber,
wie es schien, der jungen Frau, die er schon vollständig angezogen, und zum Ausgehen gerüstet traf. Sie rief ihm wenigstens, wie sie nur seiner ansichtig wurde, erfreut entgegen:

„Ach bester Doctor! Sie hat mir der Himmel gerade
jetzt geschickt, Sie müssen mir einen Gefallen thun!“

„Aber mein bestes Lieschen“, sagte der freundliche Mann,
„Du weißt ja doch, wie gern ich Dir zu Liebe thue, w a s in
meinen Kräften steht — aber vor allen Dingen, wie gehts hier
zu Haus und was macht die Kleine? Ich muß aufrichtig ge-

stehen, ich bin eigentlich heute Morgen ganz besonders hierher gekommen, um i h r meine erste Visite zu machen, und mich nach ihrem Wohlbefinden zu erkundigen."

„Das ist sehr freundlich von Ihnen, lieber Doctor", sagte die junge Mutter, „und Sie sollen sie auch gleich sehen. Noch geht's ihr auch, Gott sei Lob und Dank, vollkommen gut, aber Sie wissen doch, welche furchtbare Krankheit jetzt in der Stadt herrscht: die entsetzlichen Blattern, und diese gräßliche Epide= mie tritt plötzlich, ja eigentlich erst seit gestern, so bösartig auf, daß ich mich vor Angst gar nicht mehr zu fassen weiß."

„Du hast sie doch impfen lassen?"

„Das ist es ja eben! noch nicht," rief die junge Mutter besorgt, „ich habe es noch immer hinaus geschoben, weil mir das Kind so zart schien und ich den Gedanken nicht ertragen konnte, daß ein fremder Mann mit einem scharfen Messer meinem armen herzigen Schatz in den Arm schneiden sollte, aber jetzt geht es ja nicht länger."

„Nun es ist damit auch jetzt noch Nichts versäumt," sagte Forbach gutmüthig, „denn in diesem Stadttheil sind ja, so viel ich weiß, noch gar keine Krankheitsfälle vorgekommen. Ich habe mich übrigens erst im vorigen Jahr noch einmal impfen lassen, die Blattern sind aber nicht gekommen — ich habe keinen Stoff dafür in mir."

„Ach Du lieber Gott," klagte die kleine junge Frau, „denken Sie nur, gleich neben uns an sind sie ausgebrochen; Helenchen, die Tochter vom Commerzienrath Sommer hat sie bekommen, und der kleine Ernst und schräg gegenüber der Schuhmacher soll sie auch haben und in den Häusern hinter uns liegen zwei Familien daran krank. Es ist ja ganz schrecklich und sie sollen so bösartig auftreten, wie noch nie. Ich weiß mir vor Angst gar nicht zu helfen."

„Aber so schicke doch zu dem Arzt und laß' ihn herkommen, daß ist ja das Einfachste, dann kann er gleich das ganze Haus impfen und Du bist nachher jeder Sorge ledig."

„Das wollte ich ja auch," klagte Elise, „aber das Unglück ist, daß der Einzige, der jetzt gute Lymphe besitzt, der Stadtphysikus Baumann, so viel zu thun hat, daß er seine Wohnung gar nicht verlassen kann. In der allgemeinen Angst stürzt aber nun Alles zu ihm und erst vor einer Viertelstunde hat er mir sagen lassen, er habe eben wieder frische Lymphe bekommen, wenn wir aber geimpft sein wollten, müßten wir zu ihm kommen, denn er hätte schon so Vielen abgeschlagen, in das Haus zu gehen und auch wirklich keine Zeit, eine Ausnahme zu machen."

„Das ist freilich unangenehm," sagte Forbach, „hat aber auch bei dem herrlichen Wetter nicht so viel zu sagen. Außerdem wohnt Stadtphysikus Baumann gar nicht so weit von hier entfernt und Du kannst das rasch genug abmachen."

„Ja das wollte ich ja auch, bester Doctor," klagte Elise, „und mein Mann war eben im Begriff mit mir zu gehen, als er zu einem Sterbenden gerufen wurde, um dessen Testament aufzusetzen."

„Das konnte er nicht verweigern," sagte Forbach, „denn da that Eile noth."

„Nein, das weiß ich ja auch," klagte Elise, „aber nun kommt auch noch die Angst dazu, daß der Sterbende die Blattern hat und mein unglücklicher Mann von ihm angesteckt wird."

„Aber bestes Kind," beruhigte sie der Doctor, „was machst Du Dir jetzt für ganz unnöthige Sorgen — wer war es denn?"

„Ja das weiß ich nicht, in der Angst habe ich den Namen nicht gehört und Karl, als er eilig seinen Hut nahm und fortlief, auch nicht einmal darnach gefragt."

„Aber Schatz, kann der Mann nicht eben so gut eine ganz unschuldige Lungenentzündung, oder die Schwindsucht, oder irgend eine andere Krankheit haben? Wer denkt denn nur gleich an das Schlimmste und Du quälst Dich nur ganz unnützer Weise selber damit. Doch welchen Gefallen sollte ich Dir thun? Du sprachst vorhin davon?"

„Ach ja, lieber Doctor," sagte die junge Frau bittend:
„ich erwähnte schon vorher, daß mich Karl eben begleiten wollte,
als er abgerufen wurde und ich fürchte mich jetzt, so allein zu
dem Stadtphysikus zu gehen. Da sind gewiß recht viele Leute,
und wenn ich dort mit dem Mädchen so lange zwischen so vielen
fremden Menschen sitzen muß — ich sage Ihnen, ich habe eine
schreckliche Scheu davor."

„Und ich soll mitgehen?" frug Forbach gutmüthig.

„Ach wenn Sie so freundlich sein wollten, Sie thäten mir
einen g r o ß e n Gefallen."

„Von Herzen gern", sagte Forbach lachend, „ich habe doch
gerade nichts Besonderes vor und sehe mir dort dann gleich die
Geschichte einmal mit an. Aber Du willst Dich doch auch
impfen lassen?"

„Gewiß, gewiß", rief Elise, und das Kindermädchen eben=
falls, und die Köchin soll heute Nachmittag hingehen und mein
Mann, sobald er nur zurückkehrt. Die Angst ließe mich ja
sonst keinen Augenblick ruhen — also Sie begleiten mich? Ich
muß ja doch das Kind hinüber bringen."

„Versteht sich Kind, versteht sich, begleit' ich Dich," nickte
ihr Forbach gutmüthig zu. „Macht Euch dann nur zurecht,
denn sonst wird es am Ende heute Morgen zu spät und um 12
Uhr — muß ich einen Herrn an einem bestimmten Platz treffen,
mit dem ich etwas Wichtiges zu besprechen habe." — Der be=
stimmte Platz war nämlich Röhrichs Restauration am Markt,
wo er, pünktlich, wie er in Allem war, sich jeden Mittag um
12 Uhr einfand.

„Oh!" rief die junge Frau erfreut, „wir können gleich
gehen, denn ich bin schon fertig angezogen und die Rieke sitzt
drüben und wartet auf uns. Nur meine Handschuhe muß ich
mir noch holen, ich bin aber gleich wieder da —" und hinaus
huschte sie, um, wie sie versprochen hatte, g l e i c h wieder zu
erscheinen.

Es ist das aber ein eigenthümliches Ding mit Damen,

bie, wenn sie ausgehen wollen, sonderbarer Weise noch außer=
ordentlich viel zu thun haben und grundsätzlich nie fertig
werden. In der Schlafstube lagen noch einige Sachen auf
dem Stuhl, die sie natürlich erst wegräumen mußte, dann hatte
Elise vorher den Sonnenschirm, wie sie bestimmt wußte, auf
das Bett gelegt, jetzt war er nicht da und fand sich erst nach
längerem Suchen draußen neben dem einen Schrank, wo sie ihn
hingestellt, als sie den Hut herausnahm. An dem Hut hingen
aber, wie sie jetzt bemerkte, noch einige Fasern, mit denen sie
doch nicht auf die Straße gehen konnte; die mußte sie also vor=
her noch abbürsten. Die Köchin äußerte ebenfalls noch einige
Wünsche — eine Hausfrau wird ja so sehr in Anspruch genom=
men. Dann konnte sie den Schlüssel zu ihrem Schreibtisch
nicht gleich finden, aus dem sie Geld nehmen mußte, denn da=
ran hatte sie vorher doch nicht gedacht. — Und nun die Hand=
schuhe — aus Versehen bekam sie, als sie dieselben aus dem
Kasten nahm, zwei rechte und mußte dann wieder zurück, Alles
noch einmal aufschließen und den passenden linken erst heraus=
suchen — und an dem fehlte nachher ein Knopf.

Doctor Forbach wartete indessen mit einer wahrhaft rüh=
renden Geduld eine viertel, eine halbe Stunde lang; endlich
waren alle Schwierigkeiten besiegt; Elise mußte sich nur noch
erst die etwas sehr engen Handschuhe anziehen. Das Mäd=
chen trug indessen das Kind auf dem Arm herum, das den Vor=
bereitungen nicht so geduldig zusah und zu schreien anfing.

„Bisch, bisch, bisch, bisch, bisch“, suchte das Mädchen das
Kind zu beruhigen — „bisch, bisch, bisch, bisch“ — das kleine
Ding begann Zeter zu kreischen und Forbach etwas nervös zu
werden.

Endlich setzte sich der Zug in Bewegung. Elise bemerkte
allerdings noch zur rechten Zeit, und wie sie schon unten an der
Treppe war, daß sie ihr Portemonnaie noch oben auf dem Tisch
hatte liegen lassen, aber sie war schnellfüßig, eilte rasch zurück,
holte es und nun stand ihrem Gang Nichts weiter im Weg.

Forbach bot ihr unterwegs den Arm, das Kindermädchen wan=
derte mit der Kleinen, die sich rasch beruhigte, als sie auf die
Straße kam, hinterher und so schritten sie den Weg ziemlich
rasch hinab, um den Impfplatz, vor dem sich Elise aber immer
noch fürchtete, aufzusuchen.

*   *   *

Das Lokal, in dem der Stadtphysikus die ihm gebrachten
Kinder in wirklich geschäftsmäßiger Weise impfte, lag allerdings
nicht sehr weit von Erich's Wohnung entfernt. Das Einzige
war nur, daß die Kleine, die das Mädchen dicht hinter Forbach
hertrug, unterwegs weiterschrie und Elise fortwährend stehen
blieb, um es mit — „ja, mein Herzchen, wir sind jetzt gleich
da, mein süßes Leben — mein Wonnekindchen" und anderen
Schmeichelnamen zu beruhigen. Das verzögerte den Gang
allerdings etwas und Forbach sah dabei vergebens wieder und
wieder nach seiner Uhr. Zu ändern war aber auch an der
Sache Nichts; es mußte eben geduldig ertragen werden, und
endlich traten sie in das Haus selber ein, wo er ja nicht mehr
der Gefahr ausgesetzt war, daß ihm seine zahlreichen Freunde
und Bekannten unterwegs begegneten und sich über sein „Familienleben" lustig machten.

Das Haus, in welchem Stadtphysikus Baumann seine
jetzige Impfstube eingerichtet, war ein altes städtisches Gebäude,
die sogenannte „alte Waage", in deren erste Etage eine ziemlich
enge steinerne Wendeltreppe hinaufführte; dort trat man dann
in einen geräumigen, luftigen Saal und Forbach bemerkte zu
seinem Schrecken, daß eine ziemliche Anzahl von jungen und
älteren Damen, wie Dienstmädchen, zwei Drittel von ihnen
ein kleines Kind in den Armen tragend, schon warteten und die
Sitzung also eine sehr ausgedehnte zu werden versprach. Er
sah auch verstohlen nach seiner Uhr, deren Zeiger schon auf elf
Uhr zeigte. Noch war Hoffnung, daß er hier zur rechten
Zeit abkam, um Punkt zwölf Uhr zu Röhrichs zu gelangen;

aber die schon vor ihnen Eingetroffenen mußten dann sehr rasch erledigt werden, und hielt er dort nicht seine bestimmte Zeit ein, so fühlte er sich nachher den ganzen Tag unbehaglich.

Seine angeborene Gutmüthigkeit verhinderte ihn aber auch, sich der übernommenen Verpflichtung zu entziehen; er durfte seine kleine Frau Erich nicht wie ein ungetreuer Cavalier im Stich lassen und es hieß jetzt aushalten. Eins auch beruhigte ihn dabei: das Mädchen mit dem Kind bekam, als sie eintraten, eine Marke, um die Reihenfolge zu sichern, übergangen konnten sie also nicht werden, und Alles nimmt ja auf der Welt einmal ein Ende, warum nicht auch eine Impfung.

Da Frau Erich übrigens, sowie sie in den Saal trat (die Impfung selber fand in einem Nebenzimmer statt), eine Bekannte traf, so knüpfte sie mit dieser augenblicklich ein Gespräch an und Forbach bekam dadurch Zeit, sich seine, immerhin interessante, wenn auch etwas sehr laute Umgebung zu betrachten. Die Hälfte der Kinder schrie nämlich und die Mädchen, um sie zu beruhigen, machten dabei noch weit mehr Lärm als die kleinen Störenfriede selber. In dem sehr hohen und geräumigen Saal schwamm aber doch dieses milde Concert zu einem so massenhaften Gewirr von Tönen zusammen, daß man nur selten einmal die Stimme eines urkräftigen jungen Staatsbürgers einzeln daraus hervorgellen hörte, und die Ohren bald vollkommen dagegen abgestumpft wurden.

Interessanter waren für Forbach die Damen selber, die sich in diesem Chaos von Gebrüll mit einander unterhielten, als ob sie sämmtlich taub wären, und nun einander in die Ohren schreien müßten.

Die Rieke der jungen Frau Erich machte allerdings den unausgesetzten, aber hier völlig verzweifelten Versuch, ihr Kind in Schlaf zu bringen, und Elise Erich theilte anfangs ihre Aufmerksamkeit noch zwischen der Freundin und dem „Wonnekind", das sich hier entschieden für berechtigt hielt, seine Stimme ebenfalls mit abzugeben. Es half auch Nichts: Der Paroxis-

mus mußte erst vorüber gehen, und ging auch, sobald die Kin=
der erst anfingen, ihren eigenen Heidenlärm zu hören, und
dann, wie erstaunt darüber schwiegen.

Forbach fand hier übrigens sehr gemischte Gesellschaft.
In der allgemeinen Calamität, welche die Stadt durch die Epi=
demie heimsuchte, war Alles herbeigeeilt, um den Schutz der
Impfung zu suchen — vornehme Damen und arme Frauen mit
ihren Kindern, und der Stadtphysikus durfte schon gar keinen
Unterschied machen, oder irgend wen begünstigen, denn die
Bürgerschaft selber hätte da augenblicklich Lärm geschlagen.
Wie die Leute eintrafen, so wurden sie abgefertigt, und eine
bunter gemischte Gesellschaft ließ sich deßhalb kaum denken, als
sie dort auf den Bänken saß, oder sich auf= und abgehend, da=
zwischen herum trieb.

Da war die Frau Regierungsräthin Blaumeier, verwitt=
wete Mütze und die bescheiden auf der äußersten Bank sitzende
Frau Vice=Aktuar Schreiber, die Frau Hauptmann von Bern=
stein und die Frau Sergeant Puster, arme Wäscherinnen und
Tagelöhnerinnen neben der reichen Banquiers=Frau Meier, und
Alles mußte geduldig der Minute harren, in welcher sie der in=
nig herbei gesehnte Ruf ihrer Nummer in das Nebenzimmer
forderte, und dadurch ihrem ewigen Warten ein Ende machte.

Das allein beruhigte Forbach, daß der Stadtphysikus mit
einer wirklich fabelhaften Schnelligkeit arbeitete. Es befanden
sich stets drei Parteien in seinem Zimmer, von denen die eine
geimpft wurde, während sich die anderen dazu vorbereiteten,
oder nach der Impfung die Kleider wieder ordneten. Er ließ
sich auch dabei nicht stören, ging auf keine Fragen der darin
sonst unersättlichen Mütter ein, und trieb das Ganze aller=
dings vollkommen geschäftsmäßig, aber dafür auch mit rascher
und geschickter Hand.

Uebrigens war Forbach eine in der Stadt zu bekannte
Persönlichkeit, um nicht auch hier eine Menge von bekannten
Persönlichkeiten zu finden.

„Ei nun sehen Sie einmal an, der Herr Doctor auch", sagte ein altes eingerunzeltes Fräulein, Namens Simprecht, die in der Stadt in dem Ruf einer sehr bösen Zunge stand — „wollen sich der Herr Doctor ebenfalls impfen lassen? Daran thun sie vollkommen Recht; ich selber habe den Entschluß gefaßt, mich der Operation noch einmal zu unterziehen und erwarte nur noch eine Freundin. Es ist jetzt eine schwere und gefährliche Zeit."

„Ach Fräulein Simprecht — sehr erfreut Sie zu sehen. Nein Sie entschuldigen, ich bin nur in Begleitung der jungen Frau Notar Erich hierher gekommen, und hoffe, daß uns bald die Reihe trifft — Fräulein Schwester befinden sich doch wohl?"

„Oh ich danke Ihnen vielmals, vortrefflich — das heißt, sie hat sich vor acht Tagen den Fuß vertreten und die Rose im Gesicht und muß das Bett hüten."

„Oh das bedaure ich ja sehr — aber Sie entschuldigen mein werthes Fräulein, ich muß mich doch jetzt einmal nach meiner Schutzbefohlenen umsehen, denn ich glaube, unsere Zeit kommt bald." Er drückte sich dabei auf die Seite, und dankte Gott, der Unterhaltung der Dame diesmal noch so rasch entkommen zu sein. Sie stand wenigstens in dem Rufe, daß sie ihre Opfer sonst so leicht nicht wieder los ließe.

Ein paar junge Damen, die sich gerade hatten impfen lassen und eben wieder aus der Stube heraus kamen, redeten ihn übrigens auch noch an, und frugen ihn lachend, ob e r sich vor den Pocken fürchte — seiner Schönheit wegen; der Frau Stadträthin Liebert lief er in den Weg und der Frau Kreisbaumeister Wölmerding und dankte seinem Gott, als er von der jungen Frau Erich endlich erfuhr, daß i h r e Nummer jetzt gleich daran kommen würde, und sie also nicht mehr lange zu warten brauchten. — Es war schon halb 12 Uhr vorüber.

Endlich k a m die Zeit, wo sie ihren „süßen zuckrigen Fettengel" — junge Mütter erfinden manchmal die wunderlichsten Beinamen für ihre Erstgeborenen — der „Schlachtbank" überliefern sollte, wie sie bebend sagte, aber es half eben Nichts — es mußte ja sein, um den süßen Schatz vor der furchtbaren Krankheit zu schützen, und der liebenswürdige, zu Allem bereite und jeder Aufopferung fähige Doctor wurde nur noch gebeten, auf Mantille und Sonnenschirm und die Flasche der Kleinen — was in dem Saal zurückgelassen wurde, Acht zu geben, als auch schon der Ruf: „Nr. 172“ durch den Saal schallte, und sie sich eilig dort hinüber verfügten.

Doctor Forbach war sich jetzt für kurze Zeit allein über= lassen, da er aber das alte Fräulein Simprecht, die außerdem eine Toilette wie ein junges Mädchen trug, wieder durch den Saal streichen sah, und sie in dem vielleicht nicht unbegründeten Verdacht hatte, daß sie i h n aufsuche, drückte er sich in eine der entfernteren Ecken, wo besonders die ärmeren Leute saßen, und von wo er die Thür des Impfzimmers auch im Auge behalten konnte, um dort gegen etwaige Angriffe besser geschützt zu sein. Sein Aufenthalt wurde ihm fatal und nur das tröstete ihn da= bei, daß er jetzt bald daraus erlöst würde. Stadtphysikus Baumann arbeitete außerordentlich rasch, und in höchstens zehn Minuten durfte er darauf rechnen, daß Alles vorüber sei.

Um seine Nachbarschaft hatte er sich indessen wenig be= kümmert. Es waren meist Frauen aus den unteren Klassen, die, jede ihr Kind auf dem Arm, zusammen ein lebhaftes Ge= spräch unterhielten. Ihrer Unterhaltung nach schienen auch Einzelne davon gar nicht mit der Impfung einverstanden zu sein, und es nur für eine neue Steuer zu betrachten, die ihnen der Stadtrath auferlegte. Wenn Andere das nun widerlegten, ließen sie sich trotzdem nicht überzeugen und murrten, was jetzt Alles von einem armen Mann verlangt würde, und wie die Lebensmittel von Tag zu Tag im Preise stiegen, und wie das eigentlich noch einmal Alles werden sollte.

Die Reihe herunter war eine junge, sehr anständig geklei= dete Frau gekommen, die ebenfalls, wie alle Uebrigen, ein klei= nes herziges Kind auf dem Arm trug, aber ganz merkwürdig bleich und angegriffen aussah. Ihre Kleider schienen nach dem neuesten Schnitt gemacht, aber von billigem Stoff, und Schmuck trug sie keinen, nur einen kleinen Goldreif mit fünf blauen Steinen, wie ein Vergißmeinnicht gefaßt, am Finger. Sie hielt auch mit keiner der übrigen Frauen Verkehr, sprach wenigstens mit keiner und schien sich nur allein mit ihrem Kinde zu beschäftigen, das sie oft an sich drückte und küßte, während das kleine liebe Ding zu ihr auflächelte und nicht die geringste Lust zeigte, an dem Concert der Uebrigen Theil zu nehmen.

Forbach beachtete sie anfangs nicht; da er jetzt aber gar Nichts zu thun hatte, fiel sein Blick wiederholt auf die lieben Züge der jungen Frau, in denen, wie sich kaum verkennen ließ, ein tiefer und wahrer Schmerz lag. Fürchtete sie für ihr Kind? aber dazu schien keine Veranlassung, denn das kleine muntere Ding sah wohl und gesund genug aus, und die großen blauen Augen blitzten klar in die Welt hinein.

Unwillkürlich flog sein Blick aber immer wieder nach der Thür der Impfstube, denn seine kleine Frau Erich mußte ja jetzt bald kommen. Es war außerdem schon halb zwölf Uhr vorbei und seine S t u n d e rückte immer näher.

Während Forbach nach seiner Uhr und wieder nach der Thür sah, hing der Blick der jungen Frau für Momente for= schend an seinen Zügen, fast als ob sie einen alten Bekannten in ihm zu sehen glaubte; aber sie mußte sich getäuscht haben, denn jetzt wandte sie sich wieder ab, schritt an ihm vorüber, et= wa zehn Schritt in der Reihe, und setzte sich dann, wie ermü= det, auf den einen Stuhl, wo sie einen Moment den Kopf in die Hand stützte.

Aber das dauerte nicht lange, so erhob sie sich wieder — ihr Gesicht zeigte Marmorblässe — sie sah sich wie scheu im Kreise um — ihr Blick fiel wieder auf Forbach, und zu ihm tretend, sagte sie mit leiser, angstgepreßter Stimme:

„Ach dürfte ich Sie wohl bitten, mein Herr, die Kleine nur einen Augenblick für mich zu halten! Sie wird gewiß

ruhig sein — nicht wahr Herz?" und sie küßte die Kleine auf
die Lippen.

„Ich Madame?" sagte Forbach, von der Bitte doch etwas
überrascht, indem er in seiner Gutmüthigkeit aber schon von
seinem Stuhl emporsprang, „ich weiß nur nicht recht mit Kin=
dern umzugehen."

„Oh nur einen Augenblick," bat das junge allerliebste
Frauchen, „ich bin ja im Moment wieder da. Ich — fühle
mich nicht wohl" — und als ob sie gar keine Widerrede gelten
ließe, legte sie das Kind in Forbachs Arm, küßte es noch einmal,
huschte dann den Saal entlang und verschwand gleich darauf
durch die Thüre.

Wer über den neuen, so unverhofft gekommenen Auftrag
und die übernommene Pflicht allerdings etwas verblüfft zurück=
blieb, war Doctor Forbach.

Er hatte ja aber auch gar keine Zeit zum Ueberlegen ge=
habt; das junge Frauchen sah dabei so lieb und gut aus, das
Kind lag so sauber und nett in seinem weißen Bettchen, und
lächelte ihn dabei so freundlich an.

Wenn Frau Erich zurückkam und fand ihn so — wie herz=
lich hätte sie ihn ausgelacht!

Es war auch in der That eine etwas komische Situation
für einen alten Junggesellen, der nicht einmal mußte, ob das
Kind recht lag, oder vielleicht anders gehalten werden mußte.
Er warf den Blick nach den anderen Frauen hinüber, deren
Blicke jetzt alle auf ihn gerichtet waren, und sah allerdings, daß
diese die Kinder in verschiedener Weise trugen.

Einmal hatte er indeß bei einem Freund Pathe gestanden
und erinnerte sich jetzt, daß ihm das Kind damals ebenso über=
geben worden, und die paar Minuten konnte er es ja auch so
halten. Wenn es nur ruhig blieb — heiliger Gott, wenn es
jetzt zu schreien anfing — was hätte er dann, in aller Welt, mit
ihm machen sollen!!

*   *   *

Die Frauen umher waren allerdings auf den Herrn mit dem Kind aufmerksam geworden, ohne jedoch darin etwas Außerordentliches zu finden, daß er es hielt — desto mehr interessirte sie aber die Mutter, und sie flüsterten auch schon heimlich mit einander.

Doctor Forbach wartete indessen und wartete, und die Situation fing schon an ihm peinlich zu werden. Die unselige Frau kehrte nicht zurück, sie mußte doch wenigstens schon zehn Minuten abwesend sein, und er stand hier mit dem Kind, das schon anfing Zeichen von Ungeduld zu geben, im Anfang ein Mäulchen nach dem anderen machte, und dann einen etwas weinerlichen Ton angab. Es schrie allerdings noch nicht, aber es war nahe daran und was wurde dann?

Die ihm nächsten Frauen waren indessen aufgestanden und der Thüre der Doctorstube zugegangen, weil ihre Nummer jetzt gleich kommen mußte, und zu seiner großen Beruhigung entdeckte er endlich Elise Erich, die eben mit Kind und Kindermädchen aus der Doctorstube trat, und wie sie ihn bemerkte, auf ihn zueilte. Sie hatte auch wohl gesehen, daß er etwas trug, aber nicht weiter darauf geachtet. Jetzt erst, als sie dicht an ihm heran war, rief die muntere Frau überrascht und lachend aus:

„Aber bester Doctor, was haben Sie denn da? ein kleines Kind? oh, das steht Ihnen prächtig! So sollten Sie sich photographiren lassen. Hahahaha, wo haben Sie denn das in der Geschwindigkeit herbekommen?!"

„Ja bestes Kind", sagte Forbach, mit einem etwas sehr verlegenen Lachen — „das ist eine ganz sonderbare Geschichte. Ein junges Frauchen hat mir das Kind in den Arm gelegt, sie wollte sogleich wiederkehren, und nun ist sie schon fast eine Viertelstunde fort und läßt sich nicht wieder blicken. Aber sie muß im Augenblick zurückkommen. Wenn Du nur eine Minute warten wolltest, Kind!"

„Von Herzen gern — aber ist das ein liebes Ding — ein
Knabe oder ein Mädchen?"

„Ja mein Schatz, das weiß ich nicht."

„Was es für schöne, große blaue Augen hat", fuhr die
junge Frau rasch fort, indem sie das Kind aber doch schärfer
und aufmerksamer betrachtete. „Doch was ist das? — sehen
Sie einmal die kleinen rothen Punkte auf der weißen Haut —
das sieht ja ganz sonderbar aus!"

„Es werden ein paar Blütchen sein", erwiderte der Doctor, der sich indeß vergeblich nach der Mutter seines Schutzbefohlenen umschaute — „ich begreife wahrhaftig nicht, wo sie
bleibt!"

„Nein lieber Doctor", sagte aber Elise Erich, indem sie
fast scheu von dem kleinen Wesen zurücktrat — „das sind keine
Blütchen — sehen Sie nur, das liegt ja fast wie ein schwarzer
Schein um den einen Punkt — um des Himmels Willen",
flüsterte sie ihm dann leise und furchtsam zu: „das arme un-
glückselige Kind hat ja die Blattern!"

„Alle Teufel!" rief Forbach fast unwillkürlich aus, denn
die Blattern waren ja im vorigen Jahr nicht bei ihm „gekommen" und er fühlte sich deßhalb keineswegs so ganz sicher.

„Aber wo ist denn nur die Mutter?" frug Elise.

„Das weiß der Himmel", stöhnte Forbach, indem er sich
halb verzweifelt umsah, „aber sie muß gleich wiederkommen;
wenn Du nur das kleine Wesen einen Augenblick nehmen
könntest — ich komme mir gar so unglückselig damit vor!"

„Ich? Gott soll mich bewahren", rief Elise erschreckt
schon bei dem Gedanken aus — „mein kleines Engelchen ist
allerdings geimpft, aber das kann jetzt noch nicht wirken, und
wenn das wirklich bei dem armen Kind die Blattern sind, woran ich keinen Augenblick mehr zweifle, könnte ich uns ja Alle
unglücklich machen. Geben Sie das Kind nur ab, wenn die
Mutter nicht gleich wieder kommt. Ich muß machen, daß ich

mit meinem Engelchen nach Hause komme, damit es sich nicht
erkältet — komm Rieke — abieu lieber Doctor!"

Die kleine junge Frau hatte nun einmal in unbesiegbarer
Furcht vor der Seuche den Verdacht gegen das arme Wesen gefaßt, daß es schon von der Krankheit berührt sei, und in ihrer
Angst, das eigene Kind davon angesteckt zu sehen, eilte sie, so
rasch sie ihre Füße trugen, fort, um aus dessen unmittelbarer
Nähe zu kommen — an Doctor Forbach dachte sie dabei gar
nicht.

Dieser blieb indeß in größter Verlegenheit zurück, denn
die Mutter kam nicht wieder und was nun, wenn sie — ein
plötzlicher jäher Schreck zuckte ihm durch die Glieder — wenn
sie gar nicht wieder kam und mit tückischer Vorberechnung ihn
dazu ausersehen hatte, sich des Kindes anzunehmen. Das
wäre eine schöne Geschichte gewesen und jetzt erst fiel ihm ihr
verstörtes Aussehen, und wie sie das Kind wiederholt geküßt —
schwer auf's Herz. — Er sah nach der Uhr — es fehlten nur
noch wenige Minuten an Zwölf. Wenn er sich nun — ein ver-
zweifelter Entschluß reifte in ihm. Seine bisherige Umgebung
hatte schon lange wieder gewechselt — wenn er das Kleine nun
ganz ruhig in die Ecke der einen Bank legte? Dort mußte sich
zuletzt Jemand des Kindes annehmen, und er kam mit guter
Manier hier aus einer sehr fatal werdenden Lage und — die
Hauptsache, noch zur rechten Zeit zu Röhrichs.

„Nein, aber bester Doctor!" rief da plötzlich eine Stimme,
die, wie Forbach zu seinem Schreck bemerkte, Niemand An-
berem, als dem ältlichen Fräulein Simprecht gehörte — „das
sieht ja himmlisch aus — Sie mit einem Kind auf dem
Arm. Woher haben Sie denn das kleine allerliebste Wesen?
— Aber um Gottes Willen, Sie verstehen es ja gar nicht zu
halten!"

Ein teuflicher Gedanke zuckte durch das Hirn des sonst so
gutmüthigen Doctors Forbach. Er fürchtete allerdings Fräulein
Simprecht, das in der ganzen Stadt als ein böser Drache galt,

jetzt aber konnte sie ihm, wenn es geschickt angefangen wurde, ein rettender Engel werden, und, wie ein Ertrinkender den Strohhalm, ergriff er die Gelegenheit.

Einmal die Angst, daß die Mutter ihm das Kind gelassen haben könne, und jetzt vielleicht schon auf der Eisenbahn das Weite suche, dann die Furcht, daß der ihm gespielte Streich stadtkundig würde, wonach bei Röhrich der Neckerei natürlich kein Ende gewesen wäre, ebenfalls die späte Stunde — gerade hub die Domglocke aus, um die zwölfte Stunde zu schlagen — trieben ihn zum Aeußersten.

„Ja, mein bestes Fräulein", sagte er, indem er die Dame mit einem recht kläglichen Blick ansah — „ich — weiß allerdings nicht wie man das macht, — das Köpfchen rutscht immer so herunter und dann schreit der kleine Wurm."

„Aber wo ist denn nur die Mutter? Sie müssen es ein wenig hin und her wiegen, und dann bsch, bsch, bsch machen."

„Die Mutter kömmt den Augenblick zurück, das Kind soll eben geimpft werden — wenn Sie es nur einen Moment nehmen wollten!"

„Ich habe nicht lange Zeit", sagte Fräulein Simprecht, „ich wollte eine Freundin hier treffen, die aber entsetzlich lange ausbleibt."

„Ach nur einen Augenblick, damit ich auch sehe, wie es gemacht wird!"

„Recht verstehen thue ich es auch nicht", sagte Fräulein Simprecht verschämt, indem sie das Kind aber nahm, „besser als Sie kann ich es freilich — sehen Sie, so müssen Sie es nehmen — hier das Köpfchen in den linken Arm, daß es etwas höher zu liegen kommt, und dann so ein wenig hin und her schaukeln. Es wird jetzt schon ruhiger."

Das Kleine hatte allerdings mit Schreien aufgehört. Es sah ja ein fremdes Gesicht über sich gebeugt, von welchem zwei lange Schmachtlocken niederhingen, welche sich bei dem Schaukeln hin und her bewegten.

„Sie verstehen das wirklich meisterhaft", rief Forbach ent=
zückt aus, „aber die Mutter muß draußen sein — wenn Sie
das kleine liebe Wesen nur einen Moment halten wollten — ich
hole sie augenblicklich herein!"

„Aber nicht lange", rief das Fräulein ihm nach. Doch
er hörte schon gar nicht mehr, was sie sagte, griff seinen, neben
ihm auf der Bank stehenden Hut auf, und schoß wie ein Wetter
aus der Thür. Draußen — und er athmete tief auf, als er
die frische Luft um sich fühlte — warf er allerdings den Blick
umher, nach der jungen Frau, die ihm das Kind überlassen, da
er sie aber nirgends entdecken konnte, hielt er sich auch keinen
Moment länger auf und eilte, so rasch er konnte, zu Röhrichs
hinüber, um dort mit einem Glas Coburger Exportbier den
gehabten Schrecken hinunter zu spülen. Erst in der Nähe des
bekannten Hauses ging er langsamer, und leise vor sich hin
sagte er zu sich selber:

„Julius, Julius, ich glaube fast, du hast dich diesmal mit
außerordentlicher Geschicklichkeit aus einer höchst mißlich wer=
denden Lage herausgeschält — aber Fräulein Simprecht, oh je,
wird die eine Wuth auf dich bekommen — aber was schadet's
— gut ist sie doch keinem Menschen, und mir trägt sie es außer=
dem immer noch nach, daß ich sie nicht schon vor 20 Jahren ge=
heirathet habe. Na die wird ein Gift haben, wenn die Mutter
nicht wieder kommt! Das soll mir aber eine Warnung sein"
— und wie ein Wiesel glitt er in das Haus und in das Restau=
rationszimmer hinein, wo er indeß kein Wort von dem eben be=
standenen Abenteuer erzählte. Er war froh, wenn hier kein
Mensch etwas davon erfuhr.

*   *   *

Aber wir müssen zu Fräulein Aurelie Simprecht zurück=
kehren, die allerdings dem davoneilenden Doctor Forbach et=
was erstaunt nachsah, aber noch immer keine Ahnung von dem
hatte, was sie übernommen und jetzt durchzuführen gezwungen

war. Im erſten Moment fühlte ſie ſich auch gewiſſermaßen
ſtolz mit dem kleinen allerliebſten Kind, und hatte gar Nichts
dagegen, daß neu eintretende Frauen ſich um ſie ſammelten und
das Kleine bewunderten. Es war für ſie etwas Neues, und ſie
gab ſich dem in der erſten Zeit mit Vergnügen hin — aber die
Mutter des Kindes kam nicht, und Doctor Forbach kehrte
ebenfalls nicht zurück. Außerdem ließ ſie ihre Freundin auf
die ſie hier gewartet, im Stich, und Fräulein Simprecht, die
einen nichts weniger als fügſamen und geduldigen Charakter
beſaß, fing an, mit jeder Minute mehr auf ihrer Bank umher
zu rutſchen und verlangende Blicke nach der Thür zu werfen.
Das kleine Kind hatte ihr im Anfang allerdings Spaß gemacht
und ſich auch ruhig verhalten, weil es vielleicht durch die fremd=
artige Erſcheinung ſeiner neuen Wärterin überraſcht und beſchäf=
tigt wurde, jetzt aber nahm das ein Ende. Es war vielleicht
durſtig geworden und verlangte nach der Mutter, oder lag — wie
die Dame mit Entſetzen fürchtete, gar — naß, kurz es wurde
unruhig und begann, wenige Minuten ſpäter, einen nicht mißzu=
verſtehenden Hülfsſchrei, der durch den ganzen Saal ſchallte,
und ſich durch das beſchwichtigende bſch, bſch der neuen Wär=
terin nicht mehr eindämmen ließ. Es ſchrie, was eben aus der
Kehle heraus wollte, und Fräulein Simprecht erſchrak zuerſt
und wurde dann indignirt.

Es war vollkommen rückſichtslos von Doctor Forbach,
daß er ſie hier auf dieſe Weiſe incommodirte. Sie hatte ihm
aus Gefälligkeit das Kind für einen Moment abgenommen, und
er ließ ſie jetzt ſo lange warten. Dazu war ſie nicht verpflich=
tet — wenn ihr jetzt das kleine Weſen ihr neues Kleid verdarb,
ſo zahlte ihr der Doctor wahrhaftig kein anderes — und wo
außerdem die Mutter blieb! Eine Frau, die ihr Kind wollte
impfen laſſen, mußte auch dabei bleiben, und durfte nicht davon
laufen — es war, das Wenigſte zu ſagen, rückſichtslos. Und
was hatte ſie außerdem mit dem Balg zu thun?

Fräulein Simprecht arbeitete ſich nach und nach in eine

Gift- und Dolchstimmung hinein, wozu sich ihre etwas herbe
Natur überhaupt neigte. Das Kind schrie jetzt mit einer merkwürdig starken Stimme, aus voller Kehle, kein Mensch beküm-
merte sich dabei um sie, so daß sie anfing den umhersitzenden
Frauen aufzufallen, welche sich über sie unterhielten. Diesen
Zustand ertrug sie natürlich nicht lange und sich an die ihr
nächste Frau wendend, sagte sie:

„Oh möchten Sie wohl die Kleine einen Augenblick nehmen? Die Mutter ist hinausgegangen und muß gleich zurückkommen. Ich habe aber keine Zeit, hier länger zu warten!"

Die Frau war eine Hökerin aus der Stadt, mit einem
ziemlich resoluten Gesicht und gar keiner Taille, auch eben erst
hereingekommen, und sah die Sprechende voll und erstaunt an.

„Ich soll Ihr Kind halten?" sagte sie endlich, „ich hab' ja
selber eins."

„Aber es ist mein Kind nicht, liebe Frau", bemerkte Fräulein Simprecht, und hatte es dabei durch das „liebe Frau"
gründlich verdorben.

„Und was geht das mich an", sagte die Dame, „ob das
Ihr Kind ist oder nicht? Geben Sie es der, der es gehört —
mein's ist es auch nicht!"

Das Fräulein biß sich auf die Lippen. Sie wußte aus
Erfahrung, daß sie sich, so scharf ihre eigene Zunge sein mochte,
mit derartigen Leuten doch nicht in einen Wortkampf einlassen
durfte, denn sie hatte da schon verschiedene Male den Kürzeren
gezogen. Sie nahm deßhalb auch das Kleine, und trug es
nach einer anderen Seite hinüber, um sich dort seiner zu ent-
ledigen — aber vergeblich. Im Nu hatte es sich unter den
neueingetroffenen Frauen dieser Klasse im Saal ausgesprochen,
daß die „vornehm aufgeputzte Dame" das Kind „abgeben
wolle", und um nicht länger damit belästigt zu werden, wandte
sie sich endlich an den Diener, der die Nummern abrief, und
sagte zu diesem:

„Lieber Freund, eine Frau hat dieses Kind hier gelassen

und wird gleich wieder zurückkommen. Möchten Sie wohl so gut sein, es so lange in Obhut zu nehmen?"

„Iche?" sagte der Mann, und sah sie mit einem halb= pfiffigen Lächeln an, „ne, ich habe schon sieben Würmer zu Hause und möchte das achte nicht dazubringen!"

„Aber die Mutter kommt gleich wieder, um es abzuholen!"

Der Mann ging auf keine weiteren Auseinandersetzungen ein. „Herr du meine Güte", sagte er ruhig, „schreit der Balg — der hat vielleicht eine Stecknadel verschluckt. Sehen Sie ihm nur einmal in den Hals!" — und damit drehte er sich ab und ging wieder seinen Geschäften nach.

Fräulein Simprecht biß ihre Lippen fest aufeinander, aber sie war nicht gesonnen, sich auf solche Art mißhandeln zu lassen. Wer konnte sie zwingen, das jetzt zeterschreiende Kind, das s i e gar Nichts anging, auf dem Arm herum zu tragen! Sie hatte allerdings versprochen, es auf einen Moment zu hüten — und das nicht einmal, denn Doctor Forbach war ihr auf heim= tückische Art durchgegangen, aber damit war ihre Verpflichtung auch zu Ende. Sie hatte mehr zu thun, als hier fremde Kinder zu warten, und ohne sich um weiter Jemanden zu bekümmern, schritt sie durch den Saal, um einen passenden Platz auszu= suchen, und legte dann das kleine schreiende Kind, so gut es eben gehen wollte, in eine Ecke nieder.

Wenn sie aber dabei glaubte, daß das unbemerkt geschah, so irrte sie sich. Möglich auch, daß sie sich gar nicht darum kümmerte, denn was ging s i e das Kind an, aber die anderen Frauen waren da entschieden anderer Ansicht, und während sie ihr aufmerksam mit den Blicken folgten, sahen sie kaum, daß sie das Kind auf die Erde legte und dann der Thür zueilte, als ein paar von ihnen mit einem ordentlichen Wuthschrei empor= sprangen und ihr nacheilten.

„Halt't sie!" schrieen sie dabei — „halt't sie! die will hier ein Kind im Stich lassen — halt't sie! halt!"

Fräulein Simprecht, die den Ruf hören mußte, warf einen

Zornblick hinter sich, ließ sich aber dadurch nicht aufhalten und wollte eben zur Thür hinausfahren, als der dort stationirte Polizeidiener, der auch schon den Halteruf gehört hatte, ihr entgegentrat und frug, was es da gebe.

„Das Frauenzimmer!" rief da die Eine der sie Verfolgenden, „hat da eben im Saal ihr Kind in die Ecke gelegt und will sich jetzt aus dem Staub machen. Lassen Sie sie nicht fort — der arme Wurm geht ja da zu Grunde, und schreit schon jetzt, als ob er am Spieße stäke!"

„Was?" sagte der Polizeidiener in moralischer Entrüstung — „ihr Kind!"

„Die Person ist verrückt!" rief aber Fräulein Simprecht zornig aus. — „Es ist das Kind einer fremden Frau, die es hier gelassen hat und zu lange wegbleibt — was geht das mich an!"

„S i e hat es die ganze Zeit auf dem Arm herumgetragen," rief da die Höferin, „und mich wollte sie auch schon d'ran kriegen, daß ich es halten sollte, aber d i e Art kennen wir. Auskneifen, nicht wahr — pfui, in Ihre Seele hinein sollten Sie sich 'was schämen!"

„Vor Ihnen aber noch lange nicht," rief das eben auch nicht sanfte Fräulein Simprecht in aufkochendem Zorn. „Das Kind kenn' ich nicht und es geht mich nichts an. Lassen Sie den Weg frei, Herr Polizeidiener, oder ich gehe den Augenblick zum Herrn Polizeidirector!"

„Da bring ich Sie selber hin," lachte aber der Mann vergnügt, „deßhalb machen Sie sich keine Sorgen. Jetzt seien Sie nur so gut und nehmen Sie das arme kleine Ding wieder auf, denn es schreit sich ja sonst den Hals ab."

„Und was kümmert das m i c h?" rief Fräulein Simprecht erbost. „Ich habe es aus Gefälligkeit Herrn Doctor Forbach abgenommen, der behauptete, es von einer Frau bekommen zu haben."

„Aha — von Doctor Forbach!" rief die Höferin — „und

wie klug, legt es hier in den Saal, weil sie hofft, daß sich schon
Jemand des unglücklichen Wesens annehmen wird. So eine
Rabenmutter!"

Dem Fräulein wurde es zu bunt, und mit Gewalt wollte
sie sich in's Freie drängen, aber da fühlte sich der Polizeidiener
in seiner Würde gekränkt.

„Na", sagte er, indem er ihr voll in den Weg trat —
„damit ist's nun einmal Nichts — so kommen Sie nicht fort,
und wenn Sie ein gutes Gewissen hätten, so scheuten Sie sich
nicht, mit auf die Polizei zu gehen. Wenn Sie das Kind mit
hergebracht haben, so müssen Sie's auch wieder mit fortnehmen.
— Hier ist kein Findelhaus!"

„Oho, ich h a b e es ja gar nicht mit hergebracht!" schrie
die Dame, der schon vor Zorn die Thränen in die Augen traten.

„Und was wollten Sie sonst hier?"

„Eine Freundin treffen."

„Ja das kann Jeder sagen", lachte der Mann des Gesetzes
— „ne, mein liebes Madamchen, das hilft Ihnen Alles Nichts
— nehmen Sie nur das Kleine und kommen Sie mit auf die
Polizei!"

„Aber Sie müssen mich ja doch kennen!" rief jetzt Fräulein Simprecht in halber Verzweiflung aus, denn nun überkam
sie zum ersten Mal die Angst, daß sie am Ende gar m i t dem
Kind über die Straße transportirt werden sollte — oh, dieser
unselige Doctor Forbach — „mein Name ist Simprecht, Aurelie
Simprecht, mein Vater ist der Commerzienrath Simprecht an
der hohen Brücke, mein Bruder der Canzleirath Simprecht —"

„Und Ihr Schwager der König, nicht wahr? weiter fehlte
jetzt gar Nichts mehr," rief der Polizeidiener entrüstet aus, indem er sich von der vermeintlichen Delinquentin abwandte —
„wo ist das Kind! na? es hat doch eben noch da gelegen —
wo ist es denn jetzt hin?"

„Was für ein Kind denn?" sagte eine Frau, die eben erst

auch mit einem Säugling auf dem Arm eingetreten war, und
noch gar nicht wußte, was der Lärm bedeutete.

„Das Kind, das dort auf der Erde lag.“

„In so weißen, hübschen Windeln?“

„Ja ganz recht — haben S i e etwas davon gesehen?“

„Ja was soll denn aber mit dem Kinde sein?“ sagte die
junge Frau verwundert — „seine Mutter hat es mit fortge=
nommen — die Frau Paulmann — ihr Mann ist Photograph.
Es wurde ihr vorhin schlecht hier oben, so schwindlig, und sie
ließ das Kind hier, weil sie fürchtete, daß es ihr am Ende aus
den Händen glitte. Nebenan bei uns wurde sie auch richtig
ohnmächtig und konnte uns nicht einmal gleich sagen, wo das
arme kleine Ding war. Jetzt hat sie's wieder und ist damit
nach Hause gegangen, weil sie sich heute zu schwach fühlte, um
hier länger zu warten.“

„Hm,“ sagte der Polizeidiener, doch etwas verblüfft —
„das ist ja merkwürdig — kennen Sie die Madame hier?“

„Fräulein Simprecht? — gewiß, die Tochter des Herrn
Commerzienraths Simprecht —“

„Und die augenblicklich zum Polizeidirector fahren wird,
um I h r tölpelhaftes Benehmen anzuzeigen,“ rief aber die be=
treffende Dame empört und rauschte mit ordentlich Funken
sprühenden Blicken zur Thür hinaus.

*   *   *

Der Polizeidiener machte, als sie den Saal verlassen hatte,
allerdings ein etwas sehr verdutztes Gesicht, denn er mußte jetzt
gut genug, welche Nase ihm von Oben bevorstand. Daß er
in seinem vollen Recht gewesen, kam dabei natürlich nicht in
Betracht, aber Fräulein Simprecht dachte vor der Hand noch
gar nicht daran, Genugthuung für die von dem Polizeibeamten
erlittene Behandlung zu fordern, denn ihr ganzer Haß und In=
grimm wandte sich in diesem Augenblick gegen den eigentlichen
Urheber jener Scene, den Doctor Julius Forbach, und würde

sich noch mehr gesteigert haben, wenn sie ihn in diesem Augen=
blick gesehen hätte, wie er in aller Gemüthlichkeit bei Röhrichs
in der Gaststube und vor einem Glas prachtvollen Bier's saß,
das er gerade gegen das Licht hielt und sich an seinem Glanz
erfreute.

Neue Gäste traten ein. — „Habt Ihr's schon gehört?"
rief der Eine von ihnen, indem er seinen Hut über einen Nagel
und sich selbst auf einen leeren Stuhl neben Forbach warf —
„eben eine famose Geschichte in der alten Waage passirt, wo
die Kinder heute geimpft werden —"

„So? — was denn?" rief es von allen Seiten und For=
bach sah sich überrascht nach seinem neuen Nachbar um.

„Oh," lachte dieser, „nichts weiter, als daß eine Frau bei
dieser günstigen Gelegenheit ihr Kind los zu werden hoffte, es
ruhig in eine Ecke auf die Erde legte und sich dann eben aus
dem Staub machte, als sie noch glücklich von der Polizei er=
wischt wurde."

„Alle Wetter!" rief ein Anderer, „so eine Rabenmutter!"

„Sie leugnete auch ganz frech, daß es das ihre sei," fuhr
der Erzähler fort, „aber es half ihr Nichts und sie wird wohl
ein paar Monate Arbeitshaus bekommen."

Noch ein neuer Gast trat ein, der das Letzte gehört hatte.

„Und wissen Sie denn, wer die vermeintliche Mutter
war?" rief dieser, während er sich ebenfalls einen Stuhl herbei
holte.

„Nein," sagte der Erzähler, „ich hörte es nur eben unten
auf der Straße, als ich hierher ging" — ·

„Fräulein Aurelie Simprecht."

Ein rasendes Gelächter brach in der ganzen Stube aus,
denn jene Dame war eine zu bekannte Persönlichkeit in der
Stadt, und das Absurde traf deßhalb in's Centrum. Nur
Forbach lachte nicht mit, denn er bekam für sich einen Privat=
schreck. Jedenfalls war die Dame in eine höchst unangenehme
Verwickelung, und nur durch seine Schuld gerathen, und

welch' böse Zunge sie hatte, wußte jedes Kind in Bunßlach, —
und er selber aus Erfahrung. Aber an der Sache war vor der
Hand Nichts zu thun, und er selber nur froh, daß er hier
nicht mit genannt worden. Das Bier schmeckte ihm aber doch
nicht mehr und — er fühlte sich auch, nach den eben gemachten
Erfahrungen, nicht mehr so ganz sicher. Er stand deßhalb in
dem allgemeinen Lärm und Lachen auf — sonderbarer Weise
fühlte er gar kein Bedürfniß, jetzt die näheren Einzelheiten zu
hören — zahlte sein Bier, griff seinen Hut auf und wollte das
Lokal eben verlassen, als ein anderer gerade eintreffender
Stammgast ihn laut anrief:

„Hallo Forbach — wollen Sie wieder auf die alte Waage
und Kinder tragen? famose Beschäftigung für einen alten
Junggesellen — machen Sie nur, daß Sie hinkommen — heil=
loser Lärm dort — die Leute sagen, daß Sie ausgekniffen wären
und Ihr Kind im Stich gelassen hätten!"

„Unsinn!" rief aber der Doctor gereizt — „ganz Bunß=
lach scheint verrückt geworden zu sein," und ohne sich weiter
aufhalten zu lassen, stürmte er aus der Thür.

* * *

An dem Tage liefen die nur denkbar tollsten Gerüchte durch
Bunßlach. Es war Nichts so wahnsinnig, daß es nicht Gläu=
bige und Weiterträger gefunden hätte, und Doctor Forbach's
und Fräulein Simprecht's Namen wurden dabei besonders in
den außergewöhnlichsten Combinationen genannt, ja ein bos=
hafter Bunßlacher schickte — natürlich anonym, aber mit den
beigefügten Insertionsgebühren, eine Verlobungsanzeige der
beiden Persönlichkeiten ein, die um ein Haar durch den Factor
aufgenommen worden wäre. Glücklicher Weise entdeckte die
Redaction noch zu rechter Zeit den Namensmißbrauch und
beugte dadurch einem heillosen Skandal vor.

Und woher rührten alle diese traurigen und in Nichts be=
gründeten Mißverständnisse? einzig und allein von Doctor

Julius Forbach's Angewohnheit, seine Zeit pünktlich am
Stammtisch bei Röhrichs einzuhalten, und dort sein Glas Bier
vor Tisch zu trinken. Er hatte eben um die Zeit keine Zeit,
und Fräulein Simprecht war in ihrer Engelsnatur die Unschul=
dige gewesen, die dafür büßen mußte.

Ein paar Tage sah sie auch der Doctor nicht und — war
vielleicht selber daran schuld, denn er hielt sich ängstlich von
allen jenen Orten fern, an welchen er ihr möglicher Weise hätte
begegnen können. Am vierten Tag traf er sie zufällig auf der
Straße und zwar auf eine Weise, daß er nicht mehr im Stande
war ihr auszuweichen.

Hochachtungsvoll grüßte er auch, und zog den Hut viel
tiefer vor ihr ab, als es sonst seine Gewohnheit war — aber
es half ihm Nichts.

„Scheusal!" murmelte die Dame wohl halblaut nur, aber
doch verständlich genug vor sich hin, warf den Kopf, ohne den
Gruß zu erwidern, hoch und weit zurück, und rauschte dann
stolz, wie ein mächtiges Kriegsschiff an einem kleinen erbärm=
lichen Kauffahrtei=Schuner, vorüber. — Doctor Julius For=
bach war aus der Liste der Existirenden gestrichen.

Die kaiserliche Ehestifterin.

Von

Dietzsch-Hoff.

Die Kaiserin Königin war eine fromme Frau, eine aufrichtig eifrige, katholische Christin, und war es die Kaiserin, so war es selbstverständlich Hof und Stadt mit mehr oder weniger Aufrichtigkeit und Eifer. Wien ist aber eine lustige Stadt und ihre Frömmigkeit muß ihr derowillen höher angeschrieben werden im göttlichen Schuldbuch, sintemalen diese Frömmigkeit gar zu oft in Conflikt mit dem Temperament zu kommen droht.

Ihro Majestät Maria Theresia war aber wirklich fromm, trotz Temperament und Constitution und daß diese nicht hinderlich sein kann, wird Niemand behaupten, der nicht schon einmal es mit angesehen hat, welche Mühe es z. B. einer so wohlbeleibten Andächtigen kostet, von den Knieen und dem Betschemel wieder in die Höhe zu kommen und das gar bei der glühenden Hitze, die mitunter die fromme Ausdauer bei einer Prozession auf die Probe zu stellen pflegt.

Und heiß, glühend heiß war es gewesen, aber trotzdem hatte die Kaiserin den ganzen Umgang mitgemacht und das noch dazu in einem starrenden, schweren Brokatgewand und eine schwere, mit echten Goldschleifen geschmückte Wachskerze in den Händen haltend, männiglich zur Erbauung dienend. Ihr Herr, Franz Stephan, hatte sich unwohl gemeldet bei der Gemahlin; das Unwohlsein verhinderte ihn wohl von der Theilnahme an der Prozession, aber durchaus nicht von der Theilnahme an einer heiteren, kleinen Parthie im Garten von Larenburg.

Wenn sie es bei e i n e m Menschen tolerirte, daß er nicht gerade nach ihrer Weise den Himmel zu erringen strebte, so war es bei ihrem Franzl der Fall; sie war ein christlich Eheweib und hatte den Spruch wohl beherzigt, den einstmals die Hol= länder Druckerfrau fälschen gewollt und damit ihr Leben ver= scherzte, den Spruch: „und er soll dein Herr sein." Maria Theresia hielt diesen Spruch aufrecht zwischen vier Wänden, darüber hinaus war sie eben doch Kaiserin Königin und der Franzl Großherzog von Toskana und — und — römischer Kaiser. Dieses Pöstchen trug aber seit Langem wenig mehr ein als Aergernisse und Franz Stephan war ein guter Finanz= mann; so war es ihm auch nicht zu verargen, wenn er sich wenig genug darum kümmerte.

Also um endlich darauf zu kommen, da war einmal, — denn so muß eine jede rechtschaffene Geschichte beginnen, — da war einmal Frohnleichnamsprozession gewesen in der guten Stadt Wien und die Kaiserin Königin war heimgekommen nach Schönbrunn — ganz aufgelöst von Frömmigkeit und Hitze.

Die Zimmer der großen Kaiserin lagen Parterre gegen den Garten zu, daß der Baumschatten dareinfiel; da war be= sonders eines mit französischen, tief herabgehenden Fenstern, indianisch ausgemalt mit Palmen und Papageien und mit breiten, rohrgeflochtenen Sesseln, luftig und kühl; das war Maria Theresia's Lieblingsgemach. Jetzt trat sie ein mit raschen Schritten, wie man es ihrer Corpulenz nicht zugetraut hätte.

„Linerl!" rief sie der eilig herbeieilenden Lieblingskammer= frau zu, „Linerl, sperr' Thüre und Fenster auf, ich ersticke!" Zu gleicher Zeit, während Karoline von Hieronymus zögernd dem Befehl Folge zu leisten sich anschickte, denn der befohlene Luftzug konnte möglicherweise der starkerhitzten Kaiserin den Tod zuwehen, nestelte diese an dem goldgestickten Leibchen, welches schwere Diamantspangen zusammenhielten, herum. „Nur nicht so zimpferlich, Linerl, mach' auf, ich will's vor dem

Van Swieten schon verantworten — aber a propos — was macht der Kaiser? Ich hab' recht herzinnig sein Unwohlsein Gott im Gebete vorgelegt, wie ich mit der Prozession gegangen bin, unser Herrgott wird mir's nicht verargen, daß ich mit meinem Anliegen ihm expreß gekommen bin, ich hab' darum doch nit unsere Völker vergessen, aber weß' das Herz voll ist, davon quillt der Mund über."

Eine leichte Röthe der Verlegenheit flog über Karolinens hübsches Gesicht. „Seine Majestät sind wieder soweit wohlauf, daß Höchstdieselben mit den Herren von Gondrecourt und Fiquelmont eine Fahrt nach Larenburg machten."

„Nun, Gott sei Dank!" sprach die Kaiserin herzlich. „Hab' schon gefürchtet, unser Herr möcht' mehr unbaß sein und ich müßt' krankenwarten; das will immer den Kaunitz chokiren, ich kann ihm aber nit helfen, 's ist Eheweib's Pflicht. Es ist mir gar lieb, daß der Kaiser sich eine kleine Distraktion macht, denn er hat ein melancholisches Temperament — da Linerl, nimm das —"

Mit diesen Worten reichte sie Karolinen das Goldstoff-Mieder hin, das sie glücklich losgenestelt, das schwere Schleppkleid rauschte zu Boden und die schöne, stattliche Kaiserin stand jetzt da im Unterkleide und im Atlascorsett. „Mach' mir das Haar auf und kämm' es mir durch; laß' mir einen Becher voll Erdbeeren in Eis und Limonensaft bringen!" befahl sie.

Die Hieronymus löste das prächtige blonde Haar und kämmte den stäubenden Puder daraus; die frischen Walderbbeeren hauchten ihr unvergleichliches Aroma durch das schattenkühle Zimmer, durch die geöffneten tiefen Fenster wogte Blumenduft und das liebliche Summen der Bienen herein und die prächtig belaubten Bäume waren von einem leichten Luftzug durchrieselt, der jedes Blatt zum kühlenden Fächer machte, es war wonniglich kühl, still und duftig in dem indianischen Zimmer der Kaiserin, und sie selbst ruhte in dem tiefen rohrgeflochtenen Sessel, nur einen leichten Pudermantel um die ent-

blößten Schultern gehängt, die noch immer ſo ſchön und glän=
zend waren. Es war ringsum Behagen, aber das Geſicht der
Kaiſerin drückte doch eine gewiſſe Sorge und Spannung aus.
„Ja, ja, es iſt mir ganz lieb, wenn ſich der Kaiſer eine kleine
Diſtraktion macht,“ ſprach ſie vor ſich hin, „aber warum muß
es denn gerade der Gondrecourt und der Fiquelmont ſein?“

„Linerl!“ ſprach ſie dann laut und ſo raſch den Kopf zu
ihrer Favoritin hinwendend, daß ſie dieſer den Elfenbeinkamm
wegſchleuderte, „Linerl, wenn Du einmal einen Mann nimmſt,
nimm nur keinen, der kein Geſchäft hat, es thut nicht gut, die
Langeweile bringt die Mannsleut zu allerhand.“

Das war nun an und für ſich ein ganz guter Rath, wel=
chen ſie dem jungen Mädchen gab und man brauchte ihn in gar
keinen Zuſammenhang mit dem zu ſtellen, was die Kaiſerin vor=
hin gemurmelt, oder man konnte auch denken, ſie hielte das
„römiſcher Kaiſer ſein“ eben für kein Geſchäft, das geeignet
war, die Langeweile zu vertreiben.

Mit dem Heirathen war die Kaiſerin aber auf ein Thema
gekommen, welches ſie nicht ſo bald zu verlaſſen gewillt war.
Wieder flog von dem ſchnellen Ruck des kaiſerlichen Hauptes
der Kamm in eine andere Richtung.

„Sag' einmal, Linerl, die Poldi Starhemberg iſt ein grau=
ſam ſchön' Menſch, warum hat ſie noch keinen Mann?“

„Ew. Majeſtät!“ ſtammelte die Hieronymus erſchrocken.

„Nun, Du kannſt 's freilich nicht wiſſen,“ ſprach die
Kaiſerin gütig, „kämme nur weiter — ja die Poldi Starhem=
berg, ich mein', ich hätt' Tag meines Lebens noch kein ſo exquiſit
ſchönes Weibsbild geſehen, und fromm iſt ſie, es iſt Vigor in
ihrer Andacht, ich hab' ſie geſehen, wie ſie ſich ganz platt bei
den Kapuzinern auf die Steine geworfen hat, und ich bin in den
letzten Jahren noch bei keiner Proceſſion oder Andachtsübung
geweſen, wo ſie gefehlt hätt'!“

Ein eigenthümliches Lächeln glitt über Karolinens von
Hieronymus ſanfte Züge, man hätte den Schalk des Spottes

dahinter können lauern fehen und es war ein Glück für fie, daß
die Kaiferin nicht abermals fo rafch den Kopf wandte, fondern
finnend in das bewegte Laubwerk vor dem Fenfter blickte.

„Hm, hm!" murmelte fie und ihr Kopf bog fich bald
nieder, bald bewegte fie ihn perpendikulär, fo daß die junge
Kammerfrau ihre liebe Noth hatte, diefen unruhigen kaifer=
lichen Kopf nicht in zu unfanfte Berührung mit dem Kamme zu
bringen.

Jetzt fprang fie haftig auf.   „Ja, ja, das ift's!" rief fie
freudig, „da kann ich ein gut' Werk vollbringen und geb' nur
Gott und unfere liebe Frau, daß ich's auch zu Ende führen
kann."

Indem trat eine Hofdame herein und meldete unter tiefer
Verbeugung: „Seine Durchlaucht der Fürft von Kaunitz zum
Vortrag."

„Nun, der muß es eilig haben, daß er mir nicht einmal
meinen Frohnleichnamstag ruhig gönnt," fprach die Kaiferin,
„aber es will eben Alles feine Zeit haben, heute Morgen hab'
ich meinem Herrgott die Ehre gegeben und gedient, jetzt muß ich
wieder b'ran denken, daß ich einer großen Familie Mutter bin
und der Fürft ift gleichfam der Hofmeifter.

Jetzt eben kommt er mir aber nicht ungelegen, ich will mit
ihm noch über etwas reden was juft nicht den Staat angeht,
fondern feine Familie betrifft.

Was meint Sie, liebe Dietrichftein!" wandte fie fich launig
zu der eingetretenen Hofdame, „wird mich der Fürft wieder
abfertigen wie jenesmal da ich ihn ein wenig ad coram genom=
men, wegen feiner gar frivolen und ärgerlichen Lebensführung
— was fagt' er mir doch? Er fei gekommen um über meine
Angelegenheiten mit mir zu reden, nicht über die feinigen. Bei
meiner armen Seele war das grob! aber Wir haben fchon gar
zu viel einftecken müffen, liebe Dietrichftein, daß es Uns auf
eine Sottife mehr oder weniger nicht mehr ankommen darf; fo

haben Wir auch das im Uebeln vergessen und Uns zum Spaße behalten."

„Ew. Majestät sind die Gnade selber," sagte die Fürstin Dietrichstein mit einer tiefen Verbeugung.

Die Kaiserin lachte herzlich; „der Fürst hat mich gut gezogen, so darf ich ihn auch jetzt nicht warten lassen. Stecke mir das Haar auf, Linerl und bringe mir eine Dormeuse." So sprechend band sie mit rascher lebhafter Bewegung die Schleifen des flatternden grauseidenen Pudermantels zusammen und ließ die mit breiten Spitzen besetzten weiten Aermel über die schönen Arme herniedergleiten.

„Ist der Fürst im Kabinet?" fragte sie und ging rasch auf die Thüre zu „und höre Sie Dietrichstein, die Poldi Starhemberg, das ist doch eine Anverwandte der Fürstin Ernestine Kaunitz?"

„Zu Befehl, Majestät! Fürstin Ernestine und Gräfin Leopoldine stammen in gleicher Linie direkt, wenn auch von verschiedenen Brüdern, von Rüdiger von Starhemberg ab."

„Ei nun," sprach die Kaiserin, „ich kann dem Vertheidiger Wien's nie genug in seinen Enkeln dankbar sein, der Poldi Starhemberg will ich's auch beweisen, ein so schön und fromm Weib muß ja jedem Mann eine Gottesgabe sein, die ist für das beste Haus ein Schmuck. Wänn ihr Buberl zwanzig wär statt zehn, liebe Dietrichstein, wollt' ich für ihn bei der Starhemberg freien."

„Zuviel der Gnade, Ew. Majestät", murmelte die Dame mit einer abermaligen tiefen Verbeugung.

„Nun, nun, liebe Dietrichstein," sprach die Kaiserin, ihr gütig die Hand auf die Schulter legend, „das ist für jetzt freilich Nichts, aber ich denk' in zehn Jahren sollen wir Beide mit Gotteshülfe noch so alert und in Vigor sein, daß ich für Ihren Sohn freiwerben kann; Gott segnet ja unser Oesterreich mit frommen, schönen Weibsen."

„Davon Ew. Majestät die Krone und Fürstin sind, wie billig," sprach die Hofdame.

„Ja, ja, liebe Lori, ich thu' eben was ich kann um meinem Herrn zu gefallen," sprach die Kaiserin, und in ihren schönen, blauen Augen glänzte ein warmes Feuer, da sie ihres Franzels gedachte, der soeben in der Gesellschaft heiterer loth= ringischer Herren und Frauen wenig genug an die treue, öster= reichische Hausfrau denken mochte.

„Nun aber zum Fürsten."

„Hat die Kaiserin Ihnen etwas über ihre Pläne in Be= treff der Gräfin Starhemberg gesagt, liebe Lina?" fragte, nachdem Maria Theresia sich entfernt, die Fürstin Dietrichstein herablassend.

„Nicht mehr als was auch Sie vermuthen können nach den Andeutungen, Durchlaucht; die Kaiserin will der Gräfin einen Mann verschaffen. Der Gräfin Schönheit und Fröm= migkeit — —"

„Komödie, Komödie!" rief die Fürstin, aber schnell be= merkend, daß sie sich vergessen, sagte sie in gewinnender Weise: „Sie werden mir davon sagen, liebe Lina, wenn die Kaiserin Ihnen Andeutungen machen sollte, ich interessire mich äußerst lebhaft für die allerdings wunderbar schöne Leopoldine von Starhemberg." — „Wenn Ihre Majestät mir nicht Schweigen auferlegt, Durchlaucht." — „O allerdings, dann nicht, in= dessen Sie wissen zu unterscheiden, liebe Lina, und ich bin ja immer Ihre gute Freundin." — Karoline von Hieronymus verbeugte sich tief vor der ersten Hofdame der Kaiserin.

* * *

Nächst Schönbrunn war Larenburg der Lieblingsaufent= halt des kaiserlichen Paares; in dem Garten von Schönbrunn konnten die Wiener lustwandeln und sich am Anblick ihrer schönen Kaiserin ergötzen und die Kaiserin verkehrte dann mit

dem Volke wie eine Mutter, sie fühlte sich auch recht als Lan-
desmutter und besonders als Mutter von Wien.

In Laxenburg war man exclusiv; hier trugen die Ein-
geladenen eine genau vorgeschriebene Uniform, die Damen
in roth mit Goldspitzen und goldenen Stickereien, die Herren
in grün mit goldenen Besätzen und Knöpfen. Da der Kaiser
am Morgen in Laxenburg gewesen, so konnte es nicht auf-
fallen, am Nachmittag auch hier in Schönbrunn die Laxenburger Uniformen wandeln zu sehen, denn Se. Majestät
waren zurückgekehrt.

Fröhlich, nachdem auch sie ihrem Gotte die Ehre gegeben,
waren die Wiener nach Schönbrunn hinausgeströmt und die
ehrbaren Gestalten der Bürger, die zierlichen Bürgermädchen
mischten sich unbefangen unter den Hof, dessen schillernde
Farben einem lebendig gewordenen, vergrößerten Tulpenfelde
glichen. Unter den Lustwandelnden gab es viele schöne Gestalten, keine aber war so auffallend, als die der Gräfin
Leopoldine von Starhemberg, obschon ihre Toilette, die nur
aus einem mattgrauen Seidenstoffkleid mit wenig Silberstickerei bestand, eher allzu einfach genannt werden konnte.
Die schöne Gräfin war eine imposante Brünette mit einem
Teint, wie die sonnüberglänzte Sammetwange eines Pfirsich,
mit mandelförmig geschlitzten Augen, deren schmachtenden
Ausdruck die tiefschwarzen Wimpern fast verschleierten, mit
einer feingebogenen aristokratischen Nase und einem üppig
rothen schwellenden Munde, der das Himmelsschmachten der
Augen in seinem irdischen Verlangen Lügen zu strafen schien;
sie war schön, von einer fast nixenhaften Schönheit, diese
Poldi Starhemberg, deren fast klösterlich einfaches Kleid so
in Widerspruch mit ihrer Umgebung stand; unter einer dünnen
Lage von Puder schimmert das nachtschwarze Haar hervor,
welches Perlenschnüre umwanden und ein Brüsseler Spitzenschleier fiel vom Hinterkopf herab, die entblößten, klassisch
geformten, bräunlichen Schultern züchtig bedeckend und über

der Brust zu einem Knoten sich schlingend, welcher eine Agraffe mit dem Medaillonporträt der Kaiserin festhielt; das war ihr einziger Schmuck.

Gesenkten Auges nahm sie all' die Grüße und Huldigungen hin, die ihr zu Theil wurden und zuweilen schien es, als blitze aus den schwarzen, matten Augen ein Feuer, welches die gesenkten Wimpern nicht ganz verbergen konnten.

„Die Kaiserin!" ging es jetzt durch die Reihen der Spaziergänger, Jeder drängte sich herbei, um sie zu sehen, um einen Blick der Gunst zu erhaschen. Und da kam sie selbst die breite Allee herabgeschritten, schön und stattlich in ihrer Lieblingstracht, im blauseidenen Leibchen mit Perlenbehänge, im silberstoffenen, weitgespannten Reifrock, das hochgepuffte gepuderte Haar mit Diamantsternen besteckt, Perlen um Hals und Arme und einen großen Elfenbeinfächer mit zierlicher Malerei in den mit schwarzseidenen Filethandschuhen bekleideten Händen haltend. Neben ihr schritt anmuthig und graciös trotz seiner Neigung zum Wohlbeleibten, Franz Stephan in Jagduniform, einen Hut mit weißen Federn auf dem Kopf, Handschuhe von weichem, gelben Leder mit Silberstickerei und Spitzenmanchetten an den Händen und die Knöpfe seines Jagdfrackes von Diamanten blitzend. Das kaiserliche Elternpaar umgaben Miniaturausgaben derselben, gesetzten Schrittes dem Spaziergange folgend, junge Erzherzoge und Erzherzoginnen.

Die Kaiserin grüßte gnädig nach rechts und links, weniger gnädig jedoch alle Diejenigen, welche sich heute in der Laxenburger Uniform zeigten; denn hatte sie auch dem kaiserlichen Gemahl nicht gezürnt, den Theilnehmern an der morgenblichen Distraction ihres Herrn war sie weniger hold gestimmt.

„Nun meine liebe Starhemberg," redete sie die Gräfin Leopoldine an, „hat Sie sich von der Strapaze der Prozession erholt?" —

„Ew. Majestät," antwortete die Gräfin, „wie dürfte ich von einer Strapaze reden, wo es den Dienst Gottes gilt, in welchem Ew. Majestät Allen so sehr voranleuchten."

„Nun, daß es heiß war, haben wir beßwegen doch observirt," sprach die Kaiserin launig, „es ist mir aber lieb zu hören, daß eine junge Person keine Fatiguen anschlägt, wo es die Religion gilt." — Ein kleiner Seitenblick, aber nur ein ganz kleiner, streifte bei diesen Worten den nichtsahnenden kaiserlichen Gemahl, welcher sich in belebtem Gespräch mit einer anmuthigen Fürstin Auersperg befand. „Das junge Volk ist sonst nicht zu eifrig, Sie ist es aber, Comtesse Poldi, und ich will Ihr wohl deßhalb — warum ist Sie noch nicht verheirathet in Ihrem Alter?"

„Majestät," stammelte die bestürzte Gräfin, indem eine dunkle Röthe sie übergoß, „Majestät, ich bin ohne Vermögen."

„Nun, ein Frauenzimmer ist am besten ausgesteuert, wenn es brav und sittsam ist," sprach die Kaiserin, und in ihrer gutmüthigen Indiskretion fuhr sie fort, „hat sie vielleicht eine Liaison? sage Sie es ungescheut!"

„Majestät!" rief die Gräfin, im Tone der gekränkten Unschuld, „ich hielt meine Blicke auf Gott und Ew. Majestät gerichtet, mein Sinn ist nicht auf die Weltlichkeit gestellt."

„So will Sie ins Kloster gehen?" rief die Kaiserin erfreut, denn es konnte ihr keine angenehmere Nachricht werden, als diese, daß eine adelige Jungfrau aus eigener Wahl den Schleier nehme.

Ein Schauder durchbebte die schöne Gestalt der Gräfin, und wieder blitzte ihr dunkles Auge verrätherisch auf, „ich halte mich nicht würdig dazu, Majestät!" murmelte sie.

„Nun Eines oder das Andere, ein Nonne oder eine Ehefrau, und wie ich Sie dafür ansehe, Comtesse Poldi, so denk' ich das Letztere wäre das Beste für Sie. Will Sie sich mir anvertrauen, dann will ich Ihr einen Mann schaffen, der es werth ist, daß die Kaiserin ihm Freiwerberin wird."

„Ich bin meiner gnädigsten Kaiserin unterthänigste Magd und nehm' jed' Geschick aus ihren Händen dankbarlichst an," sprach die Gräfin sich tief neigend und die Hände bemüthig auf der Brust gefaltet, aber die Augen, diese verrätherischen Augen, sie schossen einen Blitz des Triumphes; denn so schön sie auch war, so zauberhaft schön, Leopoldinen von Starhem= berg hatte es bis jetzt, um Frau zu werden, weniger an dem Wunsche dazu, als an Freiern gefehlt. —

Die Kaiserin nickte ihr gnädig zu und ging weiter, aber schon nach wenigen Schritten blieb sie wieder stehen; ein junger Mann, dessen apfelrundes, roth und weißes Gesicht und treu= herzige, blaue Augen das blonde Haar verriethen, welches der Puder verbarg, hatte mit einer tiefen Verbeugung der Kaiserin gehuldigt. —

„Ei, ei, Franz Esterhazy!" rief die Kaiserin, „wieder zurück aus Ungarn, schau' das freut mich Franzi, ich mein' immer, es fehlt mir eines meiner Kinder, wenn Du fort bist."

Es war wirklich der Träger dieses stolzesten Namens Ungarns, welchen die Kaiserin auf eine so außerordentlich schmeichelhafte Weise begrüßte; sein Aeußeres aber verrieth in keiner Weise den Magnaten, es war das Abbild, körperlich und geistig, seiner blonden, gutherzigen, oberösterreichischen Mutter, welche die Kaiserin einst sehr geliebt, und um derent= willen der Sohn ihrem Herzen so nahe stand.

„Komm' her, Franzi, sag' mir, wie's unsre Ungarn treiben und was Du selber thust! — Schau' Franzi, ich wollt' Deine Frau Mutter könnt' Dich jetzt so sehen — Gott hab' sie selig, es war ein braves Weib; denkst nit bald selber b'ran sie zu ersetzen, 's wär' wohl an der Zeit und an Occasion wollt' ich Dir's nit fehlen lassen."

Dem blonden, weichherzigen Magnaten wurden bei Er= wähnung seiner Mutter die Augen feucht: „Ich habe noch nicht daran gedacht. Majestät, indessen — — — — —"

„Wenn halt ein Andres für Dich denken wollt', wärst

ihm nit Feind," ſcherzte die Kaiſerin, „Du weißt Franzi wie
lieb ich Dich hab' und will Dir auch etwas beſonderes gönnen.
Unſer Herrgott meint's gut mit Dir, daß Du gerade heute
mir in den Weg kommſt, das iſt wie ein göttlicher Fingerzeig.
— — Reich iſt das Mädel wohl nit, was ich für Dich im
Sinne hab', aber das braucht der Eſterhazy halt nit, dagegen
iſt ſie von ſtolzem, heldenhaftem Adel, von großer Schönheit
und was noch mehr ſagen will, frommen Herzens und demü=
thigen Sinnes; Du biſt ein Glückskind, Franzi, wenn Dich
das Mädel nimmt, Eſterhazy hat dann noch kein ſtolzeres
Juwel in ſeinen Fürſtenreif geſchloſſen — die iſt echt, ſag' ich
Dir — — —"

Es hätte wunderbar zugehen müſſen, wenn die Kaiſerin
einen Korb bekommen hätte, denn wie die Sachen lagen, hätte
die K a i ſ e r i n den ausgetheilten Korb erhalten.

So gab es denn bald nach Frohnleichnamstag viele
Neider und viele Stauner, als Hof und Adel die Verlobung
der Comteſſe Leopoldine Starhemberg mit dem reichſten Mag=
naten Ungarns, dem Fürſten Franz Eſterhazy erfuhren. Es
gab nicht Wenige, die da meinten, um die Frömmigkeit ſei
es doch ein gutes Ding und die Kaiſerin=Königin konnte mit
Wonne das Factum beſtätigen, daß die weibliche, vornehme
Jugend Wiens ſeit Kurzem einen bedeutenden Fortſchritt in der
Kirchlichkeit gemacht habe. —

Fürſt Kaunitz, der Vetter der ſchönen Braut, lächelte
fein, wenn man ihm gratulirte; Fürſt Eſterhazy war einiger=
maßen beleidigt, daß der Staatskanzler ihm nicht Glück
wünſchte. „Alles zu ſeinen Zeiten, mon cher cousin," ſagte
er, „man gratulirt Ihnen jetzt ſo viel, daß Sie m i ch wohl
miſſen können, ich werde zu meiner Zeit kommen." —

— — Die Hochzeit aber war prunkhaft; die Kaiſerin
richtete ſie aus, und es war auch der Mühe werth bei ſolch'
einem Paare; Fürſt Eſterhazy ſchien die Schätze aus „Alla=
bin's Wunderlampe" zu beſitzen und Leopoldine war ſchön,

sinnberückend schön, und zum erstenmale, da sie nun Fürstin
Esterhazy hieß, konnte man beurtheilen, wie schön ihre Augen
seien, denn zum erstenmale that sie sie weit auf, die langen
Wimpern hatten ganz der Obliegenheit vergessen, diese Augen
bemüthig zu verschleiern. —

— — Es war überhaupt merkwürdig, wie Alles sich
gestaltete und formte bei diesem Ehepaar, dessen Ehe die
Kaiserin so recht im Himmel geschlossen wähnte. Franz
Esterhazy schien so viel Glück und Glücksfähigkeit nach Innen
zu verbrauchen, daß ihm nach Außen nichts mehr übrig blieb,
und die schöne Fürstin hatte wahrscheinlich frommen Sinnes
erwogen, daß die echte, wahre Demuth sich in keiner Weise
besser darzustellen sucht, als die Umgebung es thut. So hatte
sie die Lebensweise des reichen Adels aufgenommen und selbst
ihre Feinde hätten ihr jetzt nicht nachsagen können, daß sie
durch übertriebene Einfachheit oder Demuth die Anderen in
Schatten gestellt hätte.

Und es kam eine Zeit, da schien das Glück, dessen er
theilhaftig geworden, dem Franz Esterhazy fast überwuchtig
zu werden, denn er ging herum, als trüge er eine schwere Last
und die Kaiserin hatte ihm doch das helle, lichte Glück garantirt mit seiner schönen Starhemberg.

Und es kam der Morgen, da flüsterte man es in allen
Boudoirs, und aus den Boudoirs kam es in die Domestiken-
Zimmer und von da in die Läden der Kreisler, in die Kaffee-
und Barbierstuben, daß die Fürstin Franz Esterhazy, die schöne
Poldi Starhemberg in Nacht und Nebel auf und davon gegangen sei mit einem galanten Fremden, mit einem Grafen
von der Schulenburg.

Wer sollte das der Kaiserin sagen? — Die Fürstin
Dietrichstein unternahm es; sie hatte ja von je ein so reges
Interesse für die schöne Starhemberg und einen so aufrichtigen
Glauben an ihre Frömmigkeit gehabt. —

Maria Theresia war ganz verzweifelt; das Ihr, in

Ihrem Wien trotz aller Keuschheitscommissarien!! Sie wollte
ein Exempel statuiren, daran jedwede schuldige Ehefrau, jeder
teuflische Verführer sich spiegeln könnte, Sie war gebietende
Frau und — Sie wollte es sein.

Zu Bern im Distelzweig saß ein stolzes, glückliches Paar;
sie träumten von einer Villa am Comersee oder sonst wo, von
einem Aufenthalte in Paris. Da klopfte das unerbittliche
Schicksal, und die Macht, der Zorn der gereizten Kaiserin in
Form eines Berner Bailli an ihre Thüre und der Herr Graf
von der Schulenburg und die Fürstin Esterhazy mußten statt
Villegiatur am Comersee zu nehmen oder den Carneval in
Venedig und Paris zu verbringen, nach Wien wieder zurück. —

Es gab noch drakonische Gesetze aus dem Mittelalter her,
für Verführer und Entführer, sie wurden aber nicht mehr
geübt so um 1758, sonst hätte man die Scharfrichter wohl
compagnieweise halten müssen, wie die Soldaten. Diese
strengen Gesetzbücher aber ließ die Kaiserin-Königin aufschlagen, und ihr fester Wille bestimmte, daß diesmal gehandelt
werden solle nach dem Buchstaben des Gesetzes. — — Der
Graf von der Schulenburg hatte das Leben verwirkt und der
Kopf sollte ihm vor die Füße gelegt werden nach Recht und
Urtel, so verlangte es die beleidigte Moral, so verlangte es
die beleidigte Kaiserin. Vergebens waren dagegen alle Vorstellungen, die Kaiserin blieb fest. Schon war das Gerüst
gezimmert und da es sich um einen Adeligen handelte, mit
schwarzem Tuch umkleidet, schon bereiteten Patres den Grafen
zum Tode vor, der gar nicht daran glauben wollte und verzweifelt mit Bitten und Vorstellungen das Herz der Monarchin
bestürmen ließ, welches sich gegen ihn wie mit einem diaman-
tenen Brustharnisch gepanzert zeigte — — da ließ Fürst Franz
Esterhazy sich in Schönbrunn melden.

Die Kaiserin empfing ihn in ihrem Arbeitszimmer; sie
war wieder früh nach Schönbrunn herausgezogen zum Ent-

setzen des Hofes, in diesem kalten April auf das Sommer-
schloß! aber die Kaiserin wollte es so, sie war aufgeregt und
heiß und diese fatale Geschichte trieb ihr Blut noch mehr in
Wallung. So saß sie denn da, den Schreibtisch an's offene
Fenster gerückt, emsig schreibend und arbeitend, während
draußen ein kalter Schneewind durch die laublosen Bäume
strich und vereinzelte Schneeflocken der arbeitenden Kaiserin
auf's Papier fielen.

„Fürst Franz Esterhazy!"

„Der Franzi?" sprach die Kaiserin tief aufathmend und
winkte der Vorleserin, welche sich soeben mit Mühe durch ein
lateinisches Aktenstück hindurch gearbeitet hatte, sich zu entfernen.

„Soll eintreten!" sprach sie kurz.

Dann, wie sie in Momenten der heftigen Erregung zu
thun pflegte, schob, rückte sie an der großen Haube, welche
ihren Kopf bedeckte, bis diese ganz schief saß. Soll eintreten!"

„Armer, armer Franz!" rief sie dem Eintretenden zu und
streckte ihm beide Hände entgegen, „ich hab's gut machen
wollen und es ist schlecht ausgefallen; dieser Schulenburg muß
aber ein wahrer Teufel und in Besitz von irgend einem Liebes-
arcanum sein, wie hätte er sonst Deine sittsame, fromme Frau
so verführen können. Aber sei ruhig, Du kommst zu Deinem
Recht, Ich bin beleidigt in Dir, Du wirst gerächt; ich bin
unerbittlich, die volle Schwere des Gesetzes treffe den Verführer. Dein Weib, Franz, nimm Du zurück, thue mit ihr,
wie Du willst, gib ihr Gelegenheit zur Reue, sie ist noch jung,
Franz — aber thue wie Du willst, hier bist Du Richter.
Doch was willst Du!"

„Gnade, Majestät!" rief Franz Esterhazy auf die Kniee
sinkend.

„Gnade, für wen?"

„Für meinen Wohlthäter, Majestät!"

„Steh' auf, Franz, das sei fern von mir, daß ich gegen=
wärtig, wo Du so viel zu leiden hast, Dir eine Gnade ab=
schlüge, obschon ich nicht weiß, um was es sich haudelt und wer
der Wohlthäter ist, dem ich soll Gnade angedeihen lassen; ist
es kein Hochverräther am Staate, dann gewähre ich Dir's."

„Sagen Ew. Majestät noch einmal dies Wort der
Gnade!" flehte Franz Esterhazy, auf den Knieen liegen
bleibend.

„Nun, in Gottes Namen denn — Gnade!" sprach die
Kaiserin lächelnd, „aber ist's denn so dringlich und wer ist's?"

„Der Graf von der Schulenburg, Majestät."

„Franzi, mein armer Franzi!" sprach die Kaiserin weich,
„besinne Dich, das Unglück hat Deinen Geist verwirrt, ich sage
Dir, Du wirst gerächt."

„Nein, nein, Majestät! Ich weiß, was ich rede, Gnade,
Gnade, für den Grafen von der Schulenburg! Wüßten Ew.
Majestät, welche Hölle mir dieses Weib bereitet, Sie würden
es begreifen, wie ich den Grafen als meinen Wohlthäter
preisen mußte, da er sie mir abnahm."

Die Kaiserin schob mit Heftigkeit an ihrer Haube und
zerknitterte in nervöser Hast einige Papiere. „Franz Ester=
hazy!" rief sie streng, „besinne Dich, was Du sagst!"

„Ich weiß es, Majestät, und ich wage es, Ew. Majestät
an Ihr Wort zu erinnern: die mir gewährte Gnade!"

„Ich werde mein Wort halten!"

„Dank! Dank! Majestät."

„Noch Eins, ich bin Dir Revanche schuldig für das
Schlimme, was ich wider Willen über Dich gebracht, das
kommt von dem leidigen Eheftiften und ich will's verschwören
für meinen Theil, und wieder gut an Dir machen so viel ich
kann. Ich will Dir beim Papste die Nichtigkeitserklärung
Deiner Ehe auswirken, dann bist Du wieder frei — und dann
Franzi, hast Du wieder Lust zum Heirathen, diesesmal wüßt'
ich Dir die Rechte."

„Majestät!" rief Franz Esterhazy, bleich vor Schrecken, „ich bin unwürdig so hoher Gnade!"

Die Geschichte, welche uns obigen Vorfall aufbehalten, meldet wohl, daß Graf von der Schulenburg auf Bitten Franz Esterhazy's begnadigt ward, aber nicht, ob der Letztere die Gnade seiner Monarchin im Punkte des Ehestiftens nochmals annahm.

Die kalte Laura.

Die Laura, schön von Angesicht
Sie fühlte keine Liebe nicht
Zur irgend einem Jüngeling,
Obgleich sie sich dergleichen fing
Nur so zur Kurzweil und zum Spiel
Und weil ihr Schmeichelei gefiel.
Doch ach, nach kurzer Huldigung
Stürzt sie sie in Verzweiflung. —
Zuerst fing sie den Christian,
Verliebter wie ein Auerhahn:
Der girrte schier ein halbes Jahr,
Und als er recht im Rausche war,
Sagt sie ihm keck in's Angesicht:
„Ich fühle keine Liebe nicht!"
Und bald darauf sucht Christian
Den Tod auf einer Eisenbahn. —
Nach diesem kam der Anton dran,
Dem ging es wie dem Christian;
Der Anton war vom Militair,
Drum stürzt' er sich in sein Gewehr. —
Der Adolph folgte schnell darauf,
Auch dessen Glück hört balbigst auf;
Der sprang in der Verzweiflung Sturm
Herab von einem Kirchenthurm. —
Als sie den Adolph todt gemacht,
Da lockte sie den Wilhelm sacht;
Der bohrte, als er merkt den Scherz,
Sich mit dem Dolch tief in das Herz. —
Drauf kam der Robert an die Reih';
Ach, dessen Herz brach sie entzwei
Am meisten, und er trank darum
Zwei Liter Cyankalium.
Dann holt sich August einen Korb,
Der schnell an Blei und Pulver storb. —
Der arme Friedrich, ungewarnt,
Warb jetzt von ihrem Reiz umgarnt,
Und eines Tags ging Friederich
Spazieren und — erhängte sich. —
So hatte sie in Kurzem dann

Getödtet beinah sieben Mann,
Ihr glaubt, nun leistet sie Verzicht?
Da kennt ihr die Kokette nicht!
„Das Dutzend muß erst werden voll!" —
Lacht sie, und keine Thräne quoll. —
Und wie sie neu die Netze spannt,
Kam Eduard, der Lieutenant,
Ein Mensch wie aus dem Ei gepellt,
Die Taille schlank, die Brust geschwellt,
Schön, glänzend, ritterlich und flott,
Mit einem Wort: ein junger Gott!
Das Rasseln seines Schwertes drang
Ihr in das Ohr wie Sphärenklang,
Die Rede seines Mundes brach
Wie Lava in ihr Herz. Sie sprach:
„Der soll am Leben bleiben, der:
Er hat mein Herz bezwungen, er!
Ich bringe auf Erklärung heut,
Fürwahr es ist die höchste Zeit!
Sie fragt: „Mein Eduard, liebst Du mich?"
Er aber hohnlacht fürchterlich:
„Das ist das ewige Gericht:
„Ich fühle keine Liebe nicht!"
Nahm seinen Sabul, seinen Helm,
Und dann empfahl er sich, der Schelm.
Sie aber wimmert: „Bleib, o weh!"
Sich klammernd an sein Portd'epee;
Er aber macht sich los von ihr:
„Kokette, sieh, das ist dafür!
Getödtet hast du sieben Stück —
Ich bin ihr rächendes Geschick!"
In Ohnmacht fällt die Laura gut,
Dann aber lief mit Tuch und Hut,
Zum Strom, der rauschend schoß, sie bang
Und stürzt' sich drein bis sie ertrank.

———

Moral:
Ihr Mädchen lernt aus der Geschicht':
Mit Männerherzen spielet nicht!

——o——
.

Das Lied vom veilchenblauen Referendar.

(Melodie: Als ich noch Prinz war von Arkabien.)

Es war einmal vor langen Jahrien
Ein Mensch, der hatte jum studirt,
Und hierauf zu den Referendarien
Ward höchsten Ort er rescribirt,
Er ließ 'nen Frack mit blanken Knöpfien
Sich fert'gen, wie noch keiner war,
Wie that sein Herz im Busen hüpfien,
Als er that in die Aermel schlüpfien, —
O veilchenblauer Referendar!

Und d'rauf konnt' er sich nicht bezähmien
Und that noch in demselben Jahr
Sich eine Braut zum Mädchen nehmien,
Ein Mädchen schön und wunderbar;
Er dacht', sind sieben Jahr' vergangien,
So bin ich Rath, na, das ist klar!
Dann kann, was so sehr mein Verlangien,
Ich statt der Braut die Frau umfangien, —
   O veilchenblauer Referendar!

Doch ging's ihm wie in Mesopotamien,
Da Jacob einst Schaafmeister war,
Und er in Rahel, eine Damien,
Sich hatt' verschossen ganz und gar, —
Als sieben Jahr er absolviriet
Mit vielen Nöthen und Gefahr,
Da hat sich Laban sehr blamiriet
Und ihm die Lea substituiriet, —
   O veilchenblauer Referendar!

Dem Referendar ging es nicht bessier,
Denn als vergangen sieben Jahr,
Ward er statt Rathes nur Assessier
Mit elendigem Honorar;
Davon konnt' keine Frau er nährien,

Zumal wenn Kinder sie gebar,
Er wartete noch zwanzig Jährlen,
Ihm wurden bleich die wenigen Härlen —
O veilchengrauer Referendar!

Carl Altmüller.

- - - • • - - -

Im Berliner Opernhaus.
(Parquet, erste Bank.)

„Bitte, möchten Sie nicht etwas leiser blasen, man kann ja sein
eigenes Wort nicht hören!"

COLLECTION SCHICK.—OVERLAND LIBRARY.

——o——

The "Collection Schick" and the "Overland Library," in German and English respectively, constitute a double or parallel series, in which Mr. L. Schick, of this city, is presenting, in the two languages, a collection of the novels, sketches, and humorous stories of the best modern authors, among them such writers as Hopfen, Eckstein, Paul Heyse, Fanny Lewald, Wilbrandt, Turgeneff, Laistner, Riehl, Lindau, Lorm, Seidel, Wichert, and others. These works are esteemed among the best of modern short stories, and we have the dictum of the keenest critics that the ability to write really good short stories is exceedingly rare. The numbers of this series are neatly printed, bound in paper, each contains from 120 to 160 pages, including sometimes two or three and sometimes a greater number of stories, and a number is issued every three weeks. The numbers are parallel, No. 5 of the German series containing the same stories in that tongue which are given in English in No. 5 of the English series. They have found a constantly-increasing circle of admirers among German readers of cultivation, and the parallel series brings to English readers a store of literary good things which they are not likely elsewhere to meet in their own tongue. With judicious use they may be made very valuable to American students of German, to whom it would be an excellent series of lessons to translate from the German into English successive pages, and then compare with the faithful translation printed in the series. The same course, inverted, would, of course, be of equal value to the German student of English. To the general reader they offer a large collection of the best modern works of their class.—CHICAGO TIMES.

"The Overland Library" is a neatly bound paper cover, each number containing several short sketches or stories. They are convenient for the pocket or satchel for a journey. A number is published every three weeks. The same is published in the German under the name of "Collection Schick." Those studying German will find these short stories, and the neatly printed volumes just what they need for exercise. The two series combined will be found excellent for learners in either language. The student having a reasonable knowledge of the grammar of either language will find he can make

[OVER.]

rapid progress in mastering either the English or German. The series besides deserves the best words of commendation, because of the excellent literary style of the selections. They are books which should prove popular with the masses of intelligent readers, again, because they are clearly printed on good paper and do not weary the eyes, an important item in books designed for car-reading or upon a journey.—CHICAGO INTER OCEAN.

Mr. Schick, of this city, is doing a good service to novel-readers in printing in cheap form, under the name of "Overland Library," a series of short stories and novels from the German. The first number is taken up with three tales by Rudolph Lindau—"Hans, the Dreamer," "All in Vain," and "First Love"—and one notices in them the same reaction from idealism in fiction and the same pessimistic aiming at reality that characterize the works of contemporary American novelists. The stories are none the worse for the dashes of bitter truth that are here and there injected into them. Take "Hans, the Dreamer," for instance. It is a simple narrative of a love-episode, among some young Americans sojourning in Paris. Thomas Midford is a dreamy, rather unpractical young man, with high-strung notions of honor, who loves a girl whom he imagines to be wealthy, and who, rather than propose to her when she is ready to fall into his arms, starts off to California to make his fortune. His best friend in Paris is Alexander Edington, a rich, pushing young American, who, in trying to console Edith Comyn, falls in love with her himself, proposes, and is accepted. Thomas Midford returns to find that his friend has usurped his place in Edith's affections, and that Edith, woman-like, has fulfilled her destiny, and is on with the new love before she is off with the old. The moral of the story—a good moral by the way—is, "Everything is forgotten in this life. If it were not so, no one could live, for to live is to busy one's self with the morrow. . . . That which you consider happiness will not exalt you to Heaven, and unhappiness will not fell you to the ground." A healthy philosophy like this, and its sharp and pungent flavor refreshes one after the morbid sentimentalism of the greater part of fiction.—CHICAGO TRIBUNE.

* * * The selections in the "Collection Schick" are of a high order of literary merit and of a refined moral tone. I think you are doing an excellent service to German-Americans and to Americans interested in German literature, by publishing in such a beautiful and convenient form, so many of the superior works by German writers.—From O. CONE, ESQ., President Buchtel College, Akron, Ohio.

THE OVERLAND LIBRARY.

17 *Nos. annually: 25 cents per number; $4.00 per year.*

---o---

OPINIONS OF THE PRESS.

DAILY NEWS, CHICAGO. These two collections are designed chiefly to furnish students of the German language with interesting reading from good authors and with English translations of the selections chosen. The "Collection Schick" includes the German originals, and the "Overland Library" the translations, and it is designed to issue the successive numbers of both collections at intervals of three weeks. The translations of course make a side bid for the support of English readers, who will find some of the choicest things in recent German prose presented to them. The first number contains three stories by Rudolf Lindau, and the second two by Fanny Lewald. The neatness of these books and the excellence of their typography are especially noticeable, and their whole appearance is very attractive. The German series is published at 20 cents a number or $3 a year.

ST. PAUL AND MINNEAPOLIS PIONEER PRESS. L. Schick, a Chicago publisher, has hit upon an excellent and agreeable method of studying either German or English, for which he proposes to furnish material by publishing in simultaneous and separate pamphlet form stories and sketches by standard German authors in the original and in English translation. The student of either language is supposed to possess both volumes, and when he finds a word or sentence he don't understand he can make references to the "pony" volume and go on his linguistic way rejoicing.

INTER-OCEAN. The Overland Library. Two numbers of neatly printed paper-bound series reach us from the publishing-house of L. Schick, Chicago. They are made up of novels, sketches, and humorous stories by the best modern authors, printed both in English and German. The idea of the publication is to teach German or English by an alternate or combined use of the two series. It is claimed that the student will thus master the language much more rapidly than by reading with the dictionary. The stories and sketches of the numbers are well calculated to interest young readers, and are of a high order of literary merit. "Hans, the Dreamer", "All in Vain", and "First Love", from the German of Rudolf Lindau, make up the first number. The plan has called out the commendation of educators and others of good judgment as to its real value. To those who have a passable knowledge of the grammar of either language it undoubtedly will prove of real benefit for rapid progress in mastering the language.

Humoresken und Gedichte

von

Julius Stinde, F. Brentano, und Anderen.

Chicago.
Verlag von L. Schick.

Die Familie Buchholz.

(Erste Abtheilung.)

Von

Julius Stinde.

.

(Nach der dreiundvierzigsten Auflage.)

Von Außen.

In der Landsbergerstraße, welche vom Alexanderplatz nach dem Friedrichshain führt, und zum Postbezirk Nordost der Reichshauptstadt gehört, steht ein Haus, das sich von seinen Nachbarn rechts und links, gerade und schräg gegenüber dadurch unterscheidet, daß es keine Ladenschaufenster hat und an seiner Façade ein Paar Pilaster aufweist, die ein Architekt ersonnen hat, der einmal griechisch bauen wollte und aus Versehen falsche Vorlageblätter in die Hand bekam, als er den Aufriß zu Papier brachte.

Aber diese beiden Wandpfeiler, welche von der ersten Etage bis fast an das Dach reichen und den zweiten Stock durchschneiden, geben dem Hause trotzdem ein gewisses feierliches Aussehen, so daß es sich vortheilhaft von den modernen Miethskasernen abhebt, denen die kleinen Gebäude Alt-Berlins allmälig zum Opfer fielen, die dort im Nordost noch hin und wieder anzutreffen sind und nur auf das Weggerissenwerden zu warten scheinen. Sie werden sich auch wohl nicht lange mehr halten, denn die Pferdebahn, die schon so manches Alte aus früherer Zeit zu Grabe geläutet hat, klingelt bereits an ihnen vorbei.

Das Haus mit den mißverstandenen griechischen Pilastern wird sich aber noch eine Weile halten, denn als es entstand, schüttelten die Leute die Köpfe über den gewaltigen und prunkvollen Bau, der viel zu sehr gegen seine Umgebung abstach. Sollte vielleicht ein Prinz darin wohnen oder ein Graf? Die Vornehmen zögen nicht nach der Landsbergerstraße, die blieben unter den Linden oder in der Wilhemstraße, wo die anderen Paläste stehen und die Kinder nicht in Pantinen herumlaufen. So sagten die Leute damals, und jetzt nach kaum einem Menschenalter paßt jenes Haus nur noch eben in das moderne Berlin hinein, weil es seiner Zeit auf den Nachwuchs gebaut wurde, wie der Sonntagsrock für den Dreizehnjährigen, dem die Arme und Beine quartalsweise länger werden. Aus dem vermeintlichen Palaste ist mittlerweile ein gut bürgerliches Haus geworden, und wer jetzt vom Alexander= platze kommt, den Bahnhof der Stadtbahn, das schloßartige Hotel, die Markthalle und die anderen himmelanstrebenden Neubauten be= wundert, der wird, wenn er die Landsbergerstraße durchschreitet, nichts merkwürdig finden als das für die Nachwelt in Stuck erhal= ten gebliebene Gelüste des Architekten, einmal das Antlitz eines modernen Wohnhauses mit griechischen Motiven zu tättowiren.

Der eine Flügel des Hausthores, dem der übliche Rundbogen nicht fehlt, ist am Tage meistens geöffnet, so daß man auf den Flur sehen kann und auf die Glasthüre, welche zum Hofe führt. Durch die mattgemusterten Glasscheiben schimmert es im Sommer grün, denn hinter dem Hause liegt ein kleiner Garten, in dem ein Apfel= baum und einige Fliederbüsche nach Luft und Licht ringen. Wenn der Steinkohlenrauch von der benachbarten Fabrik von feuchten Winden in den Hof hinabgedrückt wird, färbt er die spärlichen Apfelblüthen schwarz und bringt in die zarten Kelchröhren des Flieders, dem deshalb stets ein Beigeruch nach dem Schornstein anhaftet. Es wird auch jedes Jahr versucht, ein wenig Rasen an= zusäen, aber die langen Keime, welche im Schatten unter dem Baume aufsprießen, bringen es nicht weit, denn was die Spatzen übrig lassen, scharren die Hühner aus der Erde. Wenn aber ein linder Mairegen gefallen ist und die Jungens in den überflutheten Rinnsteinen der Straße Papierkähne schwimmen lassen oder in Er= mangelung derselben ihre Mützen, dann sieht der Garten hinter dem Hause aus als wäre der Frühling darin zu Gast. Und das ist schon sehr viel in dem großen, weiten Berlin.

Groß und weit ist die Stadt geworden, so groß, daß der ein= zelne Mensch darin verschwindet. Wie ganz anders ist es dagegen in einer kleinen Stadt. Da kennt Einer den Andern, wenn auch nicht näher, so doch vom Ansehen, und wenn einmal ein Fremder durch die Straßen geht, so weiß Jeder, der ihn sieht, daß es wirk= lich ein Fremder ist. Es kann Jemand durch ganz Berlin wan= dern, Straße für Straße, ohne daß man ihn beachtet; er muß es

für einen glücklichen Zufall halten, wenn ihm ein Bekannter oder
Freund begegnet. Tausende hasten an ihm vorbei, sie sind ihm
fremd, er ist ihnen fremd; fremd sind ihm die Mitfahrenden in
dem Omnibus, in dem Pferdebahnwagen, im Waggon der Stadt=
bahn. Es überkommt ihn das Gefühl der Einsamkeit mitten in
dem lauten Treiben des Tages und in dem Gedränge der Menschen.
Die Einsamkeit ist nicht allein draußen im Walde daheim, auf dem
Meere und in der Oede, sie hat ihre Stätte auch in der Millionen=
stadt.

Und doch ist jedes Haus dieser großen Stadt eine Heimath für
die, welche darin wohnen, und die Straße, in der das Haus liegt,
ist ein Bezirk, in dem es Nachbarn giebt wie in einer kleinen Stadt,
in der man sich persönlich nahe steht oder doch wenigstens vom An=
sehen kennt. Die Familien in den Häusern haben Verwandte und
Bekannte, ganz so wie in einer kleinen Stadt, man hat seine Kreise
ganz so wie dort und redet von den Angehörigen dieser Kreise eben=
soviel Gutes und ebensoviel Böses, wie anderwärts. Der Unter=
schied besteht nur darin, daß es in der großen Stadt mehr Kreise
giebt, als in der kleinen und daß sie schärfer von einander getrennt
sind, weil sich die Einsamkeit der Großstadt dazwischen drängt.
Sie gleichen jenem Garten, den die hohen Mauern der Nachbar=
häuser einschließen, dessen grünen Schimmer der Vorübergehende
nur gewahrt, wenn das Hausthor offen steht. Der Fliederbaum
blüht nicht für Jedermann, wie in den Anlagen des Lustgartens,
wo die schäumenden Strahlen der Springbrunnen sich hoch in die
Luft erheben und das blühende Gebüsch netzen, das sie umhegt,
wenn der Wind mit den glitzernden Tropfen spielt.

Ueber das öffentliche Leben der Großstadt wird täglich von den
Zeitungen Protokoll geführt. Wir erfahren gewissenhaft, wann
die ersten Knospen im Thiergarten sich entfalten, aber über die
ersten Blüthen jenes Apfelbaumes wird keine Zeile gedruckt, denn
er ist ein privater Apfelbaum und hat als solcher kein Anrecht
an der Druckerschwärze, es sei denn, daß er irgend etwas Außer=
ordentliches leiste, im Herbste noch einmal wieder anfängt jung
zu werden, oder vor Altersschwäche stürzt und dabei Unheil an=
richtet. Und so ist es auch mit dem Privatleben in den Häusern
und mit dem Thun und Treiben in den vielen Kreisen. Nur
außergewöhnliche Vorkommnisse gelangen an die Oeffentlichkeit:

ein Einbruch, eine Feuersbrunst, ein besonderes Unglück oder
ein fröhliches Ereigniß seltener Art. Von Tausenden und aber
Tausenden erfährt die Welt nichts, die wandeln ihren Weg von
der Geburt bis zum Tode mitten in der großen Stadt wie in
stiller Verborgenheit, und doch schlägt ihnen ein Herz in der
Brust, das liebt und haßt, Freude empfindet und Leid, weil es ein
Menschenherz ist.

Auch die Familie Buchholz in der Landsbergerstraße würde zu
jenen Tausenden gehören, wenn nicht ein Erlebniß ärgerlicher Natur der Frau Wilhelmine Buchholz die Veranlassung gegeben hätte,
ihre Entrüstung der Oeffentlichkeit zu unterbreiten und aus der
Verborgenheit hervorzutreten. Mit dem ersten Briefe, den sie an
die Redaktion einer Berliner Wochenschrift sandte, war sie der
Presse verfallen, denn ein Brief folgte dem andern und jeder gewährte einen Einblick in das Privatleben der Familie und in den
Kreis ihres Verkehres. Frau Wilhelmine öffnete nicht allein das
Gartenthor, sondern sie schnitt auch, wenn es an der Zeit war, eine
Handvoll von dem Flieder für solche Leute ab, die der Schornstein-
geruch nicht störte. Sie meinte: „Orchideen wüchsen nicht in
der Landsbergerstraße; einfache Bürgersleute hätten kein Treib-
haus.“

Sie hat Recht. Wem die Schilderung des kleinbürgerlichen Lebens der Reichshauptstadt nicht gefällt, dem bleibt es unbenommen,
sich einen Roman zu kaufen, in denen Grafen und Comtessen gebildete Conversation führen. Wen es aber interessirt, zu erfahren,
wie sich intimes Familienleben in der Einsamkeit der großen Stadt
gestaltet, der wird an den Sorgen und den Freuden der Frau Wilhelmine Antheil nehmen und ihre Briefe als Skizzen aus dem
Leben der Hauptstadt betrachten, die nicht blos aus Asphaltstraßen
und langen Häuserreihen besteht, sondern aus vielen, vielen Heimstätten, deren Thüren dem Fremden verschlossen bleiben. Eine von
diesen Heimstätten ist das Haus Buchholz in der Landsbergerstraße,
und was Frau Buchholz dazu trieb, die Thür zu öffnen, war der
Aerger. Wie das kam, lassen wir sie selbst erzählen.

———o———

Ein Geburtstag.

Ich bin nur eine einfache Frau, Herr Redakteur, und das Schreiben ist meine Sache durchaus nicht, aber da in Ihrem Blatte, welches ich so gerne lese, doch auch manchmal Gegenstände zur Sprache kommen, die nur von Frauen richtig erfaßt und behandelt werden können, so wage ich es, als vorsorgliche Mutter, Ihnen mein Herz auszuschütten und bitte Sie, den Stil, wo er reparaturbedürftig ist, gütigst ausbessern zu wollen. Es wäre mir nämlich peinlich, wenn meine Töchter Fehler in meinem Schreiben entdecken sollten, so etwas würde meine bisherige Autorität schädigen. Sie glauben gar nicht, wie die Kinder heut zu Tage es weit in der Schule bringen.

Nun aber zur Sache.

Vor zwei Weihnachten schenkte Onkel Fritz den Kindern ein Puppentheater, womit wir auch ganz einverstanden waren, weil sie ruhig sind, wenn sie sich damit beschäftigen. Selbst wenn der kleine Krause zu Besuch kommt und Heimreichs Dreie aus der Müllerstraße, geht es ohne Lärm her, sobald sie das Puppentheater vorhaben. Sonst spielten sie immer: „Wie gefällt dir dein Nachbar", oder „Räuber und Soldat", wobei es nie ohne Spektakel abging und einmal sogar die Scheibe von der Servante eingestoßen wurde, worin das gute Porzellan steht, das Gott sei Dank unversehrt blieb. Mein Mann schenkt den Mädchen daher auch hin und wieder einige Groschen, damit sie sich Bilderbogen kaufen und neue Figuren für das Theater zurechtpappen können, es ist das immer noch vortheilhafter, als wenn etwas entzweigebrochen wird. Die Scheibe vom Spinde kostete baar acht Mark. Neulich war nun Emmi's Geburtstag, und weil es doch ein Aufwaschen war, so bat ich die Alten auch, während Emmi, wie wir das so gewohnt sind, ihre Kindergesellschaft hatte.

Den Kindern war das Eßzimmer überlassen, und nachdem sie ihre Chokolade bekommen hatten (notabene mit der nöthigen Portion Kuchen), bauten sie das Puppentheater auf und stellten Stühle davor, ordentlich wie im Theater. Dann kam der kleine Krause und lud uns Großen ein, die Vorstellung zu besuchen, und wir gingen denn auch Alle hin, um den Kindern den Gefallen zu thun. Wir Damen saßen gleich vorne an, die Herren mußten aber an der

Wand stehen, denn das Geschleppe mit den Plüschstühlen aus der
guten Stube dulde ich nicht.

Als wir nun so sitzen und der Dinge harren, die da kommen
sollen, sagt Frau Heimreich zu mir, daß sie im Ganzen nicht sehr
dafür wäre, daß die Kinder sich mit Komödie beschäftigten, es machte
sie so phantasiereich. Ich erwiderte ihr darauf: „Im Gegentheil,
es bildet Herz und Gemüth und ist eine bessere Beschäftigung, als
das Skandalmachen, wobei leicht Spiegelscheiben von Schränken
eingerannt werden.“ — Den Stich hatte sie weg, denn ihre Agnes
war damals Schuld an dem Malheur gewesen, und so schwieg sie
denn auch still.

Endlich ging der Vorhang auf. Onkel Fritz fing an zu applaudiren, obgleich noch kein Wort gesprochen war; er mußte wohl
meinen, im Viktoriatheater zu sein, wo die Dekorationen immer den
meisten Beifall bekommen. Hier war jedoch gar nichts zu beklat-
schen, denn die Szenerie stellte ein einfaches Zimmer dar, an dem
unsereins nichts Bemerkenswerthes finden konnte. Aber Onkel
Fritz will einmal als Kenner gelten.

Nun fingen die Kinder an zu sprechen. Meine Emmi schob
eine der auf dem Theater befindlichen weiblichen Figuren nach vorne
und sagte ganz laut und vernehmlich:

„Guten Morgen, meine Damen. Nee, ich kann nicht anders,
als Ihnen mein Herz auszuschütten. Denken Sie sich, die Rosalie,
das leichtsinnige Geschöpf, kokettirt nun auch schon mit meinem
Wachtmeister.“

„Das fängt ja sehr nett an!“ flüsterte Frau Heimreich mir zu.
— „Wer wird denn gleich Alles auf die Goldwage legen!“ sagte ich.
Ein bischen sonderbar war mir aber doch zu Muthe geworden,
allein der Heimreichen gegenüber wollte ich mir keine Schwäche an-
merken lassen.

Die Kinder spielten weiter und Emmi fuhr fort:

„Na es ist auch kein gutes Haar an dem Frauenzimmer. Hat
sie Ihnen nicht auch Ihre Liebhaber abspenstig zu machen gesucht,
das fatale Ding?“

„Ja freilich! Ja freilich!“ antworteten die anderen Kinder
im Chor und bewegten die Puppen an ihren Drähten, als wenn die
gesprochen hätten. Sogar der kleine Krause stimmte mit ein, weshalb er vom Theater weggewiesen wurde und weinerlich hinter dem

Bettschirm hervorkam, mit dem die Kinder das Puppentheater auf der Seite verstellt hatten, damit man sie nicht sehen konnte.

„Mir scheint, die Sache wird immer heiterer!" sagte Frau Heimreich ziemlich laut. Ich that, als wenn ich nicht merkte, was sie meinte, und sagte deshalb zum kleinen Kranse: „Komm nur zu mir, Eduard, von hier siehst Du's am allerbesten!" -- „Ich denke, das Kind thäte gut, wenn es von solcher Art Komödie gar nichts sähe," bemerkte Frau Heimreich spitz. Ich schwieg. Nun erschienen auf der Bühne zwei Puppen, die davon redeten, daß sie heimlich verheirathet seien, einen Sohn hätten, von dem die Eltern nichts wüßten, und dergleichen Anzüglichkeiten mehr. Hierauf kam ein alter Sünder, welcher der Rosalie die Cour machen wollte und zwei Flaschen Champagner mitbrachte, auf die er zwei Zehnthalerscheine geklebt hatte. Frau Heimrich machte in einem fort spöttische Bemerkungen. „Das bildet wohl Herz und Gemüth?" gab sie mir zurück. „Besser ist denn doch, die Glasscheiben nehmen Schaden, als die jungen Kinderseelen!" — Konnte ich ihr Recht geben? Ich hätte es wohl eigentlich müssen, allein sie war zu impertinent, so daß ich nur sagte: „So etwas wie auf der Bühne kommt im Leben oft genug vor!" — „Derlei Erfahrungen habe ich nicht gemacht!" höhnte sie. — Ich hätte ihr dies und das anthun können, aber Recht sollte sie doch nicht haben. „Wenn man sich blind und taub stellt, sieht und hört man natürlich nichts von der Welt!" erwiderte ich. Zum Glück fiel der Vorhang und der erste Akt war vorbei. Onkel Fritz und der kleine Kranse waren die einzigen, die applaudirten, ich klatschte natürlich auch mit, blos um Frau Heimreich zu zeigen, daß ich mich an ihr Geschwätz durchaus nicht kehrte.

Nun kam der zweite Akt. Es wurde ein Kind ausgesetzt, die Rosalie findet es, ein Mann sagt ihr auf den Kopf, es wäre das ihre. — „Ich bin Stickmamsell, wie käme ich denn zu so was!" ruft meine Emmi, welches die Rolle der Rosalie zu sprechen hatte.

Mir war es schon zu verschiedenen Malen heiß und kalt übergelaufen und jetzt konnte ich nicht länger an mir halten. — „Nun ist's aus mit der Komödie!" rief ich, „das geht mir denn doch über allen Spaß!" und sprang auf. „In Ihrem Hause lernen die Kinder allerliebste Dinge!" rief Frau Heimreich. „Ha, ha! Herz und Gemüth! Ja die finden ihre Rechnung. Das muß man sagen!" Hierauf rief sie: „Agnes, Paula, Martha, Ihr kommt zu mir, von

solchem Unfug will ich nichts wissen. Wir sind eine respektable
Familie, Euer Großpapa, mein seliger Vater, hatte den rothen
Adlerorden."

„Aber man blos vierter," warf ich ein, denn wenn sie nur
irgend kann, bringt sie den alten Mann mit seinem Orden auf's
Tapet. — Die Kinder kamen hinter dem Bettschirm mit trübseligen
Gesichtern hervor. Meine weinten laut und der kleine Krause fing
mit an zu heulen. Es war das reine unterbrochene Opferfest. —
„Was haben wir denn gethan, daß Du so böse bist, Mama?"
flennte Emmi. — „Ach was!" sagte ich, „wie könnt Ihr so dumm-
mes Zeug aufführen!" — „Blos dumm?" fragte die Heimreich. —
„Wo habt Ihr das Stück her?" inquirirte ich. — „Vom Buchbinder!" antwortete Emmi und brachte mir ein Büchlein, dessen Titel
lautete: „Eine leichte Person. Posse in drei Akten von Büttner
und Pohl. Für Kindertheater bearbeitet von Dr. Sperzius. Neu-
Ruppin, Verlag von Oehmigke und Riemschneider." — „Das mag
ein schöner Doktor sein, der Spuzius oder Sperenzius," sagte Frau
Heimreich. „Schämen sollte er sich." — Nun mischte Onkel Fritz
sich dazwischen. „Eine sehr gute Posse," sagte er, „sie ist unzählige
Male auf großen Bühnen gegeben." „Ja wohl!" rief ich, „eine
Posse für einzelne Herren. Aber was Dir als ledigem Junggesellen
gefällt, braucht deshalb noch immer nicht gut zu sein. Ich hoffe
nicht, daß Du sie gesehen hast, Karl?" fragte ich meinen Mann.
Er erinnerte sich nicht genau.

Nun bohrte Frau Heimreich wieder nach. Ich, als Mutter,
hätte nicht dulden müssen, daß solche Bücher in mein Haus kämen,
worauf ich sagte, daß ich mehr zu thun hätte, als darauf zu achten:
in meinem Hause könnten die Leute, die zu Besuch kämen, ihren
Namen nicht anstatt der Visitenkarte in den Staub schreiben, der
fingerdick auf den Möbeln läge. Ein Wort gab das andere und sie
verließ uns, indem sie sagte, sie würde nie wiederkommen, ebensowenig wie sie ihren Kindern ferner gestattete, ein solches Gomorrha
wieder zu betreten, wie unser Haus sei. Das war mir ganz recht,
denn meine beiden sind eigentlich schon zu groß für Heimreich's drei
Jüngsten und wenn die Heimreichen sich auch mit ihrer Moral
brüstet, so bin ich doch der festen Meinung, daß sie nur so lange
fromm ist, als sie Sonntags in der Kirche sitzt.

Die Kinder weinten schrecklich, als die Heimreichs davon-

gingen. Ich gab ihnen Chokolade und Kuchen, obgleich sie erst vor
Kurzem genug gehabt hatten, aber Kinder haben immer noch Platz
und das war in diesem Fall sehr gut, denn so wurden die wenig=
stens ruhig. Wir hatten zwar ziemlich lange Umgang mit Heim=
reichs gehabt, aber des Menschen Wille ist ja sein Himmelreich. Sie
wollte es einmal nicht anders. Außerdem wohnen sie ganz hinten
in der Müllerstraße, und das ist von uns ein entsetzliches Ende.
Krauses blieben noch und als wir wieder in der guten Stube saßen,
kam die Rede natürlich auf das infame Buch, das soviel Unheil an=
gerichtet hatte. Herr Krause meinte, es sei unverantwortlich, sol=
ches Zeug den Kindern in die Hände zu geben. Onkel Fritz ent=
gegnete, die seien viel zu dumm, als daß sie wüßten, worum es sich
eigentlich handelte. „Aus kleinen Kindern werden große!" sagte
mein Mann. „Jugendeindrücke haften fürs ganze Leben!" sagte
Krause. „Die Kinder hätten ja nur ,Schneewittchen' oder ,Rübe=
zahl' oder Derartiges aufführen können," rief ich, „daß ihnen auch
gerade solche Dummheit in die Hände gerathen mußte, wie die leichte
Person."

Onkel Fritz meinte, wir hätten die Komödie ruhig zu Ende
spielen lassen sollen, das wäre besser gewesen, als unnützes Auf=
sehen zu machen. — Ich wusch ihm aber nicht schlecht den Kopf,
denn Onkel Fritz ist mein jüngster Bruder. Sein albernes Theater
sei an Allem Schuld, behauptete ich. Er wälzte sie jedoch von sich
ab auf den Buchbinder und den Dr. Sperrenzius oder wie er heißt.
Es gab eine allgemeine Verstimmung.

Nun frage ich Sie, Herr Redakteur, ist es zu verantworten,
daß Fabrikanten und Händler unter der harmlosen Bezeichnung
„für Kindertheater bearbeitet" Schriften zum Verkauf bringen, die
für die Kinderwelt passen, wie die Faust aufs Auge? Wo ist ein
Gesundheitsamt für die Verfälschung der geistigen Nahrungs=
mittel?

Das Geburtstagsfest war allerdings gründlich gestört —
Schuld hatte die Heimreich auch.... aber das habe ich als Lehre
daraus genommen, die Lektüre meiner Beiden wird von heute ab
von mir und meinem Manne überwacht, in das Paradies ihrer
Kindheit kommt mir ein solches Giftgethier nicht wieder. Krausens
sind ganz meiner Meinung und vielleicht sind es andere Familien
auch, wenn sie erfahren, wie es mir ergangen ist. Sie sind nicht

Mutter wie ich, aber ich hoffe, Sie werden mir in dieser Angelegenheit beistehen, Herr Redakteur.

Ihre ergebene

Wilhelmine Buchholz, geb. Fabian.

P. S. Das Buch füge ich bei. Sie sehen, daß ich die schlimmsten Stellen gar nicht angeführt habe.

——o——

Musikalischer Bräutigamsfang.

Sie waren damals so nett und druckten die fatale Geschichte
ab, welche auf meiner Emmi Geburtstag passirt war, als die Kinder das alte gräßliche Komödienstück auf dem Puppentheater spielten
und ich mich mit der Heimreich erzürnte. Sie ist noch nicht wieder
bei uns gewesen und die Krausen von nebenan, die eine sehr ver-
ständige Frau ist, meint auch, ich würde mir etwas vergeben, wenn
ich den ersten Schritt thäte.

Nun muß ich Ihnen aber erzählen, wie ich neulich überrascht
wurde. Ich sitze also und denke an rein gar nichts, als es klingelt
und der Postbote kommt und das dazu mit einer Geldanweisung
für mich. Erst wollte ich es gar nicht glauben, aber ich mußte ja
quittiren und er legte mir die Goldstücke auf den Tisch. Es war
das Honorar für das, was ich für Sie geschrieben hatte; nein, ich
hatte es wirklich nicht erwartet und dann so viel, ich war ganz
außer mir und fing an zu weinen und die Kinder auch. Das Geld
lag auf dem Tisch, ich dachte, es würde vor meinen sichtlichen Augen
verschwinden, wenn ich es anrührte, und hätte geglaubt, der Postbote wäre ein Gespenst aus einem Zaubermärchen gewesen, wenn er
die Stube nicht so voll getreten hätte.

Mein Mann sagte: „Ich kann ordentlich stolz auf Dich sein,
Wilhelmine, das hast Du nun so mit dem Schriftstellern verdient.“
— „Karl,“ sagte ich zu ihm, „ich bin mitunter wohl etwas heftig
gegen Dich gewesen, es soll nicht wieder vorkommen, nein, ganz gewiß nicht.“ Er umarmte mich und gab mir einen Kuß und ich
mußte wieder anfangen zu weinen. Emmi und Betti klammerten
sich an mich, als sie sahen, daß ich mich immer noch nicht beruhigen
konnte, und wischten sich auch die Augen. „Laßt gut sein, Kinder,“
beschwichtigte ich sie, „es ist ja nur die Freude. Wenn blos die
Heimreich das sehen könnte, wie würde die sich ärgern!“

„Was willst Du nun mit dem Gelde anfangen?“ fragte mein Mann. — „Das bewahre ich zum ewigen Andenken auf,“ antwortete ich, „oder wenn es nicht anders ist, so kaufe ich mir einen neuen Hut dafür, der alte ist durchaus nicht mehr modern. Die Krausen hat sich kürzlich auch erst einen neuen angeschafft.“ — Die Kinder meinten auch, es wäre das Beste, wenn ich den Hut kaufte. So gab ich denn ihrem Drängen nach und wir gingen alle drei ins Modemagazin. Weil aber noch ein kleiner netter Rest von dem Gelde übrig blieb, das der Postbote gebracht hatte, sagte ich: „Dafür wollen wir uns einen vergnügten Tag machen. Wir gehen heute Abend ins Konzerthaus bei Bilse; ich setze den neuen Hut auf und Papa holt uns nachher ab.“

Der Jubel von den Kindern war unermeßlich, und weil wir doch einmal unterwegs waren, gingen wir in eine Konditorei und ließen uns Chokolade geben mit Schlagsahne darauf und etwas Angenehmes zum Knabbern dazu. Es war allerliebst. —

Am Abend machten wir uns rechtzeitig auf den Weg, um einen guten Platz bei Bilse zu bekommen. Als wir nun in den Saal treten, sehe ich da bereits eine Freundin von mir an einem Tisch sitzen. Wir gingen heran und begrüßten uns. „Guten Abend, Frau Bergfeldt,“ sagte ich, „sieht man Sie auch mal wieder? Nein, und wie ihre Auguste herangewachsen ist, seit ich sie nicht gesehen habe!“ — Die Bergfeldten meinte auch, daß ihre Tochter sich sehr herausgemacht hätte. — Na, ich sah gleich, daß es nur das Kleid war, welches das Mädchen so groß machte, ganz modern mit Schleppe und Cuiraßtaille und die Haare vorne ins Gesicht herunter gekämmt wie eine Ponnymähne. Bei meinen würde ich so etwas nicht leiden, obgleich der Betti bereits ebensogut solches Kleid passen würde, wie Bergfeldtens Auguste, die freilich schon vor zwei Jahren konfirmirt wurde, aber noch sperrig und ungelenk ist, daß es eine Sünde und Schande ist, sie wie eine Erwachsene zu kleiden. Nun, wer so spitze Ellbogen hat, thut freilich am besten, lange Aermel zu tragen.

Wir nahmen Platz, aber als Emmi sich neben Auguste setzen wollte, sagte die Bergfeldten, der Stuhl wäre vergeben, ihr Emil käme noch nach. Ich sagte, „es sind ja zwei Stühle frei, an einem wird Ihr Emil wohl genug haben.“ — Da gab sie mir zur Antwort, ihr Emil würde noch einen Freund mitbringen, und wurde ganz verlegen. — „Aha," dachte ich, „hier spinnt sich etwas an. Aufgepaßt!"

Es dauerte denn auch nicht lange, und Emil kam richtig mit seinem Freunde an, der, wie sich nachher herausstellte, ebenso wie Emil auf den Assessor studirt, wozu er jedoch noch ein paar Jähr- chen Zeit hat. Wie ich nicht anders erwartete, setzte sich der Freund neben die Auguste, die roth bis hinter die Ohren wurde und sich von nun an noch linkischer benahm, als zuvor. Emil kam bei meiner Betti zu sitzen und so war unser Tisch denn komplet.

Das Konzert begann, und kaum fingen die Musiker an zu spie- len, als die Bergfeldt einen Strickstrumpf aus der Tasche holte und darauf losstrickte, als wollte sie das Entree wieder verdienen. So lange die Musik langsam und feierlich war, strickte sie ganz ruhig, aber als nachher ein Walzer gespielt wurde, fuhr ihr der Takt in die Finger und sie ließ so viele Maschen fallen, daß ihre Auguste Alles wieder auftrennen mußte, was sie fertig gebracht hatte. Nun konnte ich mir auch erklären, warum der Strumpf so grau aussah.

Ich bin ja sehr für den häuslichen Fleiß und hasse das Müßig- gehen, aber wenn man seinen Geist im Konzert bilden will, kann man doch die Aufmerksamkeit nicht zwischen einer Symphonie und dem Strumpf theilen. Auch glaube ich nicht, daß Beethoven seine himmlischen Eingebungen komponirte, damit dazu gestrickt werden sollte. Und wie großartig ist solche Symphonie, wenn sie Alle vier Kellertreppen tief in Gedanken dasitzen, und man meinen muß, sie könnten höchstens durch einen Eimer kaltes Wasser wieder zu sich gebracht werden. Das ist die Macht der Musik!

In den Zwischenpausen unterhielten wir uns recht gut. Emil ließ sich mit meiner Betti in ein umfassendes Gespräch über die deutsche Literatur ein und da Betti erst kürzlich etwas von der Marlitt gelesen hatte, so wußte sie recht gut Bescheid; sie fand auch, daß die Marlitt ihre Charaktere außerordentlich schildert und hielt es für durchaus richtig, daß der Baron erschossen wurde und der brave charaktervolle Ingenieur die Gräfin kriegte. Wenn die Kin- der etwas lernen, können sie nachher auch ein Wort mitsprechen.

Bergfeldtens Auguste und der Student redeten fast keine Silbe miteinander, aber von Zeit zu Zeit warfen sie sich schief von der Seite verliebte Blicke zu, die gerade genug sagten. Die Bergfeldten that aber, als wenn sie gar nichts bemerkte, im Gegentheil nannte

sie den Studenten immer „lieber Herr Weigelt" und fragte, wie es
ihm ginge, was seine Eltern machten und warum er die Pulswär=
mer nicht trüge, die Auguste ihm gehäkelt habe? — „Sie wollen
den jungen Mann wohl warm halten, weil Sie ihm Pulswärmer
schenken?" flüsterte ich ihr leise zu, ohne etwas Uebles bei dem
Scherz zu denken. Sie aber warf einen höhnischen Blick auf mei=
nen neuen Hut und sagte: „Wir sind für das Nützliche und nicht
für Flitterstaat und Tand!" — Ich war sprachlos. Meinen neuen
Hut Tand zu nennen! Ja, wenn ich ihn geborgt, oder meinem
Karl das Geld dafür abgezwackt hätte, das wäre etwas Anderes
gewesen. Als ich mich gefaßt hatte, erwiderte ich: „Natürlich,
wenn der Mann Alles allein verdienen muß, ist es unrecht von
der Frau, die Mode mitzumachen." Das hatte sie weg.

Während der zweiten Abtheilung aßen wir den Kuchen, den ich
mitgebracht hatte; die beiden jungen Herren steckten sich eine Ci=
garre an, und je schöner die Musik wurde, um so näher rückten sich
der Student und Bergfeldtens Auguste. Ich sagte gar nichts weiter
und bemerkte nur, als die Kapelle in einem sehr zu Gemüthe spre=
chenden Potpourri die Melodie: „Ach, wenn du wärst mein eigen"
spielte, daß die Zwei Hand in Hand da saßen und sich anschmach=
teten.

Endlich war das Konzert aus; mein Karl und Herr Bergfeldt
erwarteten uns auf dem Flur und wir gingen in eine Restauration,
wo wir ein Separatzimmer nahmen, um gemüthlich beisammen zu
sein. Mein Karl hatte Herrn Bergfeldt erzählt, woher ich meinen
neuen Hut hätte, und er gratulirte mir und sagte, nun gehörte ich
auch zu den deutschen Schriftstellerinnen, worauf seine Frau sagte
— es war ja nur der Neid über den Hut, der sie reden hieß —
Damen, welche am Schreibtische säßen, kümmerten sich nicht viel
um den Hausstand und die Familie. — „So?" erwiderte ich,
„Jedenfalls kümmere ich mich mehr um meine Töchter, als Sie sich
um die Ihrige, ich würde nie leiden, daß meine Aelteste eine Lieb=
schaft mit einem Studenten anfinge, wie Ihre Auguste." — Na,
das Wort fuhr denn dazwischen, wie eine Bombe. — „Was ist
das?" rief Herr Bergfeldt, „Herr Weigelt, ich will nicht hoffen —
— —." „O Gott, Papa!" rief Auguste. — „Franz meint es auf=
richtig," sagte die Bergfeldt. — „Welcher Franz?" fragte Herr

Bergfeldt heftig. — „Nun, Herr Weigelt," erwiderte sie, „er liebt
Auguste treu und innig...."

„Ich bitte Sie um ein Wort," wandte sich Herr Bergfeldt an
den jungen Studenten, der aufstand und dessen Aussehen wurde
wie konfiszirte Milch. Du mein Gott, wie er zitterte. Wie so eine
neumodische elektrische Klingel. Er konnte Einen wirklich dauern.

„Was sind Sie?" fragte Herr Bergfeldt.

„Student der Rechte." — „Wo haben Sie meine Tochter kennen
gelernt." — „Bei Bilse." — „Und sie lieben sich so sehr!" rief die
Mutter. — „Ach ja, Papa!" weinte Auguste. — „Aber sie sind noch
zu jung zum Heirathen und auf weite Aussichten hin giebt ein
Vater seine Tochter nicht." — „O Papa, Du brichst mir das Herz."
schluchzte Auguste, „Franz ist so gut." — „Willst Du unser Kind
unglücklich machen?" fragte die Mutter. — Der Student stand vor
Herrn Bergfeldt, wie ein armer Sünder im Verhör und konnte kein
Wort hervorbringen. — „Werden Sie für das Glück meines Kindes
sorgen?" wandte sich Herr Bergfeldt an ihn. „Wollen Sie mir
versprechen, fleißig zu sein, Ihre Examina zu machen, solide zu
leben und mein Kind — meine Aelteste — meine Erstgeborene —."
Hier konnte er nicht weiter. Auguste war ganz aufgelöst in Thrä=
nen. Und als die Mutter nun rasch die Hände der beiden jungen
Leute ineinanderlegte und sagte: „Ich segne Euch, meine Kinder,"
da fingen meine Beiden ebenfalls an. Es war auch zu rührend,
denn ich selbst hatte Thränen in den Augen, aber im Stillen mußte
ich mir doch sagen, daß die Partie mindestens übereilt war.
Er hat sein Brot nicht.... und sie mit den spitzen Ellbogen! Er
wird sich wundern, wenn er sie zu sehen bekommt.

Obgleich die Bergfeldten nicht artig gegen mich gewesen war,
so gratulirte ich ihr doch und sagte, ich hoffte, daß sie nie bereuen
möge, ihr Kind so früh mit einem so sehr jungen Manne verlobt
zu haben. Daß er jung war, sah man ja auf den ersten Blick an
den Finnen im Gesicht und den paar Bartstoppeln; ich hätte ihn
nicht zum Schwiegersohne haben mögen, denn etwas geb' ich
stets auf das Aeußere. Wozu hätte ich mir sonst den neuen Hut
angeschafft?

So feierten wir denn die Verlobung in aller Stille und ver=
sprachen auch, keinen Ton darüber zu reden, bis der Bräutigam
sein Assessorexamen gemacht haben würde. Als wenn eine Ver=

lobung verschwiegen bleiben könnte? Am nächsten Tage weiß es
die Waschfrau und in einer Woche wissen es alle Bekannte, das
kenne ich aus Erfahrung, weil es mir selbst so ging, als ich mit
meinem Karl verlobt war und Vater die Sache noch geheim halten
wollte. Mutter konnte nicht reinen Mund halten. Herr Bergfeldt
war schweigsamer als gewöhnlich und drehte in einem fort Brod=
kügelchen zwischen den Fingern, während sie, die Bergfeldten, sich
ein möglichst wonnestrahlendes Aussehen zu geben versuchte. Nun,
ich will ja auch nicht leugnen, daß eine frisch verlobte Tochter das
Mutterherz mit Stolz und Genugthuung erfüllen darf, aber doch
nur dann, wenn man mit dem Bräutigam einigen Staat machen
kann und er statt an den Haaren, mit den sanften Banden der Liebe
herbeigezogen worden ist.

Herrn Bergfeldt's Einsilbigkeit war Schuld daran, daß wir
die Sitzung nicht zu lange ausdehnten. Er berappte Alles, auch
was wir gehabt hatten, er war also gewissermaßen nobel, und das
machte einen guten Eindruck. Auf dem Heimwege fragte ich meinen
Karl, ob er nicht auch bemerkt hätte, daß der Bräutigam, so wie
man bei uns in der Landsbergerstraße zu sagen pflegt, ein bäm=
liches Gesicht gemacht hätte, als wenn ihm die ganze Verlobung ein
bischen überrascht gekommen wäre? Karl meinte, der junge Mann
wäre eine Pabbe (er drückt sich mitunter etwas familiär aus, mein
guter Karl), sonst hätte er sich nicht so überrumpeln lassen, denn
genau besehen, wäre die Mutter doch nur die Anstifterin von der
Verlobung gewesen, die ginge nicht wegen der Musik zu Bilse, son=
dern nur, um ihre Tochter sehen zu lassen. Er fügte noch hinzu,
daß es ihm unangenehm sein würde, wenn ich ohne i h n mit den
Kindern ausginge.

Hierauf erwiderte ich, daß er sich auf m i ch verlassen könne,
und ich schon dafür sorgen würde, daß unsere Kinder s o l ch e Par=
tien nicht machten, und i ch schon verstände, junge Leute ohne Aus=
sichten zu verscheuchen. So gab denn ein Wort das andere, und
wurde auch nicht eher Friede, als bis Karl schwieg. Das thut er
immer, wenn wir nicht egaler Meinung sind, und ich ärgere mich
um so mehr, weil ich dann n i e weiß, was er im Stillen denkt.
Es ist eben schwer, mit den Männern umzugehen.

Als wir zu Hause waren, fragte Betti, wann wir wieder nach
dem Konzerthaus gehen wollten, worauf Papa sagte, das hätte noch

lange Zeit. Betti machte einen schiefen Mund und stotterte, sie hätte Bergfeldtens Emil aber versprochen, am nächsten Donnerstag wieder bei Bilse zu sein.

Der Schreck, den ich bekam, ich danke! Nun aber ging ich ins Geschirr und sowohl mein Mann, als die Kinder kriegten ihr Theil. Mein Karl, weil er nicht gleich mitgekommen war, Betti, weil sie mit dem Emil sich verabredet hatte, und Emmi, weil sie doch hätte sehen müssen, daß Emil und Betti miteinander redeten. Es war ungemüthlich, und der Tag, der so schön anfing, endete mit Kummer und Verdruß.

Als ich mit meinem Karl allein war, sagte ich: „Wir wollen auf die Mädchen Acht geben, solche Verlobungen, wie die heute bei Bergfeldtens, können doch u n s nicht passen!" — Karl meinte, wenn die Mütter nur vernünftig wären, könnten keine Dummheiten passiren, selbst wenn die jungen Leute noch so liebenswürdig und die Musik noch so sentimental sei. Ich möchte nur wissen, was die Männer von solchen Sachen verstehen?

In zwei Jahren kann Bergfeldtens Emil vielleicht bereits Assessor sein und Betti ist denn doch zehnmal hübscher, als die spitzknochige Auguste, die nun schon Braut ist. Und was die Musik anbelangt, so spielen sie bei Bilse wirklich ausgezeichnet, nur der Paukenschläger haut auf sein Instrument, als sollte es entzwei werden und es wollte nicht. Warum soll man nicht öfter ins Konzerthaus gehen? Auch läßt sich nicht leugnen, daß Emil ein schmucker Mensch ist und namentlich einen blendenden Vicefeldwebel abgeben würde. Vielleicht auch Lieutenant.

*   *   *

Es trat eine lange Pause ein. Mittlerweile war der Sommer des Jahres 1870 herbeigekommen, an den der Berliner mit Freude zurückdenken wird, denn die Berliner Industrie hatte ein Festtagsgewand angezogen und hielt täglich großen Empfang auf der Gewerbeausstellung ab, für die in der Nähe des Lehrter Bahnhofes ein großes Gebäude errichtet worden war, das ein hübscher Park mit Anlagen, Wasserkünsten und freundlichen Pavillons aller Art umgab.

Vor der Ausstellung war dieser Platz eine kleine Privatsand=
wüste, ein unangenehmes Terrain, auf dem sich selbst das Gras zu
wachsen weigerte. Und nun hatte man einen Garten daraus ge=
macht, aber ohne Zauberei, nur durch Arbeit und das erforderliche
Kleingeld. Schade, daß wir nicht auch in fremden Weltheilen den
nöthigen Grund und Boden haben, um deutscher Kultur und In=
dustrie Heimstätten zu bereiten.... es sollten schon prächtige Plätze
werden.

In dem Ausstellungspark standen damals bereits die Bogen
der Stadtbahn, über welche die Züge noch nicht hinwegsausten in
die weite Welt hinein, aber die großen Gewölbe wurden als Aus=
stellungsräume benutzt und eins derselben war sogar in eine alt=
deutsche Weinstube verwandelt worden, denn das Antike fing gerade
an Mode zu werden. Mit einigen Fenstern von grünem Glase und
einem Topf voll brauner Farbe kann man jedes Lokal ins Alt=
deutsche übersetzen.

Damals war es namentlich das Berliner Kunstgewerbe, wel=
ches Triumphe feierte, und das rapide Aufblühen dieser Industrie
ist theilweise der Ausstellung zuzuschreiben; das belebende Sonnen=
licht der Anerkennung brachte auch die nur erst halbgeöffneten
Knospen zu voller Entfaltung.

Industrie und Gewerbe gaben ein Fest, das ganz Berlin mit=
feierte, und gar bald konnte der Millionste Besucher der Ausstellung
begrüßt und vor den Apparat des Photographen gesetzt werden, da=
mit sein Bild der dankbaren Nachwelt erhalten bleibe. Die Be=
rühmtheit ist eben ein sonderbares Ding. Einige machen ihr ganzes
Leben lang vergebens Jagd darauf, Andern wird sie zu Theil, ohne
daß sie eine Ahnung davon haben. Unvermuthetes Glück soll, wie
man sagt, das reinste sein.

Unter den neunhundertneunundneunzig Tausend Besuchern der
Ausstellung, die vor dem Millionsten den Drehzähler passirten,
befand sich auch die Familie Buchholz, wie wir aus einem Schreiben
der Frau Wilhelmine erfahren, das gleichzeitig über den Grund
ihres langen Schweigens Aufschluß giebt. Sie ist vielleicht die
Einzige, deren Erinnerung an die Ausstellung keine ungetrübte
genannt werden kann. Es giebt Leute, die dem Verdruß auf hal=
bem Wege entgegenziehen, anstatt ihm auszuweichen; dafür, daß
unsere Freundin ihn auch auf der Ausstellung finden sollte, ist bei

genauer Prüfung der Verhältnisse das Ausstellungskomité jedoch nicht verantwortlich zu machen.

---◆---

Auf der Ausstellung.

Sie haben gewiß schon oft gedacht, wie mag es wohl zugehen, daß die Buchholzen nichts von sich hören läßt, sie greift doch sonst hin und wieder zur Feder. Aber können Sie schreiben, wenn Sie ein solches Gallenfieber bekommen, daß Sie einen Doktor gebrau= chen müssen und sich dann später beim Garbinenaufstecken eine Nadel in den Finger rennen, als hätte man kein Gefühl und keine Nerven? — Nein, dann schreiben Sie auch nicht.

Nun fragen Sie sicher, wie ein Wesen von meiner Sanftmuth und Geduld mit einem Gallenfieber behaftet werden kann? Ich möchte jedoch Jemand sehen, der ruhig bliebe, wenn ihm passirt, was mir geschehen ist.

Und was hatte ich gethan? Nichts, reinweg gar nichts. Ich hatte nur geäußert, daß die Bergfeldten dem jungen Studenten ihre Auguste aufgehängt hätte, und diese harmlose Aeußerung war ihr hinterbracht worden. Ich dachte mir weiter gar nichts Böses dabei, denn es war die unverfälschte Wahrheit. Dies hat die Bergfeldten jedoch schrecklich übelgenommen, und so schrieb sie mir denn einen empörenden Brief, in welchem sie sagte, daß, wenn sie wollte, sie von meinem Karl Geschichten erzählen könnte, worüber die Leute sich s e h r amüsiren würden. Ich zeigte meinem Manne den Brief und sagte: „Karl, lies, was diese Person geschrieben hat, und dann geh' gleich zum Staatsanwalt und verklage sie."

Mein Karl las den Brief und antwortete zögernd, daß er kei= nen Grund zum Einschreiten darin finden könnte. — Mir war, als rührte mich der Schlag. Ich sank wie vernichtet auf das gute Sopha und rief: „Also Du fühlst Dich schuldig, Deine Ver= gangenheit ist eine verschleierte, dies elende Weib hat Recht. O, Karl!" — Er suchte sich zu vertheidigen, indem er behauptete, die Bergfeldten habe nur aus Rache eine sinnlose Bemerkung hinaus= geschleudert, allein dies beruhigte mich nur halb; denn wenn sie doch etwas wüßte? Und wäre Karl ganz rein in seinem Gewissen, so hätte er ihr das Gericht auf den Hals geschickt. Ich merkte ihm deutlich an, daß er verlegen war. In demselben Augenblick kamen die Kinder herein und brachten den großen Schmortopf und die Waschleine, die ich der Bergfeldten geliehen hatte und die sie nun mit spöttischen Bemerkungen retour schickte. Außerdem ließ sie sagen, der Henkel an dem Topf wäre schon entzwei gewesen, als sie ihn von mir bekommen hätte. Das war aber eine grobe Unwahrheit und diese Malice warf mich nun ganz darnieder.

So kam ich zu meinem Gallenfieber. Kann die Bergfeldten es vor ihrem Schöpfer verantworten, daß sie so an mir handelte, so ist es gut, ich hoffe jedoch nicht, daß ich einmal unter vier Augen mit ihr zusammentreffe. Dann sage ich ihr, wie ich es meine, denn in meinem Hausstande ist Alles ganz und propper!

Als ich mich allmälig wieder erholte und mein Teint nicht mehr so abscheulich gelb war, wie ich ihn mir herangeärgert hatte, sagte Karl: „Wilhelmine, wie wäre es, wenn Du Dich etwas zerstreutest? Ich denke, wir gehen alle zusammen auf die Ausstellung, Du und ich und die Kinder; es soll mir auf ein paar Groschen nicht ankommen, Deine Genesung zu feiern." — Im ersten Augenblick empfand ich große Freude über diesen Vorschlag, dann aber mußte ich denken, ob Karl's liebevolles Benehmen gegen mich nicht etwa aus einem geheimen Schuldbewußtsein hervorgegangen sein könnte, das durch den Brief der Bergfeldten neu aufgefrischt worden war? Ich sagte jedoch keine Sterbenssilbe von dem, was ich fühlte, sondern ging bereitwillig auf seine Wünsche ein. Die Kinder hatten gerade ihre neuen Sommerkostüme bekommen und da Karl mir so wie so einen modernen japanesischen Shawl versprochen hatte, war der Ausführung seines Planes ja nichts im Wege. Hätte ich aber gewußt, was mir bevorstand, so wäre ich sicher zu Hause geblieben.

Ich will Sie nicht mit der Beschreibung der Ausstellung aufhalten, denn dazu gehört am Ende doch wohl eine Fachfeder, nur das muß ich bemerken, daß der Eindruck des Ganzen sowohl auf mich als auf die Kinder ein überwältigender war. Karl, der schon öfter draußen gewesen, kam mir bereits etwas abgehärtet gegen die Schönheiten im Allgemeinen und im Einzelnen vor.

Weil es an diesem Tage sehr heiß war, schlug Karl erst eine kleine Herzstärkung im Moabiter Bierausschank vor und wir sagten denn auch nicht Nein. Karl ging gleich nach dem dicken Baiern hin, der aus dem großen Riesenfaß zapfte, um das Bier selbst zu holen. Ich dachte, er ist doch galant und nett, mein Karl,

ein wirklich ausgezeichneter Gatte, als mein Blick auf die Münche-
ner Kellnerin in ihrem bunten Maskeradenanzug fiel, die ihm
Kleingeld herausgab und ihn dabei sehr freundlich anlächelte. Dies
Lächeln gab mir einen Stich durch das Herz, aber ich blieb ruhig.
Im Stillen nahm ich mir jedoch vor, Karl nie wieder allein auf
die Ausstellung gehen zu lassen. Dies gelobte ich fest und heilig.

Daß das Bier mir unter solchen Umständen wie Wermuth
schmeckte, ist natürlich kein Wunder. Ich konnte es nicht aus-
trinken, und gab es daher den Kindern, damit es nicht umkommen
sollte.

Karl fragte: „Schmeckt Dir das Bier nicht, Wilhelmine?
Wollen wir lieber einen leichteren Stoff versuchen?" — „Es ist mir
hier zu viel Sonne," entgegnete ich mit einem Blick auf die Münch-
nerin, aber Karl verstand mich nicht, oder wollte mich nicht verstehen. „Gut," sagte er, „dann gehen wir zum Böhmischen Brau-
haus." — Ich war froh, fortzukommen, und wir siedelten ins nasse
Dreieck nach dem Böhmischen Ausschank über. Hier trafen wir zu
unserer großen Freude nicht nur Onkel Fritz, sondern auch den
Doktor Wrenzchen, der mich behandelte, als der Brief von der Bergfeldten mich auf das Siechbett geworfen hatte. Das Wiedersehen
war ein sehr vergnügtes, denn ein Doktor ist für einen Patienten
immer so eine Art von übernatürlichem Wesen und ein wahrer
Engel des Trostes, namentlich wenn er milde und gut mit Einem
umgeht und den leidenden Mitmenschen ab und zu durch einen niedlichen kleinen Scherz aufzuheitern versteht. Nun, wir kamen denn
auch bald in ein sehr angenehmes Gespräch. Nur mein Karl und
Onkel Fritz fingen einen Streit darüber an, welches das beste Bier
sei, weil mein Mann darauf hinwies, daß mir das Böhmische besser
zu munden schien, als das Moabiter. Aber kannte er die inner-
lichen Gründe?

Der Eine hatte diese Meinung und der Andere jene, und da
sie sich nicht einigen konnten, war Onkel Fritz so gottlos, eine Bier-
wette zu proponiren, auf die mein Karl trotz meines stark betonten
Hustens einging und wobei der Doktor durchschlug. Als ich jedoch
bemerkte, es sei nachgerade Zeit, etwas von der Ausstellung zu
sehen, erklärte Karl, daß er mit Fritz Bier probiren müsse, um die
Wette zum Austrag zu bringen, und ich daher besser mit den Kindern allein ginge. Um fünf Uhr wollten er und Onkel Fritz uns

in der altdeutschen Weinstube treffen. Der Doktor bot seine
Begleitung an, da er wegen seiner Völligkeit gerade eine Marien=
bader Hauskur durchmachte und deshalb, wie er sich scherzhaft
ausdrückte, auf die Bierreise Verzicht leisten müßte. Mein Mann
machte ein so unschuldiges Gesicht, als wäre er erst gestern kon=
firmirt worden.

Ich durchschaute meinen Karl jedoch, aber ich faßte mich, denn
ich wollte nicht, daß der Doktor sehen sollte, wie unser eheliches
Glück Risse bekam und sich dem Einsturz näherte, da Betti sich für
ihn interessirt und Bergfeldt's Emil ein für allemal keine Partie
für sie ist. Der Brief und der zerbrochene Schmortopf trennen uns
für ewig von dieser Familie. Ueberdies ist ein Doktor in der Ver=
wandtschaft stets sehr zweckmäßig, da er doch seinen Angehörigen
nicht gleich jede Kleinigkeit auf die Rechnung setzen kann. Ich bat
meinen Mann nur noch: „Karl, bleibe bei einer Sorte, Du weißt,
Vieles durcheinander bekommt Dir nicht!"

Der Doktor führte uns nun durch die Ausstellung. Es war
wirklich prachtvoll, wie er Alles zu erklären wußte und uns belehrte.
Betti kam aus dem Erstaunen gar nicht heraus, so daß ich ihr mehr
als einmal zuflüstern mußte: „Sperr' doch den Mund nicht so
auf, es sieht zu einfältig aus." — Bei den Zimmereinrichtungen
bemerkte ich, daß der Mittelstand sich so etwas Kostbares wohl nicht
leisten könne, worauf er sagte: „Raum ist in der kleinsten Hütte
für ein glücklich liebend Paar." — „Hörst Du, Betti," rief ich, „wie
treffliche Anschauungen der Doktor vom Leben hat?" Aber, an=
statt daß sie nun eine geistreiche Gegenbemerkung gemacht hätte, da
sie doch auf die Gartenlaube abonnirt ist, klappte sie plötzlich mit
einem hörbaren Ruck den Mund zu, den sie wieder aufstehen gehabt
hatte, weil sie erschrak und glaubte, ich wollte ihr abermals eine
mütterliche Ermahnung zu Theil werden lassen. „Betti ist ganz
hingerissen von diesen Ergebnissen des menschlichen Geistes auf dem
Gebiete der Industrie und des Gewerbes," sagte ich gewandt, „sie
überhörte deshalb Ihren wohlmeinenden Ausspruch, lieber Dok=
tor!"

„O bitte, das macht nichts," sagte dieser liebenswürdig wie
immer, „das ist ja nur äußerlich." — Ich tippte ihm leicht mit dem
Fächer, der gleichzeitig als Sonnenschirm zu gebrauchen ist, auf
den Arm und erwiderte: „Ganz recht, die Hauptsache beruht in

der gleichen Stimmung der Seelen." -- Hierauf sah er mich ein
bischen schief von der Seite an und plinkerte mit dem einen Auge,
und schon wollte ich ihm sagen, was Betti mitbekommt und daß
wir noch eine Erbtante in Bützow wohnen haben, als Emmi mit
einem Male laut dazwischen rief: „O seh' mal, Mama, wie blank
die Badewanne ist und dabei lauft das Wasser ordentlich!"

Obgleich mein eigen Fleisch und Blut, hätte ich dem Kinde doch
in diesem Moment etwas anthun können, da sie mit ihrem dummen
Ausruf plötzlich ein Gespräch unterbrach, von dem das Glück ihrer
Schwester abhing. Wie schön wäre es gewesen, wenn der Doktor
und Betti als heimlich Verlobte die Ausstellung verlassen hätten
und wie würde die Bergfeldten sich geärgert haben. Denn wenn
man in die eine Wagschale einen Doktor mit Praxis und in die andere einen hungrigen Studenten legt, so wird der Letztere doch entschieden zu leicht befunden. Jetzt war das Gespräch aber einmal
abgerissen und nicht gut wieder anzuknüpfen, denn Angesichts einer
Badewanne lassen sich Herzensangelegenheiten nicht erörtern, wenigstens widerstrebt das meinem Zartgefühl. Die schöne Konjunktur
war richtig verpaßt; ich kann doch nicht wieder krank werden, um
den Doktor bei uns zu sehen, und von alleine kommt er nicht. Nun,
ich rechnete noch auf den Zuhauseweg.

Der Doktor sah auf die Uhr und sagte, es sei gerade Zeit, die
Weinstube aufzusuchen, wo wir mit meinem Mann und Onkel Fritz
zusammentreffen wollten, und so gingen wir denn. Der Badewanne warf ich aber noch einen Abschiedsblick zu, von dem sie eine
Beule hätte bekommen müssen, wenn sie einigermaßen unsolide gearbeitet gewesen wäre. Diese Wanne ist gewissermaßen das Grab
von dem Glück meiner Aeltesten.

Wir mußten nun die Abtheilung der Spirituosen passiren, wo
die Aussteller uns auf das Dringendste zum Gratisprobiren ein-
luden, und wirklich verleitete uns der Doktor, einen kleinen Damen-
liqueur zu nehmen. Grad' als ich mich lobend über diese Annehmlichkeiten aussprechen wollte, sehe ich meinen Karl, wie er sich einschenken läßt und verschiedene Arten von Branntwein probirt. Ich
gehe auf ihn zu. „Karl," sagte ich, „heißt das auf uns warten?"
— „Na ob," sagte er und lachte, „das Moabiter ist noch das Beste."
— „Du warst wieder dort?" — „Gewiß, mein Engel!" sagte er
und kniff mir in die Backe! — „Karl," rief ich strenge, „Du hast zu

viel durcheinander getrunken!" — „Noch immer nicht genug!" antwortete er vergnügt. — „Wo ist Onkel Fritz?" — „Der ist ein
Schwachmatikus, der wollte nicht mal an den Liqueur heran; der
kann sich meinetwegen abmalen lassen."

„Doktor," sagte ich, „nehmen Sie meinen Mann unter den
Arm, damit die Kinder nichts merken, er hat nun einmal einen
schwachen Magen." — „Das ist ja nur äußerlich," sagte der Doktor
und faßte meinen Karl unter und zog ihn fort.

Es war durchaus liebenswürdig vom Doktor, daß er sich so
viel Mühe mit meinem Karl gab und seine Aufmerksamkeit auf die
Ausstellungsgegenstände lenkte, obgleich Karl immer wieder nach
dem Liqueur wollte, weil er noch nicht alle Sorten gekostet hätte.
Der Doktor hielt ihn aber fest und da wir gerade in der chirurgi-
schen Abtheilung waren, die unmittelbar beim Liqueur lag, so erklärte er ihm, wozu alle die Messer und Sägen gebraucht würden,
die Kehlkopfpinsel und Sonden und zeigte ihm die künstlichen Beine
und Arme. „Wie viel Elend giebt es doch in der Welt," sagte mein
Karl, „die unglücklichen Menschen! O, Kinder, dankt Eurem
Schöpfer, daß Ihr gesunde Gliedmaßen habt. O, die arme leidende
Menschheit und so viel Elend." Weiter konnte er nicht reden, denn
in diesem Augenblicke spielte Jemand nebenan auf der Orgel „Das
ist der Tag des Herrn!" Nun war es alle. Die Rührung überkam meinen Karl so stark, daß er laut zu schluchzen anfing und
immer dazwischen rief: „Kinder, dankt Eurem Schöpfer; ja, das
müssen wir Alle." Und so knickte er auf einen Stuhl und weinte
bitterlich.

Als die Kinder dies hörten und sahen, ward ihnen angst und
bange. „O Gott, was fehlt Papa?" schrie Emmi.... „O Papa,
mein guter Papa," rief Betti. Die Leute liefen bereits zusammen
und bildeten einen Kreis, und unter diesen Leuten — ich denke der
Himmel soll einbrechen — waren die Bergfeldten und Auguste mit
ihrem mageren Lulatsch von Studenten. — „Kinder," rief ich,
„stellt Euch vor Vatern, dies ist kein Anblick für Menschen ohne
Gemüth und Bildung!"

„Ich bitte Sie, meine Herrschaften, zerstreuen Sie sich," sagte
der Doktor, „der Herr ist von der großen Hitze ein wenig unwohl
geworden; er wird sich bald wieder erholen." Die Leute gingen
nun auch, nur die Bergfeldten blieb noch stehen. „Hitze?" rief sie

ungläubig, „wird wohl nichts Ordentliches zu essen bekommen
haben, denn wenn die Frau schriftstellert, muß der Mann natürlich
darben. Kommt, Auguste und Franz, wir haben heute Abend
junges Huhn und Stangenspargel." — Ich war sprachlos. Berg=
feldtens und Spargel! Lieber Gott, am ersten Pfingsttag vielleicht
ein paar grünköpfige in der Suppe, aber sonst doch nicht! Spar=
gel?! Den großen Klumpen Cyankali, den wir vorher bewundert
hatten, weil man so viele Menschen damit vergiften kann, als im
Berliner und Charlottenburger Adreßbuch zusammen stehen, Rix=
dorf eingerechnet, hätte ich ihr in den Hals stopfen mögen, bis sie
daran erstickte. Dabei spielte die Orgel immer zu und mein Karl
jammerte über das Elend der leidenden Menschheit. — —

Als er sich wieder einigermaßen beruhigt hatte, fuhr ich mit
ihm nach Hause; die Kinder blieben noch mit dem Doktor zum
Konzert. Erst wollte ich sein Anerbieten, Ritterdienste bei meinen
Beiden zu thun, nicht annehmen, aber ich gab zuletzt nach, zumal
es mir vorkam, als wenn der Doktor mir mit dem Auge vielsagend
zuplinkerte.

Zu Hause nahm ich meinen Karl heftig ins Gebet und er
wurde auch ganz zerknirscht. „Geliebte Wilhelmine, ich rühre nie
wieder einen Liqueur an." — „Und läßt Dich von Fritz nicht wieder
zum vielen Biertrinken verführen?" — „Nein." — „Und kokettirst
nicht wieder mit der bairischen Kellnerin?" — „Aber Minchen." —
„Ueberhaupt mit keiner Kellnerin?" — „Ich bitte Dich!" — „Und
gehst auf die Polizei und verklagst die Bergfeldten wegen gröblicher
Injurien?" — „Alles, Minchen, aber nur das nicht!" — „Du läßt
Deine Dir angetraute Gattin von dieser Klapperschlange belei=
digen?" — „Ich kann und darf sie nicht verklagen!" — „Hier liegt
etwas vor. Karl, gestehe, oder Du setzest mein Glück und das
Deiner Kinder aufs Spiel. Was weiß die Bergfeldten von Dir?"

Als ich ihn mürbe genug hatte, beichtete er. In ganz früheren
Jahren hatte er einmal mit Bergfeldt, als sie noch ledig und jugend=
lich überwallend waren, Geburtstag gefeiert und dann Nachts mit
einem Nachtwächter krakehlt, der sie alle Beide auf die Wache brachte,
wo sie leider, weil es am Sonnabend spät gewesen war, bis zum
Montag verweilen mußten. Dies wußte die Bergfeldten und hier=
mit glaubte sie Unfrieden stiften zu können. „Das hat nichts auf
sich, Karl," sagte ich, „denn es gehört doch gewissermaßen Muth

dazu, mit einem Nachtwächter anzufangen, und Muth hast Du
immer gehabt. Nur das viele Durcheinander kannst Du nicht ver=
tragen!" Er versprach, von nun an vorsichtig zu sein, und so wie
ich ihn kenne, wird er auch Wort halten.

Ich machte ihm nun eine gute Tasse Kaffee und nahm mir vor,
nicht nur Alles zu vergessen, sondern recht liebevoll gegen ihn zu
sein, denn er war doch nur der unschuldig Verleitete. Er lobte den
Kaffee auch sehr und meinte, daß er ihm gut thun werde, denn er sei
wirklich etwas leidend. Als ich hierauf mitleidsvoll zu ihm trat
und sein Dulderhaupt sanft streicheln wollte, duckte er sich rasch, als
wenn er sich vor mir fürchtete. „Karl," rief ich, „traust Du mir so
etwas zu? Glaubst Du, ich könnte meine Hand gegen Dich er=
heben?" — „Es sah beinahe so aus," antwortete er. „Nimms nicht
übel, Minchen, meine Nerven haben etwas gelitten." — „Von dem
Bier und dem Liqueur," rief ich. — „Schon möglich!" entgegnete
er, „aber thu mir den Gefallen und sprich nicht so viel mehr, es
greift mich an." —

Die Kinder kamen erst zurück, als mein Karl schon im Bette
lag, das er diesmal früher aufsuchte, als sonst gewöhnlich.

„Nun?" fragte ich, „habt Ihr Euch noch gut amüsirt?" —
„Ja," sagte Emmi, „und der Doktor plinkerte immer so mit dem
einen Auge."

„That er das wirklich, Betti, mein Herzenskind?"

„Ja, Mama, den ganzen Abend."

„Und was sagte er?" fragte ich gespannt.

„Er sagte, er würde wohl ein Gerstenkorn bekommen," rief
Emmi, „er hätte es schon am Nachmittage gespürt."

„Nun ja," sagte ich, „das muß er als Doktor am besten wissen."
— Hinterher erfuhr ich noch, daß es natürlich Onkel Fritz gewesen
ist, der die Orgel spielte. Ich habe ihn darüber aber nicht schlecht
zur Rede gestellt.

Herr Buchholz hat Zahnschmerzen.

Vor acht Tagen feierten wir unsern Hochzeitstag — es war der
schauderhafteste, den ich je erlebt habe. Mir ist dieser Tag sonst
das schönste Fest im Jahre, mehr noch als Ostern und Pfingsten
zusammen, denn es ist mein Tag und mein Karl ist der Kalender=

heilige dazu. Man könnte fragen, ob der Tag nicht auch meinem
Karl gehört? Gewiß auch das, aber weiß ich, ob ich ihn ebenso
glücklich gemacht habe, als er mich? Ich will es hoffen, aber ich
kann mir nicht denken, daß je eine Menschenseele so glücklich sein
könnte, als ich an dem Tage, als er mir seinen Namen gab und vor
dem lieben Gott und den vielen Menschen laut und offen bekannte,
daß er mich liebte. Ich konnte das Ja kaum über die Lippen
bringen, weil ich mich vor den vielen Leuten genirte, und doch hätte
ich laut aufjubeln mögen in all dem Glück.

Wenn nun unser Hochzeitstag herankommt, dann wird jener
erste Tag wieder lebendig in meiner Erinnerung, als wäre es gestern,
und wenn mein Karl mich stillschweigend umarmt und mir einen
innigen Kuß giebt, dann ist mir, als sei er noch mein Bräutigam,
mit dem Myrthenstrauße im Knopfloch, der weißen Binde und den
fein frisirten Haaren, obgleich er jetzt nur den Schlafrock anhat und
auf dem Kopfe früh Morgens ein bischen wuschig aussieht.

Am Abend haben wir stets eine kleine Gesellschaft, gute Bekannte und Freunde, und auf den Tisch kommt auch etwas Ordentliches. Mein Karl ist kein Kostverächter und mich freut es, wenn
es ihm schmeckt. Diesmal aber rührte er fast nichts an, und das
machte mich besorgt.

„Fehlt Dir was, mein Karl?“ fragte ich.

„O nein,“ antwortete er, aber ich merkte doch, daß das „O“ so
lang herauskam wie die halbe Friedrichstraße. Ich drang weiter
in ihn, allein er verwies mir jede Frage und wurde so zu sagen
etwas unangenehm gegen mich.

Gegen halb zwei Uhr entfernten sich die Gäste. Als wir nun
unter uns waren, konnte ich doch nicht umhin, meinem Karl einige
Vorwürfe über sein Betragen zu machen, worauf er sagte, daß er
ein wenig Zahnschmerzen habe und nicht zum Vergnügtsein aufgelegt sei. Ich schlug ihm vor, ein Zahntuch umzubinden, aber er
lachte mich aus und meinte, die Schmerzen seien nicht von Belang
und würden sich schon wieder geben.

Als ich darauf in die Küche ging, um unserer Aufwaschfrau,
die immer bei festlichen Gelegenheiten hilft, ihren Tagelohn zu
geben, ließ ich auch ein Wort darüber fallen, daß mein Mann leidend sei, worauf die alte Grunert — so heißt die Aufwaschfrau

nämlich — sagte, daß sie ein ausgezeichnetes Sympathiemittel
wüßte, das schon so sehr vielen Leuten geholfen habe.

Warum sollte man nicht einmal einen Versuch machen, da
Sympathie so unendlich billig ist?

Mein Karl höhnte anfangs, als ich ihm von der Grunerten
sagte, jedoch ich redete ihm zu, da Sympathie keinen Schaden thun
könnte, und so gestattete er denn, daß die Alte ihr Mittel an-
wendete.

Die Grunerten wußte, daß im Garten ein Hollunderbusch
wuchs, der zu ihrem Vorhaben nothwendig war. Stillschweigend
ging sie hinunter, schnitt einen Span aus dem Baum und bohrte
meinem Karl damit so lange an dem kranken Zahn herum, bis er
blutete. — Alles stillschweigend. — Dann ging sie wieder zu dem
Baum, band den Span auf derselben Stelle mit einem leinenen
Faden fest und fragte, ob die Schmerzen fort seien.

„Was sollten sie wohl?" rief mein Karl ärgerlich. „Sie sind
nach dem Bohren nur noch schlimmer geworden!" — Die Grunerten sagte, er solle nur warten, bis der Span angewachsen sei, dann
würde der Schmerz wie weggeblasen sein, wünschte gute Besserung
und ging nach Hause.

Mein Karl schalt sehr über den Unsinn, zumal die Pein nach
der Sympathie immer heftiger ward.

Ich rieth ihm, warmes Wasser in den Mund zu nehmen, was
ja auch sehr gut ist, und ging nach der Küche, um Wasser zu kochen.

„Gott, Madame," sagte die Köchin zu mir. „Wenn ich Zahnschmerzen habe, nehme ich Senfspiritus und reibe die Backe damit
ein. Es beißt wohl ein bischen, aber es hilft!" Zum Glück hatte
sie noch einen Rest, den ich dankend annahm und bei meinem Karl
in Anwendung brachte.

Ich wollte, ich hätte dies nicht gethan, denn der Senfspiritus
fraß wirklich sehr stark, und mein Karl meinte, ich hätte ihm das
höllische Feuer ins Antlitz gestrichen. Die Backe wurde roth wie
ein gesottener Krebs und ging denn auch richtig sehr bald ganz dick
auf. Nun mußte er doch ein Zahntuch umbinden, was er ja gleich
hätte thun können, wenn er meinem Rath gefolgt wäre. Aber
Männer sind immer eigensinnig, wenn es ihr Bestes gilt.

Mit der Sympathie und dem Senfspiritus war es gegen drei
Uhr geworden und wir gingen zur Ruhe.

Ich kann nicht sagen, daß ich eine angenehme Nacht hatte, denn mein Karl schlief fast gar nicht und wühlte fortwährend in seinem Bett herum. Es sah am andern Morgen aus, als hätte er Unflug darin gespielt.

Gegen acht Uhr schlief er ein und ich hoffte schon, daß Alles gut sein würde. — Um zehn kam die Polizeilieutenanten zum nachträglichen Gratuliren, die meinen Karl aufrichtig bedauerte und sagte, daß nichts besser gegen Zahnschmerzen sei, als echte chinesische Po=ho=Essenz. Wir schickten unser Mädchen herum, die denn auch bald mit der Flasche ankam.

Mein Karl litt wieder schrecklich. Ich wies auf die Essenz hin, aber er wollte Nichts davon wissen.

„Karl," sagte ich, „es wäre eine Beleidigung gegen die Frau Polizeilieutenanten, wenn Du das kostbare Mittel nicht gebrauchen wolltest!" Er widersetzte sich und war widerwillig, allein da die Chinesen doch in vielen Fällen klüger sind als wir, so bequemte er sich zuletzt und ich drückte ihm ein Stück tüchtig mit Essenz getränkter Watte in den Zahn.

Er spuckte zwar fürchterlich, aber der Schmerz war fort. Ihm standen die Thränen in den Augen von der Essenz, aber er lächelte doch, so gut es mit der geschwollenen Backe möglich war. Der gute Karl! Nein, wie dankbar wir der Polizeilieutenanten waren, das kann sich Niemand ausmalen. Wir begleiteten sie die Treppe hinunter und sie war auch sehr froh, daß ihr Rath so schön geholfen habe. — Als wir wieder oben kamen, hörte ich meinen Mann jedoch schon wieder lamentiren. Die Zahnschmerzen waren mit doppelter Kraft retour gekommen.

Nun ist es ein Glück, wenn man kluge Kinder hat. Meiner Betti fiel ein, daß Herr Krause eine homöopathische Apotheke besitzt und schon so manches Leiden im Handumdrehen kurirte, und rasch lief sie zu Herr Krause, ihn zu uns zu bitten.

Herr Krause ist Lehrer und man darf Zutrauen zu solchen Leuten haben, die wirklich Alles wissen, da sie doch den Grund zu Allem legen und ja auch damals den Krieg gewannen, der ohne sie jedenfalls nicht zu Stande gekommen wäre. Und namentlich Herr Krause ist ungemein weit in der Wissenschaft und Bildung und hat zu den Aerzten durchaus kein Vertrauen. Ich bin, wie gesagt, auch mehr für Hausmittel.

Herr Krause trat bald mit seiner Apotheke und dem Doktor=
buche ein, galt es doch seinen leidenden Mitmenschen beizustehen
und wahre Humanität auszuüben. Mein Mann saß im Sopha
mit dicker Backe und war sehr verdrießlich, aber weil er nur mit
dem einen Auge gut sehen konnte, da das andere ziemlich zuge=
schwollen war, schien es, als wenn er Jedermann vergnügt zu=
blinzelte.

„Nun, lieber Herr Buchholz," rief Herr Krause ihm entgegen,
„immer den Humor oben, das lobe ich mir!"

„Mir ist gar nicht nach Humor zu Muthe!" entgegnete mein
Karl verdrießlich. „Wenn Sie mir einen Gefallen thun wollen,
schicken Sie zum Arzt."

„Zum Doktor?" lächelte Herr Krause, „das werden wir
hoffentlich nicht nöthig haben. Die Aerzte kennen die Geheimnisse
der Natur keineswegs, denn das, worauf es ankommt, das Heilen
der Krankheiten lernen sie bei allem Katzenschlachten und Hunde=
schinden doch nicht. Und dann, was geben sie dem Menschen nicht
Alles ein? Gifte und durchschlagende Mittel, die ewiges Siech=
thum herbeiführen. Die Homöopathie dagegen hebt die Krank=
heiten auf naturgemäße Weise."

„Mit Holzsplittern oder mit Senfspiritus?" fragte mein
Mann.

Herr Krause lächelte. „Die Homöopathie heilt nur mit dem
Geiste der Arzneimittel," setzte er uns belehrend auseinander.
„Denken Sie sich eine Flasche voll Wasser, so groß wie der Mond,
und in dies Wasser einen Tropfen Medizin gegossen und durchge=
schüttelt, dann haben Sie ein homöopathisches Heilmittel."

„Du meine Güte," rief ich. „Wer kann aber den Mond
schütteln?"

„Es ist nur bildlich gemeint, liebe Frau Buchholz," entgegnete
Herr Krause. „Nun wollen wir erst einmal die Symptome prüfen,
um das richtige Mittel zu finden. Haben Sie Bohren in dem
Zahne?"

„Seitdem die Grunerten fort ist, nicht mehr," antwortete mein
Karl.

„Also kein Bohren. Zieht der Schmerz von links nach rechts,
oder von rechts nach links?"

„Er sitzt solide fest!"

„Aha, da wäre Pulsatilla angezeigt. Die dicke Backe deutet auf Zug. Wir werden Aconit mit Pulsatilla im Wechsel gebrauchen."

„Erlauben Sie, die dicke Backe kommt vom Senfspiritus."

„Dann müssen Sie erst Camphora nehmen, um das Senfgift aus dem Körper zu treiben," erwiderte Herr Krause.

Bei diesen Worten öffnete er seine Handapotheke und ließ meinen Mann drei kleine weiße Kügelchen schlucken. Hierauf rührte er andere kleine Kügelchen in Wasser und sagte, mein Karl müsse alle Stunden davon einen Schluck nehmen. Erst würden die Schmerzen sehr heftig werden, das wäre die naturgemäße Erstverschlimmerung, weil der Geist der Arznei mit dem Geist der Krankheit kämpfe. Hierauf aber werde das Leiden wie durch ein Wunder gehoben. Außerdem verbot er ihm Tabak, Thee, Kaffee, Saures, Gewürze und namentlich Kamillenthee, der jahrelanges Siechthum zur Folge habe. Dann ging er.

Mein Mann nahm genau nach der Uhr ein: die Schmerzen wurden aber immer gräßlicher. „Gottlob," sagte ich, „das ist die Erstverschlimmerung, die beiden Geister kämpfen gehörig, nun wird es bald besser!" Mein Karl stöhnte, daß er mich entsetzlich dauerte. — Er ging auf und ab. — Dann setzte er sich wieder. — Dann legte er sich auf das Sopha und bohrte mit dem Kopf in die Ecken hinein.

„Es ist nicht zum Aushalten!" schrie er.

„Sei doch nur ruhig, mein süßer Karl! Du hast doch gehört: erst muß es schlimmer werden, ehe der Schmerz geht. Nimm nur noch einen Schluck von der Medizin, die Herr Krause angerührt hat, und laß es ordentlich in Deinen Zähnen kämpfen!"

Wir warteten Stunde auf Stunde, aber die Verschlimmerung ließ noch nicht nach. Mein Mann wollte rauchen, aber das durfte er nicht. Zu Mittag hatten wir sein Leibgericht, Schmorfleisch mit saurer Sauce. Dies durfte er auch nicht essen. Er wurde sehr wüthend, als er sich mit Zwieback und Milch behelfen mußte.

Schließlich meinte Emmi, Herr Krause habe wohl den Senfspiritus herausgetrieben, aber den Po-ho noch nicht, ob der wohl am Ende dagegen wirkte? Sie eilte deshalb zu Herrn Krause, um ihn zu fragen. Sie blieb lange fort, und als sie wiederkam, sagte sie, Herr Krause habe in seinem Doktorbuche nachgeschlagen, aber ein Gegenmittel gegen Po-ho sei nicht darin, und dieses Gift mache die Wirkung seiner Mittel zu Schanden. Hier wäre die Homöo=pathie einfach machtlos.

Nun aber hatte die Geduld von meinem Karl ein Ende. Emmi nannte er eine einfältige Pute und mich eine dumme Gans. Er war wie ein Wilder und pantherte im Zimmer auf und ab, wie ein Tiger in seinem Käfig. — Ich brach in Thränen aus und das Kind weinte mit mir. „Karl," rief ich „mir das und dem Kinde des=gleichen! O wie bist Du lieblos, wo wir auf alle mögliche Weise zu lindern suchen. So handelt nur ein Rabenvater. Du hast kein Herz für uns armen, schwachen Wesen. Karl, Karl, Du versün=digst Dich an dem Kinde und an mir!"

Er antwortete nicht, und als ich mit thränenden Augen über mein feuchtes Taschentuch aufblickte, sah ich, wie mein Karl auf dem Sopha vor Schmerz Kopf stand. Dies war gräßlich, denn kann es etwas Fürchterlicheres geben, als wenn man den Vater seiner Kinder, Bezirksvorsteher und Wahlvertrauensmann auf dem Kopfe stehen sieht, mit den Beinen hoch über der Sophalehne in der Luft? — Ich that einen lauten Schrei vor Entsetzen.

In diesem Augenblick kam Onkel Fritz. „Was giebt's denn hier für eine Komödie?" rief er lachend, als er dies Bild der Familienverzweiflung sah. Nur mit Mühe konnten wir ihm Alles auseinandersetzen, denn während unsere Stimmen von Thränen erstickt wurden und mein Karl nur unarticulirte Laute von sich gab, wollte er vor Lachen umkommen.

„Karl, alter Junge," rief er, „was hat man mit Dir aufge=stellt?"

„Nur Hausmittel!"

„Konntet Ihr denn nicht zu Dr. Wrenzchen schicken?" fragte Onkel Fritz.

„Wer geht denn gleich zum Arzt?" warf ich ein, „wozu sind denn die Hausmittel da?"

„Um Deinen Mann zu quälen und zu martern," entgegnete er.

Onkel Fritz schalt nun meinen Karl aus, daß er sich von Alte=weiberkram (ich glaube, dies war der gassenhafte Ausdruck) elen=den ließe und hieß ihn sich anziehen, um mit ihm zum Zahnarzt zu fahren, da ihm einfiel, daß Dr. Wrenzchen nur für Innerliches und nicht für Aeußerliches sei.

Dies war mir nicht recht, denn wenn Dr. Wrenzchen gekommen wäre, hätte er sich mit Betti unterhalten können; aber wir Frauen müssen uns der rohen Gewalt ja fügen.

Er fuhr mit meinem Karl ab. Nach einer Stunde kamen sie wieder. Mein Karl war seinen Zahn und die Schmerzen los und wie neu geboren, aber das neue Jahr unserer Ehe hatte keinen so lieblichen Anfang, wie alle die vorhergehenden, denn er war zu hart gegen mich gewesen, was ich nicht ohne Weiteres verzeihen durfte. Und wie gut hatten wir Alle es mit ihm gemeint!

Spukgeschichten.

Ich hätte Ihnen schon längst einmal wieder geschrieben, wenn etwas Ordentliches passirt wäre, allein da es in unserer Familie, Gott sei Dank, ruhig hergeht, so fiel auch nichts vor, was Sie interessiren konnte. Freilich bekam mein Karl vor einigen Tagen einen Hexenschuß, aber der ist schon wieder im Abziehen begriffen, nachdem die Seele von Mann sechszehn trockene Schröpfköpfe aufs Kreuz bekommen hat. Gegen Hausmittel habe ich jetzt einige Abneigung, so trefflich sie auch in vielen Fällen sind.

Da mein Karl das Haus hüten mußte, worauf wir durchaus nicht gerechnet hatten, war es unmöglich, an dem Schlafrock zu arbeiten, mit dem wir ihn zu Weihnachten überraschen wollen, und welche Zeit eine Sammetborde mit Plattstich in Seide erfordert, das ist den Männern nicht leicht begreiflich zu machen, die in den Wissenschaften ganz gut bewandert sein können, aber sich in eine weibliche Handarbeit doch nur schwer hineinversetzen. Ich sagte deshalb zu den Töchtern: „Kinder, wir werden mit Papas Schlafrock nicht fertig, denn wann sollen wir daran arbeiten, da Vater ja den ganzen Tag zu Hause ist? Ich bin der Meinung, wir gehen heute Abend zu Dr. Joachims und holen das Versäumte nach. Ueberdies sind wir dort längst einen Besuch schuldig!" Die Töchter freuten sich sehr, weil sie ungemein gerne bei Joachims sind. Die Doktorin ist nämlich eine Jugendfreundin von mir; wir heiratheten beide fast zu gleicher Zeit, und ihre Töchter stehen ungefähr in demselben Alter, wie die meinen und heißen auch ebenso. Karl sah freilich etwas sauer darein, weil er den Abend nicht gerne allein zubringen wollte, aber als ich sagte, daß es nicht anders ginge, so fügte er sich. Nach den Erlebnissen auf der Ausstellung, wo Onkel Fritz ihn in sündhafter Weise zum Bierprobiren verleitete, ist mein Mann überhaupt viel williger geworden, als früher, wofür ich dem Magistrat im Stillen danke, weil ohne dessen Umsicht ein so segens= reiches Werk niemals zu Stande gekommen wäre.

Als wir bei Joachims anlangten, war die Freude auf beiden Seiten eine gleich große. Der Doktor war in seinen Bezirksverein gegangen, wo ein bedeutender Politiker einen Vortrag über das „Verhältniß der Droschken zur Unfallversicherung" hielt, und somit waren wir ganz unter uns, konnten ungestört an den Weihnachts= geschenken arbeiten und nach Herzenslust plaudern. Es war sehr gemüthlich, als wir Alle so dasaßen und fleißig waren. Was thut man auch nicht, um Anderen eine Freude zu machen?

Die Doktorin fragte, ob mein Karl uns nachher abholen würde, worauf ich ihr denn sagte, daß er einen Hexenschuß bekommen hätte und zwar so plötzlich, daß man wirklich meinen könnte, eine Hexe hätte ihm etwas angethan. Nun lachte die Doktorin mich aus. „Ich weiß, Du warst von jeher ein wenig abergläubisch, Wilhel= mine," sagte sie, „aber daß Du an Hexen glaubst, das ist doch ein bischen stark." — „Ich glaube nicht gerade an Hexen," antwortete ich, „aber es giebt doch mancherlei Dinge in der Welt, die kein Mensch erklären kann, selbst Onkel Fritz nicht, der sonst Alles besser weiß, als andere Leute." — Die Doktorin lachte wieder. „Es geht Alles auf der Welt natürlich zu," sagte sie. — „So?" fragte ich. „In der Bülowstraße bei Kuleckes haben sie noch den Geist eines verstorbenen Sargmachers im Tisch, den man ganz deutlich sägen und hämmern hört, wenn man Kette mit den Händen bildet." — „Bei Kuleckes werden auch schon spiritistische Sitzungen abgehalten?" — „Warum denn nicht? Die vornehmen Herrschaften beschäftigen sich mit Geisterklopfen und Lebensmagnetismus, und Kuleckes möchten sich gerne auf das Vornehme aufspielen. Bei Baron von G. haben sie neulich den Diener in magnetischen Schlaf versetzt und ihn so viele rohe Kartoffeln statt Birnen essen lassen, daß er zwei Tage zu Bett liegen mußte!" — „Das nenne ich frevelhaft mit der Gesundheit seiner Nebenmenschen umgehen." — „O nein, es ist der Wissenschaft wegen und deshalb läßt Onkel Fritz auch keine Sitzung bei Kuleckes aus. Er sagt, Fräulein Kulecke ist ein großartiges Medium — — "

„Onkel Fritz findet sie bildschön gewachsen," unterbrach mich Betti.

„Aha!" bemerkte die Doktorin.

„Das ist Nebensache," erwiderte ich, nahm mir jedoch im Stillen vor, Fritz einmal zu verhören, denn die Knledes sind keine Verwandtschaft für uns; sie thun immer groß, aber dahinter ist nicht Viel, denn sie haben Verluste gehabt.

Während ich schwieg und darüber nachdachte, was ich Fritz sagen wollte, ertönte mit einem Male ein jammervolles Gewinsel. „Mein Gott!" rief ich, „was ist das?" — „Es ist nur der Hund," sagte Doktors Aelteste. „Wir haben ihn in Papas Zimmer ,inge= sperrt und gewiß ist die Lampe ausgegangen." — „Wieso die Lampe?" fragte ich. — „Der Hund mag nicht im Dunkeln allein sein," erklärte die Doktorin, „er fürchtet sich dann und heult. Es geht Alles na= türlich zu, liebe Wilhelmine."

So war es denn auch. Die Lampe wurde drüben wieder an= gezündet und der Hund verhielt sich nun ganz ruhig. „Man be= hauptet doch," fing ich an, „daß Hunde Geister sehen können. Vielleicht sieht er etwas im Dunkeln und es gruselt ihn?" — „Möglich, daß er die Frau sieht!" entgegnete die Doktorin. — „Welche Frau?" — „Du weißt, Wilhelmine, ich glaube weder an Gespenster, noch an Spuk, aber etwas Merkwürdiges habe ich schon vor einigen Jahren erlebt und jetzt vor Kurzem wieder. Es kommt nämlich mitunter des Nachts eine Frau zu mir, obgleich alle Thüren verschlossen sind."

„Eine Frau? Durch die verschlossene Thür?" rief ich und mir wurde ganz beengt.

„Ich wache mitten in der Nacht auf, wenn das Weib kommt," erzählte die Doktorin, „ich fühle es, wenn sie da ist, und muß auf= stehen, ich mag wollen oder nicht. Dann sehe ich ganz deutlich das Weib, wie es den Kopf durch die halbgeöffnete Thür steckt und ins Zimmer schaut. — „In Euer Schlafzimmer?" rief ich entsetzt. — „Nein, hier ins Wohnzimmer!" — „Und Du stehst auf?" — „Ge= wiß, die Thür muß doch wieder zugemacht werden." — „Und Du gehst in das Wohnzimmer?" — „Nun freilich. Wenn ich aber die Thür zumachen will, hält das Weib den Kopf dazwischen, daß ich sie mit aller Anstrengung nicht schließen kann." — „Und das Gespenst steht dicht vor Dir?" — „In unmittelbarer Nähe." — „Und Du

schreist nicht?" — „Warum soll ich schreien; ich fürchte mich nicht."
— „Und wie sieht das Weib aus?" — „Mager und häßlich, mit
tiefen Augenhöhlen, in denen statt der Augen schwarzer Moder liegt,
mit grinsendem Mund und gelben, breiten Zähnen. Um den Kopf
trägt sie ein graues Tuch, ihr Kopf ist ebenfalls aschgrau. Die
Hände hält sie verborgen und an den mageren Füßen hat sie ganz
altmodisch geformte Schuhe." — „Und so was steckt den Kopf hier
durch die Thüre? Wann aber geht das Gespenst wieder?" —
„Wenn ich vergebens versucht habe, die Thür zuzudrücken, nehme
ich das Licht und halte es dem Weib vor das Gesicht, dann flackert
die Flamme, als wenn es hineinbliese. Darauf verschwindet das
Weib, die Thür ist festverschlossen und ich gehe wieder zu Bett!"

„Und den Spuk hast Du schon öfter erlebt?" — „Schon sehr
oft. Mein Mann ist jedoch der Meinung, daß die Erscheinung
eine Art von Alpdrücken sei, und ich bin derselben Ansicht." —
„Damit ist nichts erklärt, denn Du bist doch wach, hast ein bren-
nendes Licht in der Hand und die Thür geht nicht zu. Dies ist
Spuk. Es giebt unerklärliche Dinge!" — „Meinethalben,"
lachte die Doktorin. „Wenn das Weib wieder kommt, werde ich
ihr sagen: ‚gehe zu meiner Freundin Wilhelmine Buchholz, die will
Dich gerne kennen lernen.‘" — „Um Gotteswillen nicht," rief ich
schaudernd, „ich könnte den Tod davon haben."

Mir war ganz unheimlich zu Muthe geworden, denn wenn die
Doktorin, die an kein Gespenst glaubt, von so schrecklichem Spuk
heimgesucht wird und ihn mit eigenen Augen sieht, so muß doch was
daran sein. Das war mir sehr bedenklich. — Ich mahnte zum
Aufbruch, denn mittlerweile war es spät geworden, auch fürchtete
ich jeden Augenblick, die Thür würde sich öffnen und das Weib
hereinsehen. Als wir schon auf der Straße waren, rief mir die
Doktorin noch nach: „Wilhelmine, ich schicke Dir das Weib!"
Das machte uns so ängstlich, daß die Kinder und ich die Beine auf
dem Heimwege nicht schlecht anzogen.

Ich hieß die Kinder sich schlafen legen, als wir zu Hause ankamen, und sagte, sie sollten sich nicht fürchten, obgleich ich selbst
unruhiger war, als ich eingestehen mochte. Mein Karl schlief fest,
aber ich weckte ihn, um ihm die Spukgeschichte zu erzählen und zu
fragen, was er davon dächte? — „Ich schlief so schön, Wilhelmine,"
sagte er vorwurfsvoll. — „Und ich graule mich. Du mußt wachen,

Karl, das hast Du mir vor Gott und den Menschen am Altar ge=
schworen." — Davon hätte der Pastor nichts gesagt; ihm wäre das
Schlafen nicht verboten worden. — „O, Karl, sagte er nicht, der
Mann müsse die Stütze der Gattin sein, ihre Zuflucht in Noth und
Gefahr?" — „Wenn Jemand Noth hat, bin ich es mit meinem
Hexenschuß; überdies sehe ich keine Gefahr." — „Ich fürchte mich.
Das ist genug. Wenn das Weib jetzt käme?" — „Laß mich schla=
fen, Wilhelmine!" — „Wenigstens nicht eher, als bis ich liege.
Kannst Du nicht einen Gesangbuchvers auswendig, lieber Karl?
Sage ihn so lange her, bis ich die Haare aufgemacht habe." — „Wil=
helmine, Du bist albern." — „Nein, Karl, das nicht, aber ich habe
so gräßliche Angst. Wenn ich erst liege, kann das Weib kommen,
dann stecke ich den Kopf unter die Decke. Bitte, Karl, nur einen
Vers. Die Doktorin will mir das Weib schicken und es ist schon
nach zwölf. Nur einen Vers, bester Karl; die Geister können
Bibel und Gesangbuch nicht leiden." — Als Karl mich so flehen
hörte, fing er denn auch an; er wußte aber nur einen Vers von
dem Morgenliede: „Mein erst Gefühl sei Preis und Dank." Den
wiederholte er immer von vorn. Es war nicht viel, aber doch
wenigstens etwas.

Ich saß während dessen ganz benommen vor meiner Toilette
und machte die Haare. Wie ich nun so in den Spiegel sehe, da be=
merke ich mit Grausen, wie hinter mir ganz leise die Thür aufgeht.
Ich konnte mich nicht rühren und keinen Laut hervorbringen. Wie
gebannt mußte ich in den Spiegel blicken. — Da huscht etwas, als
wollte es zur Thür hinein, ein Kopf wird sichtbar, ganz langsam
schiebt er sich vor — — das Weib war da, das gespenstische Weib!
— Noch eine Sekunde und es wäre im Schlafzimmer drin gewesen.
— Mit einem Schrei sprang ich auf und wollte die Thür schließen,
die Thür ging nicht zu. — — Ich drückte noch einmal heftig, da
schreit das Gespenst laut: „Au, Mama, Du drückst mich todt!"
— Karl war bei meinem Schrei trotz seiner Schmerzen aus dem
Bett gekrochen. „Mein Gott, was ist denn los?" rief er. — „Ich
weiß nicht," stöhnte ich, „erst war das Weib da und nun ist es
Betti." — Die lag auf der Erde und hielt sich jammernd den Kopf.
Ich war halb ohnmächtig und schlotterte nur so. „Dies ist mein
Tod," rief ich, „Betti, wie konntest Du mich so erschrecken?"

„Ach, Mama," weinte das Kind, „als wir bei Doktors zusam=

menpackten, habe ich aus Versehen eine Arbeit in Deine Tasche ge=
legt, die Du von mir zu Weihnacht haben sollst, und damit Du es
nicht bemerken solltest, wollte ich sie jetzt eben heimlich holen. Au,
mein Ohr!" — Ich nahm das Licht und leuchtete. Auf der Stirn
war eine Brüche und das Ohr blutete, so hatte ich das Kind in
meiner Angst geklemmt; im Uebrigen fehlte ihm Gottlob nichts
weiter. „Das kommt von Eurem Aberglauben," sagte mein Mann.
— „Karl!" rief ich, „warum stehst Du noch so da, draußen sind
zwölf Grad Kälte. Ich will dem Kinde Arnika geben, und morgen
lassen wir Doktor Wrenzchen holen!"

Nach und nach kamen wir zur Ruhe, und als Doktor Wrenz=
chen am andern Tage Betti's Ohr untersuchte, sagte er, es hätte
nichts zu bedeuten, es wäre nur äußerlich, und dabei war er so
liebevoll gegen Betti, daß ich ihn auf den Sonntag zum Mittag ein=
lud. Als ich ihn fragte, was er gern äße, antwortete er: „Kalbs=
braten ist meine einzige Leidenschaft." — Den soll er denn auch
haben. Wer weiß, ob die Spukgeschichte nicht doch noch einen sehr
angenehmen Ausgang nimmt?

———o———

Bei der Sylvester-Bowle.

Bei uns geht es nämlich mit dem Sylvester=Abend um. Ein=
mal wird er bei Krauses gefeiert, in dem folgenden Jahr bei Berg=
feldts und dann bei uns. Wir hatten ihn zuletzt gehabt, und so=
mit waren Krauses daran. Wie aber sollte es mit Bergfeldts
werden?

Die Bergfeldten hatte mich tödtlich beleidigt; ich kann nicht
sagen, wie ich mich geärgert habe, ja ich hätte sie zu meinen Füßen
sterben sehen können, und wenn sie mich um einen Tropfen Wasser
gebeten hätte, würde ich ihr Vitriol=Oel gereicht haben! — Doch
n e i n , diese Gefühle bestürmten mich nur im ersten Moment und
waren auch wohl Schuld daran, daß ich das Gallenfieber bekam;
jetzt, nachdem ich mich ordentlich ausgeseucht habe, denke ich nicht
mehr so intolerant und schäme mich ordentlich, daß jemals solche
Gedanken in meinem Busen aufsprießen konnten. Damit will ich
aber keineswegs eingestanden haben, daß die Bergfeldten ohne
Schuld sei. Im Gegentheil, s i e war es, die anfing.

Also Krauses waren daran! — Herr Krause kam denn auch

zu uns, um uns zu bitten, und mein Karl nahm die Einladung
ohne weitere Ueberlegung an. — „Karl!" rief ich, mit einer Klei=
nigkeit Schärfe im Ton: „Weißt Du denn auch, ob die Bergfeldten
da sein wird oder nicht?" — „Gewiß!" erwiderte mein Mann
trocken, „wir sind alle die Jahre am Sylvester zusammen gewesen
und werden es diesmal auch!" — Er sagte diese Worte mit einer
Bestimmtheit, die ich lange nicht an ihm bemerkt hatte. Während
er sprach, firirte ich ihn deshalb mit meinen Augen, aber obgleich
er diesen Blick kennt, sah er nicht weg, sondern hielt ihn ruhig aus.

„So?!" rief ich. — Weiter sagte ich kein Wort, aber in diesem
„so?!" lag etwas drin, daß mein Karl doch einen Schreck bekam und
man ihm ganz gut ansehen konnte, wie es ihm vor Angst trocken im
Munde ward.

„Liebe Frau Buchholz," nahm nun Herr Krause das Wort, „ist
es denn nicht möglich, daß Sie verzeihen können? Sehen Sie,
draußen in der Welt giebt es Unfrieden genug, und Haß und Zwie=
tracht wird an allen Enden gesäet. Sollen diese bösen Dämonen
auch das Familienleben zerstören, alte Bande der Freundschaft zer=
reißen und uns um die wenigen Freuden bringen, die aus dem
humanen Zusammensein hervorblühen?" — Ich kämpfte eine Weile
mit mir selber. „Nein," sagte ich darauf: „Mit Dämonen mag
ich nichts zu thun haben, ich hab' noch genug von neulich, als das
dämonische Weib mir erschien, und Niemand soll mir nachsagen,
daß ich nicht human wäre. Sie haben so schön gesprochen, Herr
Krause, daß es unrecht von mir sein würde, wenn ich nicht nach=
gäbe! Natürlich aber muß die Bergfeldten mir das erste Wort
gönnen, sonst bleibt's beim Alten."

Herr Krause garantierte für die Bergfeldten, und so versprach
ich denn, daß wir kommen würden.

Kaum war Herr Krause gegangen, als ich zu Karl sagte: „Er
hat doch wohl recht, es ist besser, wir leben in Frieden, als im
Streit; wozu auch das ewige Maulen? Aber die Weihnachts=
kleider der Kinder müssen noch bis zum Sylvester fertig, und das
neue Medaillon mit dem großen Diamanten, das Du mir geschenkt
hast, werde ich tragen. Soweit bringen Bergfeldts es doch
nie!" — —

Der Abend kam. „Wir wollen nicht die Ersten sein," sagte
ich, „es sieht so gierig aus, wenn man zu präcise antritt." — „Wie

Du meinst," erwiderte Karl, „aber bedenke doch, wir gehen nicht in Gesellschaft, sondern zu Freunden!" Ich blieb jedoch auf meiner Meinung bestehen, und wir warteten daher so lange, bis der kleine Krause kam und sagte, sie wären Alle da und die Schlagsahne finge schon an dünne zu werden, Mama könnte sie nicht länger halten. Da machten wir uns denn auf den Weg. Als wir ankamen, ließ ich meinen Mann zuerst eintreten, dann folgte ich in hellgrauer Seide, etwas ausgeschnitten, mit dem neuen Medaillon, begleitet von den Kindern, die in ihren Weihnachtskleidern sehr vortheilhaft aussahen. Alle standen sie auf und wir begrüßten uns. Krauses waren sehr herzlich, desgleichen Herr Bergfeldt, aber sie, die Berg= feldten, machte eine Verbeugung, die acht Tage auf Eis gelegen hatte. Mir versetzte es ordentlich den Athem, zumal die Krausen mich auf das Sopha neben die Bergfeldten nöthigte. Es war eine Angstpartie, und da sie Alle das bemerkten, redete keiner ein Wort: es flog ein Riesenengel durch das Zimmer. Mit einem Male unterbrach Onkel Fritz die fürchterliche Stille, indem er laut aus= rief: „Es kann heute ja noch recht gemüthlich werden!" — Alle fingen an zu lachen, während ich und die Bergfeldten roth über= gossen auf dem Sopha saßen. Nun kam es darauf an zu zeigen, wer von uns die Gebildetste sei, und deshalb rief ich: „Das wird es auch wohl noch!" und hierauf antwortete die Bergfeldten: „Es ist ja nur einmal Altjahrsabend im Jahr!" Dem stimmten denn auch Alle bei, der Thee kam und nach dem Thee Kirschmarmelade mit Schlagsahne für die Damen und Bier für die Männer, und ehe ich mich versah, war ich mit der Bergfeldten im Gespräch ganz wie früher. Während die jungen Leute „Thaler wandern" spielten — Onkel Fritz ließ den Thaler mitwandern und brachte die ganze junge Gesellschaft immer ins Lachen — unterhielten wir Aelteren uns über dies und das, bis wir zu Tisch gingen. Die Bergfeldten hatte mir erzählt, daß der Student, Herr Weigelt, sich sehr nett herausmache und nächstes Jahr wohl Assessor sein würde und dann Auguste heirathen könnte, und ich mußte ihr versprechen, zur Hoch= zeit zu kommen. Es war ganz wie zu alten Zeiten. Herr Krause hatte auch wohl mit ihr geredet, und so konnte man deutlich sehen, daß ein vernünftiger Mann doch viel Gutes stiften kann, wenn er die Gelegenheit dazu wahrnimmt. Ueberhaupt wünschte ich in diesem Augenblicke, daß mein Karl in dieser Beziehung etwas von

Herrn Krause abhätte, so sehr ich sonst im Uebrigen mit ihm zu=
frieden bin.

Bei Tische war es wieder außerordentlich nett. Wir saßen
zwar ein bischen sehr eng, aber es ging doch. Erst hatten wir
Mahnpielen, dann Karpfen mit Meerrettig und Rippespeer mit
Compot, zum Schluß gab es Eis. Mitten auf dem Tisch stand
eine Bowle, Herr Krause und Onkel Fritz schenkten ein, und wenn
sie leer war, kam Frau Krause mit einem großen Topf und goß sie
wieder voll. Wir wurden nun zusehends fideler. In den Pausen
sangen wir Lieder, die Onkel Fritz auf dem Klavier begleitete. Vor
dem Fisch sangen wir: „Wohlauf noch getrunken den funkelnden
Wein", und vor dem Braten: „Wir gehn nach Lindenau", wozu
Onkel Fritz eine ganze Masse neuer Verse gemacht hatte, die er solo
vortrug, und wobei wir Andern immer nur den Refrain sangen.
Nein, wie haben wir gelacht! Einen Vers hatte er auf mich ge=
dichtet, in welchem er sagte, ich würde überall gelesen, „sogar in
Lindenau!" — Es war zu spaßhaft, auch der kleine Eduard stimmte
mit ein und noch den ganzen Abend sang das Kind vor sich hin:
„Wir gehn nach Lindenau!"

Als wir das Eis „intus" hatten, wie der Student, Herr Wei=
gelt, zu sagen pflegt, erhob sich Herr Krause, sah nach der Uhr und
klopfte an sein Glas, um die Rede auszubringen. Es wurde mit
einem Male sehr still und feierlich, und auch der kleine Krause hielt
mit dem Singen inne, nachdem sein Papa ihm einen milden
Klapps verabreicht hatte. Was Herr Krause nun sprach, war wirk=
lich sehr wohlthuend. „Dem neuen Jahre," so etwa sprach er, „ju=
belte man zu, als wenn es die Macht hätte, alle Hoffnungen und
alle Wünsche, selbst die eitelsten und gefährlichsten zu erfüllen,
während man das alte Jahr verabschiede, wie Jemanden, der mehr
versprach, als er habe halten können, ohne Mitleid und ohne Be=
dauern. Und doch sei das alte Jahr während 365 Tagen unser
Freund gewesen und habe uns im bunten Wechsel Freude und Leid
gebracht, wie der liebe Gott es für gut halte. Die Freude ermu=
thige den Menschen, das Leid läutere ihn, beide aber hätten sie das
Gemeinsame, die Herzen der Menschen einander zu nähern, und wo
wahre Liebe zu Hause, da lege jedes Jahr einen neuen Ring um die,
welche sich liebten, daß sie nimmer von einander lassen könnten.
Und das wollten wir auch von dem neuen Jahre hoffen: was es

auch bringe, die Liebe möge es festigen." — Als Herr Krause ge=
endet, schlug es im Nebenzimmer dumpf zwölf und wir stießen mit
den gefüllten Gläsern an. Da rief plötzlich der kleine Krause: „Es
hat dreizehn geschlagen!" — Und so war es auch. Onkel Fritz, der
im Nebenzimmer mit der Feuerzange die Glocke schlug, hatte, wie
stets, wieder einmal Unsinn gemacht. Wir lachten jedoch und
ließen uns nicht weiter stören, obgleich dreizehn keine angenehme
Nummer ist.

Onkel Fritz hat eben etwas reichlich Freigeistiges an sich.

Wir blieben noch bis gegen Zweien, dann brachen wir mit dem
Bewußtsein auf, einen recht frohen, gemüthlichen Abend verlebt zu
haben. Die Bergfeldten luden uns zu ihrem Geburtstag ein, der
nächstens ist, und ich sagte zu. So wäre denn das Kriegsbeil
zwischen uns begraben.

Unterwegs sprach ich mit meinem Manne darüber, wie präch=
tig es doch von Herrn Krause gewesen sei, die Versöhnung zwischen
mir und Bergfeldts herbeizuführen. — „Warum sollte er auch
nicht," antwortete mein Karl, „ich hatte ihn ja darum gebeten!" —
„Du, Karl?" — „Mir that Euer Zwist längst in der Seele weh!"
— „Mein Karl!" — Weiter sagte er nichts, aber ich fiel ihm um
den Hals und gab ihm einen tüchtigen Kuß. „Wilhelmine!" rief
er ganz überrascht. — „Du bist doch der beste Mann auf dem Erd=
boden," sagte ich, „Du hast das Herz auf dem rechten Fleck, nur
nicht immer den Mund!" — „Das hat seine guten Gründe," lachte
er, „dafür sprichst Du für Zwei!" — „Aber Karl....!" — „Laß
gut sein, Kind, es soll im neuen Jahr bleiben wie im alten!" —

So feiern wir Sylvester bei uns in der Landsbergerstraße.
Hoffentlich ist eine von meinen Beiden am nächsten Sylvester ver=
lobt und auch für Onkel Fritz wird sich wohl etwas Passendes fin=
den; für den wird es nachgerade Zeit. Prosit Neujahr!

—o—

Ein magnetischer Thee.

Glauben Sie daran, oder glauben Sie nicht daran.... ich
meine nämlich an den menschlichen Magnetismus.

Sie wissen, ich bin für die Aufklärung und deshalb sagte ich
immer: es ist Nichts mit dem menschlichen Magnetismus, denn
die Wissenschaft verleugnet ihn, wie man stets liest. Vor Kurzem

hatte ich aber einen Traum, in dem ich deutlich meine Tante aus Bützow sah. Vier Wochen später lag sie auf der Bahre. Wie soll man sich das erklären?

Ich erzählte Onkel Fritz meinen Traum, als wir die Nachricht bekamen, daß die Tante gestorben sei und wir als die nächsten Verwandten erben würden, und erwartete, daß er mich auslachen würde, weil er ja leider über Alles spottet, allein er wurde ganz nachdenklich und sagte: „Siehst Du, Wilhelmine, endlich kommst Du zu der Ueberzeugung, daß es wirklich Wunder und Geheimnisse in der Natur und dem menschlichen Leben giebt. Von jetzt an wirst Du daher nicht mehr über meine Besuche bei Kuleckes zanken, wo wir einen kleinen magnetischen Zirkel konstituirt haben."

„Fritz, der Magnet, der Dich nach Kuleckes zieht, ist die Tochter des Hauses. Wir erben nun einen hübschen Posten und Kuleckes sind deshalb kein Umgang für uns. Man muß auch etwas auf seine Familie halten." — Er sah mich hierauf mit einem sonderbaren Blicke an und sagte: „Du urtheilst, wie Du es verstehst, Wilhelmine. Es giebt eine geheimnißvolle Macht, die den Menschen beherrscht, der er folgen muß, ob er will oder nicht." — „Dies glaubst Du wirklich, Fritz?" — „Gewiß!" antwortete er so ernst, daß ich nicht wußte, was ich von ihm denken sollte. — „Fritz!" fragte ich deshalb, „hast Du selbst schon solchen Spuk erlebt?" — „Ja!" erwiderte er hohl. — „Um Gotteswillen, Fritz, Du machst mich ganz ängstlich. Sehen möchte ich freilich selbst einmal, was eigentlich daran ist." — „Morgen Abend sind Bergfeldts und Krauses bei Euch, ich werde eine magnetische Sitzung arrangiren, die Dich von der geheimnißvollen Kraft überzeugen soll." — „Aber die Kulecke kommt mir nicht ins Haus!" — „'s geht auch ohne ihr!" lachte er mit einem Male auf und ging, ohne über diesen Verstoß gegen die Orthographie zu erröthen, von dannen.

Nun theilte ich den Kindern mit, daß wir am Abend des andern Tages einen magnetischen Thee haben würden. Emmi freute sich ungemein, allein Betti wurde leichenblaß und rief: „Nein, Mama, thue das nicht, wir werden Alle schrecklich unglücklich werden!" — „Aber, Betti?" — „O, Mama, glaube mir....!" — „Kind, was hast Du? Du bist in der letzten Zeit überhaupt nicht mehr die alte. Du redest nicht, Du lachst nicht, Du spielst immer nur traurige Stücke auf dem Klavier und vorgestern, als wir Dein

Leibgericht hatten, Quetschkartoffeln mit Bratwurst, haft nur Du einen Teller voll gegessen. Was soll das bedeuten, Betti?" — „Ich hatte Kopfschmerzen," antwortete sie. — „Das kommt von dem vielen Studiren," sagte ich. „Müßt Ihr denn immer noch Aufsätze schrei= ben?" — „Ja!" — „Welches Thema haft Du zuletzt gehabt?" — „Wir mußten untersuchen: Ob Richard der Dritte ein guter Mensch geworden wäre, wenn er andere Eltern gehabt hätte," antwortete Betti. — „Ich will mit Papa reden, ob es nicht besser ist, daß Ihr den Besuch der höheren Fortbildungsschule für Töchter aufgebt. Heute Nachmittag wollen wir Spritzgebackenes für morgen Abend machen und zwar ein bischen viel; es pflegt selten zu reichen, wenn Bergfeldtens da sind!" — „O, Mama, Du haft Dich doch wieder mit Bergfeldts vertragen!" — Nun ja, aber so ganz angenehm ist mir die Familie deshalb doch nicht. Ueberdies erben wir jetzt von der Tante und somit wird der Abstand zwischen uns und Bergfeldts nur um so größer. Die Leute müssen sich erbärmlich einschränken, wenn sie 'rum kommen wollen."

Die Töchter halfen mit in der Küche. Betti bekam wieder Kopfschmerzen, so daß ich es für gerathen hielt, Beide ins Freie zu schicken, damit Betti sich auf einem Spaziergange in der Luft er= holen möchte. Ich meinte es gut, aber wie sich hernach herausstellte, war es ein unverzeihlicher Fehler von mir gewesen, gerade an diesem Tage Betti aus meinen Augen zu lassen.

Am andern Abend trafen Krauses und Bergfeldts bei uns ein; fünfe allein von Bergfeldts, nämlich: Er und Sie, Auguste mit ihrem Bräutigam, und Emil der Sohn. Nun, ich war ja mit der nöthigen Menge Gebäck versehen. — „Wo ist Betti?" fragte ich Emmi, als ich bemerkte, daß meine Aelteste fehlte. — „Sie will nicht kommen," sagte Emmi. — „Laß mich mit ihr reden," bat Onkel Fritz, „sie fürchtet sich vor dem Magnetismus." — Nach einiger Zeit kam er mit Betti auch richtig an. Du meine Güte, wie sah das Kind aus! Die Augen waren verweint, die Wangen ohne Farbe und dabei bebte sie sichtlich. Morgen schicke ich zu Doktor Wrenzchen, dachte ich, denn dies ist mehr als äußerlich, das Kind muß krank sein. Betti begrüßte die Anwesenden. Erst Krauses, die ja auch mehr sind als Bergfeldts, und dann Madame Bergfeldt, der sie um den Hals fiel und einen Kuß gab. Dies war mir in der That etwas sehr auffällig. Onkel Fritz machte ein

merkwürdig vergnügtes Gesicht, als er mein Erstaunen über diese
Familiarität wahrnahm. Nun wurde der Thee gereicht. Betti,
Emmi und Bergfeldt's Auguste servirten. Die Eine den Thee, die
Andere Sahne und Zucker und die Dritte das Spritzgebackene, das
denn auch Alle sehr lobten. (Es war freilich ein wenig klietschig
gerathen, weil ich beim Backen meine Aufmerksamkeit zwischen Betti
und dem Schmalzkessel theilen mußte, aber es war doch gut von
Gewürz.)

Die Herren fingen nun ein sehr lehrreiches Gespräch über den
menschlichen Magnetismus an. Onkel Fritz war dafür, Herr
Krause halb, Herr Bergfeldt dagegen und mein Karl trank Bier
dazu. Onkel Fritz erzählte, daß die Professoren aus Breslau, als
sie zum Besuch in Berlin gewesen waren, auf der Charité durch
bloßes Handauflegen einen Droschkenkutscher dahin gebracht hätten,
daß er den Anfang vom Homer auf Griechisch gesprochen habe, worauf Herr Krause meinte, daß er dies doch als Lehrer bezweifeln
müsse. Onkel Fritz aber holte die Bücher herbei, welche die Professoren geschrieben haben. Es standen wunderbare Sachen darin,
wie man durch Hypnotismus einen Menschen dahin bringen könne,
daß er Alles thun müsse, was der Magnetiseur wolle: auf einem
Stuhl reiten und glauben, er säße auf einem Pferde, Bindfaden
verschlingen und meinen, es wären Neunaugen, Bitterwasser trinken
und es für Champagner halten. — „Na," rief die Bergfeldt, „wenn
ihm das man gut bekömmt!" — Herr Krause sagte, er glaube nicht
eher daran, als bis er Thatsachen sähe, und ich warf meinen Traum
von der Tante aus Bützow dazwischen, um Bergfeldts anzudeuten,
daß die Verstorbene einen anständigen Posten nachgelassen habe.
Onkel Fritz fing jedoch an, sich mit Herrn Bergfeldt zu streiten, und
machte den Vorschlag, selbst einige Experimente auszuführen, um
die Zweifler zu überzeugen.

Wir waren Alle sehr gespannt, was wohl kommen würde.
Zuerst bat er nun Bergfeldtens Auguste einen Augenblick ins
Nebenzimmer zu gehen, und fragte uns, nachdem sie sich entfernt
hatte, was sie thun solle. Wir kamen überein, sie möchte das Al-
bum aufschlagen und auf meines Mannes Photographie mit dem
Finger tippen. Onkel Fritz rief sie wieder herein, verband ihr die
Augen und stellte sich hinter sie, indem er mit beiden Händen ihre
Schulter berührte. Auguste stand eine Zeitlang ganz ruhig. Dann

mit einem Male schritt sie auf den Tisch zu, nahm das Album, blätterte um und deutete mit dem Finger auf eine Photographie. Es war nun gerade nicht mein Karl, sondern sein verstorbener Freund Ringelmeier, aber überraschend war die Sache doch, zumal die Bergfeldt versicherte, daß ihre Auguste neulich das vorherbe= stimmte Bild richtig getroffen habe. Herr Kranje fand nichts Uebernatürliches an dem Experiment, worauf Auguste erklärte, sie wäre nicht recht disponirt, wogegen Betti ein ausgezeichnetes Me= dium sei.

„Meine Betti?" rief ich erstaunt. — „Die Kinder haben in der letzten Zeit öfters Magnetismus gespielt," sagte die Bergfeldten. — „Davon weiß ich ja aber gar nichts." — „Du weißt Manches nicht!" entgegnete Onkel Fritz. „Bist Du bereit, Betti?" — Betti ant= wortete nicht, sie saß da wie ein Geist. — „Hast Du keinen Muth? Du weißt, es muß sein!" — Betti erhob sich und ging wie eine Nachtwandelnde ins Nebenzimmer. Auguste Bergfeldt folgte ihr. — „Nun, Wilhelmine, stelle Du eine Aufgabe!" — „Mir fällt ge= rade nichts ein!" antwortete ich. — „Soll sie das Liebste, was sie auf Erden hat, umarmen und küssen?" fragte Onkel Fritz. — „Meinetwegen, es kommt mir auf eine Umarmung nicht an," war meine Antwort. Betti kam wieder. Onkel Fritz verband ihr die Augen. Eine geraume Zeit zögerte Betti, dann schritt sie vorwärts, ich breitete schon die Arme aus, allein sie wandte sich nach der an= deren Seite und ging direkt auf einen jungen Menschen zu, der er= regt auf sie blickte und dem sie in die Arme sank. Es war Berg= feldt's Emil, der ihr rasch die Binde von den Augen nahm und sie küßte. — „Dies geht mir doch über den Spaß!" rief ich und sprang auf. „Karl, kannst Du so etwas dulden?" — „Nur nicht heftig," sagte Onkel Fritz und hielt mich zurück, „die beiden jungen Leutchen sind längst miteinander einig. Sie lieben sich und damit Punk= tum."

„O bewahre, ich habe auch noch ein Wort mitzureden. Und Du, Karl, Du sagst gar nichts?" — „Ich bin damit einverstanden," antwortete mein Mann ruhig. — „Unmöglich! jetzt, wo wir geerbt haben?" — „Gerade deshalb," sagte Karl. „Hast Du denn nicht bemerkt, wie unser Kind in der letzten Zeit gelitten hat, daß es dahinschwand wie ein Schatten?" — „Nun ja!" — „Der Kampf zwischen Pflicht und Liebe war es, der sie elend machte. Betti hatte

nicht den Muth, Dir zu sagen, daß sie Bergfeldt's Emil liebte." —
„Hat sie es Dir denn gestanden?" — „Nein, aber ich habe gemerkt,
was vorging!" unterbrach mich Onkel Fritz, „und bat meinen
Schwager, mir es zu überlassen, Dir Mittheilung davon zu machen.
Wie Du siehst, ist dies auf magnetischem Wege geschehen." — „Ich
habe andere Partien für meine Töchter in Aussicht, sie können in
die ersten Kreise kommen." — „Und unglücklich werden," warf mein
Karl bitter ein. „Wilhelmine, als wir jung waren, dachten wir
da an Rang und Stand? Hättest Du von mir gelassen, wenn ein
vornehmer Mann gekommen wäre, um Dich mir zu entreißen?"
— Ich mußte zurückdenken an die selige Zeit, wo ich nicht anders
konnte, als ihn, den einen zu lieben, der es mir wie mit aller Macht
angethan hatte. Ach ich glaubte ja immer noch, meine beiden Töch=
ter seien Kinder, und dachte nicht daran, daß auch sie einst wählen
würden, wie das Herz gebietet, dachte nicht, daß die Zeit jetzt schon
gekommen sei. „Betti!" rief ich. Sie kam zu mir, umschlang
mich und wollte vor Weinen vergehen. „Du hattest kein Vertrauen
zu mir, mein Kind, kein Vertrauen zu Deiner Mutter?" — „Ma=
ma," schluchzte sie, „ich wollte Dir nicht wehe thun. Ich wußte,
daß Du meine Liebe nicht billigst.... aber ich konnte es Dir nicht
sagen, daß ich liebte!" — „Die geheimnißvolle Macht, die den
Menschen beherrscht, der er folgen muß, ob er will oder nicht, das
ist die Liebe, Wilhelmine," sagte Onkel Fritz. — „Schon die Grie=
chen nannten Eros den Allbezwinger," schaltete Herr Krause ein.

Mir kehrte die Ruhe wieder zurück. Ich führte Betti auf ihr
Zimmer und sagte, daß ich ohne Weiteres meine Einwilligung nicht
geben werde und mich überhaupt durch Onkel Fritz' Komödie nicht
einschüchtern ließe. Den übrigen Herrschaften theilte ich mit, daß
das Ganze ein Scherz von Onkel Fritz sei, der uns an den mensch=
lichen Magnetismus glauben machen wollte, und daß deshalb von
ernsten Verlobungen keine Rede sein könne. Mein Karl war hier=
über sehr unwillig. Die Bergfeldten sagte: „Liebe Frau Buch=
holz, die Kinder können ja noch warten; mein Emil hat noch Zeit."
— „Sehr viele," entgegnete ich trocken. — „Wenn Sie nicht immer
gleich so aufbullerten, hätten wir längst über die Sache reden kön=
nen," zischelte die Bergfeldten. — „Also Sie sind auch mit in dem
Komplot?" — „Gestern Nachmittag hatten wir noch einmal Kon=
ferenz, weil Herr Fritz meinte, auf vernünftige Weise sei Ihnen nicht

beizukommen; ich bin sonst mehr für das Naturgemäße!" — Ich
war wie erstarrt. Also gestern, während ich Spritzgebackenes für
diese Natternbrut buk, war Betti bei ihnen und verschwor sich gegen
die eigene Mutter. Alle wußten von dem Komplot, nur ich nicht.
— Ich schlug eine gräßliche Lache auf. „Nun kriegt sie Krämpfe!"
sagte die Bergfeldten, „man muß ihr die Daumen halten." —
„Nein!" rief ich, „so schwach bin ich nicht. Aber sehen will ich,
wer mich zwingt, nachzugeben. Aus der ganzen Sache wird nichts
und wenn Ihr Herr Emil sich vor meinen sichtlichen Augen die
Pulsadern aufschneidet." — „Wilhelmine, Du bist außer Dir!"
rief mein Karl. — „Ich bin so ruhig wie nie.... aber übertölpeln
laß' ich mich nicht! Fritz kann seinen Unsinn bei Kuleckes und
anderen Leuten treiben, in meinem Hause verbitte ich mir dergleichen."

Krauses hatten sich bereits, ohne Abieu zu sagen, nach Hause
begeben und Bergfeldtens brachen nun auch auf. Fritz wollte mit
mir reden, allein ich würdigte ihn keiner Antwort. Gerade als sie
gingen, kam Emmi und meldete, der Braten sei gar. Niemand
wollte bleiben. Mein Karl hatte auch seinen Ueberzieher angezogen und sagte, daß er mit Bergfeldts gehen und erst später wiederkommen werde, wenn ich ruhig geworden sei. — Und ich war so
ruhig!

Als Alle fort waren, weinte ich mich erst tüchtig aus, dann
ging ich zu meiner Aeltesten. Sie hatte sich ins Bett gelegt und
blickte mich so wehmüthig an, als ich mich zu ihr setzte, daß mein
Herz sich ordentlich zusammenzog. — „Vergieb," bat sie, „ich hätte
Dir Alles sagen müssen, nur Dir allein." — „Du bist ja noch ein
Kind," wollte ich antworten, aber, war sie denn noch ein Kind?
Ihre schönen vollen Haare waren aufgegangen und umrahmten
das Gesicht, auf dem ein Ernst lag, den Kinder nicht kennen. Sie
war aufgeblüht wie eine schwellende Knospe.... ich hatte es bisher
nur nicht gemerkt. — „Und Du hast ihn lieb?" — „Ja!" flüsterte
sie. — „Liebst Du ihn mehr als mich?" — Sie schwieg. — Da
wußte ich, daß ich mein Kind verloren hatte, daß es einem Anderen
mit seinem ganzen Sein angehörte. Wie unaussprechlich weh das
that!

Ich beugte mich zu Betti herab und umschlang sie heiß und
innig. „Du sollst glücklich werden, glücklich wie ich es einst war.

Zwar träumte ich, Du könntest wohl die Gattin eines hochgestellten Mannes werden, aber bin ich nicht glücklich bis auf den heutigen Tag in unseren einfachen Kreisen gewesen? Nein, mein Kind, ich will nicht, daß Du liebeleer zwischen geschnitzten Möbeln sitzen sollst und hinter den seidenen Gardinen der Winter im Sommer lauert und auf Deiner Equipage der Abscheu gegen Deinen gezwungenen Gatten als Bedienter hockt. Ich liebe Dich doch mehr, als Du glaubst." — Da schmiegte sie sich an mich und war wieder mein Kind und lächelte mir zu und sprach: „Ich liebe Euch Beide, Dich und ihn, und Du wirst ihn auch lieben, wie Du mich liebst." — Konnte ich da anders?

Ich rief Emmi. „Bringe einige Schnitte von dem Braten, warum soll er umkommen? Wenn wir Verlobung feiern, giebts Rehrücken." — „Ist denn Verlobung?" fragte Emmi. — „Geh zu Bett, Du bist noch zu dumm!" — Und so blieb ich und wachte bei meiner Betti; hin und wieder sah ich aus dem Fenster nach meinem Karl. — Draußen war Frühlingsnacht, Westwind war aufgekommen, es wehte stürmisch. Endlich kam mein Mann. „Nun?" fragte er. — „Karl! sie schläft. Morgen, wenn der Sturm sich gelegt hat, ist Sonnenschein." —

Im Kremser.

Es giebt Leute, die eine Landpartie für ein Vergnügen halten, das ist jedoch grundfalsch.

Sonst wenn der zweite Pfingsttag kam, gingen wir in den Zoologischen Garten oder fuhren nach Treptow, wo es ja bis auf die Menschenfülle und den Staub recht gemüthlich ist, aber diesmal war es anders beschlossen. Nachdem wir durch die Verlobung meiner Betti mit Bergfeldtens in nähere Beziehung getreten sind, konnten wir doch die nicht links liegen lassen, denn ich hätte nie geduldet, daß Betti mit Bergfeldts gegangen wäre und Bergfeldts wollten an dem Tage doch auch mit ihrem Emil zusammen sein. Onkel Fritz machte daher den Vorschlag, gemeinsam einen Kremser zu nehmen und aufs Land zu fahren, und da Platz genug vorhanden sei, könnten wir Krauses ebenfalls einladen, wodurch das Fuhrgeld für die einzelne Person überdies billiger würde. Dabei malte Onkel Fritz Alles mit so verlockenden Farben aus, wie schön grün es draußen sei, wie köstlich das Bauernbrod an der Quelle schmecke und wie herrlich wir uns in dem Kremser amüsiren würden, daß ich einwilligte. Wir verabredeten uns dann gehörig, namentlich was den Proviant anbelangte, denn sonst bringt Jeder dasselbe mit und das Ganze läuft auf Schlackwurst und Sooleier aus, und dafür danke ich denn doch am zweiten Pfingstfeiertag.

Morgens um acht Uhr saßen wir Alle in dem Kremser. Bergfeldts mit Augusten's Bräutigam, Herrn Weigelt, Krauses mit ihrem kleinen Eduard in weißen Höschen, blauem Sammtkittelchen und mit einem neuen Strohhut. Bergfeldt's Emil war schon Morgens früh zu uns herangekommen und hatte Betti einen Fliederstrauß gebracht. Als wir einstiegen, hatte Emil es so zu arrangiren gewußt, daß er dicht neben Betti saß, allein ich pflanzte mich mitten zwischen beide, weil ich dies für passender hielt, denn ich bin nicht sehr für öffentliche Brautstands-Zärtlichkeiten. Mein Karl saß mit Herrn Krause zusammen und Onkel Fritz hatte neben dem Kutscher auf dem Vordersitze Platz genommen.

Onkel Fritz nahm einen Hausschlüssel, auf dem er gerade so pfiff, wie eine Lokomotive, und wir gondelten los, durchs Prenzlauer Thor, die Prenzlauer Chaussee entlang, denn unser Ziel war der Liepnitz-See.

Das Wetter war schön, wenn auch ein bischen kühl. Als wir bei der ersten Windmühle vorbeikamen, entkorkte Onkel Fritz seine Reiseflasche und sagte, nun müßten wir den ersten Schluck nehmen, das wäre einmal so Gebrauch. Da es nicht übermäßig warm war, nahmen wir denn auch Alle einen Tropfen Cognac zu uns, worauf wir sehr munter wurden. Herr Krause fragte, ob bei jeder Mühle einer genommen würde, worauf Fritz ihm bedeutete, daß es ein alter Gebrauch sei, jeder Mühle ein kleines Trankopfer zu bringen. Herr Krause meinte, diese Sitte sei wahrscheinlich wendischen Ursprungs und stamme gewiß aus dem grauen Heidenthum. Es entwickelte sich nun ein sehr gelehrtes Gespräch über Pfahlbauten und Tacitus, wovon Herr Krause sehr gut Bescheid wußte, bis sie zuletzt auf die städtische Verwaltung kamen, worin mein Karl gründlich zu Hause war. Onkel Fritz unterhielt sich mit dem Kutscher und reichte nur von Zeit zu Zeit die Flasche in den Wagen hinein. Ich muß gestehen, es standen reichlich viele Windmühlen am Wege und was mir besonders zuwider war: der kleine Krause

schrie immer: „Da kommt schon wieder 'ne Mühle," damit nur ja
keine übersehen würde. Ich warnte meinen Karl, aber er lachte
mich aus und rief: „Wilhelmine, Pfingsten ist nur einmal im
Jahr!"

Um halb neun machten wir eine Frühstückspause. Der Wagen
fuhr im Schritt und die Kober wurden zur Hand genommen. Wir
Damen vertheilten die Stullen an die Herren, und da Onkel Fritz
uns ein Extravergnügen bereiten wollte, kam er mit allerlei Blech=
dosen zum Vorschein, die er auf der Fischerei=Ausstellung gekauft
hatte: köstliche norwegische Delikateßheringe, Anchovis, gesalzene
Dorschzungen, Rollmöpse, sogar Caviar. Alles war da und wir
ließen uns die guten Sachen trefflich schmecken. Nur war ich sehr
dagegen, daß der kleine Krause auch von den scharfen Fischen be=
kam, aber da er immer gleich plinste, wenn er seinen Willen nicht
kriegte, gab die Mutter ihm, was er verlangte, bis er sich an einem
großen Stück Rollmops den Mund verbrannte und über den spa=
nischen Pfeffer schrie, auf den er eifrig losgekaut hatte. — „Ich
würde dem Kleinen nicht soviel gegeben haben," sagte ich zur
Krausen, „Kinder befinden sich immer am besten bei Milch und
Brod." — „Ihr Eduard wäre schon groß genug, um Alles zu essen,"
antwortete die Krausen, „er tränke sein Bier so gut, wie die Er=
wachsenen und es bekäme ihm vortrefflich!" — Hierauf bemerkte ich,
einmal gelesen zu haben, daß Bier sich bei Kindern leicht auf den
Geist schlüge und Bierbrauerskinder deshalb immer zu unterst in
der Schule säßen. — Die Krausen fragte nun ihren Mann, ob er
als Lehrer jemals so etwas bemerkt habe, worauf der antwortete,
ich müßte mich wohl irren und meinte sicher Skropheln, die aller=
dings, wie statistisch nachgewiesen sei, vom Branntweintrinken der
Eltern herkämen. Diesem pflichtete Herr Bergfeldt bei und sagte
zu seiner Frau: „Du erinnerst Dich wohl noch, Kathinka, als die
Rieke aus Werder bei uns diente, die sich mit dem versoffenen
Tischlergesellen einließ und später".... Hier unterbrach ich Herrn
Bergfeldt und fragte ihn: „Finden Sie die Natur in dieser Land=
schaft nicht wunderschön?" — „Ja," meinte er, „aber mit den
Skropheln hatte es seine Richtigkeit." Ich entgegnete, daß diese Art
von Dialog mich nicht interessirte.

Herr Bergfeldt wollte jedoch nicht locker lassen — wir waren
schon an zu vielen Mühlen vorbeigekommen —, als der kleine

Krause zu wimmern anfing und über Durst klagte. Wasser konn=
ten wir auf der Chaussee nicht bekommen, Milch hatte die unver=
nünftige Mutter nicht mitgenommen, also blieb nichts übrig, als
eine Flasche Rothwein aufzumachen, damit blos das Gegnarre von
dem Jungen aufhörte, der denn auch richtig ein ganzes Wasserglas
voll Wein hunterfegte. „Wenn das man gut geht!" sagte ich. —
„Er kann sich nachher in der Haide ordentlich auslaufen!" ant=
wortete die Krausen. — „Ich und Emmi wollen Pferd spielen!"
rief Eduard naseweis. — Meine Emmi sprach kein Wort, sondern
machte ein sehr höhnisches Gesicht über diese Zumuthung. Meine
Betti redete auch nicht und sah sehr mißvergnügt aus, weil sie nicht
neben Emil saß, Bergfeldt's Auguste und Herr Weigelt, die sich bei
der Hand angefaßt hatten, starrten wie Wachsfiguren in die Gegend
und warfen sich von Zeit zu Zeit so 'nen wasserblauen Blick zu,
daß mir vom bloßen Ansehen ganz mies zu Muthe ward. Braut=
paare sind nun einmal für die Anderen eine mangelhafte Gesell=
schaft.

Ich dankte daher meinem Schöpfer im Stillen, als wir das
prachtvolle Gehölz erreicht hatten und den See sahen, der gerade so
grün schien, als wenn man ihn zu Pfingsten frisch auflackirt hätte.
Vor der Försterei machten wir Halt, dort, wo die Buchen am höchsten
sind und oben mit ihren Kronen ein Gewölbe bilden, als befände
man sich auf dem neuen Anhalter Bahnhof, nur mit dem Unter=
schied: was dort Fensterglas ist, sind hier maigrüne Blätter, und
dann war auch der Ozon von erster Qualität.

Onkel Fritz und mein Karl gingen zur Frau Försterin, um
Frühstück zu bestellen und das Mittagsbrod zu bereden. Frau
Krause hatte den Brunnen entdeckt und gab dem kleinen Eduard zu
trinken, der nach meiner Schätzung mindestens ein Liter von dem
kalten Wasser hinunterschluckte, aber ich sagte kein Wort, denn wenn
Mütter unverständig sind, ist alles Zureden umsonst. Ich wollte
aber doch, ich hätte geredet.

Das Frühstück war delikat, ländlich, aber gediegen. Den
Wein hatten wir mitgenommen, es war sehr schöner Chateau Laroie,
die Flasche zu zwölfeinhalb mit goldenen Kapseln, und wenn Onkel
Fritz auch ein wenig den Mund zog — er ist nämlich ziemlich ver=
wöhnt — so ließen wir uns den Wein doch munden, zumal der

Weinhändler versichert hatte, er mache bei jeder Flasche fünf Silber
Schaden und gebe ihn uns nur aus purer Freundschaft so billig.

Danach gingen wir in den Wald; Onkel Fritz hatte dem kleinen Krause einen Stock geschnitten, auf dem er ritt, denn Emmi
hatte keine Lust, mit ihm Pferd zu spielen. Ueberhaupt war Emmi
sehr niedergeschlagen. Ihre Schwester und ihre Freundin kümmerten sich nicht um sie, die hatten ja nur Auge und Ohr für ihre Verlobten, und so mußte sie sich zu uns älteren Damen halten. Mir
that das Kind wirklich leid, daß sie so allein stand, denn wenn wir
Damen uns über die große Wäsche unterhielten, oder ob Citronen-
saft an die Spargelsauce gehört oder nicht, so konnte sie das doch
nicht interessiren. „Sei nur vergnügt, Emmi," sagte ich, „wer
weiß, wie lange es dauert und Du bist auch Braut!" — „Ich werde
mich nie verheirathen," entgegnete sie. — „Aber Kind!" — „Nein,"
sagte sie trübselig, „ich verlasse Dich nicht und Papa nicht. Auguste
und Betti sind beide so eklig gegen mich, seit sie verlobt sind." —
Ich redete ihr zu, so gut es ging, allein sie wollte von Nichts hören.

Die Herren hatten nun eine Lagerstelle entdeckt, die Plaids und
Umschlagetücher wurden ausgebreitet und wir gruppirten uns malerisch. Wein war auch mitgenommen und so standen wir Alle
nichts aus. Nur wollte mir nicht gefallen, daß mein Karl die
Krausen immer mit trockenem Laub warf und sie sich dies gefallen
ließ. Hätte Herr Krause sich diese Art von Scherz mit mir erlaubt,
würde ich ihm seinen Standpunkt klar gemacht haben, aber der lag
schon und schlief.

Endlich nickte ich auch ein wenig ein, denn die Frühlingsluft
zehrt. Die Bäume rauschten so sanft, die Luft strich so mollig über
Gesicht und Haar, allerlei bunte Träume kamen und gingen, bis
mein Karl rief: „Wilhelmine, wache auf, die Uhr ist halb drei,
das Mittagessen wartet!" — „Herrje! hab' ich geschlafen?" —
„Beinahe zwei Stunden." — „Und wo sind die Kinder? Wo ist
Betti?" — „In die Tannen gegangen," antwortete Emmi, „mich
wollten sie nicht mitnehmen!" — „Und wo ist Eduard?" fragte die
Krausen und streifte sich die trockenen Blätter aus dem Haar. —
„Der ist auf seinem Stocke dorthin geritten," sagte Emmi und zeigte
auf den See zu. — „Mein Gott, wenn das Kind ertrunken wäre,"
schrie die Krausen und rannte wie wahnsinnig fort. „Eduard,"
schrie sie, „Eduard, wo bist Du?" — Ich rief laut: „Betti,

Bettiiih!" — Keine Antwort. — „Und das Essen wartet," sagte
mein Karl. — „Karl, kannst Du in einem solchen Augenblicke an
Deinen Magen denken?" — „Ach was," entgegnete er, „hätteft Du
die jungen Leute in dem Kreuzer ruhig nebeneinander sitzen laffen,
würden sie sich nun nicht absentirt haben. Liebesleute sind gern
ungestört. Kommt nur, Emil weiß, daß wir um halb drei essen
wollen, und wird schon nach der Uhr sehen. Wo ist Krause?"

Herr Krause war seiner Frau nachgegangen. Sie zeterte in
einem fort: „Eduard! Eduard! wo bist Du?" und er rief:
„Adelheid, hast Du ihn?" Es war, als wenn der Wald rebellisch
geworden wäre.

Sehr niedergeschlagen kamen wir bei der Försterei an. Da
stand nun der sauber gedeckte Tisch unter den Bäumen, aber die
Gesellschaft war auseinander. Bergfeldt's Auguste und Herr
Weigelt warteten freilich schon auf uns, aber von Betti und Emil
keine Spur. Es war peinlich.

„Habt Ihr den kleinen Krause gesehen?" fragte ich. — „Ja,"
sagte Auguste, „der ist bei den Kutschern im Stalle und reitet auf
den Pferden!" — „Und die Eltern meinen, er liegt im See. Nun
müssen wir Krauses erst suchen."

Gesagt, gethan, wir alle wieder zurück in die Holzung, wo wir
Krauses denn auch fanden. Sie war richtig in einen Wiesensumpf
gerathen und Herr Krause kniete vor ihr, um ihre Stiefel mit
Moos zu reinigen. — Nein, nun die Freude, als sie hörte, der
Kleine sei da, und dies Verziehen und Schmeicheln, als sie ihn
wieder hatte — es war in meinen Augen übertrieben. Dann fuhr
sie Emmi an und sagte, wenn sie besser auf das Kind geachtet hätte,
wäre alle Angst nicht nothwendig gewesen, worauf ich etwas von
Laubwerfen und Kokettiren mit Männern fallen ließ und daß es
besser sei, selbst auf seine Kinder zu achten, als sich auf andere
Leute zu verlassen. Sie antwortete spitz, Jeder müsse vor seiner
eigenen Thür fegen, und wo denn meine Betti sei? Genug, wir
setzten uns sehr ärgerlich zu Tisch und richtigen Appetit hatte Nie=
mand außer der Bergfeldt: die sättigte sich, so zu sagen.

Wir hatten schon abgegessen, als Betti und Emil endlich an=
kamen. — Ich wollte heftig werden, allein mein Karl sagte: „Wil=
helmine, halte Frieden, gieb Dir keine Blöße vor der Gesellschaft."
Ich bezwang mich daher und sagte scherzend: „Nun Emil, ist die

Uhr jetzt halb drei?" Er wurde verlegen. „Meine Uhr geht wohl etwas nach!" stotterte er. — „Ueber eine Stunde? Zeigen Sie mal Ihren Chronometer!" Er wurde noch verlegener. Dies war mir auffallend. „Vielleicht geht sie doch richtig," sagte ich scharf, und zog an seiner Kette, um mich zu überzeugen. Es hing aber keine Uhr an der Kette, sondern nur ein Schlüssel. — „Die Uhr stubirt wohl?" rief Onkel Fritz. — Ich dachte, ich sollte in den Erdboden versinken, der Bräutigam meiner Betti hatte seine Uhr versetzt! Die Krausen lachte, worauf ich empört aufstand und die Gesellschaft verließ. Ich mochte keine Menschen mehr sehen. Ueberall vergnügte Gesichter, Lachen und Scherzen bei den Leuten, die sich mittlerweile eingefunden hatten.... mir klang es wie Hohn in den Ohren. Einsamkeit that mir noth, um mich ordentlich ausweinen zu können. So fand ich mich denn, ohne zu wissen wie, hinten im Garten bei dem Backofen der Frau Försterin und setzte mich auf den Holzbock, der dabei stand. Ach, mir war, als sei dieser Bock ein Henkersblock und ich sollte einen Kopf kürzer gemacht werden, solches Leid überkam mich. Die Zukunft lag in den schwärzesten Bildern vor meinen Augen. Was nützte die Erbschaft von der Tante aus Bützow, Emil würde ja doch Alles versetzen? Emil war leichtsinnig, das wußte ich nun, und Betti vertraute ihm rückhaltslos. Ein Schauder überflog mich von oben bis unten, denn wer Uhren versetzt, ist zu Allem fähig.

Nach geraumer Zeit kam Emmi zu mir. „Wir wollen fahren," sagte sie, „die Krausen hat nasse Füße und Papa findet kein Vergnügen mehr an der ganzen Tour." — „Was gehen ihn die Füße von der Krausen an?" — „Er meint, es sei Deinetwegen, denn wenn Du Dich nicht amüsirtest, habe er auch keinen Spaß." — „Ja, komm Kind, ich habe Sehnsucht nach Hause, man fährt doch nicht aus, um hinter einem Backofen zu sitzen und zu weinen."

Um sieben hielt der Kremser vor der Försterei. Ich ließ jeden sich setzen, wie er wollte; was konnte ich armes, ohnmächtiges Weib gegen die Unvernunft ausrichten? Der kleine Krause saß mutterseelenallein an dem Wasser auf der Erde und wollte nicht mit. „Nein", schrie er, „hier bleiben!" — „Aber so komm doch, Du sollst ein Stück Kuchen haben!" — „Nein." — Die Krausen hob ihn mit Gewalt hoch. „Er freut sich so sehr an den Pferden," sagte sie ganz katzenfreundlich zu Onkel Fritz, „nehmen Sie ihn ein bischen nach vorne." Dies geschah, und er saß zwischen Fritz und dem Kutscher. So fuhren wir denn ab, Alle mehr oder weniger verstimmt da Bergfeldts sich auch über ihren Emil geärgert hatten. Die Krausen war sehr schweigsam.

Nach einer Weile sagte Onkel Fritz: „Herr Krause, ich fürchte, der Kleine fällt vom Bock," und gab ihn in den Wagen hinein auf Herrn Krause's Schooß, aber der meinte bald, das Kind säße doch wohl besser vorn. Der Junge weinte und quauerte immer so vor sich hin. „Sollte ihm wohl etwas fehlen?" fragte ich mitleidig. — „J, wovon wohl?" sagte die Krausen kurz. — „Nun, wenn er sich den Wagen verdorben hätte, sollte es mich nicht wundern." — „Ha!" lachte sie auf. — Die Herren wollten das Kind jedoch einstimmig nicht länger bei sich haben. — „Komm nach Tante Buchholz, Eduard," rief ich und nahm ihn zu mir. Ich gab ihn aber gleich weiter an die Krausen und sagte: „Er ist wohl am besten bei Ihnen aufgehoben, meine Liebe. Decken Sie ihn gut zu, damit er sich nicht erkältet, dies wird angenehmer für ihn sein und für uns." — Sie sagte, Kinder seien Kinder. — Ich sagte, wenn Kinder noch nicht reisefähig wären, ließe man sie zu Hause, worauf sie entgegnete, wenn Onkel Fritz nicht so schwer verdauliche Fischsachen mitgenommen hätte, wäre dem Kinde nichts passirt, aber nun sei es unwohl davon geworden. Ich hatte keine Lust, ihr zu antworten, mein eigener Kummer über Emil beschäftigte mich zu sehr und der Verdruß vom Nachmittage kam wieder hoch.

Viele Leute schwärmen ja sehr für Landpartien, aber ich muß sagen: ohne Brautpaare und ohne Kinder, die sind nur Ballast und verdubanzen die schönsten Fahrten, und abgespannt wird man auch von solchen Touren in größeren Gesellschaften, weil Einer immer auf den Anderen passen muß und Einer meistens gesucht wird.

Ich athmete erst auf, als wir die ersten Gaslichter von Berlin wieder in Sicht hatten, denn im Kremser war es trübselig. Müde waren wir Alle mit einander, das einzige muntere in dem Wagen waren die beiden bunten Papierlampions, die an der Decke hingen. Die schaukelten hin und her und machten, von ferne gesehen, gewiß einen höchst vergnügten Eindruck. Aber kann man das Leben nur nach Papierlaternen beurtheilen?

Ein Polterabend in der dritten Etage.

Ich habe es immer gesagt: lange Verlobungen taugen nichts.

Wenn Zweie sich gut sind, so ist es allerdings besser, wenn man sie sich verloben läßt. Man giebt zwar seine Einwilligung, die Kinder sind ungemein glücklich, aber man träufelt doch eine Kleinigkeit Wermuth in den Jubel der jungen Herzen, in dem der Hochzeitstermin in weite Ferne gerückt wird. Die Kinder fügen sich anscheinend gerne in diese Bestimmung, aber schließlich ist es nicht mehr zum Ansehen und man giebt nach und läßt sie Hochzeit machen.

So war es auch mit Bergfeldts. Die Auguste, die so wie so nichts zuzusetzen hatte, wurde denn auch ganz elend und schatten= haft. Wenn sie mit dem Kopf seitwärts gegen ein Licht stand, schien dasselbe durch ihre Nase, daß diese aussah wie ein Stück Nähwachs. Der Doktor verschrieb ihr allerdings Stahltropfen und zwischen durch versuchte sie es mit Malzextrakt, aber das Arz= neiliche schlug nicht an.

Nun hatte Herr Weigelt, ihr Verlobter, denn, Gott sei Dank, durch gute Connexionen auf einem gerichtlichen Büreau eine kleine Anstellung erhalten. Viel war es nicht, aber wenn der alte Weigelt ein bischen zuschoß, so konnte es eben gehen. — „Lieber lebendig in der Dachkammer, als todt in der schönen Kiste," sagte die Berg= feldten. Und deshalb wurden Anstalten zur Hochzeit gemacht.

Wäre ich in Bergfeldt's Stelle, so hätte ich die Hochzeitsfeier= lichkeiten ganz einfach in der Familie abgehalten, denn das spart doch bedeutend, aber sie, die Bergfeldten, wollte keine Hochzeit ohne Sang und Klang. Sie meinte, man wäre es allein schon der Nachbarschaft schuldig und müsse deshalb etwas draufgehen lassen. Endlich kam man dahin überein, den Polterabend elegant zu be= werkstelligen und die Reste bei der Hochzeit ganz unter sich zu ver= wenden.

Um acht Uhr Abends sollte die Festivität beginnen. Die gute Stube, das Wohnzimmer und das Schlafzimmer waren zum Em= pfang der Gäste hergerichtet. Die Betten waren nach dem Boden transportirt und dort, wo der Waschtisch sonst steht, hatte die Berg= feldten einen Tisch mit grünen Gewächsen hingestellt, weil Herr Bergfeldt, wie sie mir klagte, beim Waschen immer so schrecklich

spaltert und die Tapete ruinirt hat. Stühle, Gläser und Geschirr
lieferte ein Traiteur aus der Nähe, denn Bergfeldts bischen Ein=
richtung langte nicht.

Als wir gegen halb Neunen kamen, war die Wohnung schon
ziemlich mit Menschen angefüllt. Die Damen wurden in die gute
Stube genöthigt und saßen dort in einem angenehmen Halbkreise.
Natürlich hatte die Bergfeldten ihre weiteste Bekanntschaft einge=
laden, so daß man sich ziemlich fremd vorkam. Dann waren die
Freundinnen von Auguste gebeten, die durchaus nicht wußten, was
sie vorstellen sollten, und immer zu Dritt auf zwei Stühlen saßen,
und auch Herrn Weigelt's Wirthin, bei der er als Student gewohnt
hatte, war mit zugegen.

Die Herren standen im Wohnzimmer und rauchten. Herrn
Weigelt's Freunde hatten sich zahlreich eingefunden: es waren
mehrstens Studenten in älteren Semestern, ganz ansprechende junge
Leute. Blos die Fräcke saßen ihnen merkwürdig, als wenn sie für
Jemand anders gemacht worden wären.

Um neun Uhr war es so gerammelt voll, daß sich Keiner mehr
rühren konnte. Mittlerweile ward Thee gereicht und man fing an,
sich über Dieses und Jenes zu unterhalten. Das Brautpaar war
bis jetzt noch nicht sichtbar gewesen.

Nun trat Onkel Fritz ein, der das Arrangement übernommen
hatte. Ihm folgten zwei von Herrn Weigelt's Freunden, die jeder
einen mit Blumen bekränzten Stuhl in die gute Stube trugen und
dicht vor die Thüre stellten, die zum Wohnzimmer führt. Dann
setzte Fritz sich an das Klavier — eine richtige alte Drahtkommode
— und spielte den Hochzeitsmarsch aus dem Sommernachtstraum,
worauf das Brautpaar sich durch die Gäste drängte und auf den
bekränzten Stühlen Platz nahm. Die Studenten riefen: Hoch!
hoch! als sie eintraten und wir Andern applaudirten. Es war
dies ein sehr schöner Moment, den Onkel Fritz richtig berechnet hatte.

Auguste Bergfeldt sah ziemlich verhältnißmäßig aus. Sie
trug ein weißes Mullkleid mit Grün durchzogen. Wäre sie jedoch
gescheidt gewesen, so hätte sie nie und nimmer ein ausgeschnittenes
Kleid gewählt. Auch meinem Karl war es aufgefallen, indem er
mir später sagte, ihn hätte immer gefroren, so oft er sie ansah. Ich
verwies ihm natürlich diese Bemerkung und erwiderte: „Karl, die
Liebe ist etwas zu Erhabenes, als daß man Spott mit ihr treiben

dürfte." — „Du hätteft nur mal hören follen, was die Studenten
redeten!" entgegnete er. — „Karl!" rief ich, „dies wünfche ich nicht
zu hören, und will es nicht hören. Ueberhaupt will ich nicht wiffen,
was die Herren in Abwefenheit der Damen reden. Studenten find
mir viel zu frei in ihren Anfichten!"

Onkel Fritz fpielte nun etwas Gefühlvolles und meine Betti
trat als Fee gekleidet mit dem Brautkranze auf. Sie fprach ein
fehr fchönes Gedicht, in welchem von dem Abfchied vom Elternhaus,
von der Jugend und dem Kindesglück die Rede war, von dem Unglück, das die Zukunft birgt. „Mit dem Brautkranz, mit dem
Schleier reißt der fchöne Wahn entzwei!" fchloß das Gedicht.
Schon gleich beim Anfang traten Auguften die Thränen in die
Augen, und als es hieß: „Verwaifet und verlaffen, vom theuren
Elternhaus," fing die Bergfeldten auch an. Als aber zum Schluffe
Betti die Augufte umarmte und diefe in ein lautes Schluchzen
ausbrach, konnten wir Alle nicht an uns halten und mußten die
Tafchentücher gebrauchen. Ich habe felten fo etwas Weichmachen-
des erlebt. Nun, es ift am Ende auch keine Kleinigkeit, wenn man
feine Tochter einem wildfremden jungen Menfchen giebt.

Aus diefer Stimmung wurden wir durch einen unangenehmen
Zwifchenfall plötzlich aufgefchreckt. Ich hatte der Bergfeldten nämlich gefagt, fie follte für den Abend ihren Hund Ciffy eingefperrt
halten, weil er durch fein ewiges Lungern aufbringlich würde. Das
Thier mußte jedoch aus der Kammer entwifcht fein und hatte fich
unter die Gäfte gemifcht. Wahrfcheinlich hatte nun einer von den
Studenten das kleine Gefchöpf nicht gefehen, denn mit einem Male
ertönte ein gräßliches Gefchrei, weil Jemand Ciffy auf den Fuß
trat. Wer es gethan hat, das kam nicht heraus.

Augufte fprang auf und nahm Ciffy zu fich, der immer noch
fchrie, und fuchte ihn zu beruhigen. „Schmeißen Sie die Thele
doch raus, Fräulein!" rief Herrn Weigelt's frühere Hauswirthin
in einem fehr ungebildeten Dialekte. Ich habe mit diefer niedrig
ftehenden Perfon kein Wort gewechfelt.

Augufte beftand nun darauf, das Thier, welches fich allmälig
wieder gab, auf dem Schooß zu behalten, und fo konnte das Poltern
denn weiter gehen.

Hierauf kam ein Freund von Herrn Weigelt und ftellte einen
Schufterjungen vor. Leider konnten wir nicht verftehen, was er

sagte, denn der Hund, der ihn nicht kannte, bellte ihn fortwährend an. Selbst als dem Thiere ein Seelenwärmer über den Kopf gebunden wurde, knurrte und kläffte es in Einem fort, bis Herr Bergfeldt Cissy beim Kragen nahm und an die Luft setzte. Hierüber ärgerte sich nun Auguste, die ein sehr unangebrachtes maulisches Gesicht zog und zu ihrem Bräutigam, der sie besänftigen wollte, sagte: „Ach was, laß mich!" — „Das wird eine hübsche Ehe werden!" flüsterte ich der Frau Polizeilieutenanten zu, die neben mir saß, worauf sie erwiderte: „Passen Sie auf, die kriegt ihn unter!" — Dies glaube ich ebenfalls.

Nummer Drei war der kleine Krause. Mir ahnte ja gleich nichts Gutes, als ich ihn sah, die Krausen verzieht ihn zu sehr. — „Nun, Eduardchen," sagte die Krausen, „nun sprich Deinen Satz." Der Junge, den sie als Tyroler ausgekleidet hatten, schwieg und steckte den Finger in den Mund. „Wird es bald?" fragte die Mutter. — Der Junge redete keinen Ton. — „Eduard, ich werde schrecklich böse!" — Der Kleine verzog den Mund zum Weinen. — „Komm, Eduard, sei süß." — Eduardchen wollte aber nicht. — „Er hat sein Gedicht heute Morgen noch so schön gekonnt," sagte die Krausen laut, „aber die vielen Menschen machen ihn jetzt irre. Komm, Ede'chen, und sag' es Tante Auguste ganz leise vor und gieb ihr den silbernen Zuckerlöffel. Hörst Du, Eduard!!!"

„Das ist aber unser Löffel," rief das Balg, „Papa hat blos den Namen auskratzen lassen!"

Die Krausen wurde vor Aerger wie eine vergrätzte Furie. Der Junge aber lief heulend davon und schrie: „Mama will mir was thun. Papa! Papa!" Herr Krause war so vernünftig und schaffte ihn nach Hause.

Wenn es nun ein bischen zum Lachen gegeben hätte, wären wir Alle wohl wieder munter geworden, aber eine Freundin von Auguste kam als Blumenmädchen und eine andere als Bäckerin mit einem Brod, das nie in der neuen Wirthschaft fehlen möge. Das zog nicht. Den Schluß machte meine Emmi als Königin der Nacht mit einem schwarzen Schleier um, der ganz von Goldpapiersternen übersäet war. Das Kind hatte sich dies ganz allein ausgedacht und sagte: „Ich komm' aus weiter Ferne, mein Reich sind Mond und Sterne, — wenn Alles schläft, dann wacht — die Königin der Nacht. — Ein Liedchen will ich singen, — es soll zum Ohre

bringen, — und seid Ihr einst allein, — o dann gedenket mein!"
Hierbei überreichte sie ein Photographie-Album mit dem Lohengrin
darauf, wie er Adieu sagt, und sang zu Onkel Fritzens Begleitung
das schöne Lied: „Wir saßen still am Fenster, das Licht war aus-
gebrannt." Als sie geendet hatte, wollte der Applaus gar kein
Ende nehmen; die Studenten tobten förmlich und deshalb sang sie
noch als Zugabe: „Wenn ich nach meinem Kinde geh', in seinem
Aug' die Mutter seh'!" Man sagte ihr außerordentliche Compli-
mente über ihren Vortrag. Ja, einer von den Studenten hatte
gemeint: „Es fragte sich sehr, ob die Geister das auch könnte,
Fräulein Buchholzens Gesang hätte etwas ungemein Melodisches."

Die Herren hatten mittlerweile die Cigarren nicht ausgehen
lassen und es war sehr heiß geworden, daß der Fensterschweiß nur
so herunterlief, weshalb der Heringssalat, der nun gereicht wurde,
sehr erquickte, obgleich nach meiner Meinung zu viele Kartoffeln
hineingeschnitten waren. Wir Damen tranken Limonade dazu und
die Herren hatten Bier. Die Studenten waren so liebenswürdig
und besorgten das Einschenken.

Vom Sitzen an Tischen war bei der Menschenfülle natürlich
nicht die Idee, man reichte herum: belegte Butterbröde und Kuchen,
Alles reichlich und auch recht gut.

Die jungen Leute wünschten nun zu tanzen. Die Studenten
schoben die Drahtkommode eins, zwei, drei nach dem Schlafzimmer,
obgleich Herr Bergfeldt ein etwas bedenkliches Gesicht machte, und
dann ging der Tanz los, immer zwei Paare zur Zeit. Es war eben
so eng, wie auf einem Subskriptionsball. Empörend fand ich, daß
die Studenten auch den Tisch mit den grünen Gewächsen auf den
Flur hinaustransportirten, denn nun sah man die von Herrn
Bergfeldt ramponirte Wand erst recht. Die Bergfeldten hätte auch
ein Stück Tapete darüber kleben können.

Während wir so dasaßen und plauderten, sagte die Frau Polizeilieutenant zu mir, daß meine Emmi eine wirklich ausgezeichnete
Stimme habe und daß es schade wäre, wenn man sie nicht aus-
bildete.

„Daran habe ich noch gar nicht gedacht," antwortete ich, „das
Kind singt ganz nach dem Gehör!"

„Meine Tochter soll auch Unterricht haben," sagte die Polizeilieutenanten. „Ich kenne eine Dame, die Schülerinnen sucht. Sie

war früher bei der Oper. Heut zu Tage werden die Stimmen ja so sehr bezahlt. Nehmen Sie nur einmal die Patti und die Lucca an. Den Ruhm und das Geld!"

Mir schwindelte ordentlich. Hatte Emmi nicht soeben unge= heuren Beifall geerntet? Hatte sie nicht zum Entzücken gesungen? "Ich werde mit meinem Manne reden," erwiderte ich. "Ueberdies muß etwas für das Kind geschehen!" — Mein Gott, wenn ich denke, meine Emmi könnte ein so fabelhaftes Glück mit ihrer Stimme machen. Zu großartig. Mein Karl wird schon wollen, wenn ich ihm Alles ordentlich auseinandersetze.

Mittlerweile war es nach Zwölfen geworden. Das Braut= paar saß ziemlich still in einer Ecke, da Auguste das Tanzen nicht bekömmlich war und sie auch nicht litt, daß ihr Verlobter mit einer Anderen tanzte. Herr Bergfeldt wurde immer einsilbiger. Die Studenten sangen gerade "Wohlauf noch getrunken," als geklingelt wurde. — "Gewiß der Hauswirth, dem der Lärm zu arg geworden ist," sagte die Polizeilieutenanten.

Wir lauschten, was wohl kommen und ob es richtigen Spek= takel geben würde. Aber nein. Feierlich erklang es: "Ich steh' allein auf weiter Flur" und als die Nummer zu Ende war, kam der Schunkelwalzer daran. Einige Beamte von Herrn Bergfeldt's Bureau, die einen Hornistenklub bilden, machten ihm die Ueber= raschung und brachten ihre Blechinstrumente mit, auf denen sie wirklich ausgezeichnet bliesen.

Auf allgemeines Verlangen spielten sie hierauf die Schaar= wache, die erst leise anfängt und zuletzt immer lauter wird, bis die Ohren dröhnen, und Alles trommelte mit.

Da kam der Hauswirth.

Diese Stille. Es war unheimlich!

Gegen Tanzen und Singen hätte er Nichts, sagte er, aber solches Radaumachen müsse er sich verbitten. — Herr Bergfeldt ent= gegnete, er könne in seiner Wohnung aufstellen, was er wolle. — Nur kein Irokesengeheul und keine Wachtparade, der Kalk fiele ja unten von den Decken. — Das liege am Hause. — Wenn es ihm nicht gefiele, könne er ja ausziehen. — Das wäre ihm gerade recht. — Kein Miether verwohne soviel, wie Bergfeldts, er möchte sich nur mal die Tapete ansehen. — Das ginge ihn gar nichts an. — Nun drängten die Studenten sich dazwischen. Wir Damen wollten schon fliehen. „Ruhe, meine Herren!" rief mein Karl, „Sie hören ja, daß der Herr Wirth nichts dagegen hat, wenn wir noch ein wenig tanzen und vergnügt sind."

„Es ist alle!" rief der Hauswirth grob.

Onkel Fritz kam jedoch mit einem frischen Glase Bier. „Wir sind ja nur einmal jung," sagte er. „Sie werden doch das Braut= paar mit uns leben lassen!" Der Hauswirth knurrte anfangs noch, aber dann that er Bescheid. Hierauf brachten die Studenten ihm ein Hoch aus und die Bergfeldten ging ihm mit etlichen schönen Stullen unter die Augen, die er denn auch annahm.

So rechtes Leben wollte sich jedoch nicht wieder einstellen und Einzelne fingen an, sich auf französisch zu drücken. Es wurde leerer und auch wir sagten Gute Nacht. Auguste sah gräßlich übernächtig aus. Wie soll das blos werden?

Als wir gingen, saßen Onkel Fritz und die Studenten mit dem Hauswirth an einem Tisch und tranken Brüderschaft mit ihm.

Wann Bergfeldts zu Bett gekommen sind, weiß ich nicht; wahrscheinlich erst zwei Tage darauf.

„Karl," sagte ich auf dem Heimwege, „wenn unsere Betti Hoch= zeit macht, werden wir außer dem Hause Polterabend feiern."

„Das hat noch keine Eile!" antwortete er kurz. „Fürs Erste hab' ich genug und Bergfeldts werden wohl für längere Zeit genug haben!" — Von meinen Ideen mit Emmi schwieg ich. Wenn Männer ihre Launen haben, muß man sie ausgrollen lassen. Er wird sich wundern, wenn das Kind berühmt und groß dasteht. Und meinen Willen werde ich schon durchsetzen.

———o———

Warum wir ins Bad müssen.

Es ließ sich nicht leugnen: Emmi hatte großen Erfolg gehabt. Sollte das Talent nun in der Landsbergerstraße einrosten und konnte ich das verantworten? Nein, ich weiß, daß wir alle dereinst Rechenschaft ablegen müssen und keine Entschuldigungen gelten, denn ich bin nicht wie die Bergfeldten, die im Stande ist, mit in das Weltgericht hineinzureden, wenn man nicht so vorsichtig ist, sie bis zuletzt liegen zu lassen. Emmi's Organ mußte künstlerisch ausgebildet werden. Ich hielt dies um so mehr für meine Pflicht, als die Polizeilieutenamen sehr zuredete und mir vorstellte, daß, wenn meine Emmi mit ihrer Tochter zugleich Gesangstunde nähme, die Lehrerin es bedeutend billiger thäte. Ich wäre gewiß keine deutsche Hausfrau, wenn ich einen solchen Vortheil außer Acht gelassen hätte. Nein, wo sich mir etwas Billiges bietet, da nehme ich es, nur in den Fünfzig-Pfennig-Bazaren kaufe ich nicht wieder, weil man hinterher mehr für Leim und Kitt ausgeben muß, als der ganze Kram gekostet hat. Auch mein Karl, dem ich natürlich erst Mittheilung machte, als das zweite Quartal bezahlt werden mußte, und es Sünde gewesen wäre, mitten in der Ausbildung abzubrechen, gestand, daß er über den Preis nicht erzürnt sein könnte. Diese Zusicherung beglückte mich sehr.

Meine Emmi machte nun aber auch rasende Fortschritte, wie ihre Lehrerin versicherte, so oft sie bei uns war. „Noch einen Kursus," sagte sie, „und Ihr Fräulein Tochter hat eine Höhe wie die Lucca. Bereits jetzt bringt sie das hohe C mit Leichtigkeit heraus, und die Coloraturen bekommen schon so etwas Schmalzhaftes, als hätte sie den Ansatz der Artôt." Auch hierüber war ich höchlichst erfreut und dachte: wenn Emmi berühmt wird, vergehe ich vor Wonne. Und warum sollte meiner Tochter dies Glück nicht blühen? Es ist schon Manche eine große Sängerin geworden, deren Familie mit uns durchaus nicht auf gleicher Höhe steht.

Frau Grün-Reifferstein war auch gerade die rechte Lehrerin für unsere Töchter. Oft erzählte sie mir und der Polizeilieutenanten von ihrem früheren Bühnenleben und den Gefahren, welche den jungen Anfängerinnen dort drohen. Sie aber sei stets stark geblieben und habe sich nie erniedrigt, selbst nicht, als einmal ein Fürst sich linkshändig mit ihr hätte trauen lassen wollen. Sie wisse, was es hinter den Kulissen auf sich habe für Alle, welche nicht gefestigt zur Bühne gingen, sie aber festigte ihre Schülerinnen, eben weil sie jene Gefahren kennen gelernt. Wie froh war ich, meine Emmi in so guten Händen zu wissen. Daß die älteste Tochter von der Heimreichen aus erster Ehe auch bei der Grün „stubirte", wie sie es nennen, war mir zwar nicht recht mit, aber sie sollte ja etwas Stimme haben und da drückte ich denn ein Auge zu, obgleich die Mutter mir ein Greuel ist. —

Es liegt im Prinzip des Grün-Reifferstein'schen Gesangsinstitutes, alljährlich eine Aufführung zu veranstalten, damit die Eleven zeigen, was sie gelernt haben. Die Angehörigen der Schülerinnen

und Schüler — es sind nämlich auch Schüler da — mit ihren Bekannten und Freunden bilden das Publikum und da das Entré nur
eine Mark beträgt, ist es natürlich gequescht voll in dem Saal, wo
eine hübsche Bühne aufgeschlagen ist und die Kunst mit edler Hin-
gabe und sittlichem Ernst gepflegt wird, wie die Grün selbst sagt.

Diesmal sollte meine Emmi auch singen und zwar die „Gabriele" aus dem „Nachtlager zu Granada"; erst die Szene, in
welcher der Jäger ihr die entflogene Taube wiederbringt, und dann
die Stelle, wo sie den eingeschlafenen Jäger steinigt, um ihn vor
den Banditen zu warnen.

Die Aufregung war eine große. Vier Wochen lang vorher
drehte sich Alles um die Aufführung, daß ich sogar verbieten mußte,
in Gegenwart meines Mannes davon zu reden, der schon zornig
wurde, wenn er das Wort Probe, Kostüm, Aufführung oder dergleichen nur hörte. Mir aber war die Sache nicht egal. Zunächst
kam Alles auf das Kostüm an. In einer Maskeradenfahne wollte
ich Emmi nicht auftreten lassen und deshalb mußte die Schneiderin
herbei und ihr ein weißes Satinkleid von modernem Schnitt mit
Schleppe machen, das wir mit Gold und rothem Atlas garnirten,
weil das Stück in Spanien spielt. Schöne hohe Absatzstiefelchen
durften nicht fehlen. Die Grün-Reifferstein fand das Kostüm für
ein Hirtenmädchen allerdings etwas zu prachtvoll, aber ich äußerte
bestimmt, daß meine Tochter nicht wie eine Schlampe erscheinen
sollte und ohne das Kleid keineswegs auftreten würde. Da gab sie
denn klein bei. Wenn man es kann, will man den Leuten doch
auch zeigen, daß man's hat.

Es wäre aber doch wohl besser gewesen, wir hätten das Kleid
nicht machen lassen. Ich denke noch mit Ingrimm daran.

Also der Tag der Aufführung nahte, wie alle großen Ereignisse
schließlich und zuletzt herankommen. Wir von unserer Seite waren
eine anständige Zahl, denn wir nahmen die ganzen Bergfeldts,
Krauses, Weigelts und noch einige von deren Freunden mit. Dr.
Wrenzchen, dem ich eine Einladungskarte geschickt hatte, ließ sich
entschuldigen, er habe keine Zeit. Ach, er hat nie Zeit, wenn er
nicht kommen will, denn wie ich später erfuhr, hat er an demselben
Abend draußen bei Patzenhofers gesessen und mit seinen Genossen
Skat gespielt, obgleich es hoher Termin ist, daß er sich nach einer

netten Frau umsieht. Nun, ich dränge ihm meine Töchter nicht auf. Aber so sind die Mediziner einmal.

Ich begab mich rechtzeitig in die Garderobe, um Emmi anzukleiden. Die Heimreichen war ebenfalls dort bei ihrer Tochter, welche das „Aennchen" aus dem Freischütz singen sollte. Liebe Güte, wie sah das Wurm aus. Unter uns gesagt, das Kostüm war nicht einmal ganz sauber und wer weiß, woher die Heimreichen es geliehen hatte. Wahrscheinlich bei einer ganz billigen Maskentante aus der Brunnenstraße oder sonst aus der Gegend. Es war ein wahrer Kater, der abscheulich saß. Ich that, als wenn die Heimreich für mich nicht anwesend war.

Wie sie nun das Kostüm meiner Tochter sieht, wird sie anzüglich. „Ihre Emmi soll wohl bei Hofe auftreten?" fragte sie spinnegiftig. — „O nein!" antwortete ich spitz, weil noch andere Leute in der Garderobe waren, denen ich zeigen wollte, daß ich mir Nichts bieten lasse und wenn zehn solche kommen wie die Heimreichen. „Sie wissen, meine Beste, ich bin einmal für die Proppertée." — „Soll das auf mich gehen?" rief sie und stellte sich vor ihr Tochter, daß diese meinen forschenden Blicken entzogen wurde.

„Ich habe keinen Namen genannt," erwiderte ich. — „Nun, meine Damen," rief sie boshaft, „wenn die Buchholzen meint, daß wir Alle ihr nicht gut genug sind, so ist das ja recht hübsch von ihr. Wir geben uns, wie wir sind; Dickthun, wo Nichts dahinter steckt, ist Gottlob nicht unsere Sache." „Ich finde auch, daß Fräulein Buchholz sich mehr herausstaffirt, als sonst immer bei uns Mode war!" rief ein ältliches Mädchen dazwischen, das gerade vor dem Spiegel stand und sich schminkte. „Ja!" half ihr die Heimreichen, „wo überhaupt Nichts dran ist, das muß sich natürlich behängen, wie eine Kunstreiterche!" — Dies war mir zu viel, aber ich beherrschte mich und sagte laut zu meiner Tochter: „Kümmere Dich nicht darum, was Leute sagen, die über Komödie die Augen verdrehen, und wenn es nur ein Puppentheater ist, aber hinterher doch nicht von der Bühne bleiben. Es ist ja nur der blasse Neid." — Nun war der Skandal da. Jede hatte Etwas zu sagen. Emmi brach in Thränen aus. Es gab einen reellen Aufstand.

Die Grün-Reisserstein hatte den Lärm gehört und eilte von der Bühne in die Garderobe. Nur mit Mühe schaffte sie sich Gehör.

„Meine Damen," rief sie, „erledigen wir den Streit nach der Aufführung, wir müssen gleich anfangen, das Publikum trampelt
schon. Darf ich diejenigen Damen, welche nicht aktiv sind, bitten,
sich in den Saal auf ihre Plätze zu bemühen." — Das war ja recht
schön, aber meine Emmi wollte nun nicht mitthun. Sie weinte
noch immer. „Aber Kind," rief ich entsetzt, „Bergfeldts, Krauses
und alle die Andern sind doch nur gekommen, um Dich zu hören,
Andere können gröhlen so viel sie wollen. Bedenke doch das
theure neue Kleid." — „Das ist mir einerlei," schluchzte sie, „wenn
man mich so behandelt, gehe ich keinen Schritt auf die Bühne." —
Die Grün-Reifferstein gerieth in Verzweiflung. „Wir können die
Nummer unmöglich fallen lassen, Sie müssen singen." — „Nein,
ich will nicht!" antwortete Emmi. — „Aber bestes Fräulein,"
stöhnte die Grün. Dann flüsterte sie ihr zu: „Was würde Herr
Meyer davon denken?" — Emmi besann sich einen Augenblick und
und sagte darauf: „Ich will doch lieber singen."

Ehe ich mich erkundigen konnte, welche Bewandtniß es mit
„Herrn Meyer' auf sich habe, hatte die Grün uns hinauskomplimen-
tirt und wir mischten uns unter das Publikum.

Mir war das Herz schwer, als ich auf meinem Platz saß.
Der Aerger hatte mich mehr aufgeregt, als ich mir eingestehen
wollte. Und dann dieser Herr Meyer? Der wollte mir gar nicht
aus dem Kopfe.

Die Grün-Reifferstein setzte sich nun an das Klavier, das
hinter einer Pappwand seitlich neben der Bühne stand und als
Orchester diente, und der Zauber ging los. Heimreichens Elisabeth
und das ältliche Mädchen, welches vorhin so infam gegen mich gewesen war, verzapften „Duett und Arie" aus dem Freischütz. Es
war unanhörbar. Die Elisabeth wußte nirgends mit den Händen
zu bleiben, und sang so falsch, daß es einen Hund jammern konnte,
wobei sie den Mund aufsperrte, daß er wohl hinten herum gegangen
wäre, wenn die Ohren nicht im Wege standen. Trotzdem erhielt sie
Applaus, denn die Heimreich's Clique klappte mit den Händen, als
wären es Waschhölzer. Ich rührte mich nicht und als die Bergfeldten neben mir auch applaudiren wollte, hielt ich ihre Hände fest.
Dies sah die Heimreich und warf mir einen Blick zu, der nichts
Gutes ahnen ließ.

Nun kam meine Emmi dran. Richtig, da stand ja auf dem

Zettel: „Gabriele.... Frl. C. B. Ein Jäger.... Herr Meyer!"
— Der Vorhang ging hoch. Herr Meyer in Jägerkostüm trat vor
und sang. Ein entsetzlich langer Mensch, der mit dem Kopf fast an
die Decke stieß und vor innerlicher Angst immer rechts und links
schielte, als hätte er ein böses Gewissen. Nun öffnete sich die Thür
der Hütte — meine Emmi erschien. Ein lautes „Ah" ging durch
das Publikum. Mir polterte ein Stein von der Brust, ich merkte,
sie gefiel.

Emmi fing an zu singen. Als sie jedoch auf den Jäger zugehen
wollte, konnte sie nicht weiter, denn es hatte sich ihre Schleppe hinter
den Kulissen festgehakt. Das Kind kam aus der Contenance und
schwieg. Der Jäger sah das Malheur und machte galant die
Schleppe los. Das Publikum lachte und die Heimreich am laute-
sten. Emmi begann von vorne; es war sehr deprimirend. Mein
Karl flüsterte mir zu: „Dies ist das erste und letzte Mal, daß
Emmi Komödie spielt." Als der Vorhang fiel, rührte sich keine
Hand. Nur die Bergfeldt, die ich vorher darum ersucht hatte,
applaudirte aus Leibeskräften. Alle Blicke richteten sich nach uns.
Ich hätte in die Erde sinken mögen. Die Heimreichen lachte laut
und höhnisch.

Nach einer Pause folgte die zweite Szene. Mitten auf der
Bühne stand ein kleines Kanapee, ohne Lehne, als Lager für den
Jäger, links hatten sie eine oben mit einem Fenster versehene Haus-
kulisse quer hingestellt, aus welchem Emmi heraussingen mußte.
Herr Meyer war mit seiner Arie zu Ende und legte sich nieder, aber,
da er zu lang war, ragten seine Beine weit über das Lager hinweg.
Das Publikum amüsirte sich. — Meine Emmi erscheint. Sie singt
ihr Lied und wirft die Steine nach dem Jäger. Um ihn besser zu
treffen, beugt das arme Kind sich zu weit nach vorne und — mir
wird noch grün und gelb vor den Augen, wenn ich nur daran denke
— die Kulisse neigt sich und fällt mit sammt meiner Emmi langsam
herunter, gerade auf den schlafenden Jäger. Das Tischchen auf
dem sie gestanden, krachte hinterdrein. Die modernen hochhackigen
Schuhe waren natürlich Schuld daran. Die Schleppe that auch
ihr Theil dazu. Ich stürzte auf die Bühne. Zum Glück hatte
Emmi sich nicht verletzt, aber dieser Herr Meyer hielt sie zärtlich an
sich und tröstete sie und sagte: „Theure Emmi, danken wir Gott,
daß es so abgelaufen ist. Den Theatermeister bringe ich um." —

„Theure Emmi!" sagte der Mensch. Mir fiel es wie Schuppen von den Sehnerven.

Die Grün, welche vor dem Vorhang das Publikum beruhigt hatte, daß kein Unglück geschehen, kam nun dazu.

„Also auf solche Weise ‚festigen‘ Sie Ihre Schülerinnen?" fuhr ich sie an. „Sie dulden, daß die Ihnen anvertrauten jungen Mädchen sich von Ihren Schülern die Köpfe verdrehen lassen?"

Und da antwortete mir diese Person: „Madame, es scheint, Sie haben vom Theater gar keine Idee. Ueberdies halte ich Herrn Meyer für eine sehr gute Partie, denn er hat Talent und kann es weit bringen."

Ich drehte ihr kalt den Rücken zu und ging mit Emmi in die Garderobe, ihr beim Umkleiden behülflich zu sein. Sie mußte bekennen. Da erfuhr ich denn, daß es allgemein üblich unter den Eleven und Elevinnen der Grün sei, sich in einander zu verlieben, das gehörte einmal zur Kunst, da man nur die Empfindungen wahr darstellen könnte, die man tief im Innersten fühlte. Ich danke. Ich hätte der Grün von vornherein nicht glauben sollen, denn das ewige Singen von Liebe und noch einmal von Liebe und das Komödienspielen, wobei auch immer nur von Liebe die Rede ist, muß ja schließlich die unerfahrene junge Welt zu Unfug verleiten. Und man redet der Grün nach, daß sie ihre Lehrlinge vor den Gefahren der Bühne warnt und sie festigt. Abscheulich!

Wir fuhren nach Hause. Mein Karl war verletzt. Er schalt nicht einmal, aber ich sah ihm an, wie sehr ihn die Blamage wurmte. Und das mit dem Meyer wußte er noch gar nicht einmal.

Ich hielt es aber für meine Pflicht, ihm auch dies zu sagen.

„Wilhelmine," sprach er, „siehst Du nun Deine Thorheit ein? Warum willst Du das Glück stets außerhalb Deiner vier Wände suchen? Was drängst Du Dich in Verhältnisse, die für uns nicht passen?"

„Ich wollte ja nur Emmi's Bestes, sie sollte berühmt und groß werden!" schluchzte ich.

„Wir haben jetzt an Anderes zu denken," antwortete Karl. „Das Kind muß fort, es darf dem spöttischen Mitleid der Bekannten nicht ausgesetzt werden. Wirke dahin ein, daß sie den Herrn Meyer vergißt; einen Grün-Reifferstein'schen Sangesbruder wünsche ich nicht zum Schwiegersohn."

Da überlegten wir, es möchte wohl am zweckmäßigsten sein, wenn ich mit Emmi ins Bad reiste.

Das Kind mag sich nirgends sehen lassen, weil es sich schrecklich schämt und den Spott der Bekannten fürchtet; kaum daß es wagt, einen kurzen Spaziergang nach dem Friedrichshain zu machen. Es bleibt uns daher nichts übrig, als den Parnaß ungeschoren zu lassen und die kühlen Ufer der Ostsee aufzusuchen. Unser Traum von Ruhm und Größe ist schändlich zerstört. Ich sehe leider ein, daß die Luft als Grundstück nicht viel taugt und es ganz einerlei ist, ob man darin ein Schloß oder eine kleine Landstelle baut, die Sache ist und bleibt windig. Hätte mir die Polizeilieutenantin nicht so zugeredet und wäre die Grün-Reifferstein nicht so gleißend gewesen — ich hätte Emmi nicht öffentlich auftreten lassen. Freilich war es nur eine Privataufführung, aber alle Bekannte waren dabei und das ist noch schlimmer als die Oeffentlichkeit.

Wir mußten ins Bad und zwar je eher, um so besser.

Ehe wir abreisten, machte ich noch einen Besuch bei den jungen Weigelts, den ich lange genug aufgeschoben hatte, obgleich ich ihn schuldig war, wenn auch nur aus Anstandsrücksichten.

Die Bergfeldten sagte zwar schon öfter zu mir: „Buchholzen, warum sind Sie noch nicht ein einziges Mal bei meiner verheiratheten Aeltesten gewesen. Sie wissen doch, wie gerne das Kind Sie immer hatte!" aber ich ging aus verschiedenen Gründen nicht.

Erstens wollte die Bergfeldten sich nur breit machen mit der Einladung und mir mit dem Tulpenstengel zu verstehen geben, daß sie bereits im Besitze einer verheiratheten Tochter sei, während meine Beiden an dergleichen noch nicht denken, weshalb ich mich allerdings freundlich, aber doch ablehnend verhielt, indem ich mich nicht bei Weigelts sehen ließ. Zweitens bin ich zu ästhetisch veranlagt, als daß mir die Hütten der Armuth gefallen, um bildlich zu reden. Du liebe Güte, Bergfeldts hatten kaum so viel, wie sie gebrauchen, der Polterabend hatte gekostet, er — Weigelt — hat sein bischen Beamtengehalt am Gericht, sie — die Auguste — konnte auch nur das Nothwendigste mit in die Ehe bringen, und rechnet man dies Alles zusammen, so ergiebt sich, wie die Dichter es nennen, die Hütte der Armuth.

Es kann jedoch auch eine bescheidene Wohnung mit sehr bescheidener Einrichtung angenehm sein, wenn Alles ordentlich nett und sauber ist, aber da die Auguste von jeher verzogen wurde und sich die Hände nicht naß machen mochte, so konnte ich mir vorstellen, wie es bei ihr aussehen mußte, und diese Wahrnehmung suchte ich mir so lange wie möglich zu ersparen.

Auch litt ich nicht, daß die Kinder Weigelts besuchten. Ich sagte, es paßte sich nicht, junge Eheleute zu stören. Der eigentliche Grund meiner Weigerung lag jedoch tiefer.

Die Bergfeldten hatte die beiden jungen Leute mit Hilfe von Bilse's Konzerten zusammengekuppelt, so daß wahre Liebe den Bund nicht heiligte, und ferner betrug Auguste sich auf dem Polter=abend derart impertinent gegen ihren Verlobten, daß selbst die Frau Polizeilieutenanten bemerkte, ‚sie würde ihn schon unterkriegen!' Eine Ehe, in der statt Liebe nur Knuff und Buff herrscht, ist kein Anblick für meine Kinder. Es ist Sünde, heranwachsende junge Leute vor dem Heirathen kopfscheu zu machen.

Nun aber konnte ich meine Visite nicht länger aufschieben und schließlich war ich auch neugierig, ob ich und die Frau Polizeilieute=nanten richtig prophezeit hätten. Ich zog mich daher ein bischen nett an und turnte von der Landsbergerstraße nach der Ackerstraße. Es ist dies ein ziemliches Ende, und als ich eben aus dem Hause war, fing es an zu regnen. Es waren Niederschläge, wie sie Klinkerfues erfunden hat, nicht eben heftig, aber doch naßkalt und eklig. Ange=nehm war die Tour nicht.

Als ich in der Ackerstraße anlangte, mußte ich das Haus erst suchen, was ziemlich schwierig ist, da zwischen den Häusern so viele Kirchhöfe liegen.

Endlich fand ich die Hausnummer. Das Haus sah von Außen ganz wohlgebildet aus, aber drinnen diese steilen und schmalen Treppen, diese elenden Etagethüren, diese erbärmlichen Thürgriffe, diese jammervolle blaugraue Farbe, mit der die Wände gestrichen waren, dies wacklige Treppengeländer! Alles ließ sofort erkennen, daß der Baumeister die Außenseite für Couponschneider, das Innere dagegen für die Pauvreté ins Dasein rief.

Als ich die vierte Treppe genommen hatte, war mir die Puste derart ausgegangen, daß ich kaum Kraft genug besaß, an der Klingel zu reißen.

Zum Glück mußte Auguste gehört haben, daß Jemand auf den

Thurm geklettert war, denn sie öffnete die Thür, und als sie mich erkannte, rief sie hoch erfreut:

„Ach, wie schön, daß Sie mich besuchen!"

„Laß mich nur erst zu Athem kommen!" entgegnete ich mühevoll, während sie mir den Mantel und Hut abnahm. „Die Treppen sind ja entsetzlich steil!"

„Das sind sie!" erwiderte Auguste, „aber wir grämen uns nicht darüber!" Dabei sah sie mich an und lächelte mir fröhlich zu.

Es war gut, daß ich saß, denn diese Antwort machte mich ganz perplex.

Auguste, die sonst gleich maulte, wenn ihr etwas unbequem schien, war mit diesen Hühnerstiegen von Treppen zufrieden! Ehe ich antworten konnte, sagte sie: „Ich mache Ihnen eine Tasse recht heißen Kaffee, der wird Ihnen bei dem unangenehmen Wetter gut thun." Und fort aus dem Zimmer war sie.

Ich hatte nun Muße, das Wohnzimmer gründlich studiren zu können. Es war nicht groß, aber auch nicht klein, nur ein bißchen gar zu niedrig für Jemand, der mehr Höhe gewohnt ist. Die Tischdecke war weiß und sauber, auf der Kommode stand die Lampe, daneben lag ein Album. Nirgendwo war so viel, aber auch gerade nicht so wenig.

An dem Fenster stand der Nähtisch. Neugierig, wie ich war, ging ich hin, um zu sehen, was Auguste arbeitete. Ich denke, mich soll der Affe frisiren, als ich das Tuch aufhebe, welches sie über ihre Arbeit geworfen — es waren bunte Federblumen.

Auguste kam mit dem Kaffeegeschirr, als ich mich gerade wieder an meinen Platz begeben und einigermaßen gefaßt hatte. Sie ging ab und zu und holte bald dies, bald jenes. Auch Kuchen legte sie auf ein Tellerchen und dann machte sie den Kaffee.

„Kind!" rief ich erstaunt. „Nimm mir's nicht übel, aber wo hast Du alle die kleinen Geschicklichkeiten gelernt? Das war doch früher nicht!"

Sie schwieg ein wenig, dann sagte sie: „Es lernt sich Manches, wenn man muß." — Aha, dachte ich, ihr Mann wird sie wohl gehörig zurechtsetzen. Aber ich verwarf diesen Gedanken wieder, weil er doch eigentlich nie viel mehr war als ein schüchternes Lamm. Der Kaffee war für die Ackerstraße recht gut, vielleicht hatte Auguste auch ein paar Bohnen mehr genommen, um mir zu imponiren.

Das liegt so in der Bergfeldschen Art, wenn ich nur allein die Mutter bedenke.

Auguste fragte mich, ob es mir recht sei, wenn sie beim Plaudern ihre Arbeit fortsetzte.... — „Du nähst auch wohl schon Allerlei, woran Du früher nicht dachtest!" sagte ich und schmunzelte ein wenig dabei. „Gewiß!" antwortete sie und stellte einen Kasten mit bunten Federn auf den Tisch und begann eifrig, Blumen daraus zu formen.

„Aber Kind! Was machst Du denn da?" rief ich.

„Ihnen kann ich es gerne sagen," antwortete Auguste, „denn Sie sind eine Freundin, wenn ich es auch nicht an die große Glocke hängen möchte. Diese Blumen arbeite ich für eine Fabrik und verdiene damit, wenn auch nicht viel, so doch Etwas!"

„Du wirst doch nicht nöthig haben, für Geld zu arbeiten? Dein Mann hat ja Gehalt — —"

„Wir könnten auch auskommen, wenn wir uns einrichten," erwiderte sie, -- „aber — — —"

„Nun aber?" drängte ich.

„Wir haben Schulden," flüsterte sie leise und wurde roth. „Das Sopha ist erst zum Theil bezahlt und die Stühle — —"

„Ich dächte, die Einrichtung hätten Deine Eltern übernommen?"

Auguste wurde noch röther. „Mama nahm die Sachen auf Borg. Die Hochzeit kostete viel, neue Kleider wurden angeschafft und manches Unnöthige dazu und schließlich hat der Hauswirth Papa wegen des Lärms auf dem Polterabend doch noch gekündigt. Der Umzug wird auch wieder kosten. Sie wissen, Papa besitzt keine Kapitalien."

Damit erzählte sie mir gerade nichts Neues. Um sie zu trösten, meinte ich: „Nun, wenn Deine Eltern jetzt auch nicht mit dem Möbelsitzen in Ordnung kommen, so werden sie es später. Diese Art Leute giebt ja Kredit bis zum jüngsten Tag!"

„Mama hatte unserem Lieferanten mehr versprochen als sie halten konnte. Darüber ward der Mann aufgebracht. Er kam zu uns und wollte die Möbel wieder abholen und machte uns eine abscheuliche Szene. Die Nachbarn standen auf den Treppen und freuten sich an den groben Redensarten des Mannes, der erst ging, als mein Franz ihm mit Hausfriedensbruch drohte."

„Da war't Ihr ihn ja los!"

„Aber die Schande blieb bei uns. Wir waren grenzenlos vor den Nachbarn blamirt. Mir war, als wenn alle Freundlichkeit aus unserer kleinen Wohnung verschwunden sei und nie wiederkehren könnte. O, ich wagte es nicht, meinen Mann anzublicken!" Auguste trocknete die Thränen, welche ihr die Erinnerung in die Augen trieb.

„Und was sagte er? Er war natürlich entsetzlich grimmig."

„O nein," rief Auguste, und ihr ganzes Gesicht verklärte sich. „Er hatte kein hartes Wort, weder für die Mama, noch für mich. Er fragte, indem er meine beiden Hände faßte und mich kummervoll anblickte: ‚Auguste, wär' es nicht besser gewesen, Du wärest aufrichtig gewesen und hättest mir gesagt, wie unsere Angelegenheiten standen? Es hätte dann Alles in Güte geordnet werden können.' Da warf ich mich an seine Brust und weinte: ‚Verzeihe, Franz, ich will nie wieder ein Geheimniß vor Dir haben.' Ich versprach ihm, stets aufrichtig zu sein, wie er es gegen mich von jeher gewesen ist."

„Das war ganz nett von Dir," sagte ich, „aber ich begreife nur nicht, wie man sich wegen der paar Möbel so exaltirt benehmen kann?"

„Es war der erste Kummer den ich meinem Franz bereitete, seit ich ihn liebe!"

Ich mußte lachen. „Na," rief ich, „als Bräutigam hat er gerade nicht die besten Tage bei Dir gehabt!"

Auguste erröthete noch mehr als vorher. „Mama hat mir den Bräutigam ausgesucht," antwortete sie verschämt und doch ernst und bestimmt, als wollte sie sich vertheidigen, „und ich glaubte in meiner Dummheit, die Freundschaft, die ich für ihn hegte, sei das, was die Leute Liebe nennen."

„Nicht mehr, als blos Freundschaft?"

„Auch die nicht einmal. Ich wollte verlobt sein und Mama wünschte mich verlobt zu sehen, und da Franz am bequemsten zu erreichen war, so fiel das Loos auf ihn. Hätte er mir die Verlobung aufgekündigt.... ich würde einen Augenblick wüthend vor Aerger geworden sein, aber wirklich gegrämt hätte ich mich nicht."

„Und nun liebst Du ihn wirklich?"

„Ueber Alles!" erwiderte sie und ihre Augen glänzten. „Er

ift ja jetzt mein Mann!" — Dann beugte sie sich ganz verlegen, als
hätte sie zu viel gesagt, über den Federkasten und arbeitete mit
größerer Hast denn zuvor.

Mir kam die Auguste wie ein räthselhaftes Wesen vor, so hatte
sie sich verändert. Obgleich es draußen noch immer leise regnete,
beschloß ich dennoch aufzubrechen. Auguste wollte mich bei sich be=
halten, bis ihr Franz gekommen sei, den sie jeden Augenblick er=
wartete, und als ich mich nicht erweichen ließ, bestand sie darauf,
mir ihre ganze Wohnung zu zeigen. Dies interessirte mich natürlich.

Neben dem Wohnzimmer lag ein einfenstriges Gemach, in
welchem Bücherrepositorien, ein Schreibtisch und ein Lehnstuhl
standen. Dies war das Studirzimmer. Die Küche lag auf der
anderen Seite, daneben eine leere Kammer.

„Habt Ihr gar kein Mädchen?" fragte ich.

„Das ist uns vorläufig zu kostspielig," gab sie zur Antwort.
„Ich habe selbst Arme und Hände."

Das Schlafzimmer war recht behaglich, die Betten waren sau=
ber und, wie mir schien, komplett und die Inlette gut von Federn.
Auguste ging auf das eine derselben zu und strich die Decke glatt,
obgleich keine Falte darauf zu sehen war. Ich fragte: „Hier schläft
wohl Dein Franz?"

„Ja!" sagte sie.

Gerade, als ich nun gehen wollte, kam Herr Weigelt. Wir
begrüßten uns; er gab seiner Frau einen Kuß und sie strahlte vor
Freude. Ich sah mir den jungen Mann genau an, aber ich muß
gestehen, er machte auf mich denselben paddenhaften Eindruck wie
früher, und ich drückte mich bald.

„Mein Geschmack wäre er nicht," sagte ich zu mir, während ich
die Stiegen herunterkraxelte, „für die Auguste scheint er jedoch der
Rechte zu sein. Nun wir wollen abwarten, ob die Flitterwochen
bei ihnen ewig dauern?"

Als ich in die Klinkerfuesschen Niederschläge hinaustrat, frö=
stelte mich und der Regen schien mir kälter als zuvor, ja es war
mir fast, als wenn ich dort oben im warmen Sonnenschein gesessen
hätte, obgleich die Fenster nach Norden gehen und die Wolken grau
am Himmel hingen.

Badeleben.

Da sitze ich denn nun in Flunderndorf mit meiner Emmi, fern von dem schönen Berlin, wo man Abends sein Gartenkonzert haben kann, seine Weiße und Alles, was drum und dran hängt, mit all seinen Annehmlichkeiten, von denen die Leute hier nicht einmal im Traum eine Ahnung haben. — Ach Berlin, wie sehne ich mich nach Deinen Gefilden!

Sie wundern sich gewiß, daß mich schon nach so kurzer Zeit ein poetisch angehauchtes Heimweh überfällt und werden sicherlich denken, wenn die gute Frau mit ihrer Tochter nach Misdroy oder Heringsdorf gegangen wäre, würde sie Berlin nicht vermissen, aber gerade weil ich Berlin entfliehen wollte, mußte ich ein wenig bekanntes Ostseebad wählen, und das eben ist Flunderndorf. Wir würden anderwärts überall Bekannte treffen, die von Emmi's verunglücktem Auftreten in der Grün-Reifersteinschen Oper wenigstens gehört haben, und diesem Zusammentreffen wollten wir thunlichst ausweichen. Oder mögen Sie Gesprächsstoff sein?

Dann aber hatte ich noch einen zweiten Grund, mich hierher zu begeben. Ich erfuhr nämlich, daß Dr. Wrenzchen alljährlich einige Wochen in Flunderndorf seebadet, und da junge Leute im Bade sich gut kennen lernen, weil sie ja gewissermaßen auf einander angewiesen sind, so dachte ich denn beim Einpacken an allerlei Möglichkeiten. Daß für Dr. Wrenzchen ein geregelter Hausstand eine absolute Nothwendigkeit ist, kann man daraus sehen, daß er neulich seinen Geburtstag wieder mit dem raffinirtesten Luxus und der unerhörtesten Verschwendung begangen hat. Onkel Fritz sagte, es sei haarsträubend gewesen; so etwas Ausnahmsweises, wie die Geburtstagsfeier des Doktors gäbe es überhaupt nicht. Wenn er meine Emmi nähme, so würden wir den Tag gemüthlich unter uns feiern, Morgens mit einem Napfkuchen, Nachmittags Damenkränzchen und Abends ein Achtelchen Bier mit belegten Stullen. Das Verschwenden wollte ich ihm bald abgewöhnen und seine Spießgesellen sollten schon ausrücken, wenn sie mich nur sähen.

Es ist ja ganz schön in Flunderndorf, aber Alles ist doch noch von einer fürchterlichen Primitivizität. Wenn ich nur allein die Betten nehme. Seegras ist drin, aber man meint, man läge auf vorjährigen Kartoffeln, und die Decken sind von einer Dicke, daß man darunter ersticken kann. Ich liege natürlich immer nur so, d. h. mit einem einfachen Laken zugedeckt. Alle Badegäste liegen so, wie man stets zu hören bekommt, denn wenn man sich Morgens trifft, ist das erste Gespräch, wie man gelegen hat, ob man viel Mücken gehabt hat oder wenig, ob man tüchtig gestochen wurde oder gar nicht? In einem Bade giebt der Mensch sich ganz wie er ist: man wird eben ganz Natur und dieser Umstand wirkt neben dem Salzgehalt hauptsächlich auf die Gesundheit ein.

Wir sind hier rund gerechnet gegen vierzig Badegäste, und da es sich billig in Flunderndorf lebt, ist es selbstverständlich, daß Bleichröder nicht mit dazwischen ist. Viele wohnen bei den Fischern, die ihre sogenannte beste Stube vermiethen, Andere haben Quartier in dem Hotel genommen, wo man gemeinschaftlich speist. Am Strande sind Badekarren und auf dem Sande ist eine nach der Seeseite hin offene Bretterbude errichtet, in der man auch bei minder gutem Wetter Luft schnappen kann. Scheint die Sonne, dann wühlen alle im Sande, sowohl die Damen, wie die Herren und Kinder. Anfangs wollte ich mich nicht dazu herablassen, aber ich buddle jetzt ganz tapfer mit. Ich glaube, es ist auch besser, wenn einige ältere Damen beim Sandwühlen dabei sind.

Außer uns ist aus Berlin nur noch eine Familie hier und zwar, wie man gleich sieht, wegen offenbarer Gesundheitsrücksichten. Der Mann ist ja nur noch ein Schatten und die Frau und das kleine Töchterchen kommen auch gewiß nicht oft an die frische Luft. Es ist mit Menschen wie mit Kleidern, man merkt es gleich, wenn sie zu lange im Spinde gehangen haben.

Die Leute haben gewiß einmal bessere Tage gesehen. Ich wollte sie schon manchmal theilnehmend ein bischen aushorchen, weil man doch gern wissen will, mit wem man in den Ozean steigt, aber sie waren ‚nicht rühr’ an‘ — der reine Polargletscher mit 'nem Eisbären drauf.

Dagegen weilt eine Hamburgerin mit ihrem Söhnlein hier, die sich gleich an uns attachirte. Eine sehr nette Dame, immer sehr elegant im Zeug. Neulich hatte sie ein Kleid an, das ganz aus schwarz und weißem Plissé gearbeitet, einen strahlenden Effekt verbreitete, wozu noch große Bouquets von Pensées kamen: eins vorn, eins hinten und eins links oben an der Taille. Meine Emmi und ich waren ganz hingerissen. Auch sehr hübschen Schmuck besitzt die

Frau, Alles dick aus Gold und, wie sie selbst sagt, gediegen. Meistens sind es Geburtstagsgeschenke, wie sie sagt, da sie nicht dafür ist, selbst dergleichen zu kaufen. Ich lobte hierauf ihren freigebigen Gemahl, worauf sie mir mit dem Ellenbogen in die Seite stieß und lachte. Als ich mich hierüber wunderte, erklärte sie mir, ihr Mann sei über See und mache dort horrende Geschäfte, während sie mit dem kleinen Hannis — so heißt das Kind — in Hamburg ein ruhiges Leben führe. Sie würde mich gern einladen, sie einmal zu besuchen, aber da ihr Haus gerade abgebrochen wäre, wohnte sie jetzt selbst zur Miethe. — Klein Hannis war sehr zuthunlich zu Emmi, aber er wollte immer etwas geschenkt haben. Er meinte, er hätte in Hamburg so viele hübsche Tanten, die ihm Spielzeug und Boltjes mitbrächten, nun sollte Emmi ihm auch eine liebe gute Tante sein. Die feine Madame aber wischte klein Hannis eine Tachtel aus und rief auf plattdeutsch: „Willst Du verdammte Sleef gliik bat Muul holl'n!" worauf das Kind schwieg.

So elegant die Hamburger Dame auch immer gekleidet war, so schrecklich ging sie jedoch mit der deutschen Sprache um. Morgens, wenn wir an dem Strand spazierten, sagte sie stets: „Wollen wir uns nun ein bitschen auf die Banke setzen," so daß ich mich gedrungen fühlte, sie darauf aufmerksam zu machen, daß es nicht die Banke heiße, sondern die Bank. Sie aber lachte mich aus und meinte, so etwas aus Holz, worauf man sitzt, das nennt man e i n e B a n k e, aber das Haus in Hamburg, mit dem Wachtposten davor, am Adolfsplatz, worin alles Silber und Gold aufbewahrt wird, das sei d i e B a n k. Unmöglich könne man doch die Bank eine Banke nennen, ebensowenig wie eine Banke eine Bank sei.

Die übrigen Damen halten sich ziemlich isolirt. Wenn sie nicht baden, suchen sie Muscheln und Bernstein oder gehen in das kleine Gehölz, das auf der Landzunge liegt, welche die Flunderndorfer Bucht kennzeichnet, und pflücken dort Waldblumen. Eine von den Gästen, eine Stettinerin, ist recht hübsch. Die feine Madame, meinte, die könne ihr Glück machen. Mir gab diese Bemerkung einen Stich durch die Seele, denn ich dachte an die bevorstehende Ankunft des Dr. Wrenzchen, der um diese Zeit fällig sein mußte. Ich fragte daher, ob meine Emmi nicht auch recht hübsch sei und ebenso gut Aussichten habe, wie die Stettinerin?

Die feine Hamburger Madame sagte, meine Emmi sei ja ganz
nett, aber es käme doch auf die Stimme an und die Garderobe.

Diese Antwort verschnupfte mich stärker, als ich merken ließ,
denn ich mußte annehmen, daß die Madame auf Emmi's Malheur
bei der Grün-Reiffersteinischen Aufführung anspielen wollte. Was
ging sie sonst Emmi's Stimme und Garderobe an? Etwas kühl
verabschiedeten wir uns und ließen die feine Madame mit ihrem
Hannis am Strande. — Im Dorfe gingen wir zufällig an dem
Bauernhause vorbei, in welchem Dr. Wrenzchen Quartier zu nehmen pflegt; natürlich erkundigten wir uns, ob er schon avisirt sei
und wann er zu kommen gedenke? Der Bauer theilte uns mit, der
Berliner Herr werde wohl noch an diesem Abend spät eintreffen,
worauf ich zu Emmi sagte: „Du ziehst morgen früh Dein creme-
farbenes Kleid an, und machst Dich so niedlich, wie nur irgend
möglich. Der Doktor wird eine Mordsfreude haben, wenn er solche
Aufmerksamkeit wahrnimmt."

Soweit war ja Alles recht gut, aber es sollte doch wieder anders kommen, als wie ich dachte. Schuld ist natürlich kein Anderer
als der Doktor; ich wenigstens brauche mir keine Vorwürfe zu
machen.

Am nächsten Morgen stehen wir zeitig auf. Ich ziehe das
Kind an, daß die Stettinerin wirklich Mühe haben sollte, dagegen
aufzukommen. Das Wetter war herrlich. Ueber dem Meere lag
ein ganz leichter Dunst, der allmälig immer zarter wurde, bis das
Wasser klar wie ein Spiegel vor unseren Blicken lag, in dem die
Sonne sich besah. Und über dem Meere war der Himmel so
blau, daß man glauben konnte, man sähe in ein frisch gemaltes
Küchenspinde. Es war ein landschaftliches Gemälde von trefflicher
Stimmung, wie man immer in den Berichten über die Kunstaus-
stellung liest. Mein Plan ging nun dahin, den Doktor am Morgen zu begrüßen, uns sehr über seine Ankunft freuen, ihn dann den
ganzen Tag nicht außer Acht zu lassen und am Abend zu einer
kalten Kalbskeule einzuladen. Dies konnten wir thun, da er als
Hausarzt mit uns auf bestem Fuße steht und es nie als unschicklich
gedeutet werden kann, wenn man seinem öfteren Lebensretter Artig-
keiten erweist. Darauf hätte ich ihn gebeten, mir und dem Kinde
Unterricht im Skatspiel geben zu wollen, und das Uebrige wäre
dann meine Sorge gewesen. Bratkartoffeln, die er so gern ißt,

hätte er selbstverständlich auch bekommen. — Aber was nützen die besten Absichten, die schönsten Pläne, wenn die Menschen, mit denen man Etwas vorhat, schlecht sind.

Einem Kossäthenkinde gab ich einen Nickel mit der Weisung, mir sofort Nachricht zu bringen, wenn der neue Herr aus Berlin aufgestanden sei. Emmi und ich warteten im Garten und banden jede einen Blumenstrauß. Mit welchen Empfindungen eine Mutter Morgens früh Blumen windet, wenn der Tag womöglich über das Geschick ihres Kindes entscheidet, das ist unmöglich zu sagen, aber alle Mütter, die wissen, wie schwer es heutzutage ist, eine Tochter an einen anständigen Mann zu bringen, können taxiren, wie mir zu Muthe war, als ich dachte: Hier sitzest du nun im Garten, mit den Blumen, bei dir sitzt dein Kind, drüben in dem Bauernhause schläft der Doktor und über uns Allen ist die Sonne so herrlich aufgegangen. Wie viel klüger sind wir wohl geworden, wenn sie untergegangen ist?

Nun kam das Kossäthenkind angerannt und rief:

„Hei rührt sick all. — Un jung'n hett hei of all, ümmer op und dahl. Wenn Sei gau taulopen, drapen's em noch!"

„Seit wann singt denn der Doktor?" fragte ich.

„Er wird wohl nur so gethan haben," meinte Emmi. Bei diesen Worten machten wir uns auf, um dem Doktor die zugedachte Morgenüberraschung zu bereiten. Wer aber überrascht wurde, das waren wir.

Das Fenster öffnete sich. „Werf zu, Emmi," rief ich, und Beide schleuderten wir unsere Blumensträuße in das Fenster hinein. — „Ich danke Ihnen, meine Damen," rief eine fremde Stimme, und der Mann, dem diese Stimme gehörte, ward sichtbar. Es war Herr Meyer, der angehende Opernsänger, um dessentwillen wir von Berlin geflohen waren.

„Mein Herr!" rief ich wüthend, „wie können Sie sich unter= stehen, uns nachzureisen." — „Bitte, ereifern Sie sich nicht. Mein Arzt hat mir Flunderndorf verordnet und mir gleichzeitig die Adresse dieser Wohnung gegeben, da er in diesem Jahre keine Zeit zum Baden hat!" — „Ihr Arzt?" schrie ich höhnisch. — „Gewiß!" antwortete er, „Dr. Wrenzchen hatte die Güte, mir — — — — —" Ich ließ ihn gar nicht erst ausreden, sondern nahm Emmi bei der Hand und zog sie mit mir fort.

Es war mir unmöglich, an diesem Morgen ins Wasser zu gehen, so alterirt war ich; mich hätte ja der Schlag treffen können. Emmi war wieder ganz weg in dies lange Reff von Sänger, seitdem sie ihn aufs Frische gesehen, so daß wir uns genau auf dem alten Stadium befinden. Wir müssen fort von hier.... aber wohin? O, dieser Doktor, uns solchen Streich zu spielen — — —!

Nach dem Table d'hôte.

— — Wir bleiben! — Die feine Hamburger Madame hat Herrn Meyer engagirt, sie ist nämlich Inhaberin einer Konzert-Sing-Spiel-Halle, oder sonst eines Stullentheaters, wo die Verzehrung über die Kunst geht. Meyer wird bei ihr auftreten. Und mit solcher Person waren wir intim! Diese Erniedrigung Meyer's hat die Neigung meiner Emmi wie Seegras aus ihrem Herzen geschwemmt, ein wahres Glück, das ich hochpreise. Er wird heute Abend im Wirthshaussaale eine Soirée geben, auf der wir selbstverständlich fehlen. Wir werden dagegen einen weiteren Spaziergang mit den Leuten machen, welche uns so grenzenlos ärmlich schienen. Es ist ein Obergerichtsrath und von Adel dazu, der mit seiner Familie ganz der Natur lebt. Da dies auch mein Fall ist, werden wir schon Umgang mit einander finden, denn die Natur vereinigt gleichgestimmte Seelen viel inniger als die Kunst, weil kein Brodneid dabei ist. Die Leute haben sehr etwas Vornehmes an sich, selbst wenn sie blos Dickmilch und Schwarzbrod essen. Die Frau Obergerichtsräthin hatte am Morgen bemerkt, daß Emmi geweint hatte (NB. über Meyer) und dies gab den ersten Anlaß zu unserer Bekanntschaft. Wie theilnehmend sie war, das kann man sich kaum denken, und auch er wurde ganz aufgeknöpft und umgänglich; unser bisheriger Verkehr war ihnen nicht ganz sympathisch gewesen.

Der Doktor soll mir noch büßen. Ich wollte nur, ich wäre erst seine Schwiegermutter!

———o———

Wieder ein Jahresanfang.

Hatte das Schicksal aufgehört, Steine auf den Lebenspfad der Frau Buchholz zu werfen, oder lagen andere Ursachen vor, die sie vom Schreiben abhielten, denn nach dem Briefe aus Flunderndorf hörte man nichts mehr von ihr? Der Sommer war vergangen,

mit dem Herbste waren die letzten Ausflügler nach Berlin zurück=
gekehrt, dann hatte man angefangen einzuheizen und die Tage
schrumpften ein, wie sie im Winter zu thun pflegen. Das alte
Jahr rüstete sich zum Abschied, wie alle seine Vorgänger es thaten,
es wurde alt und schwach und kümmerlich. Ein altes Jahr, das
vor dem Abbruch steht, macht einen wehmüthigen Eindruck, wenn
man bedenkt, daß es einmal jung war und auch einmal eine Kind=
heit hatte, gerade wie wir Menschen, die wir in Staub zerfallen,
wenn wir nicht ausnahmsweise in einem Museum aufbewahrt
werden.

Was aber wird aus den alten Jahren? Irgendwo müssen sie
doch bleiben. Es ist freilich wahr, daß sie mit dem Glockenschlage
Zwölf am Sylvester in das Meer der Vergessenheit tauchen, so habe
ich wenigstens sehr oft in Blättern gelesen, an deren Aufrichtigkeit
ich zu zweifeln durchaus keine Ursache habe, wenn mir auch immer
unklar geblieben ist, warum die alten Jahre sich zum Baden keine
wärmere Jahreszeit aussuchen?

Daß die alten Jahre aus ihrer Vergangenheit nicht wieder
zurückkehren, kann man ihnen nicht verdenken, denn was wird ihnen
nicht Alles nachgeredet? Gewöhnlich heißt es, daß sie schlecht waren
und nichts taugten, ganz im Gegensatz zu den Menschen, von denen
man nach dem Tode nur Gutes spricht, mit Ausnahme von den
Hingerichteten. Und mit welchem Jubel wird das neue Jahr be=
grüßt, von dem man höchstens weiß, ob es ein Schaltjahr ist oder
nicht, und das ist wenig genug.

Nur einen jungen Mann habe ich getroffen, der nicht viel von
neuen Jahren hielt. Er sagte, sie fingen stets mit Kopfschmerzen
an. Das haben Andere mir bestätigt. Warum schilt man denn
aber auf die alten Jahre, die meistens so fidel endigen? Außerdem
muß berücksichtigt werden, daß die Jahre sich gar nicht ordentlich
entwickeln können: — die Zeit ist ja viel zu kurz. Ich sprach ein=
mal mit einem Gelehrten darüber, ob es nicht möglich sei, die Jahre
dreimal oder viermal so lang zu machen, als sie jetzt sind? Er
meinte, das wäre allein wegen der Zinsen unmöglich. Der Mann
ist nämlich Nationalökonom und muß es wissen. Ferner, sagte
er, ginge es nicht wegen der Neujahrsrechnungen. Ich kenne aber
Leute, denen es auch um Neujahr nicht einfällt, ihre Rechnungen zu
bezahlen, und mußte mich daher sehr wundern, daß ein studirter

Volkswirthschafter von den simpelsten Dingen keine Ahnung haben kann. Er versprach mir, bei den Geschäftsleuten von Haus zu Haus zu gehen und sich das Material für die Statistik unerledigter Conten im neuen Jahr geben zu lassen, sobald er mit der wichtigen Arbeit fertig sein würde, die er vorhätte. Er berechnete nämlich, wie hoch die Malzsteuer aufschlagen könnte, wenn es möglich wäre, die uns zugewandte Seite des Mondes mit Gerste zu bebauen. Wenn er das heraus hat, will er auch die andere Seite in Betracht ziehen, wovon er sich eine außerordentliche Wirkung auf die wissen=schaftliche Welt verspricht.

Was aus den alten Jahren wird, wußte er jedoch nicht. Ich wandte mich deshalb an einige Dichter, denn die sind es, die das alte Jahr tauchen lassen. Man hat zwei Arten von Dichtern: solche, die nicht davon bleiben können, weil der Genius sie treibt, und solche, die nur um Neujahr davon befallen werden, vom Dich=ten nämlich. Diejenigen, welche vom Genius getrieben werden, haben die längsten Haare, weil es ihnen an Zeit gebricht, zum Friseur zu gehen. Daran erkennt man sie früh genug von Weitem, um ihnen ausweichen zu können, wenn man ihnen begegnet. An=dere, welche anfallweise dichten, bereuen hinterher die mit Verse=machen vergeudete Zeit, wenn die Redaktion ihnen statt des erhofften Honorars die Anzeige schickt, daß ihr Gedicht nur aus besonderer Gefälligkeit aufgenommen worden sei. Es ist eben ein Unglück, daß das Dichten vor der Patentgesetzgebung erfunden wurde. Mit den Licenzen könnte man Summen erwerben, viel größere, als mit dem patentirten Kunst=Lakritzen aus Hartgummi verdient werden, von dem eine zahlreiche Familie mit einem einzigen Stück für die ganze Lebenszeit auskommt.

Die Dichter wußten jedoch auch nicht, was aus den alten Jahren wird. Sie kümmerten sich nicht weiter um das, was sie zu Grabe gesungen hätten, sagten sie, denn die Hauptsache wäre das richtige Versmaß. Ich konnte nicht umhin, diese Aeußerung für herzlos zu halten.

Zuletzt fragte ich eine liebe alte Frau mit Silberhaar und einem Antlitz, das immer noch schön ist, obgleich jedes Jahr ein kleines Fältchen darauf schrieb. Die sagte: „Mein Junge, aus den alten Jahren wird die gute alte Zeit. Sie kommen alle wieder als Erinnerung, und dann sind sie viel holder, denn je zuvor.“ —

„Großmama," fragte ich, „wie ist es denn aber mit dem Tauchen?"
— Sie lächelte. — „Das geht so zu," sprach sie. „Wenn die Jahre
in die Vergessenheit tauchen, dann verlieren sie alles Schlimme und
Herbe, was sie brachten, und nur das Gute und Liebe, so wenig es
auch sein mag, bleibt und breitet sich später wieder vor unserm geistigen Auge aus. Denkst Du noch an die Regenschauer des Tages,
wenn am Abend ein herrlicher Sonnenuntergang den Himmel
färbt? O nein, dann erscheint Dir der ganze Tag schön, und Du
zürnst nicht mehr. So ist es auch mit den Jahren, aus denen die
gute alte Zeit wird."

Dem mag wohl so sein, denn woher soll die alte Zeit kommen,
wenn nicht von den Jahren, die gewesen sind? Und nie habe ich
anders gehört, als daß die alte Zeit — gut war!

Auch Frau Wilhelmine beschäftigte sich damit, den Schatz ihrer
Erinnerungen durchzukramen, nachdem sie von Flunderndorf zurückgekehrt war. Sie hatte vor einigen Jahren in Begleitung von
ihrem Karl und Onkel Fritz das Land Italien besucht, dessen heil-
sames Klima Herrn Buchholz von Dr. Wrenzchen gegen einen festen
Rheumatismus verordnet worden war, und nun, da ihr die Reise-
erlebnisse als gute alte Zeit erschienen, versuchte sie die im Süden
erhaltenen Eindrücke auf dem Papier wiederzugeben. So entstan-
den „Buchholzens in Italien" und da kein Ungemach sie bei der
Arbeit störte, verliefen die Tage, Wochen und Monate in Ruhe und
Frieden. Vielleicht auch blieb Frau Buchholz unbehelligt, weil sie
zum Aufstöbern von Widerwärtigkeiten zu wenig Zeit hatte.

Ganz ohne Kummer sollte jedoch das alte Jahr nicht vorüber-
gehen, es tauchte nicht eher in die Vergessenheit, als bis es eine unangenehme Erbschaft ausfindig gemacht hatte, die es Frau Wilhelmine hinterließ. Wir schrieben das Jahr 1882, als zum ersten
Tage des neuen Jahres der Postbote wieder einen Brief aus der
Landsbergerstraße zu besorgen hatte.

———o———

Herrn Bergfeldt's Unglück.

Dieser Schreibebrief wird Sie gerade am Neujahrsmorgen
treffen, wenn Stephan seine Postmaschinerie gut geölt hat, wie
sonst immer. Wenn Sie wüßten, mit welchen Empfindungen ich
diesmal die Feder ergreife! Ach, könnte ich doch vergnügter mit

meiner Neujahrsgratulation zu Ihnen kommen! Denn wenn mich
Jemand in diesem Augenblick abphotographirte und Ihnen das
Bild schickte, würden Sie rufen: „Herr Du mein, was fehlt der
Buchholzen? Die sieht ja aus, als hätte sie 'n Topf voll Mäuse
hintergeschluckt!"

Natürlich liegt wieder Alles an Bergfeldts, besonders an ihr.
Er, Bergfeldt selber, ist ja ein netter Mann. Sein Beamtengehalt
reicht genügend aus, und dann verdient er sich damit noch etliche
Groschen nebenbei, daß er kleinen Geschäftsleuten und Handwerkern
die Bücher in Ordnung hält.

Aber sie, die Bergfeldten! Man begreift nicht, wie der Mann
sie hat nehmen können, denn er zählt doch halbwegs zu den Stu=
dirten, während sie jeglicher Spur von Bildung mit Konsequenz
aus dem Wege gegangen ist. Natürlich liest so Etwas weder ein
erhebendes Buch, noch eine belehrende Zeitung, sondern das sitzt
den ganzen Tag und trinkt Kaffee und ißt Kuchen dazu. Darunter
leidet die Wirthschaft, und die Folge davon ist, daß man mit dem,
was der Mann verdient, nicht auskommt. Daß eine Frau zuweilen
mit der Feder Einiges dazu erwirbt, das kommt freilich nur selten
vor und ist von der Bergfeldten auch nicht zu verlangen.

Mit einem Worte: es steht bei Bergfeldts nicht so, wie es
stehen sollte, und ihm habe ich schon seit langer Zeit angemerkt, daß
er Sorgen hat. Sie kümmert sich selbstverständlich nicht darum.

Nun kommt noch hinzu, daß sie ihre Auguste doch ein bischen
aussteuern mußten und Schulden machten. Wegen des Skandals
auf dem Polterabend kündigte der Wirth ihnen die Wohnung, und
sie mußten eine neue suchen. Und was ein Umzug kostet, davon
kann Jeder, der in Berlin sich einmal veränderte, Trauerhymnen
singen. So ein Möbelwagen ist wirklich das Grab der Habe, na=
mentlich der Glassachen.

Emil studirt immer noch auf den Assessor, und daß er sich mit
meiner Betti verlobte, ist das Dümmste, was je geschehen konnte.
Die Bergfeldten wußte darum, die hätte die Verlieberei nicht leiden
müssen, denn in ihrem Hause keimte das plemperige Verhältniß
auf, während ich durch die Thatsachen gezwungen war, Ja und
Amen zu diesem Bunde zu sagen, der den größten Verdruß meines
Lebens bildet. Und keine Aussicht, ihn zu zerreißen, denn in Bezug

auf ihre Liebe zu Emil ist Betti bockbeiniger, als in allen übrigen Dingen! —

Oft dachte ich in meinem Kummer, es könnte ja doch noch Alles gut werden, man hat ja Fälle gehabt, daß befähigte Juristen schließlich sehr hohe Posten erhielten, allein wenn ich Emil mitunter darauf ansehe, ob er wohl Grips zum Landesdirektor oder Minister hätte, so kommt er mir stets geistig nicht genügend verassekurirt vor, wenn sich auch nicht leugnen läßt, daß er äußerlich ein strammer junger Mensch geworden ist. Aber das ewige Zupfen an dem Schnurrbart ist doch kein Zeichen vorwärts strebenden Seelenlebens? Zum Obergerichtsrath gehört mehr, besonders Anlage! Man wird mir auch zugeben, daß, wo die Bergfeldten Mutter in einer Familie ist, die Kinder überhaupt froh sein können, wenn sie lesen und schreiben und die vier Spezies begreifen lernen. Meine Betti sagte schon im zehnten Jahre zum Geburtstage ihres Vaters ein französisches Gedicht auf und zwar so gut, daß die Schulmamsell behauptete, ein geborener Pariser könnte es nicht besser, während die Bergfeldtens natürlich für den französischen Kursus nichts übrig hatten. Bei einer solchen Ungleichheit der Charaktere ist es meine Pflicht, die Ehe zwischen Betti und Emil so weit als möglich hinauszuschieben.

Vorläufig ist auch — dem Himmel sei Dank — nicht im Geringsten daran zu denken, denn Bergfeldts sind schrecklich in der Klemme.

Ich merkte schon seit langer Zeit, daß etwas nicht richtig sei, denn Herr Bergfeldt nahm zusehends ab. Von Zeit zu Zeit hatte er Unterredungen mit meinem Karl, der jedesmal, wenn Herr Bergfeldt bei ihm gewesen war, ein eben so sorgenvolles Gesicht machte wie dieser. — „Karl!" sagte ich zu ihm, „Ihr habt ein Geheimniß, Du und Dein Freund Bergfeldt. Ich bin nicht neugierig, aber ich will wissen was es ist, denn ich sehe, wie es an Dir zehrt, und wie es Dich mitnimmt." — „Wilhelmine!" antwortete mein Karl ernst: „Es ist nicht mein Geheimniß, sondern das meines alten, lieben Freundes, und deshalb erfährst Du von mir keine Silbe!" — „Karl, so kommst Du mir, Deiner Gattin?" — „Wilhelmine, ich bitte Dich, werde nicht heftig!" — „Ich heftig? O nein, dazu ist mir die ganze Heimlichthuerei viel zu gering. Aber das sage ich Dir, besucht Dich Dein Freund Bergfeldt noch

einmal.... dann...." — „Nun und dann?" — „Dann rede
ich mit ihm und zwar so deutsch und deutlich, wie es in der Lands=
bergerstraße Mode ist!"

Mein Karl lachte laut auf.

„Karl, ich bitte mir aus, daß Du die Mutter Deiner Kinder
respektirst!" — „Mit Dir ist heute nicht auszukommen," erwiderte
mein Karl. „Du brauchst mit dem Abendbrod nicht auf mich zu
warten." Und damit ging er fort.

Ich ließ ihn ruhig ziehen, that auch der Kinder wegen, als ver=
mißte ich ihn gar nicht. Als er um Elfen noch nicht da war,
gingen wir schlafen. Was bleibt Einem in solchen Fällen auch
übrig als das Bett, das so zu sagen der Mutterschoß für den Er=
wachsenen ist, wenn auch nur ein mangelhaftes Surrogat, ohne ein
fühlendes Herz. Schläft man erst, so kann es ganz einerlei sein,
wo und wie man liegt, aber das Einschlafen, das ist das Wesent=
liche. So ein Kopfkissen sagt kein liebes Wort, es streichelt nicht
Wange noch Haar, es schließt die Augen nicht mit einem sanften
Kuß, es singt kein Wiegenlied und ist tückisch genug, gerade dann
heruntergerutscht zu sein, wenn der Schlummer einen Ansatz macht.

Ich bin oft zu Bett gegangen, ohne aufzusitzen, um meinen
Karl zu erwarten, und freute mich jedesmal, wenn er früher nach
Hause kam, als ich berechnete. Aber dann hatte er auch kein Ge=
heimniß vor mir, kein Geheimniß, an dem diese unglückseligen
Bergfeldts Schuld waren, das mir den Schlaf raubte und meinen
Mann ins Wirthshaus trieb. War dies Geheimniß nicht ebenso
gut wie eine Wand, die man zwischen uns aufgerichtet hatte?

Und konnte ich anders vermuthen, als daß die Bergfeldten der
Grund alles Uebels sei? Wie ich diese Person verabscheute, das ist
gar nicht zu sagen. Wäre sie bei mir gewesen, ich hätte ihr die
Wurst schon anschneiden wollen.

Schon zweimal hatte ich das Kopfkissen neu aufgeschüttelt und
mein Mann kam immer noch nicht. Die Uhr hatte bereits Eins
geschlagen. „So!" dachte ich, „nun wird mein Karl auch noch ein
Säufer und Nachtschwärmer wegen dieses Weibes. Die armen
Kinder! Sie werden ihren Vater nicht mehr achten, und er wird
immer tiefer sinken, wenn er fühlt, wie die Liebe der Seinigen von
Tage zu Tage erkaltet. Aber den Schwur thust du, Wilhelmine,
wenn du auch keine Liebe mehr zu ihm hegst, Mitleid wirst du ihm

nie versagen, und sollte es auch noch so weit kommen!“ Das sagte ich zu mir selber, und ich mußte bitterlich weinen, als ich an all' das Unglück dachte, das die Zukunft bringen würde.

Da kam mein Karl.

Ich that, als ob ich schliefe. Er zündete das Licht an, zog leise seine Stiefel aus und machte seine Nachttoilette, als sei gar nichts vorgefallen. Nicht ein Wort, nicht einen Gruß hatte er für mich. Dann legte er sich nieder und löschte das Licht. Es war dunkel um mir und in mir. Ich hätte vergehen mögen vor Kummer.

„Weinst Du, Wilhelmine?“ fragte mein Karl nach einer Weile.

Ich konnte nicht antworten. Die Kehle war mir wie mit einem Stricke zugeschnürt. Ich mußte weinen und weinen, sonst wäre ich erstickt.

„Wilhelmine,“ sagte mein Karl, „was ist Dir? Du erschreckst mich, soll ich ein Brausepulver holen?“

„Nein!“ schluchzte ich. „Ich bin nicht krank, aber so elend, so schrecklich elend und unglücklich!“

„Wilhelmine, was ist geschehen?“ Deutlich hörte ich, wie mein Karl sich erhob und aufstehen wollte.

„Nichts!“ erwiderte ich, „bleibe nur ruhig liegen. Mache Dir meinetwegen keine Sorge. Was ist Dir auch Dein Weib? — Bergfeldtens sind Dir ja mehr.“

„Du bist albern!“ sagte mein Mann strenge.

„O nein!“ antwortete ich. „Du hast Geheimnisse mit Berg= feldtens, die Du vor mir verbirgst. Und das müssen schreckliche Dinge sein, die Du mir, Deiner bisherigen Lebensgefährtin, nicht mitzutheilen wagst. Ach, es ist Alles aus, Alles!“

Karl schwieg einen Augenblick. Dann sagte er: „Ich hätte Dich für gescheidter gehalten, Wilhelmine. Mein Freund Berg= feldt hat schwere Sorgen, die er mir, seinem alten Schulkameraden, offen darlegt, weil er weiß, daß ich ihm beistehe, so weit und so gut ich vermag. Selbst seine Frau weiß nicht darum....“

„So?“ unterbrach ich ihn.

„Nein,“ entgegnete Karl. „Es giebt Sorgen, die der Mann allein trägt, ohne sie der Frau zu offenbaren, die er liebt. Das sind Sorgen, die er zu überwinden hofft und niederzuhalten trachtet, mit denen er allein kämpft, damit sie Anderen nicht auch noch Weh bereiten. Wie würde Euch Frauen das Leben verbittert, wollten die Männer Euch mit jeder Widerwärtigkeit im Geschäft, mit jeder Sorge in dem Ringen um die Existenz behelligen, und wie qualvoll macht die Frau ihrem Manne das Dasein, wenn sie ihm jeden klei= nen Hausärger aufstischt, jeden Zank mit dem Dienstmädchen vor= deklamirt, jeden Verdruß von den Nachbarn von ihm gerächt wissen will. Mache das Jeder mit sich in seinem Departement ab, damit Sonnenschein im Hause ist, wenn die Familie sich in den Stunden zusammenfindet, die der Erholung und der Ruhe gewidmet sein sollen!"

„Du hast wohl Recht, Karl!" erwiderte ich, „aber ich bin doch der Meinung, wenn der Hausherr das Dienstmädchen hin und wieder einmal gehörig anlappt, so wirkt das mehr, als wenn die Frau es vornimmt. Und was nun Deinen Freund betrifft, so halte ich es für sehr unrecht, daß er seine ganzen Angelegenheiten nicht für sich behält, sondern sie Dir aufhängt und dadurch das Familien= glück anderer Leute stört. Aber natürlich gilt Dir die Bergfeldten mehr als Dein Weib!"

„Wilhelmine, sei nicht komisch. Morgen, wenn Du vernünf= tig geworden bist, sollst Du wissen, worum es sich handelt. Du mußt es sogar wissen, weil ich ohne Deine Zustimmung nicht gerne vorgehen möchte."

„Meinst Du, daß diese Zusicherung mir Ruhe giebt? Was ich morgen erfahren soll, sagst Du mir am besten jetzt, denn schlafen kann ich so wie so nicht."

„Nun," sagte mein Karl nach einer kleinen Weile, „Du weißt, daß Bergfeldts in letzter Zeit Ausgaben hatten und etwas zurückge= kommen sind...."

„Durch wessen Schuld?" fragte ich. „Wenn eine Frau so unpraktisch ist, wie die Bergfeldten...."

„Einerlei woburch!" unterbrach mich mein Karl. „Die Ver= hältnisse sind einmal so, wie sie sind, und nicht zu ändern. Aber das Schlimmste kommt noch. Bergfeldt hat sich verleiten lassen, eine Bürgschaft zu übernehmen, und da der Mann, für den er gut gesagt hat, vor dem Banquerott steht, muß er zahlen." — „Das ist unerhört!" rief ich. — „Er hat mich in sein Vertrauen gezogen, und nun kommt die Reihe an uns, Wilhelmine. Wir müssen helfen, wenn er nicht ganz zu Grunde gehen soll."

„Wir?" fragte ich entſetzt. „Und wie viel ſoll er zahlen?" —
„Zweitauſend Mark," erwiderte mein Karl kleinlaut. — „Nie!"
rief ich, „das hieße einen Raub an unſern Kindern begehen. So
reichlich haben wir es doch auch nicht. Dürfen wir unſer bischen
ſauer Erworbenes zum Fenſter hinauswerfen?"

„Ich weiß," ſagte mein Karl, „Du hegſt keine allzu freundlichen
Geſinnungen gegen die Bergfeldten, aber trotzdem wirſt Du Deine
Einwilligung geben. Wir haben ja die Erbſchaft von der Tante
aus Bützow." — „Das war meine Tante, Karl!"

„Eben deshalb wünſche ich Deine Zuſtimmung. Könnteſt Du
noch eine frohe Stunde haben, wenn Du ſehen müßteſt, wie eine
Familie durch Deine Unbarmherzigkeit ganz ins Verderben geräth?
Und Bergfeldt verliert ſein Amt, wenn er gezwungen wird, ſich
ebenfalls Konkurs zu erklären!"

Ich antwortete nicht. Ihr wäre die Demüthigung recht heil=
ſam, dachte ich. Aber ihm und der Auguſte und ſeinem Sohne
könnte ich doch nie wieder gerade in die Augen ſehen.

„Du ſchweigſt, Wilhelmine? Haſt Du auch keine Antwort,
wenn ich Dich recht von Herzen bitte?"

„Thu', was Du nicht laſſen kannſt, Karl?" ſagte ich, „Ich
will nicht Schuld an ihrem Unglück ſein."

„Ich wußte, daß Du nicht nein ſagen würdeſt," rief mein Karl
froh. „Du biſt im Grunde gut und liebreich, wenn Du es auch
nicht immer ſcheinen willſt. Und nun ſollſt Du auch einen Kuß
haben!"

„Karl!" rief ich, „erkälte Dir die Füße nicht!" Aber er ließ
ſich ja nicht rathen. — Und dann erzählte er mir, wie Alles gekom=
men, und wie Bergfeldt in das Unglück gerathen ſei, und was
geſchehen müſſe, um ihm zu helfen. Der ganze Plan war ſchon
beinahe fertig, und Alles dünkte mich klug und praktiſch. — Nein,
einen ſolchen herzensguten Mann wie meinen Karl giebt es nicht
zum zweiten Male auf der Welt! — —

Am nächſten Morgen erſchien mir die ganze Angelegenheit
jedoch nicht in demſelben roſigen Verſöhnungslicht, wie in der
Nacht und je weiter ich meinen Mann über die Einzelheiten ab=
hörte, um ſo brennenriger kam mir die Bürgſchaft vor, welche Herr
Bergfeldt für einen Kneipwirth übernommen hatte. Ich beſchloß
daher, erſt einmal die Wirthſchaft in Augenſchein zu nehmen, um

zu sehen, ob man sein Mitleid auch vielleicht an Unwürdige ver=
schleuderte. —

Es war Nachmittags gegen Fünfen, als ich an Ort und Stelle
gelangte, denn ich wählte absichtlich eine Zeit, in der es in den
Wirthschaften still zu sein pflegt.

Was mir bei meinem Eintritt in das Restaurationszimmer
gefiel, das war eine wirkliche Sauberkeit. Es lagen weder Cigarren=
stummel, noch Knöchelchen auf dem Fußboden, sondern man hatte,
wie ich an den Flecken von dem Sprengwasser erkannte, frisch aus=
gekehrt und der Kellner stand gerade im Begriff, die kleineren Tische
für die Abendzeit zu arrangiren. Das Zimmer war ziemlich groß;
nach der einen Seite hin bog es sich im Winkel zu einem schmaleren
Raum aus, an dessen Ende sich das Büffet befand, in dessen Nähe ein
größerer runder Tisch stand, den ich natürlich gleich für einen der
sogenannten Stammtische hielt, an denen gewissenlose Familien=
väter die Existenz und das Glück der Ihrigen frevelhaft opfern und
von den Genossen alle jene Untugenden lernen, mit denen sie das
Zartgefühl ihrer Gattinnen verletzen. Ich wiederhole es: der
Stammtisch ist der Opfertisch, auf dem die Häuslichkeit geschlachtet
wird. Manches gebildete Mädchen würde verheirathet sein, wenn
den jungen Männern dies verabscheuenswürdige Stück Möbel ver=
boten werden könnte.

Trotzdem ließ ich mich an dem runden Tische nieder und fragte
den Kellner, ob es mir vergönnt sein könnte, Frau Helbich — die
Speisewirthschaft heißt nämlich ‚Café Helbich‘ — in einer wichtigen
Angelegenheit zu sprechen.

Es dauerte auch nicht lange, als die Frau erschien. Sie machte
einen ebenso sauberen Eindruck wie das Lokal und gefiel mir des=
halb gleich. Ihre Figur war mehr untersetzt und rundlich, als
lang und zerrig, wie ich dem Namen nach anzunehmen glauben
mußte. Das Gesichtchen sah freundlich und niedlich unter dem
einfachen Häubchen hervor, und doch schien es mir, als ob die Augen
eben mit Weinen fertig geworden wären und im nächsten Moment
wieder anfangen wollten.

Sie fragte, womit sie mir dienen könne.

„Liebe Frau,“ antwortete ich, „es handelt sich um ernste Dinge.
Ich bin nämlich wegen der Bergfeldtschen Angelegenheit zu Ihnen

gekommen. Sie wissen wohl, wegen der Bürgschaft, die Herr Bergfeldt für Herrn Helbich übernommen hat!"

„Ach Du lieber Gott!" rief die Helbichen aus. „Sie sind gewiß seine Frau und wollen uns Vorwürfe machen!"

„Nein!" unterbrach ich sie indignirt. „Ich bin die Buchholzen und Gott sei Dank nicht die Bergfeldten, aber ich weiß von Allem Bescheid." Und nun sagte ich ihr, daß Bergfeldts total in die Verschmetterung geriethen, wenn andere Leute ihnen nicht beisprängen, und daß andere Leute es auch nicht so dicke hätten und Räuber und Mörder an ihren eigenen Kindern werden müßten, und daß die ganze Sache himmelschreiend unverantwortlich sei. „Und wenn Sie, meine Liebe," so schloß ich, „am Ende besser aufgepaßt hätten und vielleicht etwas ökonomischer gewesen wären, dann würden andere Leute nicht mit in die Verluste hineingerissen!"

Ich wollte aber doch, ich hätte diese Worte nicht gesagt, denn als ich nun die kleine runde Frau strafend ansah, und zwar mit einem Blick von der Nummer, vor der selbst meine Köchin den Muth verliert, da schlug sie ihre treuherzigen Augen zu mir auf und schüttelte den Kopf ganz leise und fast unmerklich. Hätte sie aufbegehrt und auf den Tisch geschlagen, es wäre mir angenehmer gewesen, denn dieser stumme Vorwurf biß mir ins Gewissen. Sollte ich ihr Unrecht gethan haben?

Es trat eine Pause ein, die mich sehr verlegen machte und deshalb stotterte ich: „Sie müssen meine Offenherzigkeit schon verzeihen, aber wäre ich zu Ihnen hergekommen, wenn ich es nicht gut mit Ihnen meinte? Wir wollen Ihnen ja helfen, aber ehe wir uns entschließen, müssen wir klar auf den Grund sehen!"

„Es kommt Alles auf den Bierbrauer an," entgegnete die Frau.

„Wieso?" fragte ich.

„Das ist nicht leicht auf einmal zu sagen," antwortete Frau Helbich. „Aber wenn Sie sich nicht geniren, und mit mir hinter in die Küche kommen wollen, wo ich noch vielerlei für den Abendtisch zu besorgen habe, dann erzähle ich Ihnen, woran es liegt, daß wir dicht vor dem Ruin stehen. Unsere Schuld ist es nicht, Frau Buchholzen!"

Ich folgte der Frau durch die Schenke nach der Küche. Auch hier war Alles sauber und ordentlich. „Du kannst die Kartoffeln

in der Aufwaschküche schälen," sagte Frau Helbich zu dem Mädchen,
„und wenn Du damit fertig bist, rupfe die Hühner, aber vorsichtig,
daß die Pelle nicht eingerissen wird." Das Mädchen ging. Frau
Helbich nöthigte mir einen Knickebein auf und wir setzten uns an
den großen Küchentisch, wo sie eine Rehkeule zum Spicken vornahm,
und da ich mich auch nützlich machen wollte, ging ich an einen Korb
mit Teltower Rübchen und fing an, die zu putzen. Sie wollte dies
zwar nicht zugeben, aber ich ließ nicht ab, und es war, als wenn
wir durch die Rüben so befreundet wurden, als hätten wir uns
schon lange gekannt.

„Sehen Sie," begann die kleine Frau, „wir sind zu der Wirthschaft gekommen, als unser erstes Geschäft nicht mehr gehen wollte.
Mein Mann hatte eine kleine Pappenfabrik, aber als in unserer
Nähe die Konkurrenz aufkam mit großem Kapital und neumodischen Maschinen, da war es vorbei. Es ging rascher zu Ende,
als wir dachten, und das Bischen, was wir retteten, reichte gerade
hin, diese Wirthschaft zu kaufen. Von allen Seiten redete man
uns zu, dies Geschäft zu übernehmen, und mein Mann und ich
wollten arbeiten und thätig sein. Wir dachten mit Fleiß und Ordnung schon vorwärts zu kommen!"

„Wo ist denn Ihr Mann?" fragte ich.

„Der schläft gerade," erwiderte sie.

„Na," dachte ich im Stillen, „das ist ja ein recht netter Fleiß."

„Die Hauptsache war jedoch, daß wir Kredit beim Brauer bekamen, und es fand sich ja auch einer, der sich auf den Kredit einließ; nur pro forma, wie er sagte, wollte er ein bischen Bürgschaft
haben. Es würde ihm nie einfallen, uns zu drängen, wenn es mal
mit dem Gelde knapp sei, und wenn er Kredit gäbe, würden
Schlächter und Bäcker auch mit sich reden lassen. Und so kam es,
daß Herr Bergfeldt, der ein Freund von meinem Manne ist, gut-
sagte. — Es war ja blos zum Schein."

„Und nun ist es Ernst geworden," warf ich ein.

Die kleine Frau wischte die Augen. „Anfangs ging Alles
nach Wunsch," fuhr sie fort. „Wir konnten mit der Kundschaft zufrieden sein, den Gästen schmeckten die Speisen und das Bier war
gut. Wir kamen langsam vorwärts. Miethe und Steuern waren
rechtzeitig da, nur bei dem Brauer waren wir im Rückstand, denn

es mußte mancherlei Inventar angeschafft werden, und da der Hauswirth den Keller nicht umbauen lassen wollte, blieb uns nichts übrig, als ihn für unsere Rechnung machen zu lassen. — Da bekamen wir das erste schlechte Bier."

„Die Gäste murrten. Mein Mann machte dem Brauer Vorstellungen, der aber sagte, so wie die Kunden zahlten, so wäre auch das Bier, und es blieb beim Alten. Da fingen die Gäste an, sich allmälig wegzugewöhnen, und in der Küche verbarben die theuren Sachen. Die Schulden beim Schlächter und Bäcker wuchsen von Tage zu Tage; es war schier kein Einhalten. Für Geld und gute Worte bekam mein Mann bei einem anderen Bierverleger anderes Bier. Wir glaubten schon uns durchzuhelfen, aber nun der Brauer erfahren hat, daß wir uns nach anderem Bier umgesehen haben, will er ohne Nachsicht bezahlt sein. Steckt er sich nun hinter den Bäcker und Schlächter, so sind wir am Bettelstab, und ich weiß, er thut das, denn er hat schon einen neuen Reflektanten auf diese Wirthschaft."

„Aber," warf ich ein, „Sie müssen, der Küche nach zu urtheilen, doch noch Kundschaft haben."

„Eßkundschaft, ja!" rief sie, „aber was wird daran verdient? Ich stehe selbst den ganzen Tag vor dem Herd, allein was nützt das, wenn die Gäste nicht bleiben, um einige Seidel zu trinken? Freilich sitzen einige Kunden bis spät in die Nacht, aber die spielen Skat und vergessen das Verzehren, die bringen das Gas nicht ein. Gestern wurde es wieder gegen zwei Uhr und nun ruht mein armer Mann sich von dem Nachtwachen ein wenig aus!"

„Ja so!" sagte ich und fügte dann hinzu: „Glauben Sie mir, liebe Frau, das Skatspiel ist eine ganz teuflische Errungenschaft, die nur Unglück in die Familie bringt."

„Gewiß!" bestätigte die Frau, „da sitzen sie, als ginge es um ihrer Seelen Seligkeit und nachher giebt es Krakehl. Da ist ein Herr Kleines darunter, der jedesmal Stank anfängt. Wenn die Andern ihm sagen, daß er schlecht gespielt hat, dann wirft er die Karten auf den Tisch und führt schreckliche Reden und schwört, nie wiederzukommen. So, denke ich dann, nun bleiben die letzten paar Gäste auch noch weg."

„Thun sie das denn?"

„Nein. Sie bringen immer wieder einen frischen Bekannten

zum Spielen mit, bis Herr Kleines auch wiederkommt und den
gleichfalls weggrault. Er überlegt ja nie, was er spricht.“

„Schade, daß es nicht mein Sohn ist,“ sagte ich, „den wollte ich
schon erziehen.“

„Ach nein,“ erwiderte die Frau, „der hat keine Stelle, wo man
ihn erziehen kann, den schlägt man gleich kurz und klein, so dürr ist
er. Der muß schon baufällig auf die Welt gekommen sein.“

„So meine ich's nicht, liebe Frau. Ich würde ihn moralisch
nehmen.“

„Das schlägt bei dem ebensowenig an, wie das Essen.“

„Das fragt sich,“ antwortete ich. „Wer sind denn die andern
Spielgesellen?“ forschte ich weiter. — „Sehr achtbare Leute, aber
sie reden sich meistens mit Beinamen an.“ — „Das finde ich sehr
ungebildet.“ — „Es klingt aber ganz spaßig. Das Lokal hier nen=
nen sie Nifelheim und sich selbst Märchen, Don Carlos, Arm Gott=
lieb — der sieht aber blos zu — lieben Fritz, Onkel Hans, nur den
Dr. Wrenzchen tituliren sie richtig.“ — „So?“ rief ich, „also Dr.
Wrenzchen ist auch dabei, das ist ja sehr schön. Die Skatspieler
müssen auch mit heran. Meine Idee ist nämlich folgende, liebe
Frau. Wir sind viele Bekannte und Sie werden auch Freunde
haben, die Skatspieler nehmen wir ebenfalls dazu, Dr. Wrenzchen
ist ein Gentleman, der schließt sich gern mit an, und so giebt es
mehrere. Wir Alle gründen Ihre Wirthschaft! Jeder zahlt fünf=
zig oder hundert Mark und statt der Dividende geben Sie Bier=
marken. Geht das Geschäft dann flott, so fangen Sie an, die
Gelder allmälig zurückzuzahlen.“

„Wäre dies möglich?“ rief die kleine Frau.

„Gewiß,“ sagte ich. „Es hat mich Jemand auf diese Idee auf=
merksam gemacht und ich bin gekommen, um zu sehen, wie es bei
Ihnen hergeht. Sie sind eine ordentliche Frau und Alles ist so
propper und sauber, und es wäre schändlich, wenn sie wegen eines
Biertyrannen ins Unglück gerathen sollten.“

Die kleine Frau stand auf und umarmte und küßte mich und
weinte, wie sie nur konnte. „Sie sind unser rettender Engel,“
schluchzte sie.

„Ich bin nur praktisch,“ sagte ich, „und mein Mann und Onkel
Fritz werden mit Ihrem Manne sprechen und das Geschäftliche be=
sorgen.“

„O, wenn wir nur gutes Bier haben, wird es uns nicht fehlen!" rief sie. „Ich lasse mich ja keine Mühe verdrießen, aber es ist hart, mit aller Arbeit rückwärts zu kommen. Wie oft habe ich nicht ein Faß Bier zuschlagen müssen, weil es nicht zu trinken war und jeder Schlag klang mir, als wenn ich auf den Sarg schlug, in dem unser bischen Glück begraben werden sollte." Sie weinte und dann lachte sie wieder: „Wenn es möglich wäre. — Es wäre zu viel!"

Die Rüben waren geputzt, ich hatte nichts mehr zu thun und brach daher auf. Im Lokal war das Gas angezündet und der Kellner stand da und wartete auf Gäste, aber die gingen dem Bier aus dem Wege.

Ich möchte nicht Wirth sein, man ist doch zu sehr abhängig vom Brauer und dem Publikum.

P. S. Onkel Fritz hat Alles in Ordnung gebracht. Er sagte, die Sache habe sich über Erwarten leicht regulirt, nur Dr. Wrenzchen hätte sich anfangs gesperrt. Herr Kleines hat sehr erfolgreich in seinen Kreisen gewirkt, ich lade ihn nächstens einmal ein, da er nicht nur gebildet, sondern auch amusant ist und drei lebende Sprachen spricht. Onkel Fritz sagt zwar, die fremden Sprachen wären bei ihm durcheinander wie Vogelfutter, aber was schadet das? Wenn ich ihn einlade, soll er ja doch nur Spaß machen.

Und wie kam Herr Bergfeldt dazu, die Bürgschaft zu über= nehmen? Seine Frau brummte immer, wenn er Abends einmal ein Glas Bier trinken ging, und um den Zank zu vermeiden, hatte er sich dafür den Frühschoppen angewöhnt, der das Verderblichste für die Männer sein soll, was es nur auf der Welt giebt. Wie können sie auch am Nachmittage mit dem Bierschädel auf dem Posten sein? Der Frühstückstisch ist noch viel schlimmer als der Stammtisch am Abend. Den Beweis lieferte Herr Bergfeldt, der die unselige Bürgschaft in der Frühschoppenlaune leichtsinnig über= nahm. Aber, wer trieb ihn zum Morgentrunk? — — Sie, die Bergfeldten. Sie verdient es kaum, daß er von seinen Verpflich= tungen so butterglatt losgekommen ist.

———o———

Der Sekretär und sein Sägbock,

von

F. Brentano.

Da erinnere ich mich aus meiner Jugendzeit eines Nach=
bars, der ein gar sonderbarer alter Kauz war, und weil mir
der gute Mann so manchen Apfel über den Lattenzaun seines
kleinen Gärtchens gereicht, mir manchen Peitschenstecken ge=
schnitzt, ja einmal sogar den Rahmen meiner Schiefertafel grün
angestrichen hat, so will ich heute sein Angedenken auf der Tafel
meiner Erinnerung auffrischen und aus dem großen Manu=
scriptenschranke meines Gedächtnisses das einzige Abenteuer
seines Lebens hervorholen, um es fein gesäubert auf den Nach=
weltsmarkt zu bringen.   .

Ja, alter Mäusler, das hättest Du Dir gewiß nicht träu=
men lassen, daß der kleine, krausköpfige Bengel des Nachbars
Schneider, Dich einst so ohne Weiteres beim Kragen kriegen,
und unter den Preßbengel bringen würde.   Ja, ja, aus Kin=
dern werden Leute, und wenn Du heute von da oben auf mich
und mein Leben herniedersiehst, so wirst Du gewiß begreifen,
warum ich manchesmal mit feuchtem Auge hinüberblicke nach
dem kleinen Rasenplatze Deines Gartens, dem fröhlichen Tum=
melplatze meiner Knabenspiele, und schmerzlich süße Geschichten
träume aus meines Lebens schönster Zeit.

Da haben wir's.   Eine heitere Geschichte will ich er=
zählen, und schon bei den ersten Worten sitzt der Schalk Hy=
pochonder mir wieder im Nacken. Fort, alter griesgrämiger
Hallunke, mit dem verkümmerten Gesichte und den hohlen
Augen!   Fort!

Also Mäusler hieß der Mann, Gottlieb Mäusler, der „Herr Sekretär" genannt, obwohl er eigentlich nur einfacher Tagschreiber auf dem Regierungsbureau war. Er hatte in seinem Leben viel närrische Streiche gemacht, und war dadurch im ganzen Städtchen sprüchwörtlich geworden, so daß, wenn Einer etwas Komisches trieb, es gleich hieß: „Er treibt es, wie der alte Mäusler."

So hatte der Herr Sekretär unter Anderem die sonderbare Leidenschaft, Alles, was er sah, nachmachen, Alles selbst arbeiten zu wollen. Er kramte daher Jahr aus, Jahr ein im Hause herum, pfuschte dem Maurer und Zimmermann, dem Schreiner und Schlosser, dem Schuster und Schneider in's Handwerk, und zwar nur, um, wie er sagte, Geld damit zu ersparen. Das wäre nun nicht so übel gewesen, die Ersparniß hätte er ganz gut brauchen können, da sein Gehalt ganz knapp so eingerichtet war, daß er, ohne seiner Sekretärswürde Etwas zu vergeben, anständig davon leben konnte. Allein wenn der Herr Sekretär eine solche Arbeit im Hause oder in dem kleinen Gärtchen vornahm, kostete es sonderbarer Weise immer mehr, als wenn er sie durch den betreffenden Handwerker hätte machen lassen, und dann — und dies war wohl das Hauptübel — wurde sie zwar angefangen, aber niemals vollendet. Das kam nämlich so: Wenn der Herr Sekretär irgend ein Geschäft, welches außer seinem eigentlichen Wirkungskreis lag, begann, so war er Feuer und Flamme dafür, bis er zufällig etwas Anderes sah. Flugs ließ er das Aeltere liegen und machte sich mit demselben Eifer an das Neue. Und so ging es fort. Was Wunder, daß nie Etwas vollendet wurde, und daß schließlich doch der Handwerksmann berufen werden mußte, wenn dies geschehen sollte. Doch ja, in Einem war der Alte unermüdlich: im Anstreichen. Der Tüncher verdiente das ganze Jahr keinen Kreuzer bei ihm, obwohl das ganze Hausgeräthe bis auf die Nägel in der Wand selber, ja noch mehr, die Bäume im Gärtchen sogar, mit Oelfarbe angestrichen waren. Im Gartenhäuschen, seinem „Laboratorium", wie er es nannte, standen immer 15—20 Töpfe mit Farben, unter welchen der Herr Sekretär herumhantirte, und wenn er auf das Bureau kam, rümpften seine Collegen, der Herr Sekretär Kiekebusch und der Herr Diätist Schlucker jedesmal die Nase und brummten: „Der Mäusler riecht wieder niederträchtig nach Farbe!" Die Frau Sekretärin aber ließ ihren Mann thun und treiben, was er wollte, denn sie war eine stille, gute Frau und hatte ihre Freude daran, wenn er sich so recht in seiner Weise amüsirte. Sie lächelte nur still in sich hinein, wenn er ihr von einer neuen Arbeit erzählte, welche er vorhatte, und ließ zuweilen ein gedehntes „so, so" oder „ja, ja" hören, welches eigentlich hieß: „Nur immer zu, Alterchen, es wird doch nichts," oder „ich kenne Dich, Spiegelberg" u. s. w.

Doch zur Sache!

Der Winter war vor der Thüre, und der Herr Sekretär hatte sich wie alljährlich, eine Klafter Buchenholz vor's Haus fahren lassen. Bei dieser Gelegenheit hatte er bisher immer den alten Nachtwächter Söffler und dessen Buben, den rothen Stoffel in Nahrung gesetzt, und diese hatten ihm gegen die tarifmäßige Entschädigung von einem Kronenthaler, nebst Käsebrod und Frühtrunk das Holz klein gearbeitet, so daß die Frau Sekretärin nur die Stücke in den Ofen zu schieben brauchte, um eine warme Stube zu erhalten.

In diesem Jahre aber sollte es anders kommen.

Im vergangenen Herbste nämlich hatte der Herr Sekretär, als die Holzhacker gerade unten beschäftigt waren, so recht gemüthlich zum Fenster hinausgeschaut und dabei folgende Betrachtungen angestellt:

„Jetzt sieh nur ein Mensch, wie leicht dieses Holzsägen ist. Die Kerle schneiden die dicksten Bengel entzwei, als ob's ein Butterbrod wäre. Hm, hm! — Und wie gesund sie aussehen, das muß das Geschäft im Freien und die viele Bewegung machen. — Hm, hm! — Ich möchte eigentlich wissen, warum ich das Holz nicht selbst säge? Es wäre ja der offenbare Profit.

Erstens spare ich das schöne Geld, und das kommt mir in der Haushaltung zu gut, und zweitens gewinne ich an meiner Gesundheit, was auch nicht zu verachten ist. Ah was, abgemacht, ich säge mein Holz künftig selbst.“

So dachte der Herr Sekretär Mäusler, und als er dem Söffler dieses Mal den Kronenthaler in die Hand drückte, that er es mit dem heimtückischen Hintergedanken: „So, Alterchen, das ist das letzte Mal, daß Du mir meinen Beutel schröpfst!“

Denselben Tag noch kaufte er eine starke Säge und bestellte beim Zimmermann einen kräftigen Sägbock, den er sich ordentlich auf den Leib anmessen ließ. Als derselbe fertig war, strich er ihn grün, die Säge aber gelb an, hing die letztere an den ersteren, so daß das Ganze ein hübsches grüngelbes Ansehen hatte und erklärte der Frau Sekretärin, von jetzt an das alljährliche Klafter selbst schneiden zu wollen. „Ja, Lisbeth“, so schloß er seine Rede, „ich werde uns diese Ausgabe künftighin sparen und das Holz selbst klein machen!“

„So,“ gab ihm Frau Lisbeth zur Antwort, wobei sie den Herrn Gemahl mit etwas zweifelhaften Blicken betrachtete.

Dieses „So“ mußte ihm nicht recht gefallen haben.

„Du glaubst es wohl nicht?“ fragte er seine Ehehälfte ziemlich gereizt.

„Ich glaube Alles, was ich sehe“, antwortete diese höchst ruhig, worauf er ausrief:

„Gut, Du sollst es sehen, laß nur das nächste Holz kommen!“

Freilich dauerte es ziemlich lange, bis dieses geschah und Sägbock nebst Säge mußten sich schon noch gedulden, bis sie ihrer Bestimmung übergeben wurden.

Indessen beliebäugelte sie ihr Besitzer täglich, wenn er an ihnen vorüberging, strich sie sogar zum zweiten Male an, und konnte es kaum erwarten, bis die Zeit herankam, wo er sich in seinen Mittagsstunden dieser gesunden Beschäftigung hingeben durfte. Doch diese Zeit kam auch, und als eines Morgens das

Klafter vorgefahren war, stellte der Herr Sekretär Sägbock und Säge vor die Hausthüre in den Garten, um beim Nach=hausekommen sogleich an das Geschäft gehen zu können. Er hatte nämlich nur des Nachmittags von 12 bis 2 Uhr freie Zeit, da sein Posten ein gar wichtiger im Staate war.

„Ich danke, ich bin schon satt," gab er beim Essen seiner Frau zur Antwort, als sie ihn fragte, ob er noch einen Teller Gemüse wünsche, und stand auf.

„So," sagte diese wieder in dem bekannten Ton, er aber war schon unten und suchte unter dem aufgeschichteten Holz die glattesten und dünnsten Scheite heraus.

Das war, nebenbei bemerkt, sehr unlogisch von dem Herrn Sekretär. Man muß im Leben nie die leichteste, sondern stets die schwerste Arbeit zuerst thun, desto süßer schmeckt dann die leichtere. Leute, welche das Erstere thun, kommen mir immer vor wie Kinder, die zuerst den Käse essen und dann das Brod weglegen, weil es ihnen ohne diesen nicht mehr munden will.

Nun ging es los! Rr — rr — rr — schnurrte die Säge. Hei, wie flogen die Stücke des ersten Scheites! Frau Lisbeth, welche an dem Fenster stand, will bemerkt haben, daß es bei dem Zweiten schon etwas langsamer ging. Vielleicht war dies auch nur Verläumdung, denn so viel ist gewiß, daß der Herr Sekretär an diesem Nachmittag sieben Scheite gesägt hat, was ihm, wie er nachher sagte, ganz wohl bekommen ist.

Zweiter Tag. Der Herr Sekretär ißt heute den zwei=ten Teller Gemüse und sägt hierauf noch vier Scheite.

Dritter Tag. Der Herr Sekretär lesen nach Tisch noch schnell das Wochenblatt und sägen dann drei Scheite. Er findet, daß der Sägbock nicht ganz praktisch eingerichtet und die Säge nicht scharf genug sei.

Vierter Tag. Nachdem der Herr Sekretär in aller Ruhe gegessen, das Wochenblatt gelesen und ein halb Stündchen in dem Kalender geblättert hat, schneidet er noch ein Scheit und bemerkt seiner Frau, wie schnell die zwei Stunden vergehen.

Diese lächelt heimlich und läßt ihr bekanntes „So, so," „hm, hm" hören.

Fünfter Tag. Das ganze Mittagessen ist dem Herrn Sekretär schon durch den Gedanken verdorben, daß er nach demselben an dem Sägbock stehen soll. Und heute muß er Holz sägen, denn die Frau Sekretärin hat Großwäsche, und bekanntlich brauchen die Weiber zur großen Wäsche viel kleines Holz. Er brummte etwas von ungeheurer Tyrannei der Frauen, von großem Holzverbrauch bei unnöthigem Kaffee- kochen und dergleichen mehr, sägte wüthend einige Scheite und warf endlich zornig die Säge hin mit dem festen Vorsatz, sie nicht mehr anzurühren.

„Das hätte ich dick, mir das Bischen freie Zeit mit Holz- sägen zu vergällen! Ich danke! Nein, da hört Alles auf!" Solches und Aehnliches mehr entfiel dem Herrn Sekretär, welcher nicht bedachte, daß er sich selber freiwillig die Last auf den Hals geladen hatte. Und er konnte doch nicht so ohne Weiteres aufhören mit dem Holzsägen! Wie hätte seine Frau gespöttelt, die ohnehin nie recht hatte daran glauben wollen. Nein, das ging nicht. Es mußte politisch angefangen werden.

Der Herr Sekretär ging seinem Beruf nach und zerbrach sich den Kopf darüber, wie er dem Holzsägen mit Ehren ein Ende machen und dem Söffler das Amt wieder übertragen könnte.

Nachdem er verschiedene Pläne gemacht und wieder ver- worfen hatte, ging ihm plötzlich ein Licht auf. Der Säg- bock mußte fortgeschafft werden! Ist er aus dem Hause, so hat es mit dem Sägen ein Ende, kalkulirte der Herr Sekretär und dachte über das „Wie" nach. Dies schien ihm bald gefunden. Er verfiel auf einen höchst originellen Ge- danken und beschloß, sich das corpus delicti stehlen zu lassen. Nichts leichter als das, meinte er, in einer Zeit, wo die ganze Welt von Spitzbuben wimmelt.

Gesagt, gethan. Ehe der Herr Sekretär am Abend des-

selben Tages zu Bette ging, stellte er den Sägbock vor die
Hausthüre an die Landstraße (er wohnte nämlich gleich vor dem
Thore) und legte sich mit dem beruhigenden Gedanken nieder,
daß derselbe am andern Morgen verschwunden sein würde. Er
beschloß, wenn dies der Fall sein sollte, kräftigst zu wettern
und zu schimpfen, aber um keinen Preis der Welt einen neuen
machen zu lassen. Und dies denkend, schlief er den Schlaf des
Gerechten.

Es war noch tiefe Nacht, als er erwachte. Er strich ein
Zündhölzchen an und sah auf die Uhr. Es war halb vier und
demnach noch lange Zeit bis zum Aufsteh'n, aber der Sägbock
ließ ihm keine Ruhe. Ob er wohl fort war? Er schlüpfte in
die Beinkleider und schlich sich hinaus. Es war stockfinster,
aber er wußte den Platz ganz genau und tastete dahin. „Daß
dich das Wetter....,“ brummte er ärgerlich, denn der Verhaßte
stand noch friedlich an derselben Stelle. Doch er tröstete sich
schnell mit dem Gedanken: „Na, es ist ja noch lang bis zu
Tagesanbruch, vielleicht findet er doch noch einen Liebhaber.“
Er kroch wieder in die Federn und schlief, bis ihn die Frau
Sekretärin mit dem gewöhnlichen Morgengruß: „Gottlieb, der
Kaffee ist fertig!“ weckte. Sein erster Gang war an das
Fenster. Der Sägbock stand noch da, bestrahlt vom Glanze
der aufgehenden Sonne. „Herrgott! Na, Geduld!“

„Du, ich brauche Holz, es ist kein Stück mehr da!“ dies
waren die Bewillkommnungsworte, welche dem Herrn Sekretär
entgegentönten, als er zu Tisch nach Hause kam. Was blieb
ihm übrig, als süße Miene zum sauren Spiel zu machen und
wieder zu sägen, daß ihm der Schweiß von der Stirne lief.
O, es war zum Verzweifeln!

In der nächsten Nacht machte der Herr Sekretär dasselbe
Experiment. Vergebens! Er wiederholte es noch drei, vier
Mal, Alles umsonst! Ein zufällig im Garten vergessenes
Waschseil wurde gestohlen. Der Sägbock blieb ruhig stehen,

obwohl es herrlicher Mondschein war und jeder anständige Dieb
ihn sehen mußte.

Da beschloß er einen Hauptstreich, denn das Holzsägen
stand ihm oben am Halse, aber um keinen Preis der Welt hätte
er dies seiner Frau eingestanden, die ihn immer so spöttisch betrachtete, wenn er am Sägbock schwitzte.

Es war eine stürmische Novembernacht. Der Wind pfiff
durch die Gassen des Städtchens, als wollte er die alten Häuser
in seinem Grimme umreißen, weil sie sich ihm so trotzig in den
Weg stellten, und da sein Zorn ihm nichts half und höchstens
ein alter Fensterladen unter seinem Hauche erbebte, so fegte er
brausend über die Dächer auf und davon, um an den Bäumen
draußen im Feld sein Müthchen zu kühlen.

Gerade schlug es elf Uhr, da öffnete sich geräuschlos die
Thüre eines kleinen Gartenhäuschens dicht bei dem Thore —
ein Mann streckte den Kopf durch dieselbe, schaute sich sorgfältig
nach rechts und links um, und trat dann auf die Straße, eine,
wie es schien, nicht leichte Last auf den Schultern tragend. Als
er sich versichert hatte, daß keine Menschenseele in der Nähe
war, schritt er, sich im Schatten der Häuser haltend, durch das
Thor, bog links in das verrufenste Stadtviertel ein, und
schleppte seine Bürde durch verschiedene Gassen und Gäßchen,
bis er an ein großes, langes Gebäude kam, welches wie ein rie-
siges Gespenst in die Nacht hineinragte. Dort schaute er sich
nochmals sorgfältig um — Nichts regte sich und nur auf dem
Giebel eines nahen Daches heulte ein Kater sein wehmüthiges
Liebeslied.

Rasch stellte der Nachtwandler seine Last an die Mauer des
Hauses und trat auf langem Umwege seinen Rückzug an. Als
er die Thüre des Häuschens hinter sich verschloß, athmete er
tief auf, wie einer, der sich einen schweren Stein vom Herzen
gewälzt hat und dann befriedigt zu Bette geht.

War es ein Verbrechen, das hier geschehen? War es eine

Unthat, welche der schwarze Mantel der Nacht verhüllen sollte?
Geduld!

> „Es ist Nichts so fein gesponnen,
> Es kommt doch endlich an die Sonnen."

Am nächsten Morgen war der Sägbock des Herrn Sekretär verschwunden. Dieser aber schien es nicht bemerkt zu haben,
denn als er des Nachmittags nach Hause kam, verspürte er einen
wüthenden Eifer, Holz zu sägen. Man kann sich daher sein
Erstaunen denken, als er nirgends den Grünen fand, und auch
die Sekretärin erklärte, sie wisse nicht, wo er sei. Die ganze
Nachbarschaft wurde rebellisch gemacht; allein umsonst.

Der Sekretär schimpfte fürchterlich auf den frechen Spitzbuben, der sich nicht schäme, einen friedlichen Sägbock, der ihm
gar nichts gethan habe, fortzuschleppen, sprach von Anzeige
machen, Einsperrenlassen u. s. w., und ging, schließlich heimlich
darüber lachend, fort, daß er seiner Frau eine so schöne Nase
gedreht hatte.

Aber der Mensch denkt — Gott lenkt, und die Nase hatte
der Herr Sekretär sich selber gedreht, und zwar eine ganz gehörige.

Als Herr Mäusler am Abend dieses Tages nach Hause
kam, war er trotz des erlittenen Verlustes recht gut aufgelegt.
Er machte allerhand Witze, spielte mit der Katze und sprach davon (was er seit lange schon nicht mehr gethan hatte), morgen
das Gartengeländer neu anstreichen zu wollen. Bei dem Nacht-
essen aber empfahl er seiner Frau, durch des Nachbars Joseph
den Tössler und seinen Stoffel auf den nächsten Tag bestellen
zu lassen, weil denn doch der Sägbock gestohlen sei, was ihn,
wie er hinzufügte, fürchterlich alterirt habe. Man sah ihm
übrigens von der Alteration nichts an. Hierauf zündete er sich
eine Pfeife an und nahm das Wochenblatt zur Hand, welches
der Zeitungsträger eben gebracht hatte. Wie so viele Leser
fing der Herr Sekretär bei der Lektüre des Blattes immer hinten, d. h. bei den Annoncen an. So auch diesmal.

Allein kaum hatte er heute einige Zeilen gelesen, so legte er rasch die Pfeife weg, putzte mit dem Flügel seines Schlafrocks die Brillengläser und starrte so lange auf eine Seite des Blattes, bis ihm die Augen überliefen. Dabei zitterten seine auf dem Tisch ruhenden Hände dermaßen, daß die Lampe klirrte, und Frau Lisbeth erschrocken in die Höhe sah und ihren Mann fragte, was ihm fehle. Dieser aber schob ihr stumm das Wochenblatt hin und deutete auf ein Inserat, welches folgendermaßen lautete:

Fahndung.

Heute Nacht wurde in dem Fabrikgebäude der Herren Osborn & Comp. eingebrochen und aus einem Pulte in dem Comptoir die Summe von circa 2715 preußischen Thalern, in preußischen Kassenscheinen @ 1, 5, 10 und 25 Thaler, entwendet. Die vorgefundenen Spuren leiten auf mehrere Thäter. Diese, wahrscheinlich durch das Nahen des aufmerksam gewordenen Portiers vertrieben, hinterließen vor dem Hause einen Sägbock, welcher unter dem Parterrefenster stehend, durch welches sie eingedrungen, allem Anschein nach zur Ersteigung der Fensterbrüstung gedient hatte. Derselbe ist von Eichenholz, und mit grüner Oelfarbe angestrichen.

Das obige Handelshaus sichert Jedem, welcher über dieses Ueberführungsstück oder über den Einbruch überhaupt Näheres angeben kann, eine Belohnung von

100 Thalern

zu, und ersuchen wir alle in- und ausländischen Behörden auf die zur Zeit noch unbekannten Thäter zu fahnden.

Sp., den 4. Nov. 1853.

Der Untersuchungsrichter:

Keller.

„Ih, das scheint ja unser Sägbock zu sein!" platzte die Frau Sekretärin heraus, als sie die Fahndung gelesen hatte.

„Unser Sägbock," wiederholte tonlos der Herr Sekretär.

„Na, das ist aber komisch," fuhr sie fort.

„Sehr komisch," stammelte er.

„Wie mag der wohl dort hingekommen sein?"

„Dort hingekommen sein?" wiederholte der todtenblasse Sekretär.

„Alter, mir geht ein Licht auf!"

„Vor meinen Augen wird's Nacht."

„Die Diebe sind hier vorbeigekommen, wahrscheinlich von Heiligendorf herein, haben den Sägbock, den Du im Garten stehen ließest, gesehen, ihn mitgenommen und bei Osborns statt einer Leiter benutzt. Flugs mache Dich auf die Beine, lauf' zum Amtsrichter Keller und gib ihm Auskunft, wer weiß, ob Du nicht die 100 Thaler verdienen kannst!"

„Verdienen — ich — die 100 Thaler — oh —"

„Na warum denn nicht, so gut wie jeder Andere!"

„Wenn sie nur kein Anderer an mir verdient," stotterte kläglich der Sekretär, wobei er seine Frau mit einer Jammermiene ansah, die einen Stein hätte erbarmen können.

„An Dir verdient? Geh', Alter, Du bist verrückt! Was soll denn das heißen?"

„Sieh' Lisbeth, man hat so viele Beispiele, daß Unschuldige — ich — ich habe neulich eine Criminalgeschichte gelesen, wo Einer hingerichtet wurde, der eigentlich gar Nichts begangen hatte, als einen kleinen Vatermord — ich wollte sagen, dem eigentlich gar Nichts bewiesen war — sieh, wenn z. B. Jemand hinginge und sagte, er habe gesehen, daß Ich den Sägbock an die Osborn'sche Fabrik getragen hätte — es wäre doch möglich, und ich könnte am Ende gar kein Alibi beibringen — o Gott —"

„Na, na," lachte die Sekretärin, „Gottlieb, was schwatzest Du für tolles Zeug; ich glaube, die Furcht hat Dir den Kopf verrückt. Glaubst Du denn, daß man Jemand, der so unschuldig ist, wie ein neugeborenes Kind —"

„Ich bin aber bei der Sache nicht so unschuldig!" polterte der Sekretär dazwischen, „und —"

„Bei welcher Sache sind Sie nicht unschuldig!" fragte

plötzlich eine tiefe Stimme hinter ihm. Als der Herr Sekretär
und seine Frau sich erschrocken umdrehten, stand — o Graus —
der Untersuchungsrichter Keller in Lebensgröße vor ihnen. Er
war während des Zwiegesprächs der Beiden leise in das Zimmer getreten und fuhr, als er die Bestürzung Mäusler's sah,
mit kaltlächelnder Amtsmiene fort: „Wovon unterhielten sich
denn der Herr Sekretär mit der Frau Gemahlin soeben, wenn
man fragen darf?"

„Ich," antwortete Mäusler, dem sich die Haare sträubten,
„ich — o ich — bitte, nehmen Sie Platz, Herr Amtsrichter.
Nun und wie haben Sie auf den letzten Bürgerball geschlafen?"

„Aber, Alter!" sagte Frau Lisbeth.

„Ja", fuhr dieser fort, „ich weiß, es ist schon ein Bischen
lange her, allein ich — die seltene Ehre dieses Besuches —"

„Herr Mäusler," unterbrach ihn ernst der Amtsrichter,
„es handelt sich hier weder um den letzten Bürgerball, noch um
einen einfachen Besuch, sondern um weit ernstere Dinge. Ich
komme wegen —"

„Des grünen Sägbocks gewiß?" fragte zitternd der Herr
Sekretär.

„Wie, Sie gestehen also ein—?"

„Ich gestehe Alles ein," sagte zerknirscht der Alte, „und
bitte nur, Herr Amtsrichter, daß wir das Weitere auf Ihrer
Amtsstube verhandeln, wenn nicht etwa die späte Stunde —"

„In Ausübung meiner Pflicht kenne ich keine späte
Stunde," antwortete der Amtsrichter, „also bitte, kommen
Sie!"

„Ja, aber um Gotteswillen, was hat denn das Alles zu
bedeuten?" fragte die Frau Sekretärin entsetzt, während ihr
Mann in stoischer Gelassenheit seinen Rock anzog und Miene
machte, sich zu entfernen.

„Wenn ich zurückkomme, Lisbeth, sollst Du Alles hören!"
sagte er, warf noch einen letzten Blick auf sein friedliches Zimmer und verschwand.

Er kam diese Nacht nicht mehr zurück. Die Frau Sekretärin war in Verzweiflung. Was war da vorgefallen? Schwarze Gedanken stiegen in ihrem Geiste auf, und als sie sich endlich, nachdem sie ihren Mann bis 1 Uhr vergeblich erwartet hatte, zu Bett begab, konnte sie noch lange vor Kummer und Sorgen nicht einschlafen. Als dies aber geschah, hatte sie einen fürchterlichen Traum, in welchem ihr der Sägbock als ein grünes Gespenst erschien, das ihr hohnlachend mit der einen Hand die mit riesigen Lettern gedruckte Fahndung vorhielt, während es mit der andern nach dem Hintergrund zeigte, wo zwei Gensdarmen eben Anstalt machten, den Herrn Sekretär, welcher unter jedem Arm einen Farbentopf trug, mit einer gelben Säge in der Mitte von einander zu schneiden. Nebenan aber stand der Untersuchungsrichter Keller und sah dem Ganzen so ruhig zu, als sei er im Begriff, ein Gabelfrühstück zu sich zu nehmen.

Endlich brach der Morgen an, allein umsonst wartete die geängstigte Frau bis 9 Uhr mit dem Kaffee auf ihren Mann, dieser kam nicht.

Da entschloß sie sich denn, mit schwerem Herzen nach der Amtsstube des Untersuchungsrichters zu gehen und sich dort zu erkundigen, was denn eigentlich vorgefallen sei.

Zögernd kleidete sie sich an, und das Herz pochte ihr fast hörbar bei dem Gedanken, daß sie vor Gericht erscheinen wolle. Hatte sie doch in ihrem ganzen Leben diesen Weg noch nicht gemacht.

Doch horch — da naht ein bekannter Schritt. Die Hausthüre wird geöffnet, rasch reißt sie die Stubenthüre auf und richtig, er ist's, es ist ihr Alter!

„Mensch! Mann! Mäusler! wo stecktest Du denn und wie siehst Du aus?" rief sie freudig, als sie ihn erblickte; er aber fiel ihr um den Hals und sagte:

„Ich komme direkt aus dem Gefängniß, aber beruhige

Dich, Lisbeth, es ist Alles in Ordnung, und meine Unschuld ist
glänzend anerkannt!"

„Gefängniß — Unschuld! Ja, was hat es denn eigentlich
gegeben, was war denn los?"

„Komm, laß uns erst Kaffee trinken, mich friert; nachher
sollst Du Alles hören!"

Und das thaten sie denn. Als aber der Herr Sekretär bei
der dritten Tasse war, seine Frau ihm die Pfeife und einen Fi-
dibus reichte, und die Katze schnurrend um ihn herumstrich, da
ging ihm das Herz auf, und er erzählte ausführlich, was unsere
Leser theilweise schon wissen, oder doch schon lang errathen
haben. Er bekannte, wie ihm das Sägen so zuwider geworden,
und wie er endlich bei Nacht und Nebel den Sägbock selbst fort-
getragen hatte, weil ihn Niemand habe stehlen wollen.

Leider war die Geschichte mit dem Einbruch gerade in jener
Nacht vorgefallen, und der Sägbock war durch einige Zeugen
als der seinige erkannt worden.

Der Amtsrichter hatte durchaus die Wahrheit nicht glauben
wollen und ihn darauf aufmerksam gemacht, wie er aus seinem
eigenen Mund die Worte gehört hatte: „Aber ich bin bei der
Sache nicht unschuldig!" Schließlich hatte man ihn in Unter-
suchungsarrest gebracht; als aber glücklicherweise noch in der
Nacht die beiden wirklichen Spitzbuben eingefangen, schon mit
Tagesanbruch verhört und zum Geständniß gebracht worden
waren, da hatte sich seine Unschuld unter allgemeinem Gelächter
der Beamten herausgestellt, und er war sofort entlassen worden.

Frau Lisbeth erging es wie den Beamten, sie brach bei der
Erzählung in ein schallendes Gelächter aus, was der Herr Sekretär anfangs sehr übel nehmen wollte, schließlich aber selbst
mit einstimmen mußte.

„Das Holzsägen wird Dir gedenken, Alter," sagte sie, als
der erste Sturm sich gelegt hatte, „und Du wirst die Wahrheit
des Sprüchworts kennen lernen: „Wer den Schaden hat,
braucht für den Spott nicht zu sorgen."

Und so war es auch. Die Geschichte von dem grünen Sägbock des Herrn Sekretärs verbreitete sich wie ein Lauffeuer in der Stadt und bildete vierzehn Tage lang das Thema, welches in allen Gesellschaften, Wirthshäusern und von allen Klatschbasen verarbeitet wurde. Wo der Urheber derselben sich sehen ließ, entstand eine ungeheure Heiterkeit, und besonders der Herr Sekretär Kiekebusch und der Diätist Schlucker thaten darin ihr Bestes. Sie mußten doch ihre Rache für den Farbengeruch nehmen.

Der alte Söffler aber sagte, als er das Holz des Mäusler nun dennoch sägte: „Ja, ja, Herr Sekretär, so geht's, wenn man den Leuten in's Handwerk pfuscht."

Das kranke Landmädchen.

Mutter! ich bin beim Doktor gewesen,
Das ist ein wunderlieblicher Mann,
Hat so ein gutes und freundliches Wesen,
Der hilft mir sicher, wenn einer es kann,
Bin fast zwei Stunden bei ihm geblieben,
Er hat ganz haarklein mich ausgefragt,
Ich hab' vertrauend ihm alles beschrieben,
Und hab' ihm all meine Schmerzen geklagt.

„Daß ich umsonst auf dem Lager mich wälze
Und mich der Schlaf doch beständig flieht,
Daß ich vor Angst und vor Hitze fast schmelze,
Wenn auch kein Fünkchen im Ofen glüht:
Und wenn ich auch schlafe, dann stellen die bangen,
Die fürchterlichen Träume sich ein,
Da ist mir's, als wollte der Michel mich fangen —
Ich laufe — er hascht mich — da muß ich dann schrei'n.

„Ich sagte ihm: daß ich Beklemmungen habe,
Da links auf der Seite, ich atme nie frei,
Daß mir's ist, als ob jemand im Herzen mir grabe,
Daß mir lieber der Mond als die Sonne sei; —
Daß, wenn wir so mähen, ich und der Michel,
Ich ganz verwirrt sei und schrecklich zerstreut,
So daß ich im Irrtum mit meiner Sichel,
Anstatt in das Gras, in die Finger mich schneid'. —

„Ich sagt ihm, daß jüngst ich statt dem Gemüse
Vom Garten Rosen nach Hause mit nahm,
Daß ich neulich am Hochzeitstage der Liese
Auf einmal ein heftiges Zittern bekam;
Daß sich meine Augen völlig verglasen,
Wenn ich in der Kirch' aus dem Buche bet',
Denn hör' auf dem Chor ich den Michel blasen,
Mein' ich, daß der Himmel mir offen steht.

„Und als ich dem Doktor nun alles gestanden
Und er mit lächelnden Blicken mich maß,
Da nahm er ein Fleckchen Papier dann zu Handen,
Schrieb darauf und sprach: „„Gieb der Mutter das!""
Ich bin auf dem Wege dann stehen geblieben
Und hab's gelesen, ein seltsames Ding!
Seht, Mutter! er hat mir den Michel verschrieben,
Den Pfarrer und einen goldenen Ring."

J. F. Castelli.

———o———

Aus der Schlacht bei Dresden.

———

Als Leipzigs Thore noch bemannt
Mit Stadtsoldaten, wie bekannt,
Verhöhnt von den Studenten —
Da standen zwei von diesem Chor
Als Schildwach vor dem Petersthor,
Den Strickstrumpf in den Händen.

Wie sie da auf- und niedergehn,
Da sagt der eine und bleibt stehn:
„Mir sin just ganz alleene;
Drum, Bruder, setz dich mit mer her,
Du weßt, das Losen werd mer schwer,
Es fährt mer in die Beene."

Als sie gepflanzt auf ihren Sitz,
Da spricht der alte Parchewitz
Mit rotem Schnapsgesichte:
„Mich borscht och hinte gar zu sehr,

Gieb erſcht emal die Pulle her,
Dann hiere die Geſchichte."

Er that nun einen kräft'gen Zug,
Und als er glaubt, es ſei genug,
Erzählt er ſeine Thaten.
„Ich ſtund doch 13, wie Ihr wißt,
Als 18pfündiger Attulriſt
In Dräſens Paliſaden.

Da kam 'mal abends, es war juſt
Am 27ſten Auguſt,
Naboligon geritten.
Der nahm ſei Sperſektivchen 'raus
Und guckte auf de Berge naus,
Wo noch be Feinde ſtritten.

Flugs rief er: „Wer iſt unter euch
Der beſte Schütz und ſchießt mir gleich
Uf die verfluchtgen Ruſſen?"

Da schrieen alle: „Barchewitz,
Ter hat schon unterm alten Fritz
Zwee Tärken bald derschussen."

Da sprach der Kaiser: „Barchewitz!
Richt den Kanon nach Räkenitz,
Uf jenen dichten Trippel,
Ter links bei Morrohs Denkmal steht
Und gar nicht aus einander geht,
Schieß mer de Kerls zu Krüppel."

Ich richte nu och gleich mei Stick
Und schieß der drunger uf gut Glück,
Weeß Gott! ganz in der Färne; —
Ta flogen hoch, ich bin ä Schuft,
Zwee lange Beene in die Luft
Und fielen erscht bei Lärne.

Ta sagt Raboligon: „Putz Blitz!
Du bist e Luder, Barchewitz,
Ter Schuß war wärklich scheene;
Tas hast de herrlich abgepaßt,
Weest de, wäm de geschussen hast?
Tes waren Morrohs Beene.

Sieh, Allerander leeft wie tull,
Doch Friedrich Wilhelm macht paschull,
Tie sind mer zwar entrunnen —
Tas aber muß ich frei gestehn,
Du, Barchewitz, hast ganz alleen
Die heit'ge Schlacht gewunnen."

Truf zog er seinen Veitel vor
Und schenkt' mer en' Raboligonbor,
Und wie er'n mer gegäben —

Da traten alle ins Gewehr
Und schriegen: „Vivat Lamberöhr,
Raboligon sull läben!"

———○———

Liebchen.

———

Liebchen heut in Gesellschaft geht,
Zeigt sich in raschelnder Seide,
Fragt mich, wie ihr das Hütchen steht
Und die Schleppe am Kleide.

Wie ich die schlanke Jugendgestalt
Mustre mit prüfenden Blicken,
Rieselt ein Schauer mir eisig kalt
Plötzlich hinunter den Rücken.

Alles vom Stiefelchen bis zum Hut
Sitzt dir wie angegossen,
Aber wieviel unschuldiges Blut
Ist um dich, Teure, geflossen!

Seidenwürmer wohl tausend und mehr
Mußten ihr Leben lassen
Für den Stoff, den du hinter dir her
Schleppst durch die staubigen Gassen.

Für dein zierliches Stiefelpaar
Mußte ein Kälblein verenden
Und Hermelin im Dutzend gar
Mußten die Fellchen dir spenden.

Deine Handschuhe glatt und weich
Gab dir ein blökendes Lämmlein,
Und die Schildkröt' im kühlen Teich
Lieferte dir das Kämmlein.

Walfisch schwamm im eisigen Meer
Fröhlich hin und wider:
Stirb und gieb dein Fischbein her!
Liebchen braucht es fürs Mieder.

Pfeilgetroffen ein Elefant
Mußte im Urwald erblassen.
Hat für den Fächer in deiner Hand
Leben und Zähne gelassen.

Sterbend gab dir der Wüstenstrauß
Wallende Federn als Steuer. —
Trinke auch mir die Seele aus,
Reizendes Ungeheuer!

R. Baumbach.

———o———

Der Unentbehrliche.

———

Wirklich, er war unentbehrlich!
Ueberall, wo was geschah

Zu dem Wohle der Gemeinde,
Er war thätig, er war da.

Schützenfest, Kasinobälle,
Pferderennen, Preisgericht,
Liedertafel, Spritzenprobe,
Ohne ihn da ging es nicht.

Ohne ihn war nichts zu machen,
Keine Stunde hat er frei.
Gestern, als sie ihn begruben,
War er richtig auch dabei.

W. Pusch.

---o---

Der liebenswürdige Jüngling.

Diesen liebenswürd'gen Jüngling
Kann man nicht genug verehren;
Oft traktiert er mich mit Austern,
Und mit Rheinwein und Likören.
Zierlich sitzt ihm Rock und Höschen,
Doch noch zierlicher die Bude,
Und so kommt er jeden Morgen,
Fragt, ob ich mich wohl befinde:
Spricht von meinem weiten Ruhme,
Meiner Anmut, meinen Witzen;
Eifrig und geschäftig ist er,
Mir zu dienen, mir zu nützen.
Und des Abends, in Gesellschaft,
Mit begeistertem Gesichte,
Deklamiert er vor den Damen
Meine göttlichen Gedichte.
O, wie ist es hoch erfreulich,
Solchen Jüngling noch zu finden,
Jetzt in unfrer Zeit, wo täglich
Mehr und mehr die Bessern schwinden.

H. Heine.

---o---

Onkel Kaspers rothe Nase.

Kinder, lasset uns besingen,
Aber ohne allen Neid,
Onkel Kaspers rothe Nase,
Die uns schon so oft erfreut.

Einst ward sie als zarte Pflanze
Ihm von der Natur geschenkt;
Fleißig hat er sie begossen,
Sie mit Wein und Schnaps getränkt.

Bald bemerkte er mit Freuden,
Daß die junge Knospe schwoll,
Bis es eine Rose wurde,
Dunkelroth und wundervoll.

Alle Rosen haben Dornen,
Diese Rose hat sie nicht,
Hat nur so ein Büschel Haare,
Welches keinen Menschen sticht.

Ihrem Kelch entströmen süße
Wohlgerüche, mit Verlaub:
Aus der wohlbekannten Dose
Schöpft sie ihren Blüthenstaub.

Oft an einem frischen Morgen
Zeigt sie uns ein duftig Blau,
Und an ihrem Herzensblatte
Blinkt ein Tröpflein Perlenthau.

Wenn die andern Blumen welken,
Wenn's im Winter rauh und kalt,
Dann hat diese Wunderrose
Erst die rechte Wohlgestalt.

Drum zu ihrem Preis und Ruhme
Singen wir dies schöne Lied.
Vivat Onkel Kaspers Nase,
Die zu allen Zeiten blüht!

W. Busch

Der alte Fritz.

Friedericus Rer, der große Held,
Kam siegreich aus dem Kriegesfeld,
Und wenn er durch die Straßen ritt,
So liefen alle Kinder mit.

Sie stellten sich wohl auf die Zeh'n,
Den lieben Vater Fritz zu sehn,
Sie faßten ihn an Pferd und Rock;
Doch Vater Fritz erhob den Stock

Und sagte lächelnd: „Habet acht,
Daß ihr mein Pferd nicht böse macht!"
Doch einst ein wilder Knabenschwarm
Den Kopf ihm machte gar zu warm;

Da hat er böse drein gesehn:
„Wollt ihr wohl gleich zur Schule gehn!"

Da sprach ein dicker Bube: „Ach!
Heut ist ja Mittwoch-Nachmittag!"

Der ganze Chor fiel jubelnd ein:
„Der alte Fritz will König sein
Und weiß nicht mal, daß dieser Frist
Des Mittwochs keine Schule ist!"

Der König stille vor sich lacht
Und hat in seinem Sinn gedacht:
Wie reich bist, liebe Einfalt, du!
Ich alter Mann hab' keine Ruh;

Des Morgens ruft mich Sorge wach,
So drückt mich Müh' den ganzen Tag,
Daß meine Kinder, groß und klein,
Sich ihrer Feierstunden freun.

Gewiß so hat der Held gedacht,
Er hat sein Denken war gemacht.
Drum wo man Gutes liebt und ehrt,
Sein Angedenken ewig währt,
Und jedes Kindlein ehrfurchtsvoll
Den Edeln kennen lernen soll.

Karl Fröhlich.

———o———

Ziethen.

———

Der große König wollte gern sehn,
Was seine Gen'rale wüßten;
Da ließ er an alle Briefe ergehn,
Daß sie gleich ihm schreiben müßten,
Was jeder von ihnen zu thun gedenkt,
Wenn der Feind ihn so oder so bedrängt.

Der Vater Ziethen, der alte Husar,
Besah verwundert den Zettel.
„Der König hält mich zum Narren wohl gar,"
(So flucht er), „was soll mir der Bettel?

Husar, das bin ich, Potz Element!
Kein Schreiber oder verpfuschter Student."

Da macht er auf einen Bogen Papier
Einen großen Klecks in der Mitten;
Rechts, oben, links, unten, dann Linien vier,
Die all in dem Kleckse sich schnitten,
Und jede endete auch in 'nem Klecks;
So schickt er den Bogen dem alten Rex.

Der schüttelt den Kopf gedankenvoll,
Fragt bei der Revue den Alten:
„Zum Schwernot, Ziethen, ist Er toll?
Was soll ich vom Wische da halten?"
Den Bart streicht sich Ziethen: „Das ist bald erklärt,
Wenn Euer Majestät mir Gehör gewährt.

Der große Klecks in der Mitte bin ich,
Der Feind — einer dort von den vieren,
Der kann nun von vorn oder hinten auf mich
Von rechts oder links auch maschieren;

Dann rück ich auf einem der Striche vor
Und hau' ihn, wo ich ihn treffe, aufs Ohr."

Da hat der König laut aufgelacht
Und bei sich selber gemeinet:
„Der Ziethen ist klüger, wie ich gedacht,
Sein Geschmier sagt mehr, als es scheinet.
Das ist mir der beste Reitersmann,
Der den Feind schlägt, wo er auch rückt an."

Friedrich v. Sallet.

---○---

Endlich.

Die Liebe war nicht geringe.
Sie wurden ordentlich blaß;
Sie sagten sich tausend Dinge
Und wußten noch immer was.

Sie mußten sich lange quälen.
Doch schließlich kam's dazu,
Daß sie sich konnten vermählen.
Jetzt haben die Seelen Ruh.

Bei eines Strumpfes Bereitung
Sitzt sie im Morgenhabit;
Er liest in der Kölnischen Zeitung
Und theilt ihr das Nöthige mit.

W. Busch.

---○---

Spatz und Spätzin.

Auf dem Dache sitzt der Spatz,
Und die Spätzin sitzt daneben,
Und er spricht zu seinem Schatz:
Küsse mich mein holdes Leben!

Bald nun wird der Kirschbaum blühn;
Frühlingszeit ist so vergnüglich.

Ach! wie lieb' ich junges Grün,
Doch die Erbsen ganz vorzüglich.

Spricht die Spätzin: „Teurer Mann,
„Denke doch der neuen Pflichten!
„Fangen wir noch heute an,
„Uns ein Nestchen einzurichten."

Spricht der Spatz: Das Nesterbaun,
Eier brüten, Jungen füttern
Und dem Mann den Kopf zu kraun,
Liegt den Weibern ob und Müttern.

Spricht die Spätzin: „Du Barbar,
„Soll ich bei der Arbeit schwitzen
„Und du willst nur immerdar
„Zwitschern und herumstibitzen?"

Spricht der Spatz: Ich will dich hier
Mit zwei Worten kurz berichten;
Für den Spatz ist das Pläsir,
Für die Spätzin sind die Pflichten.

Carl August Mayer.

Das gute Herz.

Es wird mit Recht ein guter Braten
Gerechnet zu den guten Thaten;
Und daß man ihn gehörig mache,
Ist weibliche Charaktersache.

Ein braves Mädchen braucht dazu
Mal, erstens, reine Seelenruh,
Daß bei Verwendung der Gewürze
Sie sich nicht hastig überstürze.

Dann, zweitens, braucht sie Sinnigkeit
Ja, so zu sagen, Innigkeit,
Damit sie Alles appetitlich,
Bald so, bald so und recht gemüthlich

Begießen, drehn und wenden könne,
Daß an der Sache nichts verbrenne.

In Summa braucht sie Herzensgüte,
Ein sanftes Sorgen im Gemüthe,
Fast etwas Liebe insofern,
Für all die hübschen, edlen Herrn,
Die diesen Braten essen sollen
Und immer gern was Gutes wollen.

Ich weiß, daß hier ein Jeder spricht:
Ein böses Mädchen kann es nicht.
Drum hab ich mir auch stets gedacht
Zu Haus und anderwärts:
Wer einen guten Braten macht,
Hat auch ein gutes Herz.

W. Busch.

———o———

Selbst-Erkenntniß.

———

Früher, da ich unerfahren
Und bescheidner war als heute,
Hatten meine höchste Achtung
Andre Leute.

Später traf ich auf der Weide
Außer mir noch mehre Kälber,
Und nun schätz ich, so zu sagen
Erst mich selber.

W. Busch.

———o———

Wenn Alles sitzen bliebe,
Was wir in Haß und Liebe
So von einander schwatzen;
Wenn Lügen Haare wären,
Wir wären rauh wie Bären
Und hätten keine Glatzen.

W. Busch.

———o———

Humoresken und Gedichte

von

Julius Stinde, Arnold Wellmer, und Anderen.

Chicago.
Verlag von L. Schick.

Familie Buchholz.

Inhalts-Verzeichniß.

Die Familie Buchholz.

(Zweite Abtheilung).

Von

Julius Stinde.

Der Erstgeborene.

Ich bin fest überzeugt, daß, wenn Virchow später das Gehirn der Bergfeldten nachmißt, er es viel zu kurz finden wird, denn die Frau hat wieder einmal ganz Unglaubliches geleistet. Es ist um geradezu auf die Bäume zu klettern, aber wenn man längst weiß, daß Eine dumm geboren ist und nichts zugelernt hat, so wundert man sich kaum mehr, sondern schüttelt blos den Kopf.

Ich sitze also neulich Nachmittags und stricke, als ganz uner= wartet Herr Weigelt auf der Bildfläche erscheint. Meine Emmi brachte die Lampe, meine Betti fragte, wie es Augusten ginge und warum sie nicht mitgekommen sei, und ich bat ihn, Platz zu neh= men, mein Mann müsse jeden Augenblick da sein.

Herr Weigelt hatte von jeher etwas Unbestimmtes und Tun= teriges in seinem Wesen, aber so bekniffen, wie heute, war er mir doch noch nie vorgekommen. Er setzte sich halb auf einen Stuhl und warf mir einen so delinquentenhaft flehenden Blick zu, daß ich fragte: „Mein Gott, Herr Weigelt, was ist Ihnen denn passirt? Sie sehen ja aus wie'n krankes Huhn, das kein Geld für'n Apo= theker hat?" — Er antwortete jedoch keinen Ton, sondern sah erst meine Betti, dann meine Emmi und dann mich wieder an. — „Aber ich bitte Sie, Herr Weigelt," fragte ich abermals, „was soll man von Ihnen denken? Sie haben doch am Ende keinen Mord auf dem Gewissen?" — Nun knickte er zusammen, wie'n mißrathener Bibberpudding und brachte nur mit Mühe die Worte hervor: „Wenn es irgend anginge, möchte ich gerne mit Ihnen alleine sprechen, Frau Buchholz — — "

„Geht hinaus, Kinder," rief ich, „und wartet bis Vater kommt." Die Kinder entfernten sich und ich brannte vor Neugierde, zu er= fahren, was Herr Weigelt denn eigentlich wollte. Ich vermuthete, daß er eine Szene mit seiner Frau oder mit der Bergfeldten, viel= leicht mit beiden gehabt hätte.

Als wir unter vier Augen waren, begann er nach einigem Zögern trübselig: „Es ist nun so weit." — „Was?" fragte ich. — „O, Frau Buchholz," antwortete er, „mein armes Weib! meine arme Auguste!" — „Du meine Güte, was giebt's denn?" — „Noch nichts.... aber, aber" — seine Stimme zitterte — „sie kommt nicht durch, es ist unmöglich, daß sie durchkommt!" — Dies Benehmen von einem Manne mißfiel mir sehr und ich rief daher strenge: „Hören Sie einmal, Herr Weigelt, Sie flößen mir durchaus keinen Respekt ein. Ein Mann muß vor allen Dingen forsch sein — —." — „Ich war ja auch noch so forsch bis vor Kurzem," unterbrach er mich, „aber in der letzten Zeit hab' ich zu viel gelitten!" — „Wieso das?" fragte ich. — „Nun denn," erwiderte er, „zuerst fing der Kummer mit dem Mädchen an. Auguste behalf sich mit der Scheuerfrau so lange es gehen wollte, aber sie mußte reellen Beistand haben, und wir schafften deshalb ein billiges Mädchen an, das meine Schwiegermutter uns besorgte." — „Ja," lachte ich, „wenn die ihre Hände dazwischen hat, dann wird es meistens hübsch!" — „Das Mädchen ist herzensgut," fuhr Herr Weigelt fort, „aber dumm wie ein Stück Torf. Kein Tag vergeht, an dem meine Auguste sich nicht über dasselbe ärgert, und gerade vor Aerger muß man sie bewahren. Mir haben Leute gesagt, daß Verdruß direktes Gift für sie werden könnte. Ich sage Ihnen, ich lebe in steter Todesangst, aus reiner Sorge um Augusten!"

„Ja!" antwortete ich sehr ernst, „ein Mann, der seine Frau aufrichtig liebt, dem wird wohl beklommen zu Muthe, wenn er bedenkt, daß dem Weibe keine dornenlosen Rosen blühen und ihr Weg durch dieses Jammerthal zuweilen hart am Abgrunde vorbeiführt. — Haben Sie denn schon für eine zuverläsige Wartefrau gesorgt?"

„Wir haben bereits eine an der Hand," erwiderte er. „Aber das ist das Wenigste. Das größte Unglück hat meine Schwiegermutter angerichtet." — „Da bin ich doch gespannt!" rief ich, „was hat sie denn nun wieder ausgeübt?" — „Es ist kaum zu sagen," antwortete Herr Weigelt. „Ihre Bildung läßt ja leider zu wünschen übrig — —" — „Das wissen die Götter!" bemerkte ich. — „Aber," fuhr er fort, „sie ist noch abergläubisch dazu, und so fiel es ihr ein, eine Kartenlegerin aufzusuchen und die zu befragen, ob Auguste durchkommen werde. Die Karten hatten geweissagt, sie würde es nicht, und die Bergfeldt hatte nichts eiliger zu thun, als Augusten diese Hiobsprophezeiung brühwarm zu hinterbringen." — „Die Möglichkeit!" rief ich aus, „sie muß wirklich ihre Fünf nicht beisammen haben! Und wie nahm Ihre Frau diesen Wahnsinn auf?" — „Erst lächelte sie darüber, aber dann brach sie in ein

krampfhaftes Schluchzen aus, daß sich mir das Herz im Leibe um=
brehte. Seit jener Zeit gleicht sie einer stillen Dulderin, deren
Tage gezählt sind. Sie glaubt selbst, daß sie nicht durchkommt,
und ich glaube es auch und die ganze Nachbarschaft auch. Wenn
sie nicht durchkommt, bin ich Schuld daran. Warum habe ich das
zarte kleine Geschöpf auch geheirathet? Ach, ohne mich würde sie
noch leben. Und sie hatte sich so sehr auf den nächsten Frühling
gefreut, wir wollten dann meine Eltern besuchen. Und wie würden
die sich gefreut haben. Die Landluft hätte ihr so gut gethan. Das
ist jetzt Alles vorbei und ich wanke verzweifelnd hinter ihrem Sarge
her!" — Und nun weinte er richtig.

"Trösten Sie sich doch, Herr Weigelt," beschwichtigte ich ihn.
"Wer giebt überhaupt etwas auf Karten? Noch lebt Ihre Auguste
ja und mit Gottes Hülfe wird schon Alles gut werden. Es giebt
Frauen, die so schwach aussehen, als könnte der Wind sie umblasen,
und haben ein Stücker Sieben bis Acht und sind kreuzfidel. Ihre
Auguste ist noch lange die Schwächste nicht, die hat nur einen ein=
zigen Fehler und das ist ihre Mutter, die Bergfeldten!"

"Sie mögen nicht Unrecht haben, liebe Frau Buchholz," ent=
gegnete Herr Weigelt und trocknete seine Thränen, "es war schreck=
lich unvernünftig von ihr, Augusten mit traurigen Vorahnungen
zu quälen. Und wenn ich es recht bedenke, ist Auguste eigentlich
gar nicht so schwach. Sie hat ganz nette Kräfte. Sie konnte vor
einem halben Jahre noch den kleinen Rohrstuhl mit steifem Arm
heben. Wie gut Sie sind, Frau Buchholz, und nicht wahr, Sie
thun es meiner Frau zu Liebe und kommen zu uns und sehen nach
dem Rechten, wenn es so weit ist? Darum wollte ich Sie bitten
und deshalb bin ich hier!"

"Sie können doch die eigene Mutter nicht übergehen!" wandte
ich ein.

"Wenn Sie wollen, daß meine Auguste gemordet werden soll
.... dann sagen Sie nein. Aber das können Sie nicht, das
wollen Sie nicht. Sie haben ja auch immer so viel von ihr ge=
halten!"

"Gut!" gab ich ihm zur Antwort. "Gehen wir lieber gleich,
damit ich Alles mit ihr besprechen kann und sehen, wo es noch
fehlt."

In diesem Augenblicke wurde heftig an der Hausglocke ge=

rissen. „Das ist mein Karl," sagte ich, aber ich hatte mich geirrt, denn Betti kam und meldete, draußen stehe ein Dienstmann und Herr Weigelt möchte so gut sein und so rasch wie möglich nach Hause kommen.

Als der arme Mensch diese Botschaft hörte, wich alle Farbe aus seinem Angesicht. Seine Augen waren rein verglast und seine Lippen bebten. „Seien Sie ein Mann!" fuhr ich ihn an. „Munter, rasch eine Droschke geholt, in zwei Minuten bin ich angezogen und fertig!"

Er holte die Droschke, aber an diese Fahrt will ich mein Leben denken. Bald rief er: ich bin ihr Mörder, bald stöhnte er, wie einer, der hingerichtet werden soll. Dann rief er: Ach wir kommen noch früh genug zu ihrer entseelten Hülle. Endlich sagte ich: „Wenn Sie mit Ihren Verrücktheiten kein Ende machen, lasse ich halten und steige aus. Warten Sie doch erst ab, wie es kommt, ehe Sie lamentiren, wie nicht recht gescheidt." — Da legte er sich blos noch aufs Seufzen.

Als wir nun in seiner Wohnung anlangten, wollte er mir nichts dir nichts ins Schlafzimmer stürzen. — „Halt!" rief ich und hielt ihn am Schlaffittchen fest. „Das sind Frauensachen, die Euch Männer nichts angehen. Sie würden die Auguste nur erschrecken mit Ihrem Ungestüm; ich will Ihnen schon Bescheid sagen, wie es geht!" Und bei diesen Worten öffnete ich vorsichtig die Thür und ging hinein. — — —

Was er nun anstellte, weiß ich nicht, ich hoffe aber, daß er die Zeit nützlich anwandte und einmal ernsthaft über sich nachdachte. Als ich wieder zu ihm kam, konnte ich ihm guten Bescheid bringen. „Kommen Sie nur!" flüsterte ich, „Auguste erwartet Sie." — Er trat herein und blieb stehen, als getraute er sich nicht näher, denn auf dem Schooß einer fremden Frau, die auf einem Schemel vor einem Badewännchen saß, lag ein kleines lebendes Wesen, ein Menschenkindlein, das sie in weiche Tücher und Windeln hüllte. Und da streckte Auguste ihm ihre Hand entgegen. „Franz!" rief sie leise. Er sank vor ihrem Bette auf die Knie und bedeckte ihre Hand mit Küssen, und dann küßte er ihren Mund und sagte: „Mein süßes, mein liebes, liebes Weib!"

Nun schrie das Neugeborene. Herr Weigelt spitzte ordentlich die Ohren und warf einen langen, langen Blick auf das kleine

verrunzelte, rothbraune Geschöpf, dessen Gesichtchen eher einem vor=
jährigen Apfel, als einem angehenden Weltbürgers=Antlitz glich.
Meine waren in dem gleichen Alter viel hübscher, namentlich war
die Jüngste engelhaft.

„Na ja!" sagte die fremde Frau. „Sehen Sie sich den Jungen
man an, es is Ihr erster!" — „Ein Knabe?" stammelte er. „Mein
Knabe?" — Die Frau lachte. „Wollen Sie'n mal uf'n Arm neh=
men?" fragte sie. — „Wenn ich ihn nur nicht zerdrücke!" meinte
er und griff ungeschickt nach dem Kinde. — „Nee, lassen Sie man,"
sagte die Frau, „Vater müssen Sie erst besser lernen, das steht Ihnen
noch nicht an. Und nun sollen 's Kind und die Frau schlafen;
wie wär's, wenn Sie die Thüre von draußen zumachten?"

Er gehorchte willig und wir sorgten für Mutter und Kind.
Als die Beiden zur Ruhe gebracht waren, mußten wir auch an den
Mann denken, denn es war schon ein bischen späte Abendbrobzeit
geworden. In der Küche war die Magd. „Höre mal," sagte ich
zu ihr, „nun gehe zum Destillateur und hole eine Flasche Rum, aber
nicht in der Flasche, denn im Liter ist es billiger. Hier hast Du
Geld." Die Dirne trabte ab und ich kalkulirte, wenn Herr Weigelt
nach all der ausgestandenen Angst eine kleine Herzstärkung bekäme,
so würde ihm das ganz dienlich sein, denn mein Karl trinkt auch
stets seinen Grog bei außergewöhnlichen Fällen. Für die kluge
Frau und die Wärterin machte ich Kaffee, denn den nehmen sie am
liebsten und dann belegte Stullen dazu, so kam denn Niemand
zu kurz.

Wir setzten uns zum Abendbrob, ich und die Frau und Herr
Weigelt. Die Magd hatte Rum in einem Milchtopf geholt, weil
ich beordert hatte ihn nicht flaschenweise zu nehmen. Eine gräßlich
dumme Person!

Es schmeckte Herrn Weigelt prächtig und er war sehr froh, als
wir beiden erfahrenen Frauen ihm versicherten, daß Auguste brillant
durchkommen würde und er mit Recht in die Zeitungen setzen könnte
‚leicht und glücklich‘. Und daß es ein Junge war, machte ihm zu
viel Vergnügen. „Er muß Franz heißen, so wie ich," meinte er,
„das heißt, wenn Auguste es auch wünscht."

Ich sagte: „Herr Weigelt, ich weiß nicht, ob der Grog Ihnen
so recht ist, Zucker steht auf dem Tisch, heißes Wasser kann Ihnen
das Mädchen noch bringen. Sie können sich nach Geschmack zu=

gießen, und über den Namen fprechen Sie morgen mit Ihrer Frau,
heute ift fie dazu wohl nicht recht aufgelegt."

Augufte hatte mir den Schlüffel zum Wäfchefpind gegeben, da=
mit ich herausnehmen könnte, was nothwendig war, und es gab
außerdem allerlei zu thun, fo daß ich Herrn Weigelt allein laffen
mußte. Ich wollte jedoch, ich hätte beffer auf ihn geachtet, denn
das einfältige Mädchen hatte, wie ich nachher fah, ihm ftatt des
Topfes mit heißem Waffer den ganz ähnlichen Milchtopf hingeftellt,
in dem fich der Rum befand, und davon hatte er nun unbewußt
ftatt des Waffers zum Grog gegoffen.

Ich bin in der Küche und fpreche mit der klugen Frau, als ich
plötzlich fingen höre. Ich ftürze ins Wohnzimmer und merke
natürlich gleich, was los ift. Die Gemüthsbewegung, der Rum
und die angeborene Dämlichkeit hatten ihre Schuldigkeit gethan —
Herr Weigelt war molum.

„Ich will nach Auguften," rief er: „Sie ift ein Engel," und
dann fang er: „Sie allein nur lieb' ich, fie allein!"

„Wollen Sie Frau und Kind mit dem Skandal tödten?"
puftete ich ihm zu. „Sie find ja ein Kannibale!"

„Ich meine es fo gut mit Ihnen, Wilhelmine," fagte er zu mir.
„Komm alte Seele, gieb mir einen Kuß!"

Ich wehrte feine Berührung mit aller mir innewohnenden
Hoheit ab. „Schämen Sie fich, Herr Weigelt, eben erft find Sie
Vater geworden, und nun ein folches Betragen?! Schämen Sie
fich vor Auguften, vor der Wartefrau, vor dem neuen Mädchen und
vor Allem vor Ihrem eigenen Kinde!"

„Das hat ja noch gar keine Augen!" entgegnete er.

Ich verwies ihm das Unpaffende diefer Bemerkung und hoffte,
daß er fein Kind doch wohl nicht zu den Feldmäufen und jungen
Möpfen rechnete, denn die kämen, fo viel ich wüßte, blind auf die
Welt. Genug, ich war fehr erzürnt und rieth ihm, fein Bett auf=
zufuchen, und befchwor ihn bei den Häuptern feiner Familie, fich
ruhig zu verhalten. Endlich nahm er Vernunft an. Ich eilte zu
Auguften, die wach geworden war und nach dem Grund des Lär=
mens fragte.

Ich fagte, ihr Mann könnte fich vor Freude gar nicht faffen,
aber ich hätte ihn vermocht, fich zur Ruhe zu begeben, ohne fie weiter
zu ftören. So mußte ich mich allen Unannehmlichkeiten ausfetzen

und obenbrein lügen, blos weil die einfältige Trina von Dirne
ihm den Rum im Milchtopf vorgesetzt hatte.

Nach einer Weile denke ich, nun wird er wohl liegen, und hielt
es für meine Pflicht, nachzusehen, ob er das Licht auch ordentlich
ausgelöscht hatte. Aber bewahre, mein Weigelt lag noch lange nicht.
Im Gegentheil, er saß auf dem Bettsopha und hatte ein aufgeschla=
genes Buch in den Händen, das er dem Büchergestell entnommen.
„Herr Weigelt, wollen Sie sich denn nicht legen?" — „O, Frau
Buchholz," stöhnte er, „das arme Kind, das arme Kind!"

„Nanu," fragte ich, „was ist denn nun wieder los?"

„Ich stieß eben zufällig an das Bürgergestell," sagte er, „und
da blieb mir dies Buch in der Hand. Das arme Kind. Es muß
ja auch das Gymnasium besuchen. Aus dieser Grammatik habe
ich gelernt. Griechisch! Es muß auch Griechisch lernen. Die
Verba auf ‚mi‘ begreift es nicht, ich habe sie auch nicht begriffen.
Dann schlagen sie es und es ist so klein und kann das Anfassen
nicht vertragen. Aber ich bringe den Schulmeister um, der mir
das Kind anrührt. Es ist mein Junge. Meiner ganz allein!
Können Sie die Verba auf ‚mi‘?" — „Herr Weigelt," entgegnete
ich mit Würde, „ich weiß nicht, welche Beleidigung diese Frage ent=
hält und will deshalb nicht mit Ihnen rechten. Machen Sie aber,
daß Sie zu Bett kommen. Ziehen Sie erst die Stiefel aus. So
und nun helfe ich Ihnen den Rock ausziehen und die Weste, ich bin
eine verheirathete Frau und geniere mich weiter nicht; mit dem Rest
werden Sie wohl selbst fertig; m e h r wäre gegen mein Zartgefühl!"
Und damit ließ ich ihn allein.

Nach einer Viertelstunde sah ich wieder bei ihm ein. Richtig
hatte er das Licht brennen lassen und schnarchte wie eine Säge=
mühle. Wenn mein Karl schnarcht, lege ich ihm eine Schlummer=
rolle unter den Kopf, das hilft etwas, aber da ich hier nichts Der=
artiges fand, stopfte ich Augusten's Mann die alte dumme Gram=
matik unter den Nacken. Dann nahm ich das Licht mir mir und
dachte noch im Stillen: nein, wie ein ganz anderer Mann ist doch
mein Karl.

Auguste schlief, als ich auf den Fußspitzen ins Schlafzimmer
schlich, um noch einmal bei ihr nach dem Rechten zu sehen. Als
ich an die Wiege trat und mich über das Kleine beugen wollte,
schlug sie die Augen auf; selbst im Schlafe hatte sie gemerkt, daß

Jemand sich ihrem Kinde näherte. Sie sah mich an, und in dem Dämmerlichte, das dort herrschte, konnte ich doch erkennen, wie holdeste Seligkeit aus ihrem Auge leuchtete und unaussprechliches Glück auf ihren Zügen ruhte. Sie war wirklich hübsch in diesem Moment, obgleich sie sich über Schönheit nie beklagen konnte. Ich nickte ihr freundlich zu und dann ging ich.

———o———

„Auf einen Löffel Suppe.“

Es ist mit dem Schicksal akkurat wie mit dem Wetter. Man hofft, daß es endlich einmal schön werden soll, man sieht nach dem Barometer, man betrachtet die Abendwolken, man spricht darüber, daß es sich doch ändern muß, man liest die Berichte der Seewarte und sagt zu seiner Familie: ‚Liebe Kinder, morgen wird das Wetter gut, legt die Kleider nur zurecht, wir gehen aus,‘ aber am nächsten Tage gießt es, als wäre die Wasserleitung im Himmel geplatzt. Und gerade so steht der Mensch dem Schicksal gegenüber, er mag sich anstellen wie er will, hoffen und wünschen, sich mühen und plagen und, wie die Dichter sagen, die Weltenuhr ein bischen vorstellen, es hilft doch Alles nichts. Schließlich und zuletzt muß er seine Ohnmacht einsehen und zerknirscht die Gewalt der ewigen Urgesetze anerkennen.

Das heißt jedoch, ich für meine Person nehme den Kampf mit den ewigen Gesetzen auf, dafür bin ich zu resolut. Rom wurde auch nicht an einem Tage ruinirt, o nein, es steht noch eine ganze Menge davon da. —

Ich hielt es für geboten, dem Doktor zu zeigen, daß wir ihn nicht ausschließlich als Hausarzt schätzten, sondern, daß wir auch den Hausfreund in ihm sähen, und lud ihn deshalb zum Sonntag auf einen Löffel Suppe ein. Daß er blos auf Suppe kommen würde, durfte ich nicht erwarten, und deshalb fügte ich hinzu, daß wir aus Mecklenburg eine Kalbskeule von zwanzig Pfund geschenkt erhalten hätten, die nur von Kennern gewürdigt werden könnte.

„Wilhelmine, was ist das für ein Schwindel mit der Kalbskeule?“ fragte mein Karl, als ich ihm die Einladung zur Begutachtung vorlegte.

„Sie wird schon da sein, wenn es so weit ist," entgegnete ich, „und nachgewogen braucht sie nicht zu werden."

Mein Karl schüttelte den Kopf, aber ich bedeutete ihm, daß es Dinge gäbe, von denen die Männer nichts verständen. Der Doktor müßte einmal eingeladen werden, das sei man ihm und uns schuldig.

Der Doktor sagte zu. Er schrieb, daß er am Nachmittag um Fünf allen seinen Verpflichtungen nachgekommen sein werde und sich freue zu erscheinen. Daraus konnte man sehen, wie gewissenhaft er es mit der Praxis nimmt, denn es giebt Aerzte, die keinerlei Sonntagsarbeit verrichten, einerlei ob sie bestellt sind oder ob sich ihnen zufällig etwas bietet. Ein solcher Arzt, wie Dr. Wrenzchen, mit so soliden Ansichten, mußte ja jeder Familie willkommen sein. Mein Mann fragte, ob wir Onkel Fritz nicht auch bitten wollten, aber für diesen Vorschlag hatte ich nur ein vielsagendes Lächeln. Ich konnte keine Gesellschaft gebrauchen, ihn allein wollte ich haben, ihn, den Doktor ganz allein. Diesmal sollte er mir nicht entschlüpfen! Ich sorgte rechtzeitig für den Braten und der Sonntag war da, als die Woche Feierabend gemacht hatte. —

Um drei Uhr schob ich die Keule in den Bratofen. Emmi war gerade in der Küche und fragte, ob sie nicht rasch zu Bergfeldtens laufen sollte, um sie einzuladen. So unschuldig war das Kind, es hatte keine Ahnung von der Wichtigkeit des heutigen Tages. Ich umarmte sie, Thränen füllten meine Augen und erstickten meine Stimme; ich konnte nur sprachlos auf die Kochmaschine deuten, als wenn dort die ganze Zukunft meines Kindes briet.

„Du hast wohl Recht, wenn Du über den Braten unglücklich bist, Mama," sagte Emmi, „Du sollst sehen, er wird nie alle. So viel Kalbfleisch haben wir noch nie auf einmal im Hause gehabt. Und kein Mensch mag ihn!" — „Einer wird ihn mögen!" rief ich mit Beziehung. „Geh nur, mein Kind, und schmücke Dich. Zieh die gepuffte Sammettaille an, stecke Dir die Blumen ins Haar, die ich vom Markt für Dich mitgebracht habe. Es sind Orangenknospen." — „Die sehen nach Nichts aus," entgegnete Emmi. — „Aber sie sind symbolisch!" erwiderte ich. „In Italien windet man.... den Brautkranz daraus. Nun geh, mein Kind!" — Emmi wurde roth bis über die Ohren, sah mich groß an, und entfernte sich, ich aber wandte mich zu dem Braten, der sich bereits

schön bräunte, und sagte zur Köchin: „Jette, nach zehn Minuten
wird er zum ersten Male begossen. Mir liegt daran, daß er vorzüglich werde." — „Mir ooch!" entgegnete Jette, „Madame kann
sich ruhig anziehen, ick werd' schonst Acht jeben." —

Der Tisch war gedeckt. Mein Karl sah so nett frisch-gewaschen
aus, daß ich ihm einen Kuß gab, und die Töchter glichen seraphi-
schen Gestalten, namentlich Emmi in dem stahlblauen Sammet.
„Wie eine kleine niedliche Doktorsfrau," flüsterte ich meinem Karl
zu. Je näher der Zeiger auf Fünf rückte, um so beklommener wurde
mir. Wenn der Doktor noch im letzten Moment absagte? Wenn
einer seiner Patienten nach ihm schickte? Dann überkam mich
die Angst, der Braten könne ansengern und die gute Sahnen-
sauce verdorben werden. Ich flog nach der Küche. Die Jette
begoß den Braten gerade mit liebevoller Sorgfalt; er sah herrlich aus. Wir gaben die Sauce durch ein Sieb, ich machte sie
noch mit einem Theelöffelchen voll Kraftmehl seimig und zog ein
Stückchen frischer Butter durch, damit sie so recht milde und schmack-
haft würde. „Der Doktor wird sich alle zehn Finger lecken," dachte
ich und schmunzelte und die Jette schmunzelte auch, als wenn sie
ebenso dächte wie ich.

Präzise um Fünfen war der Doktor da. Mir fielen die ganzen
Alpen vom Herzen. „Sie müssen mit uns allein vorlieb nehmen,
lieber Herr Doktor," sagte ich. „Einige Freunde, die leider...."
Hier unterbrach mich mein Karl, dem Nothlügen ziemlich fatal
sind, und sagte: „Je kleiner der Kreis, um so größer die Gemüth-
lichkeit." — Und der Doktor fiel lächelnd ein! „Wenn's Herz nur
schwarz ist!" — Unter Lachen und Scherzen setzten wir uns zu
Tisch. Ich reichte dem Doktor meinen Arm, ihm gegenüber kam
Emmi zu sitzen. Mein Karl saß des Einschenkens halber zu seiner
Linken und Betti an meiner anderen Seite.

Erst hatten wir eine einfache Hausmannsbouillon mit Marx
und Portwein dazu, den der Doktor ausgezeichnet fand. Dann
gab es Zander mit Austernsauce (natürlich nur amerikanische
Dosen-Austern), und dann kam der Kalbsbraten. So muß Napoleon die Pyramiden angelächelt haben, wie der Doktor die Keule.
Auf einen Wink von mir lächelten Emmi und Betti auch, obgleich
sie schon den Mund verziehen wollten. Die Keule war delikat und
ward denn auch sichtlich kleiner. Ich hatte die schwache Seite des

Doktors getroffen, und wenn er auch, wie Onkel Fritz sagt, Alles heruntertrinkt, was naß ist, und es noch obendrein lobt, so hatte mein Karl doch für vorzügliche Weine gesorgt: einen Johannis= berger Schloßabzug für eine Mark zum Fisch und ein Chateau la Pancha für eine Mark und Dreißig. Der Doktor erklärte, er ließe sich einen Nagel in den Leib schlagen, wenn er jemals besseren Wein wünschte. — Wir waren ungemein heiter. Namentlich freute es mich, wenn er sich mit Emmi unterhielt und ihr die kleinen Ge= schichten erzählte, die er in der Zeitung gelesen hatte. Wir kannten sie zwar, weil wir auf dieselbe Zeitung abonnirt sind, aber ich konnte ihm doch ein Kompliment darüber machen, daß er so gut von Ge= dächtniß sei.

Als wir gegessen hatten, tranken wir den Kaffee im andern Zimmer und die Herren zündeten eine Cigarre an. Mein Karl bat hierauf den Doktor um Entschuldigung, wenn er ihn auf eine halbe Stunde verließe, er habe einen wichtigen Gang. Dies war auch richtig, denn er hatte Kassenrevision in seinem Bezirksverein. Betti ging, ohne ein Wort zu sagen, nach Bergfeldts und die Jette schickte ich mit einem Stück Zander nach der Ackerstraße zu Weigelts, von woher sie vor 'ner Stunde nicht zurück sein konnte. Als ich Alle entfernt hatte, bat ich selbst den Doktor um ein Viertelstündchen Urlaub, auf einen kurzen Sprung in die Nachbarschaft. Ich verließ das Haus aber gar nicht, sondern kehrte von der Hausthür auf den Zehen leise zurück und verbarg mich in der Speisekammer. Dort setzte ich mich auf einen Küchenstuhl.

„Gut gegessen und getrunken hat er," dachte ich. „Wenn er nur eine Spur dankbar für das Genossene ist, trägt er ihr Herz und Hand an. Aber" — so regte sich der Zweifel — „giebt es nicht auch Menschen, die sich aus einer Einladung gar nichts machen, die es sogar für ein Opfer halten, mit Leuten zusammengebracht zu werden, die ihnen nicht zusagen?" — Vor mir auf dem Tisch stand eine Schale mit weißen Bohnen. Ich nahm eine Hand voll heraus und sagte: „Ist die Zahl paar, dann werden die Beiden heute noch richtig mit einander." — Ich zählte die Bohnen auf den Tisch. Es waren siebenundzwanzig. — Also unpaar. „Das erste Mal gilt nicht," dachte ich, „nun also einmal unpaar." Es waren ausge= rechnet vierzehn!

Aber alle guten Dinge sind drei. Ganz vertieft in das Bohnen=

orakel hörte und sah ich Nichts von der Außenwelt, als plötzlich
zwei kräftige Arme mich faßten und mir Jemand einen Kuß auf=
drückte, daß mir die Ohren klangen. Ich sprang auf. In der
Dämmerung erkannte ich, daß ein militärischer Mensch, so ein rich=
tiger Siebenfüßer, vor mir stand. „Wer sind Sie! — Was wollen
Sie?" herrschte ich ihn an. Er stellte sich in Positur und schnarrte:
„Jefreiter Jehren vom Jarberrrmt." — „Was wollen Sie?" rief
ich. — „Zu Befehl," antwortete er, „die Jette hat mir heute zu
Kalbsbraten injeladen!" — „Die Jette?" rief ich ergrimmt. „Der
ist verboten, einen Bräutigam in die Küche kommen zu lassen." —
„Sie is ooch nich meine Braut, sie is man blos meine Schwester!"
erwiderte der junge Reichs=Goliath. — „Ihre Schwester?" fragte ich
empört, „das ist nicht wahr! So wie Sie mich eben, faßt man
keine Schwester an, das würde nicht einmal mein Karl sich erlau=
ben. Machen Sie, daß Sie fortkommen." — Er ging aber nicht,
sondern liebäugelte mit dem Kalbsbraten, den er auf dem Speise=
kammertisch entdeckte, und den ich am Abend zum Punsch als Auf=
schnitt geben wollte, wenn wir dazu kämen, die Verlobungsbowle
anzusetzen. — „Gehen Sie oder ich rufe nach Hilfe!"

Schmach, Zorn und Wuth übermannten mich. „Mörder!"
schrie ich, „Einbrecher, Diebe, zu Hilfe!" Kaum merkte der Sol=
dat, daß ich Ernst machte, als er auf der Hintertreppe verschwand.
Der Doktor und Emmi kamen angestürzt. Was sollte ich nun
thun? Die Wahrheit konnte ich nicht sagen. Ich murmelte etwas
von Schreck, Gespenstern und that, als wenn ich ohnmächtig werden
würde. Emmi war ganz außer sich, als sie mich in diesem unge=
wohnten Zustande sah, aber ich dachte: „Wilhelmine, du bist doch
überraschend schlau, denn so ruchlos kann kein Doktor sein, der auf
Pflicht und Gewissen hält, daß er eine arme Leidende verläßt, zu=
mal wenn er vorher reichlich Kalbsbraten bekommen hat und mit
dem Wein so außerordentlich zufrieden war." — Ich erholte mich
daher langsam und erzählte, ich müßte mich wohl über das Küchen=
handtuch im Halbdunkel erschreckt haben, denn durfte ich bekennen,
daß ich, statt in die Nachbarschaft zu gehen, mich lauernhalbers in
die Speisekammer gesetzt hatte; konnte ich auch nur ein Wort von
dem verwegenen Ueberfall des Soldaten sagen, der mich für die
Jette gehalten? — Nein, niemals! —

Der Doktor benahm sich nun bezaubernd gegen mich; es ist

förmlich ein Vergnügen, Patient bei ihm zu sein. Er meinte, so ein Schreck sei nur etwas Aeußerliches und würde sich bald geben. Ihm thäte es blos leid, jetzt gehen zu müssen, da er verpflichtet sei, einen Patienten zu besuchen, der an der fixen Idee litte, jeden Sonntag-Abend einen Lachs zu fangen, und ehe dieser Mann, der obendrein Familienvater sei, nach Dallborf käme, wolle er versuchen, ihn nach allen Regeln der Kunst zu erleichtern. Da er sich auf keine Weise halten ließ, mußte ich ihn schweren Herzens ziehen lassen.

Als er fort war, fragte ich Emmi: „Nun, wie war er gegen Dich?" — „Sehr nett!" — „So? und worüber sprach er?" — „Er meinte, es müßten Orangenblüthen im Zimmer sein, die möchte er nicht riechen, denn als Kind sei ihm einmal ein Brech= mittel mit Orangenblüthenwasser verordnet worden, und seit der Zeit wäre ihm der Geruch äußerst fatal." — „Nun und Du?" — „Ich sagte, ich würde die Blumen aus meinem Haar nehmen; aber er meinte, das könne er nicht verlangen. Ich that's aber doch, und da setzte er sich zu mir heran...." — „Und da?" — „Da erzählte er mir allerlei von seinem guten Papa und seiner lieben Mutter, wie die ihm immer sagte, eine Schwiegertochter wäre das Beste, was er ihr einmal bringen könnte, und da...." — „Und da?" fragte ich athemlos. — — „Und da fingst Du an zu schreien, Mama, und wir stürzten nach der Küche." — —

Mir warb schwarz vor den Augen. Wie vernichtet glitt ich auf das Sopha. So nahe am Ziel — schon lag ihm das erlösende Wort auf den Lippen, als das Schicksal in Gestalt eines hungrigen Kriegers grausam dazwischen trat. Mein erster Gedanke war, die Jette sofort nach ihrer Zuhausekunft durch einen Schutzmann ab= holen zu lassen, da sie doch offenbar die Thür nicht verschlossen hatte, damit die bewaffnete Macht ins Haus bringen konnte. Aber ich durfte nicht. Was würden mein Karl, die Kinder, Dr. Wrenz= chen und gar Onkel Fritz von meiner freiwilligen Verbannung in die Speisekammer gesagt haben, die dabei zur Sprache kommen mußte? Entsetzlich. — Und die Jette ist seitdem so frech und impertinent, daß ich ihr kaum ein Wort zu sagen getraue, ja ich gehe Abends nicht einmal in die Küche, weil ich fürchten muß, den Gefreiten dort anzutreffen. Statt des erhofften Glücks habe ich nur Kummer und Verdruß geerntet und wer weiß, wann es mir

wieder gelingt, den Doktor einzufangen? Ich bin sehr niederge=
schlagen und gebeugt, aber ich gebe trotzdem den Kampf mit dem
Schicksal um den Doktor nicht auf. — — — —

P. S. Der Doktor ist an dem betreffenden Abend gar nicht bei
einem Kranken gewesen. Im Gegentheil, er hat mit seinen Kum=
panen in Nifelheim bei Helbichs Skat gespielt. Onkel Fritz hat
ihn dort getroffen und sagte mir, ‚Lachs fangen‘ bedeutet soviel, als
das Bier im Skat ausspielen. Also verhöhnt hat er mich trotz der
Kalbskeule und des Zanders mit Austernsauce. Ich möchte wohl
mal sehen, ob er sich das als Schwiegersohn erlauben würde? Das
Lachsfangen wollte ich ihm schon abgewöhnen.

———o———

Taufe.

Seinen Namen hatte das Kleine bei Weigelts ja schon auf
civilstandsamtlichem Wege erhalten, aber es ward nach diesem nun
doch die höchste Zeit, daß es getauft wurde und nicht länger als
junges Heidenkind in den Tag hineinlebte. Die Verzögerung hatte
jedoch ihren guten Grund, denn Herrn Weigelt's Vater ist Land=
pastor, dort irgendwo an der pommerschen Küste, und nun wollten
Weigelts doch gerne, daß der Großvater den Enkel taufen möchte,
aber dem war es schwer geworden, von seinem Amte auf einige Tage
abzukommen. Jetzt aber hatte er geschrieben, daß er Zeit habe und
den Tag seines Eintreffens in Berlin angemeldet.

Dies Alles setzte mir Herr Weigelt auseinander, als er zu uns
kam, um meine Emmi zu Gevatterin zu bitten. Natürlich gewährte
ich ihm diesen Wunsch, denn Emmi und Auguste waren von jeher
gute Freundinnen, und man kann sich nichts Reizenderes denken,
als eine junge, niedliche Gevatterin. Es rangirt das gleich nach
Brautjungfer, obgleich Braut in meinen Augen noch einen bedeu=
tenden Grad höher steht.

Als er mir nun sagte, daß sein Vater kommen werde, fragte
ich, wo der denn logiren solle, da doch die Räumlichkeiten bei ihnen
nur beschränkt seien und eine Taufe außerdem allerlei Unruhe ver=
ursache. — „Ach, Frau Buchholz,“ sagte er, „Sie sind stets so wohl=
wollend zu uns gewesen, und Platz haben Sie auch. Wenn mein
guter alter Papa bei Ihnen wohnen könnte, ich wüßte nicht, wie
dankbar ich sein würde! Bei meinen Schwiegereltern fehlt es leider

auch an Raum!" — Ich überlegte einen Augenblick und sagte dann:
„Ihr Herr Vater soll mir sehr willkommen sein. Ganz außer=
ordentlich willkommen, aber ich fordere einen Gegendienst." —
„Mit Freuden," antwortete er. — „Sie bitten Dr. Wrenzchen eben=
falls zu Gevatter. Sie sind mit ihm bekannt. Wollen Sie?" —
„Was an mir liegt, soll geschehen," erwiderte Herr Weigelt, „und
müßte ich ihn mit der Raupenscheere heranzerren!" — Wir lachten
beide über dies grausame Mittel, das kürzlich von einem Mörder
ersonnen war, um seine Kunden zu erwürgen, und dann verab=
schiedete Herr Weigelt sich seelenvergnügt.

Als er fort war, sagte ich mir: Wilhelmine, dieser Einfall ist
Goldes werth. Der Doktor entrinnt Dir nicht. Daß Emmi aus=
sieht wie eine junge Fee, dafür wirst Du schon sorgen.

Am nächsten Tage kam Herr Weigelt wieder heran. „Er hat
zugesagt!" rief er mir schon in der Thüre entgegen. — „Ohne viele
Ausflüchte?" fragte ich. — „Im Gegentheil, als er hörte, daß
Fräulein Emmi mit ihm Gevatter stehen würde, acceptirte er so=
fort und sah so fidel aus, als hätte er einen Grand mit Vieren in
der Hand." — „Das geht ja vortrefflich," dachte ich, „er scheint
schon selbst zu der Ansicht gekommen zu sein, daß er reif ist." —
Nun beredeten wir noch allerlei praktische Dinge in Bezug auf das
Tauffest, ich versprach ihm, unsere Punschbowle mit den Gläsern
hinzuschicken und was sie sonst brauchten, denn Bergfeldts ihre hat
beim Umzug natürlich einen Stoß weggekommen und ist ohne
Schamröthe nicht mehr auf den Tisch zu stellen. In meiner Freude
hätte ich ihm unsere ganze gute Stube geliehen, wenn es möglich
gewesen wäre.

Nun richteten wir das Fremdenzimmer für den alten Herrn
ein. Die Kinder meinten zwar, es würde tödtlich langweilig sein,
einen Geistlichen im Hause zu haben, da dürfte man ja kein lustiges
Wort reden und müsse sauer aussehen, aber ich sagte mit Beziehung:
„Kinder, nach Regen folgt Sonnenschein, aus der Säure wird noch
eitel Honigseim werden. Ueberdies sucht Eure Gesangbücher her=
vor und legt sie auf den Nähtisch, das wird einen guten Eindruck
machen. Du, Emmi, bekommst ein weißes Kleid mit blaßblauer
Garnirung. Mattes Blau steht Dir sehr gut. Im Winter kannst
Du damit zu Ball gehen, ich sage Dir, weggeworfen ist es nicht."
Das war am Freitag.

Wir hatten mithin noch Zeit genug zur Herstellung der Toilette, denn der alte Herr Weigelt traf erst am Dienstag Nachmittag ein und am Mittwoch sollte die Taufe sein.

Der alte Herr hatte natürlich erst seine Kinder besucht und dann kam er mit seinem Sohne zu uns. Mir war anfangs etwas beklommen, denn man ist doch nicht gewöhnt, mit der Geistlichkeit umzugehen, allein der alte Herr hatte so viel Herzliches und Gewinnendes, daß wir nach zehn Minuten schon so nett miteinander waren, als hätten wir uns bereits seit Jahren gekannt. Als wir zum Abendbrod gingen, bot er mir galant den Arm und das erste Glas Wein nahm er und sprach, er wünsche die Gesundheit der Familie zu trinken, von der sein Sohn und seine Schwiegertochter ihm so viel des Guten gesagt hätten, und im Namen seiner Kinder dankte er uns für die vielen Beweise der Freundschaft. Mein Karl entgegnete, so viel Lob mache seine Frau ganz verlegen, aber der alte Herr reichte mir seine Rechte mit herzlichem Händedruck und sagte, er wisse recht gut, woran er sei und habe kein Wort zu viel gesagt.

Nachdem wir gespeist hatten, beschwor ich Herrn Weigelt junior, doch um des Himmels willen noch einmal nach dem Doktor zu sehen und ihn an seine Zusage und seine Pflicht als Christenmensch zu erinnern, und deshalb verließ der uns auch bald. Der alte Herr unterhielt sich mit den Töchtern. Er fragte, ob sie auch spielten und sängen, als er das Klavier bemerkte. Ehe wir es nur dachten, saß er an dem Instrument und erzählte, wie er früher als Student den ‚Freischütz‘ gesehen habe und wie alle Welt davon begeistert gewesen sei, und sang ganz munter die Arie ‚Durch die Wälder, durch die Auen‘. Emmi sang dann auch einige Lieder, aber zu seinem Leidwesen kannte sie das ‚Kommt ein schlanker Bursch gegangen‘ nicht. „Nun," sagte er, „als ich noch jung war, wurde das Lied überall gesungen, mir gilt es als eine Erinnerung an die ferne Jugend." Da spielte er es und sang dazu, und wir Alle lauschten, wie den welken Lippen noch so frohe Töne entquollen. Ich hatte mir den Pastor ganz anders gedacht, finster und gänzlich scherzlos, aber nun ich ihn so gesellig und gemüthlich fand, reifte ein Plan in mir, der nicht fehlschlagen konnte.

Ich ließ die Töchter sich absondern und dann sagte ich ihm vertraulich: „Herr Pastor, Sie werden morgen ʼeinen Gevatter

vor sich haben, der ein recht angenehmer Mensch und mir als
Schwiegersohn willkommen ist, aber das sündhafte Berliner Leben
hat ihn ganz umgarnt. Reden Sie ihm doch ein bischen ins Ge=
wissen und malen Sie ihm das Glück der Ehe recht hübsch aus.
Wenn er Gevatter steht, muß er schon zuhören." — Der Pastor
überlegte einen Augenblick und sagte dann: „Ich will versuchen,
ihn auf den rechten Weg zu führen." „Sie thun ein gutes Werk,"
erwiderte ich, „Sie haben keine Ahnung davon, wie verderbt die
Berliner jungen Leute sind. Auch meinem Bruder Fritz könnte
eine Ermahnung nicht schaden!" — — —

Am nächsten Tage war die Taufe. Weigelts hatten Alles sehr
niedlich eingerichtet, es war so freundlich bei ihnen und sauber, und
ich mußte staunen, wie doch ein paar Blumentöpfe und fröhliche
Gesichter eine Wohnung festlich machen, wenn sie noch so klein ist.
Von den Bekannten waren selbstverständlich Bergfeldtens von A
bis Z da, Herr und Frau Krause, die den kleinen Eduard mitge=
bracht hatten, Onkel Fritz, der Hauswirth Herr Meier mit Frau
und Tochter, ein paar Freunde des Herrn Weigelt, worunter ein
Herr Theophile, der Chemiker studirt und nachher allerlei Kunst=
stücke machte. Dazu kamen wir noch Alle und Dr. Wrenzchen, so
daß die Wohnung voll war wie ein Omnibus bei Regenwetter.
Wegen Dr. Wrenzchen war die Taufe um 6 Uhr angesetzt und er
kam auch mit dem Glockenschlage. Herr Bergfeldt hielt seinen
Enkel und Dr. Wrenzchen und Emmi standen rechts und links von
ihm.

Der alte Pastor fing seine Rede an. Er wies darauf hin, daß
das so sanft schlummernde Kind (es schlief nämlich herrlich) eine
junge Knospe sei, die sich in dem großen Garten der Menschheit
entfalten solle, bei der die Gevatter die Gärtnerpflicht übernähmen,
damit die Blüthe dem Herrn des Gartens gefalle. Dies führte er
mit mannigfachen Vergleichen aus und wußte unser Gemüth zu be=
wegen, daß in uns Allen recht innige Wünsche für den jungen
Erdenbürger wachgerufen wurden. Dann aber wandte er sich zu
den Gevattern und sprach, wie die Pflicht, die sie übernähmen, so
zu deuten wäre, daß ihr Schützling nun auch Anforderungen an sie
stelle. Er wisse wohl, daß Berlin, wie dereinst Babel, der Ver=
suchungen voll sei und namentlich Denen mit dem Untergange
drohe, die ihre Wege, unbekümmert um Andere, wandelten. Da

lauerten das Spiel, der Trunk und die Sünde in gleißenden Farben und zögen den jungen Menschen in den Abgrund. — Nur ein Mittel gäbe es zur Rettung, das wäre das eigene Heim, die Sorge für Andere in Leid und Noth und Trübsal. Die Prüfungen, welche der Ehestand mit sich brächte, führten den dem Verderben Zueilenden auf den rechten Weg und zur Erkenntniß. Darum solle jeder junge Mann das Joch der Ehe auf sich nehmen, damit er aus den Schlingen böser Gesellschaft errettet werde und den Thorheiten der Welt entsage. — Mich überlief es eiskalt, denn er ging mir weiter als ich wünschte, der gute Pastor, aber er war einmal im Zuge und ließ sich nicht halten. Dr. Wrenzchen hörte sehr genau zu, aber trotzdem schien er nicht sehr erbaut. — „Welches Glück," fuhr der Pastor fort, „wenn einem jungen Manne sich ein Haus öffnet, in dem ein guter Geist waltet, wo die Töchter das Gesangbuch nicht in den Winkel werfen, aus dem sie fromme Verse lernten, wo eine Mutter waltet, die ihre schützende Hand auch über den Verlorenen ausstreckt, den sie ihren Sohn nennt." — Nun verzog Dr. Wrenzchen den einen Mundwinkel. „Das bedeutet nichts Gutes," dachte ich. „Wenn der Pastor nur aufhören wollte, er macht den Doktor noch ganz rabiat." — „Zwei Wege giebt es, meine Theuren," schloß der Pastor, „den der Zucht und Ordnung, der Entsagung und des Friedens und den der sündigen Welt mit ihren Genüssen, dessen Ende Verzweiflung und Gewissensqualen sind. Wer kann sich da lange besinnen? Nur der Verstockte, dem Bösen Verfallene, der Verruchte. Und was verlangt unser Täufling? Daß seine Gevattern ihm auf der Bahn des Guten vorangehen!"

Dann folgte die Taufhandlung und der kleine Franz wurde in das Schlafzimmer zurückgebracht.

Ich war neugierig, welche Wirkung die Rede wohl auf den Doktor ausgeübt haben würde. Der Pastor hatte es zu gut gemeint, denn für so ganz verloren, wie er ihn hinstellte, erachte ich den Doktor keineswegs, aber wenn die Pastoren auf die Sünde zu sprechen kommen, malen sie meistens reichlich schwarz.

Es wurde rasch gedeckt und wir setzten uns zu Tische. Doktor Wrenzchen führte Emmi, die allerliebst aussah, der Pastor saß mit der Bergfeldten auf dem Sopha und Krauses nahmen ihren Eduard zwischen sich. Ich wunderte mich, daß der Junge während der

Taufe so ruhig gewesen war, aber das dicke Ende kam nach, denn er hatte die Konfektschüssel entdeckt und sich gehörig daran gehalten. Auguste mußte rasch zum Konditor schicken, um den Schaden wieder gut zu machen. Da ich noch mit der Krausen etwas gespannt war, sagte ich nichts, aber ich warf Blicke, die sie wohl verstand.

Auguste hatte ein sehr gutes Essen bereitet. Es schmeckte uns Allen, und als wir schon ein bischen in Stimmung waren, ging das Toasten los. Herr Krause ließ die Eltern leben, mein Karl sehr hübsch den alten Weigelt, und der wieder die Gevattern. Onkel Fritz ließ die vier Franzen leben: den Täufling, den Vater, den Großvater und Dr. Wrenzchen, der auch Franz heißt, und meinte, wenn es so weiter ginge, würde es noch ein ganzes Kaiser Franz-Regiment in der Familie geben, worüber wir Alle in ein lautes Gelächter ausbrachen und Dr. Wrenzchen stark erröthete. Der Doktor unterhielt sich zwar mit meiner Emmi, aber, wie mir schien, ein bischen reservirt und kühl. Ich war sehr unruhig darüber.

Zum Dessert kam die Punschbowle, und nun machte Herr Theophile verschiedene sehr amüsante Kunststücke. Er fraß Feuer, ohne sich zu verbrennen, und verschluckte Messer und Gabeln. „Das sind ja fast Wunder wie zu Mosis Zeiten und Aarons!" sagte der Pastor lächelnd.

„Meinen Sie den Nietenkommissarius Aarons?" fragte die Bergfeldten, „das ist doch ein sehr ordentlicher Mann, ich glaube nicht, daß der Feuer frißt!" — Jedermann schwieg ob dieser grenzenlosen Bornirtheit.

Der kleine Krause war aufgestanden und zu dem Herrn gegangen, um die Kunststücke in der Nähe zu sehen, und rief mit einem Male laut: „Aeh, äh, er hat das Messer gar nicht gegessen, das liegt auf seinem Schooß. Aeh, äh!"

Herr Krause gebot Eduard Stillschweigen. Die Herren standen theilweise auf und rauchten ihren Ziehgarn, und ich setzte mich zum Doktor. „Nun, lieber Doktor," fragte ich, „wie hat Ihnen denn die Taufrede gefallen?"

„Sie hat mir viel Stoff zum Nachdenken gegeben," antwortete er. „Meine gute Frau Buchholz, ich liebe die persönliche Freiheit, ohne gerade den Sündenweg zu wandeln, und würde mich doch sehr

besinnen, ehe ich mich unter Kuratel, selbst der ausgezeichnetsten
Schwiegermutter stellte. Der Himmel mag wissen, wer dem alten
Herrn bei seiner Rede geholfen hat, aber für das Joch der Trübsal
bin ich nicht erwärmt worden! Auch kann ich nicht annehmen, daß
Ihnen ein verruchter Schwiegersohn willkommen wäre."

Nun wußte ich's. Das war eine Ablehnung, und zwar in der
Größe eines Waschkorbes. Warum kannte der alte Herr den Dok-
tor auch nicht besser? Er hätte sich doch sagen können, daß delikate
Angelegenheiten auch delikat behandelt werden müssen.

Ich wollte dies Thema noch ein wenig weiter verfolgen, denn
Zureden hilft manchmal, als die Krausen rief: „Wo ist Eduard?"
— Ja, wo war Eduard? Im Zimmer keineswegs, denn sein
Platz war leer. Im Nebenzimmer war er nicht; in der Küche
auch nicht. — „Mein Gott, wo ist Eduard?" Herr Krause suchte
überall, Eduard war nicht zu finden. Im Nebenzimmer war ein
Fenster geöffnet, um den Tabaksrauch und die Hitze auszulassen.
Sollte er aus dem Fenster gefallen sein? Herr Krause blickte
hinab. Unten auf dem Trottoir lag etwas Dunkles. „Mein
Kind!" schrie die Krausen, „es liegt unten zerschmettert!" Dabei
fiel sie in Ohnmacht. Herr Krause und noch einige Herren eilten
die Treppe hinunter, wir suchten indessen die Krausen ins Bewußtsein zurückzurufen. Ein Glück, daß wir einen Doktor bei uns
hatten, denn der Pastor hatte schon die Oelflasche statt der Essig-
flasche ergriffen und wollte der Krausen die Schläfe einreiben. —
Sie rührte sich noch nicht, als Herr Krause wiederkam. „Es ist
nur das Fensterkissen, nicht unser Kind, erwache wieder, Adelheid,
besinne Dich doch!" rief er. Sie kam wieder zu sich. „Wo ist
Eduard?" schluchzte sie. „Ach, Ihr wollt mir nur das Schreckliche verbergen. Sagt mir die Wahrheit, die Ungewißheit tödtet
mich!"

Wir wußten Alle nicht, was wir dazu sagen sollten, als plötzlich die Bergfeldten, die bisher stupide auf dem Sopha saß, laut
aufkrähte und rief: „Mich hat Jemand gepiekt!" Und so war es
auch. Der kleine Krause, die Kröte, hatte sich unter das Sopha
verkrochen und dort eine vergessene Tapeziernadel gefunden, mit der
er der Bergfeldten ins Bein stach.

Die Bergfeldten war außer sich und wollte gleich auf der
Stelle nachsehen, ob es schlimm geworden sei. Nur mit Mühe

konnte ich sie davon abhalten. Wir gingen ins Schlafzimmer und da stellte sich heraus, daß kaum ein Tropfen Blut geflossen war, nur ein kleiner rother Punkt war auf dem weißen Strumpf zu sehen. Uebrigens wunderte ich mich, daß die Bergfeldten so stämmig zu Fuß ist.

Krausens waren wie närrisch über das glücklich wiedergefundene Kind. Sie küßte und hätschelte den Jungen, daß ich es nicht mehr ansehen konnte.

„Gehen Sie doch mit ihm nach der Mädchenkammer," rief ich, „die liegt nach dem Hof zu, da hört es Niemand, wenn er seine wohlverdiente Jacke voll kriegt."

„Was sagen Sie?" fuhr die Krausen wüthend auf. „Den süßen Engel schlagen? Sie sind keine Priesterin der Humanität!"

„Der Himmel bewahre mich vor solcher Humanität," erwiderte ich. „Ich sage Ihnen nur, wenn Sie den Jungen weiter so verziehen, dann ist für ihn auch schon der Kalch mitgelöscht worden, als sie das neue Gefängniß in Moabit bauten!" — „Frau Buchholz, schonen Sie das Gefühl einer Mutter!" rief Herr Krause. — „Sie sollten ihm den Puckel nur gehörig mit hölzernem Balsam einreiben," erwiderte ich. — „Richtet nicht, auf daß Ihr nicht gerichtet werdet!" predigte Herr Krause. „Komm, Adelheid, so etwas brauchen wir uns nicht gefallen zu lassen!"

Krausens gingen, und da die Krausen schrecklich aufgeregt war, bat Herr Krause den Doktor, sie zu begleiten. — Und der Doktor ging mit! Er konnte gehen!

Wir blieben noch ein wenig, aber es kam kein Zug mehr in die Gesellschaft. Die Punschbowle war kaum zur Hälfte leer, als wir auch aufbrachen. Wie schön hätte man mit dem Rest noch Verlobung feiern können!

Emmi war sehr niedergeschlagen. Ich glaube, sie liebt den Doktor aufrichtig.

Das arme Kind! Es ist förmlich, als verfolgte das Unglück sie.

Eine Pfingsttour.

Ich war noch nicht mit der Stadtbahn gefahren, die Kinder auch nicht, und deshalb sagte ich zu meinem Karl, es könnte doch wohl nichts Reizvolleres geben, als am ersten Pfingsttage einen Ausflug mit theilweiser Benutzung der Stadtbahn zu machen. Dies käme billiger als alles Andere, sei belehrend und interessant, zumal das Getobe vom Volk erst am zweiten Feiertag stattfände.

Mein Karl war damit einverstanden. Ich schickte Betti nach Bergfeldtens, ob sie auch mitmachten, aber als Betti wiederkam, hatte sie nur halbe Antworten bekommen und sah so windschief aus den Augen, daß mir irgend etwas sengerig roch; ich wußte nur noch nicht was. Hab's aber nachher erfahren.

„Warum haben Bergfeldts nicht fest zugesagt?" fragte ich. „Sie meinten, Stadtbahn sei zu ordinär!" — „Auch wenn wir damit fahren?" entgegnete ich scharf und fragte dann weiter: „Fährt denn Dein Emil mit uns?" — Sie schwieg. — „Oder fährst Du etwa mit Bergfeldts?" Abermaliges Schweigen.

„Ich denke doch, daß der Bräutigam an solchem Tage seine Braut nicht allein läßt," bemerkte ich. — „Ich habe Emil nicht ge= sprochen!" erwiderte Betti. — „Dann frage ihn morgen früh." — „Vielleicht!" antwortete sie. — „Was heißt das, vielleicht?" rief ich, „habt Ihr Euch erzürnt? — Seid Ihr böse mit einander?" — „Nein," erwiderte Betti ganz leise. — „Nun, also was denn? Was giebt's? Heraus mit der Sprache!" — „Nichts," flüsterte sie, und dann brach sie in lautes Weinen aus und wollte reell ohn= mächtig werden.

Ich that Alles, was man in solchen Fällen thut, ich holte Eau de Cologne, ich machte ihr das Zeug auf, es war ihr ein bischen knapp, denn sie hatte sehr zugenommen, und kajolirte mit ihr herum, bis sie wieder zu sich kam. — „Nun sag' mir doch, was ist denn passirt?" fragte ich, „Deiner Mutter kannst Du doch wohl Alles vertrauen?" — „O nein," rief sie aus. „Nein, nein, frage mich nicht, es ist zu schrecklich!"

Mir stiegen allerlei furchtbare Vermuthungen auf, aber ich lächelte, während mir das Herz zerspringen wollte.

„Es wird das Beste sein, Ihr macht bald Hochzeit," sagte ich endlich. „Nicht wahr, zum Herbst heirathet Ihr?"

Den Blick, den das Kind mir nun zuwarf, vergesse ich in mei=
nem Leben nicht. Die Betti hat ja so hübsche Rehaugen, aber sie
sah mich damit an, als wäre sie bis auf den Tod verwundet, so
jammervoll und so wehleidig; es schnitt mir wie mit einem Messer
in die Seele. — „Nie!" sagte sie, „nie!" — „Na nu?" rief ich.
„Er wird Dich heirathen, so wahr ich Wilhelmine heiße." — „Aber
ich nehme ihn nicht," entgegnete Betti. — „Nun wird's immer
schöner. Und warum nicht?" — „Weil ich ihn hasse, ihn verab=
scheue; o — o — er —." Und nun bekam sie Zufälle, daß ich sie
zu Bette bringen mußte. Was eigentlich vorgefallen war, konnte
ich nicht aus ihr herauskriegen, denn sie ist von Natur etwas bockig,
und was sie nicht sagen will, das sagt sie nicht. Sie schwieg auf
alle Fragen, und ich blieb so klug wie zuvor.

Mit meinem Karl sprach ich nicht über meine Sorgen; ich
dachte, wenn ich erst weiß, was los ist, soll er's schon erfahren.
Um so eifriger betrieb ich die Vorbereitungen zu der Pfingstfahrt,
zumal Betti am andern Morgen ganz so war wie gewöhnlich. Nur
die Mundwinkel hingen tiefer und unter den Augen schien sie mir
reichlich blau. —

Wir Damen hatten uns natürlich einfach, aber doch gefällig
gekleidet. Emmi sah in ihrem neuen Cretonkleid reizend aus, daß
ich wohl wünschte, Dr. Wrenzchen wäre ihr zufällig begegnet. Betti
ging egal mit Emmi, und ich hatte mich in Taubengrau mit rothen
Fuchsias drauf geworfen, was jetzt erst Mode ist. Mein Karl sah
nobel aus wie immer.

Wir waren übereingekommen, erst zu Hause gemüthlich zu essen
und den Nachmittag zur Ausfahrt zu benutzen, denn so den ganzen
Tag mit neuen Kleidern unterwegs zu sein, das halte ich nicht für
ökonomisch, und so kam es, daß wir denn gegen drei Uhr auf dem
Bahnhof Alexanderplatz in ein ziemlich leeres Kupee stiegen und
davonjausten.

„Siehst Du, mein süßer Karl," sagte ich, „am ersten Feiertage
findet man schon Platz; schöner können wir es gar nicht wünschen."
— Ehe mein Karl antworten konnte, hielten wir schon auf dem
Bahnhof „Börse." — „Die Leute, welche ihren Feiertag genießen
wollen, fahren bereits früh aus," entgegnete mein Karl, „halb
Berlin wird draußen im Freien sein."

Ich wollte ihm meine entgegengesetzte Meinung ausdrücken, da

fuhren wir schon in den Bahnhof Friedrichsstraße ein. Und so
dampften wir aus Berlin heraus am Zoologischen Garten vorbei
nach dem Stadtbahnhof Charlottenburg, und von da gingen wir zu
Fuß unter dem Viadukt durch, über die Haide nach dem Halensee.

„Kinder," sprach ich, „seht doch, was Alles hier auf der Haide
blüht" und wollte mir ein bescheidenes Blümchen pflücken, wie das
auf Landpartien so Stil ist, aber ich kam doch zur Ansicht, daß,
wenn die Natur zu dicht bei der Stadt liegt, sie nicht mehr unver=
fälscht bleibt, weil die Menschen überall ihre Spuren zurücklassen:
ein einziges Butterbrodpapier, eine einzige Eierschale nimmt dem
ganzen Tableau seinen unschuldigen Ausdruck. Es giebt eben zu
viel schlechterzogene Menschen, namentlich im Freien.

Unser Ziel war das Wirthshaus am Halensee, denn aufrichtig
gesagt, Bernau und Biesenthal habe ich satt, die Festverpflegung ist
da zu grimmig und grüner sind die Bäume dort auch nicht, wo=
gegen am Halensee nicht nur bestes Bier auf Eis liegt, sondern
Ozonquellen ersten Ranges sein sollen. Außerdem kannten wir den
Wirth persönlich, der mir schon im Winter sagte, wenn ich hinaus=
käme, sollte ich extra ausgesuchten Protektionsspargel bekommen.
Er hatte dies zwar, wie wir erfuhren, vielen von seinen Bekannten
versprochen, aber es giebt ja dicken Spargel genug auf der Welt,
und das ist ein großes Glück für die Restaurateure, wie für das
Publikum.

Es waren viele Leute draußen, aber wir erhielten einen netten
Tisch mit entzückender Aussicht auf den See, auf dem die Gondeln
nur so herumlavirten. Hin und wieder fuhr ein Bahnzug am
Horizont durch die Natur, während der Vordergrund, wie die Po=
eten sagen, anmuthig mit weißbeschürzten Kellnern und festlich
geschmückter, anständiger Gesellschaft belebt wurde.

Wir bestellten gleich Spargel im Voraus, zähmten uns ein
Glas ‚Echtes‘ und promenirten dann in dem Park. Es war wirk=
lich amüsant und ich kann wohl sagen, unsere gewählte Toilette fiel
gebührend auf. Auch die Kegelbahn besuchten wir und dort fanden
wir zu unserem freudigen Erstaunen gute Bekannte, nämlich Herrn
Kleines, Herrn Theophile, einen Hamburger Doktor, der uns vor=
gestellt wurde und sich als sehr gebildet erwies, und noch einige
Andere. Und wer saß, als wir kamen, an dem Anschreibepult? —
Dr. Wrenzchen! — Ich begrüßte ihn herzlich, aber er kam nicht

heran, sondern nickte nur ängstlich lächelnd mit dem Kopfe. Alle
Anderen waren so artig, uns zu bekomplimentiren, aber er blieb
sitzen, als wäre er festgenagelt, was ich natürlich sehr rücksichtslos
fand. Nun luden sie meinen Karl ein, mitzukegeln, aber er lehnte
ab, weil ja schon eine gerade Anzahl Spieler vorhanden sei, worauf
der Doktor ihm gerne seinen Antheil einräumen wollte. „Ach,"
sagte ich, „wenn Sie doch nicht mitwerfen, lieber Doktor, dann
fahren Sie uns ein bischen im Boot, ich weiß, Sie segeln gerne."
— Er wurde ganz verlegen und machte allerlei Ausflüchte, und
seine Kameraden, namentlich ein Herr King, lachten sehr ver-
schmitzt, daß mir nichts übrig blieb, als meinen Karl, der schließlich nicht übel Lust zum Kegeln zeigte, etwas energisch unterzuhaken
und fortzuziehen.

„Du siehst, daß man uns dort nicht haben will," sagte ich erbost. „Der Doktor setzt die einfachsten Anstandsregeln bei Seite,
er steht nicht einmal auf, wo er doch die schöne Kalbskeule bei uns
verzehrt hat, und Herr Kleines wollte schon Lachkrämpfe kriegen,
als ich den Doktor ironisch zum Gondeln aufforderte. Die heutige
Jugend ist Pöbel, das ist meine Meinung."

Mit einem Worte, ich war sehr erzürnt. — „Tob' Dich nur
aus, Mine," sagte mein Engels-Karl, „sonst bekommt es Dir nicht
gut." Ach, wo giebt es einen Mann, der so zartfühlend ist, wie
mein Karl? Ich wollte jedoch noch einige Bemerkungen machen,
die gerade nicht von Zuckerkante waren, als mir das Wort im
Munde stecken blieb, wie eine zu heiße Kartoffel. Denn vor dem
Parkthor hielt eine Equipage und in der Equipage saß die Bergfeldten! Die Bergfeldten in blauer Seide, bramsig in die Kissen
zurückgelehnt, wie eine reife Katharinenpflaume, und neben ihr eine
ältere magere Dame. Auf dem Rücksitze saß Herr Bergfeldt mit
einem jungen Mädchen, das, der langen Nase nach zu schließen, die
Tochter der Mageren vorstellte. Emil hatte auf dem Bock Platz
genommen und sah so kühn in die Welt hinaus, als hätte er das
große Loos gewonnen.

„Die fahren Equipage und wir Stadtbahn Dritter," rief ich,
aber weiter kam ich nicht, denn die Betti war weiß wie der Tod geworden. — „Betti!.... Kind!" rief ich. „Was ist Dir? — Karl,
hole den Doktor! Schleife ihn an der Kravatte von der Kegelbahn,
Du siehst, er ist nothwendig!" — Mein Karl stürzte ab. — „Betti,

Du erschreckst mich, was fehlt Dir, mein liebes Kind? Ich will ja Alles verzeihen." — — — — „Es ist schon vorüber," sagte Betti. „Ich weiß nun genug. Sei unbesorgt, liebe Mutter. Du siehst, ich bin wieder ganz munter." — „Wir wollen nach Hause," sagte ich. — „Nein, wir bleiben," entgegnete sie fest. „Er soll nicht sagen, daß ich um seinetwillen mich auch nur eine Minute ge=grämt hätte." — „Wer?" — „Er, den ich jetzt hasse.... Emil!"—

Mein Karl kam retour, aber ohne den Doktor. „Wenn es dunkler geworden wäre, wollte er erscheinen," sagte mein Karl. — „Er braucht sich unsertwegen nicht zu inkommodiren," erwiderte ich spitz. „Uebrigens ist er auch nicht mehr vonnöthen. Und daß ich es Dir nur kurz sage, Betti ist mit Emil auseinander, und das kann uns nur recht sein; ich hatte so wie so nie Etwas mit dieser poweren Familie im Sinn. Unsere Betti an einen so habenicht=sigen Zukunfts=Referendarius wegplempern! Das fehlte gerade. Morgen schreibst Du an Bergfeldt, daß wir die Verlobung auf=heben, oder besser, ich bringe es ihr bei, daß ihr die Ohren summsen wie ein Telegraphendraht."

„Und was sagst Du dazu, Betti?" fragte mein Karl, indem er ihren Arm nahm und sie an sich zog. — „Möge Emil mit der jungen Dame glücklich werden, der er seine Neigung zugewendet hat, und sie.... mit ihm!" antwortete sie.

„Also wegen einer Anderen!" rief ich. „Wegen der langen dürren Person, die im Wagen saß? Wegen so einer Mamsell, so einem Knochenspinde. Na warte!"

Ich glaube nicht, daß man meine Stimmung hätte huldreich nennen können, aber doch war ich gewissermaßen froh, einmal weil ich wußte, warum Betti sich in der letzten Zeit gegrämt hatte, und zweitens, weil es nun mit Bergfeldts gründlich aus sein würde. — Wir blieben noch, um unseren Spargel zu essen, nachher kam auch Herr Kleines, der die Kinder sichtlich durch seine Erzählungen auf=heiterte, aber wir gingen doch früher, als wir ursprünglich wollten. Spargel mit Aerger gegessen, liegen wie Blei im Magen und wenn sie noch so delikat sind. — — — —

Zu Hause fand mein Karl einen Brief von Herrn Bergfeldt vor. Vier Seiten lang. Drei Seiten nur Hin= und Hergeziehe und zuletzt die Bemerkung, sein Sohn müßte nach einer wohlhaben=deren Partie aussehen und die biete sich ihm. Die Verlobung mit

Betti sei auch nur ein unbesonnener Jugendstreich. Unsere Betti könnte ja viel bessere Partien machen, als ihren Emil. — „Das hat sie ihm diktirt!“ rief ich.

Wie lange ich sehr im Zorn war, weiß ich nicht, aber es war für Bergfeldts vortheilhaft, daß sich Keiner von der ganzen Sippe sehen ließ, denn es lag etwas wie ein Unglück in der Luft. Betti war am gefaßtesten! Sie erzählte, wie sie allmälig eine Umänderung Emil's im Benehmen gegen sie bemerkt habe, wie die Bergfeldten von den schlechten Aussichten der Juristen und reichen Partien gesprochen und wie sie längst schon gefühlt, daß es aus sei. Und nun, da sie Gewißheit habe, sei sie ruhiger und zufriedener als je zuvor. — Das besänftigte mich wieder.

Als ich mit meinem Karl allein war, besprachen wir uns ernst. Auch er hielt dafür, daß die Lösung der Verlobung das Beste sei.

„Wäre es nach mir gegangen, so hätten Betti und Emil sich nie verlobt,“ rief ich, — „daran sind nur Onkel Fritz und Dein weiches Herz Schuld. Und dieser Doktor,“ fügte ich hinzu, „kann auch bleiben, wo er ist. Eine solche Unhöflichkeit ist mir noch nicht passirt. Kommt nicht zu mir, nicht einmal zu dem kranken Kinde.“

„Er konnte nicht, Wilhelmine, mit dem besten Willen nicht.“

„O, wenn er nur hätte wollen.“

„Er konnte wirklich nicht.“

„Warum nicht?“

„Er hatte die Hose beim Kegeln zerplatzt. Im Uebrigen legt er Dir und den Töchtern die devotesten Huldigungen zu Füßen.“

Es freute mich, daß der Doktor durch triftige Gründe verhindert gewesen war, aber warum nimmt er sich einen Schneider, der zu eng arbeitet? Das muß anders werden. — Den nächsten Tag kam er jedoch bei uns heran, um sozusagen eine Entschuldigungsvisite von Stapel zu lassen, was ich gebührend aufnahm. Gleichzeitig gebrauchte ich die Gelegenheit, ihm zu sagen, daß meine Nerven sich in Zerrüttung befänden. Er empfahl mir, spazieren zu gehen, da er mich für ein Rezept noch nicht herunter genug schätzte.

Das that ich auch, aber das Mittel war wohl nicht richtig gewählt, denn nach und nach überkam mich eine Unruhe, die nicht weichen wollte. Im Schlafe und im Wachen sah ich nämlich Kinder vor meinen Augen, viele kleine Kinder, daß sie gar nicht zu

zählen waren.   Hiergegen verordnete er mir Marienbader, der ihm
stets vollendete Dienste leiste.   „Doktor," fragte ich, „sehen Sie
denn auch zuweilen bei Tag und bei Nacht Kinder?" — „Nein,"
sagte er. — „Na," sagte ich darauf, „dann bleiben Sie mir nur mit
Ihrem Marienbader vom Leibe!" — Hierauf empfahl er mir wieder
fleißige Spaziergänge und ging einen Kunden weiter.

Als er fort war, legte ich mir die Frage vor: Was ist doch
eigentlich die Medizin? — Viel ist sie nicht, denn wenn man den
Aerzten nicht Alles selbst sagt, wissen sie auch nichts. Dr. Wrenz=
chen hätte doch sofort ahnen müssen, daß es nämlich gerade die
Spaziergänge waren, denen ich mein Leiden verdankte.

Es ist ja ganz einerlei, wohin man geht: vor den Thoren
und in der Stadt, überall, wo nur ein größerer Platz ist, da grim=
melt und wimmelt es von Kindern. Im Thiergarten, im Fried=
richshain, im Humboldtshain, auf dem Mariannenplatz bei Betha=
nien und ganz besonders auf dem Belle=Alliance=Platz, da sieht es
aus, als käme es auf eine Hand voll Kinder mehr oder weniger gar
nicht an. Von allen Sorten, von jedem Alter, von jeder Größe,
von jeder Farbe sind da, die Hunderte und die Tausende. Viele
werden ja noch auf dem Arm getragen, und manche liegen zu zweit
und auch zu dritt im Korbwägelchen, aber die meisten sind doch
schon so weit, daß sie laufen können. Und das krabbelt und wühlt
und schwankt und wankt daher, wie kleine Kähne, die man zu voll
geladen hat, und das fällt und steht wieder auf, das lacht und
schreit und weint und quarrt, das stößt sich und das haut sich, das
ißt und trinkt und weiß nichts vom helllichten Tage.

Wenn man nun die bloßbeinige Gesellschaft sieht, die Schla=
fenden, welche schon müde von der Luft sind, die Spielenden, welche
in den Sandhaufen buddeln und Alles um sich her im Eifer der
thörichten Arbeit vergessen, die Laufenden und die sich Haschenden,
die Masse von unschuldigen, kleinen Erdenwürmern, dann kann es
Einem heiß überlaufen und plötzlich ist es, als wenn Jemand fragt:
„Was soll aus all' diesen Kindern werden?"

Ueber die Jungens will ich mir keine Sorge weiter machen, die
lernen das Ihrige, werden Soldat und müssen zusehen, wie sie
durchkommen, denn als Rentiers werden doch wohl nur die wenig=
sten geboren. — Aber die kleinen Mädchen.... da hapert's.

Früher, als ich jünger war, da wußten wir nicht anders, als

daß wir Mädchen verheirathet würden, wenn es an der Zeit sei, und nur, wenn Eine einsah, daß sie doch wohl leer ausgehen würde, dann belernte sie sich als Gouvernante oder so etwas Aehnliches, und war dies nicht, dann gab es immer noch so viel Angehörige und verwandte Familien, daß sie sich um ihr Sterbekleid keine Sorge zu machen brauchte. Die Tanten hatte man immer gern und sie waren auch nützlich, wenn irgendwo die Familie gerade größer wurde, oder wenn Jemand krank lag oder die Frau gestor=ben war, und wo sie sonst überall verwendet werden konnten. — Jetzt aber werden nicht mehr Familien gegründet, als eben noth=wendig sind, der Familienzusammenhang wird immer dünner, und Alleinstehende giebt es immer mehr. Daher kommt es auch, daß die jungen Mädchen heutzutage schon frühzeitig Gouvernante und dergleichen lernen, als wäre es ausgemacht, daß sie nie heirathen würden.

Früher gab es doch noch Klöster, wo sie Nonnen werden konn=ten (obgleich mir dies ja nie eingefallen wäre), wenn man anfing, in der Welt mit ihnen herumzustoßen; jetzt lernen sie von Klein auf solche Herumstoßgeschäfte, wie Lehrerin, Malerin, Holzschnitzerin und so etwas. Musik ist ja derart im Preise gesunken, daß es nicht werth ist, damit anzufangen, und die Erfahrungen, welche ich in dieser Beziehung mit Emmi machte, können mich nur in meiner Abneigung bestärken. Das Klavier ist ein Hausthier, das mit seinen weißen und schwarzen Zähnen viel zu viel Zeit frißt und obendrein Geld verschlingt, statt daß es Nutzen schafft.

Betti will nun auch etwas werden, entweder Gouvernante oder Malerin, sie weiß nur noch nicht, wozu sie die meiste Neigung hat, sie will es machen, wie so viele junge Mädchen, die arbeiten, arbei=ten, arbeiten, damit sie ihr Leben haben, oder damit ihr Leben irgendwo nach aussieht.

„Betti," sagte ich, „was willst Du malen oder Kinder erziehen, es giebt genug für Dich in unserm Hausstand zu thun!" — Da sagte sie blos „Hausstand?" mit einem verächtlichen Ton, und zog die Oberlippe hoch, daß ich sofort schwieg, denn in solchem Fall ist alles Reden für die Katze. Das Nasenrümpfen, das Lippenziehen über Geringes und das Hochhinauswollen taugt nicht; warum kann man nicht zufrieden sein mit dem, was man hat?

Die Zufriedenheit ist eine so herrliche Erfindung, daß man die

Leute nicht begreift, die Nichts von ihr halten und ohne Ruhe dem Glück nachjagen. Aber mit dem Glück ist es, wie mit dem Bier, es sieht manchmal wunderschön aus, allein wenn man es kostet, ist es sauer, und wenn man meint, es liefe aus purer Forsche über den Rand, so ist es schlecht eingeschenkt und eitel Schaum.

Wer weiß, was das Schicksal all dem kleinen spielenden Volk einschenkt, wenn es hinaus muß in den Kampf um's Dasein, wie sie das Leben jetzt nennen, und der ja auch Mode bei den Mädchen geworden ist? Wenn ich die vielen Kinder sehe, dann denke ich auch an meine beiden: es geht mir durch und durch, und ich möchte laut aufschreien. Wenn's nicht noch einen Herrgott im Himmel gäbe.... es wäre zu gräßlich auf dieser Welt.

———o———

Sommerfrische.

Es ist ja am Ende keine Kunst, dicke zu thun und mit einem billigen Extrazug irgendwo hinzureisen, um nachher sagen zu können: wir waren in der Schweiz oder Zoppot oder sonst in der fern entlegenen Fremde, aber bescheiden in der Nähe von Berlin zu weilen, daß Frau und Kinder sich am Luftwechsel erfreuen und der Mann Sonntags herauskommt und auch sein Vergnügen hat,.... das halte ich für keine leichte Aufgabe. Da heißt es, die Krone des Hochmuths abzulegen und das einfache Waschkleid der Tugend anzuziehen.

Deshalb entschieden wir uns dafür, nach Tegel hinauszuziehen, sowohl wegen der Wohnung und der Umgebung, die uns sehr gefiel, als auch wegen meines Karl.

Mein Mann hat trotz des Schutzzolles ja brillant zu thun, so daß ich glaube, wenn dieser fehlte, würde er in zwei Jahren bereits zu den oberen Zehntausend gehören, und darum kann er nicht auf Wochen vom Geschäft bleiben. Soll er nun ganz auf mich verzichten und seine Kinder? — Nein, er muß die dankbaren Gesichter derer sehen, für die er sich abarbeitet, wenigstens alle acht Tage einmal. Und für solche Zwecke liegt Tegel sehr angenehm.

Und dann ist von dem Dorf Tegel das Schloß Tegel mit seinem Park nicht weit entfernt, und in dem Park liegt Alexander v. Humboldt begraben, dieser außerordentliche Gelehrte, der ja auch den Globus erfunden hat, der jetzt zu den beliebtesten Zimmerzierden

gehört, obwohl seine blaue Farbe nicht immer mit den Möbel=
stoffen harmonirt. — Hat man einen solchen historischen Hinter=
grund in unmittelbarer Nähe, so fühlt man auf den Spaziergängen
das Walten des Genius und ist glücklich in dem Bewußtsein, eben=
falls zu den Gebildeten zu gehören.

Emmi ist beim Vater in der Stadt geblieben, um ihm die
Wirthschaft zu führen; ich und Betti sind hier draußen. Betti
mußte aus den alten Verhältnissen herausgerissen werden, die sie
überall an den treulosen Emil erinnern. Das Kind war so still
und schweigsam geworden, daß es mir durch die Seele schnitt, wenn
ich es heimlich beobachtete, und sagen durfte man nichts, denn dann
gab es gleich schroffe Antworten und Thürenzuschlagen. Dies Alles,
dachte ich, sollte sich in Tegel ändern. Wir wohnen hier allerliebst.
Dieselben großen Linden und Ulmen, welche das Dach der kleinen
Kirche beschatten, halten die Sonnenstrahlen von den Fenstern un=
seres Vorderzimmers ab, und wenn wir vor der Thüre sitzen, haben
wir den alten Kirchhof mit seinen Denkmälern, Traueresch en und
blühenden Gesträuchen vor uns. Der Anblick ist zwar ein ernster,
aber wer ein reinliches Contobuch im Himmel hat, der wird durch
ihn erbaut und gehoben. Ich glaube nicht, daß die Kranien ihn
ertragen könnte. Doch von den schrecklichen Ereignissen später.

Nach hinten liegen zwei kleine Zimmerchen mit Aussicht auf
den Garten und auch die Küche; die andere Hälfte des Häuschens
ist ebenso gebaut, und dort wohnen die Hausleute, die zum Um=
gang für uns zu niedrig stehen, da sie, obgleich in Tegel geboren,
von Humboldt und seiner Bedeutung auch nicht die geringste Ah=
nung haben.

Ueberhaupt hatten wir uns vorgenommen, mit der dortigen
Einwohnerschaft nicht kordial zu werden, und daran thaten wir
gut, denn man wird doch nur mißverstanden. Aus Rache dafür
nennen sie uns die Gespensterfamilie. Das hat nun folgende Be=
wandtniß.

Es giebt in und um Tegel nämlich erschreckend viele Mücken,
die der See ausbrütet. Als Betti und ich den ersten Abendspazier=
gang an den Gestaden des Sees machten, kamen wir Beide schön
zugerichtet wieder heim. Bei mir hatten diese Geißeln des Menschen=
geschlechts es namentlich auf den Hals abgesehen, so daß ich aussah,
als hätte ich einen Kropf, und wenn ich auch nicht leugne, daß mein

Hals ein bischen fett ist, so findet mein Karl ihn doch immer sehr schön, und ich habe nicht nöthig, mir ihn ruiniren zu lassen. Für den nächsten Spaziergang rieben wir uns deshalb mit Lorbeeröl ein, das gut gegen Mückenstiche sein soll, aber das Zeug riecht so niederträchtig, daß es den Genuß an der balsamischen Natur vollkommen verkümmert. Ich schrieb daher an Emmi, sie sollte uns die beiden Mousselinballröcke mit herausbringen, und daraus haben wir zwei egyptische Schleiergewänder hergestellt, die den Oberkörper und die Arme schützen. Wenn wir am Waldrande sitzen und im Anblicke der Natur schwelgen, schmücken wir die Gewänder mit Feldblumen und verzieren die Sonnenschirme mit großen Blättern. Dies poetische Treiben halten die Tegeler nun für Verrücktheit, und wegen der weißen Schleier nennen sie uns die Gespensterfamilie. Ihnen zum Aerger gehen wir mit unserm Kostüm und den geschmückten Schirmen unentwegt durch das Dorf, um zu zeigen, daß wir über lächerliche Vorurtheile hoch erhaben sind. —

So waren ich und Betti ganz allein auf uns angewiesen. Das wäre ja auch recht schön gewesen, wenn Betti ihr verschlossenes Wesen nur ein wenig abgelegt hätte. Es kamen aber Stunden, in denen sie kein Wort redete, auf Fragen keine Antwort gab, und wenn ich in sie drang, sagte: „Mama, Du weißt ja doch Alles besser, was nützt Dir meine Weisheit?"

Neulich kam sie mit einem weißen Kaninchen an, das sie von den Dorfknaben, die es hetzten und peinigten, für einige Nickel gekauft hatte. „Kind," rief ich, „was soll das schaudervolle Geschöpf?" — „Ich will ein Wesen haben, das ich liebe," antwortete sie. — „Liebst Du mich denn nicht, Betti?" — „O gewiß, so meine ich es nicht, aber das Kaninchen wird mich zerstreuen. Es ist so hübsch und hat so klare rothe Augen." — Wohin nun aber mit dem Thiere? Da der unterste Kommodenkasten leer war, thaten wir es da hinein, und ich mußte mich zufrieden geben, weil Betti sich wirklich an dem kleinen Vieh erfreute. Wir nahmen es auf unseren Spaziergängen mit ins Freie. Aber die Kommode und das Zimmer rochen sehr strenge nach dem Stallhasen, so viel wir auch lüfteten.

Unser Leben regelte sich gar bald. Morgens wurde erst im See gebadet und Betti schwamm bald ausgezeichnet. Dann frühstückten wir und Betti besorgte das Kaninchen, während ich die Wohnung in Ordnung brachte. Dann kam die Frau, welche die groben Ar=

beiten verrichtete, ich kochte und wir aßen zu Mittag. Dann nah=
men wir ein paar Augen voll Schlaf und rüsteten uns darauf zum
Spaziergang.

Natürlich waren wir auch mit Lektüre versehen; Onkel Fritz
hatte den Kosmos von Humboldt besorgen müssen. Er sagte, als
er ihn brachte: „Wilhelmine, er wird Dir zu hoch sein." Aber da
kam er schön an. Ich erwiderte ihm:

„Ich habe leider oft genug erfahren, daß Du die Fähigkeiten
der Frauen unterschätzest, weil Du ein Freigeist bist; deshalb ist
jedoch noch lange nicht gesagt, daß ich nicht verstehe, was Du nicht
zu begreifen vermagst!"

Hierauf lächelte er malitiös und sagte: „Glück mit dem Kos=
mos. Schicke ihn nur bald zurück, damit er wieder in die Biblio=
thek kommt."

Es war nun erst recht meine Pflicht, den Kosmos zu lesen.
Wir nahmen ihn und das Kaninchen, das wir Muck genannt
hatten, mit in den Wald, und Betti las mir aus dem Buche von
den Gebirgen in Mexiko vor und den Gesteinsschichtungen, die
obendrauf liegen. Das erste Mal schlief ich leider ein, weil es sehr
heiß war, das zweite Mal hatten wir Bohnen zu Mittag gehabt,
wodurch wir beide müde wurden. Das dritte Mal las Betti sehr
schlecht, weil Muck immer davonhüpfte und sie ihn wieder greifen
mußte. Wir werden dessenungeachtet den Kosmos im Winter mit
Ruhe lesen, denn es wäre doch lächerlich, wenn man ein gedrucktes
Buch nicht verstehen sollte. Das sind Prätensionen von Onkel
Fritz.

Als nun eine ausdauernde Regenzeit kam, wurde es ziemlich
triste, zumal Betti meistens verstimmt war. Ohne Muck wäre es
nicht auszuhalten gewesen. Betti nähte ihm eine blaue Jacke, und
wir amüsirten uns, wenn er darin umherhopste.

An den Sonnabend=Abenden kamen mein Karl und Emmi
heraus. Das waren dann wahre Festtage. Sie brachten stets
allerlei Genußreiches mit, und wenn die Sonne schien, gingen wir
in den Wald und belektirten uns an den guten Sachen. Aber wie
kurz so ein Sonntag ist, davon macht man sich kaum einen Begriff.
Wenn mein Karl am Abend wieder in die Pferdebahn stieg, war
mir, als sei er erst eben angekommen, und wenn ich und Betti dann
nachher noch vor der Thür saßen, den Kirchhof vor uns, war mir

mitunter, als müßte einmal eine Zeit kommen, wo er mich um=
schlungen hielte und ich fest, ganz fest an seinem Herzen ruhte, un=
getrennt für alle Ewigkeit. Mein lieber, lieber Karl! —

Wir sollten aber nicht ohne Umgang bleiben, nämlich Krau=
ses zogen ebenfalls nach Tegel. Ich hatte mich freilich mit der
Krausen auf der Taufe bei Weigelts wegen des kleinen Eduard ein
bischen überworfen, aber wir trafen uns eines Morgens auf dem
schmalen Badesteg, so daß ich sie nicht schneiden konnte. Sie be=
grüßte mich sehr artig, und ich war auch froh, endlich Jemand zu
haben, mit dem ich mich einmal aussprechen konnte, weshalb ich sie
auf den Nachmittag einlud.

Sie kam auch, aber allein. Eduard war mit ihrem Manne
auf die Schmetterlingsjagd an den See gegangen.

Anfangs wollte das Gespräch nicht recht in den Zug kommen.
Sie fand den Kaffee jedoch sehr schön und bald gab ein Wort das
andere, und so erfuhr ich denn zu meiner Freude, daß sie den Um=
gang mit Bergfeldtens auch aufgegeben.

Sie sagte, man könne mit der Familie nicht mehr verkehren.
Er sei wieder gänzlich verschuldet und Emil habe sich nur mit dem
reichen Mädchen verlobt, um aus dem Dalles herauszukommen. Er
trüge jetzt immer helle Anzüge, aber ob die Braut sie bezahle, wisse
man nicht, die Verhältnisse seien nicht klar. Daß Bergfeldts
nicht im Stande wären, ihn Aufwand machen zu lassen, das wisse
ja Jedermann.

„Ja,“ sagte ich, „kümmerlich geht es nur her bei ihnen.“

„Sagen wir ärmlich,“ meinte die Krausen. „Mir ist es schon
öfter aufgefallen, daß ihre meisten Kaffeetassen keine Henkel haben,
und als ich zuletzt da war, hatte sie Theelöffel, wie man sie in der
„Neuen Welt“ bekommt!“

„Dem Manne werden die Augen erst aufgehen, wenn sie gefaßt
wird,“ entgegnete ich. „Man kann schließlich nur froh sein, daß
man nicht mit Leuten zu thun hat, die ohne Zweifel einmal in dem
grünen Wagen fahren müssen. Zwei Jahre kriegt sie mindestens.“

Es war ein Glück, daß Betti Muck gerade im Garten graßen
ließ, denn sobald sie nur den Namen Bergfeldt hört, läßt sie den
Kopf hängen. Aber sie soll gelegentlich doch erfahren, wie die Welt
über jene Familie denkt.

Um vier Uhr wollte Herr Krause mit dem kleinen Eduard

wieder zurück sein, und wir gingen nach dem See, um ihn zu em=
pfangen. Das Dampfschiff kam gerade von Saatwinkel an, und
viele Leute stiegen aus, so daß es recht belebt an der Landungsbrücke
war. Auch Equipagen hielten unten. Herr Krause und Eduard
waren schon da mit ihren Schmetterlingsnetzen. Wir begrüßten
uns und sprachen über dies und das, als wir plötzlich einen lauten
Schrei hörten. Die Krausen hatte ihn ausgestoßen. „Eduard!"
rief sie. Eduard stand aber ganz ruhig auf der Brücke und sah in
das Wasser hinab.

Was war geschehen? Leute eilten herbei. Ein Knabe, hieß
es, sei in den See gefallen. Die Fischer machten ein Boot los,
aber ehe sie damit fertig wurden, sprang Jemand rasch wie der
Blitz in das Wasser hinab und tauchte unter. Es war ein ängst=
licher Augenblick. „Da ist er," riefen die Leute. — „Hat er den
Knaben?" — „Nein, er taucht wieder unter." — Und abermals
verschwand der Mann, welcher hinabgesprungen war. Dann aber
kam er wieder empor.... er hatte den Knaben, den er in das
mittlerweile herbeigeeilte Boot legte.

Am Ufer stand eine junge Frau; sie wollte sich in den See
nachstürzen denn es war ihr Knabe, der nun in dem Boote lag.
Man mußte sie mit Gewalt zurückhalten. Als das Boot landete
und man den Knaben brachte, als sie ihn bleich und leblos vor sich
liegen sah, brach sie zusammen. Dann trugen sie den Knaben in
das Badehaus.

Mir war als sei mit einem Male die ganze Schönheit der Na=
tur plötzlich verschwunden, als der Tod so plötzlich und unerwartet
in die sonnenbeleuchtete Welt trat, um ein junges Leben abzurufen
in sein fernes, trauriges Land.

Ich sah nicht mehr den blauen See mit seinen Ufern und dem
klaren Himmel, ich sah nur das Badehaus, das den ertrunkenen
Knaben barg, und blickte unverwandt auf die Leute, welche vor der
geschlossenen Thür standen, als wenn ich von denen erfahren könnte,
ob Hoffnung vorhanden sei, das entflohene Leben zurückzurufen. Die
Eltern des Kindes waren in dem Badehause. Die Equipage hielt
in einiger Entfernung, der Kutscher stand neben den Pferden und
sah unverwandt auf das Bretterhaus im Wasser. Ob der Kleine
wohl je wieder auf den Pferden reiten würde? Ob er ihm wohl je

wieder sagen würde: „Johann, wir fahren spazieren, ich sitze bei Dir auf dem Bock und Du giebst mir dann die Zügel?"

Es war ein heißer Sommernachmittag, und doch kam es mir vor, als wenn von Zeit zu Zeit ein kalter Hauch über den See her= überwehte, der mich frösteln machte. Und es war so still, trotz der vielen Leute.

Da flüsterte Betti mir zu: „Mama, Mama! ich habe eben etwas Furchtbares gesehen."

„Was hast Du gesehen?" fragte ich leise.

„Wenn der Knabe lebt, will ich Dir es sagen," entgegnete sie kaum hörbar. „Vielleicht habe ich mich getäuscht. Aber die Krausen sah es auch."

„Wo sind Krauses?"

Wir sahen uns überall nach ihnen um. Krauses waren ver= schwunden.

Ich wollte Betti weiter fragen, als die Thür des Badehauses sich öffnete. Die Leute schritten vom Steg herab an das Ufer. — „Lebt er?" — „Er lebt!" — Dann kam der Vater, der den Knaben trug, den man in ein Plaid und in weiche Tücher gehüllt hatte. Die Mutter folgte von der Badefrau unterstützt. Sie nahmen Platz in dem Wagen; der Kutscher stieg auf den Bock und sah in den Wagen hinein. Dann verklärte sich sein Gesicht, und fort ging's in raschem Trabe.

Die Leute zerstreuten sich. Nur eine Gruppe junger Männer blieb noch stehen, als warteten sie auf Jemand. Der Erwartete trat aus dem Badehause. Er war durch und durch naß. Das war der junge Mann, der den Knaben gerettet hatte.

Die jungen Leute eilten auf ihn zu und streckten ihm ihre Hände entgegen, und dann, so schien es, hielten sie eine Berathung. Ich ging auf sie zu. „Meine Herren," sagte ich, „ich wohne in der Nähe. Ueberlassen Sie es mir, für Ihren wackeren Freund zu sorgen, denn in den nassen Kleidern kann er nicht bleiben!" — Sie machten Einwendungen, aber sie kannten mich schlecht: — ich ließ nicht locker.

Sie gingen mit uns. Vor dem Hause nahmen sie Abschied und sagten, daß sie gegen Abend wieder vorsprechen und sich bis dahin im Schloßrestaurant aufhalten würden. Einer von ihnen trat auf den Retter des Knaben zu und legte ihm seine Rechte auf die Schulter. Dann blickte er ihn fest und innig an und sagte: „Gehab' Dich wohl, Felix!" Die beiden mußten gute Freunde sein, und das gefiel mir gut. — Die jungen Leute schlugen den Weg zum Schloß ein und wir traten in das Haus.

Der junge Mann sagte: „Gestatten Sie, daß ich mich Ihnen vorstelle, ich heiße Felix Schmidt."

„Und ich bin die Buchholzen. Nun kommen Sie nur in das Schlafzimmer. Hier ist ein Hausrock von meinem Mann und hier Hose und Weste und hier ein Nachthemd und Strümpfe. Die Morgenschuhe stehen in der Ecke. Kleiden Sie sich nur um. — Wollen Sie Kaffee oder trinken Sie lieber einen Grog?"

„Ein Grog würde nicht schaden — —"

„Sollen Sie haben. Aber jetzt nur rasch aus dem nassen Zeuge!"

Ich ging in die Küche und machte ein gehöriges Feuer an. Nach einer Weile öffnete sich die Thür, die vom Schlafzimmer in die Küche führt, und Herr Felix Schmidt stand auf der Schwelle.

„Ich mache Ihnen zu viel Mühe," sagte er verlegen.

„Nichts da!" rief ich und nahm ihn beim Arm. „Nun kommen Sie nur mit in's Wohnzimmer."

Dort setzte ich ihn in den großen Lehnstuhl, und wie er so da saß, sah ich mir ihn an. Aeußerlich war es freilich mein Karl, und doch war er es wieder nicht. Mein Karl ist dunkel, der junge Mann ist blond, mein Karl trägt einen Backenbart, er dagegen einen braunen Schnurrbart, der ihm gar gut zu Gesicht steht. Aber doch sind sie sich ähnlich, denn so jugendfrisch und blühend sah mein Karl auch aus, als wir uns kennen lernten und ich noch nicht wußte, wie lieb ich ihn einst haben würde.

Mittlerweile mußte das Wasser kochen. Die Frau von der anderen Seite des Hauses erwartete mich in der Küche und fragte, ob sie mir behilflich sein könnte. Es that mir leid, daß ich sie immer links hatte liegen lassen, ich schämte mich jetzt sogar ein wenig vor ihr, aber ich nahm ihr Anerbieten gerne an.

Wir holten nun das nasse Zeug, wrungen es aus und hingen es im Garten in den Sonnenschein auf die Leine. Die Stiefel stülpten wir über zwei Pfähle. Sie waren voll Wasser gewesen, denn auf dem Fußboden stand ein großer Pfuhl. Die Frau holte einen Scheuerlappen und wischte ihn auf.

Es war ein Glück, daß mein Karl eine Flasche von dem guten Meucow'schen Cognac mit herausgenommen hatte, denn nun konnte ich einen deliciösen Grog brauen. Und das that ich auch. Und für uns machte ich einen kräftigen Kaffee auf den Schreck, obgleich wir schon einmal getrunken hatten. Auch die Frau bekam eine Tasse.

Drinnen im Zimmer saßen Herr Felix Schmidt und Betti, als ich mit dem Grog kam. Die beiden unterhielten sich ganz lebhaft. — Ich sagte ihm, daß er heute eine Familie vor großem Leid bewahrt habe. Er meinte, das hätten Andere an seiner Stelle auch gethan. Er habe gerade gesehen, wie der Knabe in das Wasser gefallen wäre, und sei am nächsten bei der Hand gewesen.

Betti fragte, ob er gesehen habe, wie der Knabe zu dem Fall gekommen sei?

Herr Felix Schmidt schwieg einen Augenblick und sagte dann: „Es stand noch ein zweiter Knabe auf der Landungsbrücke.“

„Ganz recht,“ antwortete Betti.

„Kennen Sie den Knaben?“

„O ja,“ rief ich. „Es ist ein kompleter Taugenichts.“

„Ich würde ihn nicht ohne Aufsicht lassen,“ sagte Herr Schmidt.

„Wie so?“ fragte ich.

„Er könnte auch leicht einmal hinabfallen,“ erwiderte Herr Schmidt kurz.

„O nein!“ lachte ich. „Unkraut verdirbt nicht.“

Herr Schmidt hatte den ersten Grog aus, und ich ging, ihm den zweiten zu mischen. Die Sonne war mittlerweile herumgegangen, und die Frau und ich mußten ihr mit dem nassen Zeuge nachrücken. Es trocknete aber schon recht gut. Die Wäsche konnte bald geplättet werden, und ich legte deshalb Bolzen ins Feuer. — Da kam Betti und sagte, Herrn Schmidt's Cigarren seien sämmtlich naß geworden; er möchte gern rauchen.

„Woher weißt Du das?“

„Ich habe ihn danach gefragt.“

„Wie kamst Du darauf?“

„Du weißt doch, Emil konnte keine Viertelstunde ohne Cigarre sein.“

„Papa's Cigarren stehen auf dem Kleiderspinde. Nimm auch
den Grog mit hinein und diese Stullen, er wird Hunger haben."

Ich hätte laut lobsingen mögen. Zum ersten Male nach
langer Zeit sprach Betti den Namen wieder aus, der ihr sonst
Kummer verursachte, sobald er nur angedeutet wurde. Nun war
er ihr gleichgiltig geworden. Endlich!

Die Bolzen waren roth, und ich machte mich an das Plätten.
Die Wäsche konnte ja nicht so gut werden, als wenn sie neugestärkt
worden wäre, aber ich konnte doch meine ganze Kunst an ihr zeigen.
Es war gediegene Wäsche und hübsch gezeichnet. Der junge Mann
war ordentlich, das konnte man sehen. Auch die weiße Weste
bügelte ich; mein Karl trägt im Sommer stets weiße Westen, und
er sagt immer, daß Niemand sie ihm so zu Dank macht, wie ich.
Dann kam Betti wieder und brachte Herrn Schmidt's Uhr, die voll
Wasser sei und nicht gehen wolle. — „Wird ihm die Zeit denn schon
lang?" fragte ich. — „Nein," erwiderte sie, „wir sprachen nur da=
von, wie die Stunden rasch vergehen, und da sah er nach der Uhr."
— Ich hing die Uhr über dem Feuerheerd auf, eine werthvolle,
goldene Uhr, kein Spindenschlüssel, wie ihn Bergfeldt's Emil
früher an der Kette trug. Bergfeldtens waren überhaupt eine
Verirrung.

Die Frau hatte ich zum Schlächter geschickt; sie kam wieder
und brachte Carbonaden, und setzte sich dann hin und schälte Kar=
toffeln. Das Zeug wurde nach und nach trocken. Wo ich konnte,
half ich mit dem Plätteisen. Es war mir fast, als müßte ich mich
für meinen Herzens=Karl, für den zu arbeiten mir ja die größte
Freude auf der Welt ist. Dann legte ich das Zeug ordentlich bei
einander auf mein Bett und stellte die Stiefel daneben, welche die
Frau blank gemacht hatte, so gut es gehen wollte.

„So, Herr Schmidt," sagte ich, „es ist Alles wieder in der
schönsten Konfusion — (man will doch auch einmal einen kleinen
Witz machen) — die Maskerade kann nun ein Ende nehmen."

Er war erstaunt, wie Alles so rasch in Ordnung gekommen,
aber was verstehen Männer auch von heißen Plättbolzen?

Betti und ich deckten nun den Tisch im Vorderzimmer. Wir
legten sieben Couverts: für Herrn Schmidt, seine vier Freunde und
uns Beide. Wein hatten wir im Hause, und mit Gläsern und

Tellern half die Frau aus.   Sie benahm sich wirklich scharmant und ich beschloß, von nun an mehr Umgang mit ihr zu pflegen.

Als Herr Felix seine Toilette beendigt hatte und in das Zim= mer trat, sah er aus, wie aus dem Ei gepellt.   Wirklich ein statt= licher, hübscher junger Mann.   Nur sein Shlips war fort, und von meinem Karl war keiner vorhanden.   Betti aber wußte zu helfen. Sie nahm meine Scheere, schnitt einen Streifen von dem Geister= kostüm und fertigte einen wohlgelungenen weißen Shlips daraus, den sie ihm aber selbst umbinden mußte.   Anders wollte er ihn nicht annehmen.

Als nun die Freunde kamen, waren die Kartoffeln gar und Coteletts sind ja bald gebraten.   Es schmeckte ihnen trefflich, und wir Alle waren guter Dinge.   Der Freund des Herrn Felix erhob sein Glas und sagte, er wolle in ihrer Aller Namen dem gastfreien Hause den Dank abstatten für die Sorgfalt, die ihrem Kameraden gewidmet worden sei, und dann stießen Sie an auf das Blühen und das Gedeihen des Hauses Buchholz. — Ich toastete dagegen und sagte, ich bedauerte nur, daß mein Karl nicht zugegen sei und daß ich hoffte, sie Alle wiederzusehen.   Das versprachen sie auch.   Es war ein reizender Abend.   Es mußte aber doch einmal geschieden sein, und Herrn Felix schien es schwer zu werden, wieder nach Berlin zurückzukehren.   Aber auch er folgte den Andern, die schon weit worauf waren.

Wir räumten ab und setzten uns noch ein wenig vor die Thür. Es war wundersam draußen, denn in den hellen Nächten schläft die Natur nicht, sondern drusselt nur ein bischen, weil der Morgen ja doch gleich wieder kommt.   Die Bäume und Sträucher dufteten in die Nacht hinein und in der Hecke sangen die Heuschrecken.

„Mama," sagte Betti, „das Kaninchen muß morgen fort, es ist unerträglich.   Es verpestet die ganze Wohnung."

„Gottlob," sagte ich.

Nach einer Pause flüsterte Betti mir zu: „Mama, ich muß es Dir sagen, der Knabe ist nicht ins Wasser gefallen.... der kleine Krause hat ihn von hinten hineingestoßen."

„Betti!" rief ich entsetzt.

„Ich sah es und die Krausen sah es auch, sie wurde todtenbleich, und Herr Felix hat es auch gesehen."

„Sagte er das?"

„Nein, aber ich weiß, daß er es gesehen hat, ich las es in seinen Augen."

Ich schlang meinen Arm um Betti, und sie schmiegte sich an mich, wie sie seit langer Zeit nicht gethan. Wir schwiegen, jede hing ihren Gedanken nach, und erst als es spät geworden war, als der Himmel im Osten sich zu lichten begann, begaben wir uns in das Haus.

———o———

Erntefest.

Ich muß einmal wieder mit Ihnen reden und das aus schierem Vergnügen. Sie haben oft den Regenschirm des Trostes theilnehmend über mir gehalten, wenn die Wolken der Trübsal auf mich und die Meinen herabhagelten, und nun sollen Sie auch der erste sein, dem ich einen erfreulichen Familien-Wetterbericht sende.

Also die Aussichten sind folgende: Betti's Depression wegen Bergfeldtens Emil im Abnehmen begriffen, Dr. Wrenzchens Minimum wegen Emmi scheint in ein Maximum überzugehen, mein Karl und ich konstant heiter, Onkel Fritz unbestimmt. Sie sollen nach und nach erfahren, wie das Alles gekommen ist. —

Muck ward also an die Luft gesetzt, die Kommodenschublade tüchtig ausgeseift und der Kosmos wieder zurückgeschickt, weil wir keine Zeit zum Lesen hatten und es uns auch ziemlich einerlei war, wie hoch die Berge in Mexiko sind. Dagegen machten wir Entdeckungsreisen in den Tegler Wald, wo wir wundervolle Stellen fanden. Einen Platz nannten wir Wilhelminens-Ruhe, einen anderen Betti's Waldsaal, weil die Bäume dort im Kreise stehen und ordentlich eine große Halle bilden; die Wiese vor dem Wald hieß mit einer Anlehnung an Humboldt Mucks Savanne und eine Anhöhe im Walde, von der man den See überblicken kann, nannten wir meinem Manne zu Ehren Karlshöhe. Ich nahm mir vor, hier einmal ein kleines Picknick zu arrangiren.

Weil wir nicht recht wußten, wo wir nun mit dem Kaninchen hin sollten, schenkten wir es dem kleinen Krause, unter der Bedingung, daß er es nicht markelte. Herr Krause versprach, auf das Thier zu achten, und da er Mitglied des Thierschutzvereins ist, so waren wir beruhigt.

Als Eduard kam, um Muck abzuholen, begleitete ich ihn über den Kirchhof. „Hier liegen die Menschen begraben," sagte ich, „was meinst Du wohl, wenn sie den kleinen Knaben auch hierher gebracht hätten, der damals ins Wasser fiel?" Er antwortete nicht, sondern machte sich mit dem Kaninchen zu schaffen. „Wenn er nun ertrunken wäre?" fragte ich weiter. — „Er hätte ja nur schwimmen können," antwortete die gefühllose Kreatur. — „So? meinst Du? Aber nicht wahr, Du hast ihn nur aus Versehen angetippt?" — „Er fiel ganz von alleine!" entgegnete er patzig. — „Eduard, wenn ich Dir das nun nicht glaube?" — „Mama sagt, der fremde Junge hätte Streit mit mir angefangen." — „Der schwache zarte Knabe? Eduard, das kann ich mir nicht denken." — „Es ist aber doch wahr. Mama hat es gesehen." — „Dann wird es wohl so gewesen sein," erwiderte ich, „jetzt gehe nur und sorge gut für Muck." — Weg rannte er wie der Wind. Ich konnte mich gar nicht fassen über die Nichts= würdigkeit des Jungen. Was soll aus ihm werden? Wohin kann solche Erziehung führen? Ich fürchte, die Mutter wird noch ein= mal blutige Thränen über ihn vergießen, wenn es zu spät ist. — Zu spät! das furchtbarste Wort, wenn die eigene Schuld es dem Men= schen zuschreit. Dagegen hilft kein Ohrenzuhalten. —

Wenn die Luft und das Baden Betti nicht so enorm gut be= kommen wären, hätte ich Tegel je eher je lieber verlassen, denn ich hatte Bange, gelegentlich einmal mit der Krausen zusammenzuge= rathen, aber da die Ernte bald gethan war und das Erntefest vor der Thür stand, zog ich es vor zu bleiben, weil mir diese Gelegen= heit sehr geeignet erschien, einige Gäste bei uns in der Sommer= wohnung zu sehen. Ich überlegte den Fall mit Betti.

„Wie wäre es, wenn wir Herrn Felix Schmidt und seine Freunde heraus bäten?" fragte ich ganz wie von ungefähr. — „Ich würde es nicht für taktvoll halten, sie direkt einzuladen," antwortete Betti. — „Aber sie versprachen doch, wieder bei uns vorzusehen, als sie an jenem Abend Abschied von uns nahmen." — „Wenn sie zu= fällig herauskämen, würde ich mich sehr freuen," sagte Betti, „aber wenn Du sie extra einladest, dann gehe ich für meine Person nach Berlin." — „Was willst Du in der Stadt? Papa und Emmi kommen ja heraus und Onkel Fritz dito." — „Aber ich gehe." — „Betti, Du bist unvernünftig." — Betti hatte schon wieder eine Antwort bereit, aber ehe sie den Mund aufthun konnte, hatte ich das Zimmer verlassen und die Thür mit einem gehörigen Knall hinter mir zugeworfen. Wäre ich ihr nicht zuvorgekommen, so hätte sie mit der Thür geknallt. Nun konnte sie auch einmal erfahren, wie abscheulich sich solches Thun ausnimmt. Nichts erzieht eindringlicher als Beispiele!

Am Nachmittag fuhr ich zur Stadt und zwar allein, weil Betti launisch war, und unterwegs gab ich mich allerlei Gedanken hin. In meinen Augen war Herr Felix wie geschaffen für meine Betti. Daß er sein Herz auf dem rechten Fleck hat, das hatte er bewiesen, und daß er ordentlich und reell ist, das hatte ich an seiner Wäsche und seinem Zeug gesehen. Er ist Kaufmann. Mein Karl hat auch klein angefangen.... warum könnten die Beiden nicht auch ihr Nest bauen, vorne mit einem Laden und einem Berliner Zimmer daran und oben die Wohnung?

Aber wie ihn heraus nach Tegel bringen?

Ich leugne nicht, daß es eine Vorsehung giebt. „Wenn ich Herrn Felix zufällig begegnen sollte," so dachte ich, „dann ist dies Zusammentreffen ein Wink des Himmels." Und da es doch wohl erlaubt ist, den Fügungen des Schicksals ein wenig nachzuhelfen, nahm ich mir vor, durch die Königstraße zu gehen und zu versuchen, ob ich ihn dort nicht zufällig in seinem Geschäft anträfe. Er war aber nicht da, als ich dort ankam, dagegen traf ich ihn in unserem Hause in eifrigen Verhandlungen mit meinem Karl, und zwar über einen Posten wollener Socken, den sein Prinzipal von meinem Mann kaufen wollte. „Dies ist die Stimme des Himmels," sagte ich mir, und wartete so lange, bis das Geschäft abgeschlossen war und der junge Mann gehen wollte. Ich begrüßte ihn und sagte so obenhin: „Am Sonntag ist Erntefest in Tegel." — „Es ist meine Absicht hinauszukommen, wenn das Wetter gut ist und es nicht regnet," antwortete er und wurde roth. — „Sie fürchten doch die Nässe nicht?" erwiderte ich lustig und er verabschiedete sich. — „Wird das Wetter am Sonntag schön," kalkulirte ich, „dann habe ich ein drittes Zeichen, und es soll mir nicht einfallen, mich gegen die Vorsehung aufzulehnen."

Mein Karl, der früher schon erfreut war, von mir zu hören, wie trefflich sich der junge Mann benommen hatte, nannte ihn jetzt auch noch einsichtsvoll, denn ihm sei es gelungen, seinen Prinzipal zu bewegen, mit uns Geschäftsverbindungen anzuknüpfen, von

denen mein Karl sich guten Fortgang versprach. — „Karl," sagte
ich, „siehst Du, wie Wohlthun Zinsen trägt? Hätte ich mich seiner
nicht angenommen, wer weiß, ob Du die Socken so glatt durch ihn
los geworden wärst? Und die Betti scheint sich für ihn zu interes=
siren." — — — — Nun brauste mein Karl auf. „Für einen
Posten Strümpfe ist mir meine Tochter nicht feil!" rief er. „Hast
Du noch nicht genug an Deinen Heirathsstiftereien?" — „Karl,"
sagte ich mit stiller Würde, „was im Himmel beschlossen ist, kommt
auf Erden zur Ausführung. Der junge Mann arbeitet in Deiner
Branche. Wir haben nur die beiden Töchter,.... wie schön würde
es später einmal heißen: Buchholz und Sohn, Wollenwaaren
und Phantasieartikel en gros!" Mein Karl überlegte eine Zeit=
lang. „Wenn Du mir gelobst, Deine Hände ganz aus dem Spiel
zu lassen, will ich Deinen Wünschen nicht entgegen sein," sagte er
dann.

„Das verspreche ich Dir," sagte ich, „aber auf Sonntag habe
ich ihn schon halb und halb eingeladen." — „Siehst Du wohl," rief
mein Karl, „Du bist unverbesserlich; allein das sage ich Dir: ich
werde meine Augen offen halten."

Ich packte nun Sachen ein, deren wir für unsere Gäste be=
durften, und dann ging ich zu Onkel Fritz und befahl ihm, eben=
falls mit einigen Freunden anzutreten, damit ich Betti einen Grund
für die Teller, Bestecke und das Löffel= und Gabelwerk angeben
konnte.

Am Sonntag war das herrlichste Wetter.

Mein Mann kam schon am Sonnabend heraus. Am folgen=
den Nachmittag kamen Onkel Fritz und Herr Kleines. Emmi sollte
Polizeilieutenants Mila mitbringen.

Wir warteten eine ganze Weile auf Emmi, aber vergebens, und
auch Herr Felix ließ sich nicht sehen, so daß uns nichts übrig blieb,
als ohne sie ins Dorf zu gehen, um die geschmückten Erntewagen
vorbeipassiren zu lassen und die Ernteleute mit ihren Geräthen.
Der Zug war sehr hübsch arrangirt, jedoch machte er mir kein Ver=
gnügen, denn ich hatte Sorgen, weil Emmi ausblieb und Herr
Felix mit seinen Freunden. — Endlich kam Emmi, aber allein. —
„Wo ist Mila?" fragte ich. — „Sie hatte nichts anzuziehen!" —
„Unsinn! Warum kommst Du so spät?" — „Ich.... ich sah erst,
wie in der Französischen Straße die Pferdebahngeleise gelegt wer=

den." — „Emmi, was hast Du in der Französischen Straße zu
thun; was geht Dich die Pferdebahn an?" — „O, Mama, die ist
so interessant!" — „Das war sonst doch nicht?" — „Wenn Alles
nur ordentlich erklärt wird, ist sie entzückend." — „Wer erklärt Dir
Pferdebahnen? Heraus mit der Sprache!" — „Dr. Wrenzchen!"
antwortete sie schüchtern. — „Was ist das?" — „Die neue Linie
geht jetzt auch an seiner Wohnung vorbei." — „Woher weißt Du
das?" -- „Ich traf ihn neulich in der Pferdebahn." — „Wen?" —
„Dr. Wrenzchen; ganz zufällig." — „Und heute auch ganz zufällig?"
— „Nein, er holte mich ab." — „Um die Pferdebahngeleise zu besehen?" — „Ja. Und dann fuhren wir bis zum Hallischen Thor
und wieder zurück." — „Lud er Dich zu der Tour ein?" — „Ja,
aber bezahlt habe ich selber, er bezahlt nie für mich, wenn wir auf
der Pferdebahn fahren." — „Also Ihr gebt Euch Rendezvous?
Weißt Du nicht, wie empörend er sich gegen mich benommen hat?"
— „Mama, Du hast ihn verkannt, er ist so gut." — „Wir sprechen
weiter über Dein Betragen," sagte ich, „wie kannst Du einem
Manne, der Dir in aller Form einen Korb gegeben hat, irgend
welche Annäherung gestatten und noch dazu in Pferdebahnen? Es
wird besser sein, ich nehme Dich zu mir heraus nach Tegel."

Nun werde Jemand klug aus diesem Doktor. Ich setze ihm
den schönsten Kalbsbraten vor und er läßt sich nichts merken, kaum
aber habe ich den Rücken gewandt, so schlängelt er sich an mein unschuldiges Kind heran. Gottlob, in der Pferdebahn sind sie unter
Aufsicht.

Die Herren waren vorangegangen und ich und die Töchter
folgten ihnen nach dem Schloßrestaurant, wo das Fest schon in
vollem Gange war, und dort fanden wir denn auch Herrn Felix
mit seinem Freunde Max. Wir begrüßten uns, nahmen einen
Tisch in Beschlag und ließen uns häuslich nieder.

Onkel Fritz forderte die jungen Leute auf, ein Tänzchen zu
machen. Herr Felix engagirte Betti und Herr Kleines machte
Emmi sein Kompliment, aber sie erklärte, nicht tanzen zu wollen,
worauf er mit hängender Unterlippe verschwand. „Emmi, wie
kannst Du so unartig sein?" fragte ich. — „O, Mama," sagte sie,
„den kennst Du lange nicht. Neulich in der Friedrichsstraße, beim
Bahnhofe, bot er mir Abends seine Begleitung an und war so un-
gezogen und so zudringlich, daß ich ihn gar nicht los werden konnte.

Wenn Doktor Wrenzchen nicht gekommen wäre.... ich weiß nicht, was ich hätte beginnen sollen!" — „Was redest Du zusammen? Wie kamst Du in die Friedrichstraße?" — „Ich war mit der Stadt=bahn gefahren." — „Und woher kam der Doktor?" — „Der kaufte mir ein halbes Viertel von den rothen französischen Fruchtbon=bons." — „Und Herr Kleines?" — „Der redete mich an, als ich vor dem Laden auf den Doktor wartete." — „Emmi, das war mehr als leichtfertig!" — „O nein, als er Herrn Kleines gehörig abge=wiesen hatte und ich vor Aufregung an Händen und Füßen zitterte, da sagte der Doktor........" — „Was sagte er?" — „Es sei doch gemüthlicher auf der Pferdebahn!" — „Das war Alles?" — „Ja." — „Hat Herr Kleines Dich denn nicht erkannt?" — „Ich glaube kaum, ich war ziemlich dicht verschleiert." — „Emmi, sind das Fahrten, die sich für Dich schicken? — Damit Du nicht wieder in ähnliche Verlegenheiten geräthst, verbiete ich Dir jeden Umgang mit dem Doktor, und mit Herrn Kleines werde ich reden."

Ich suchte nun Herrn Kleines auf und stellte ihn. Anfangs leugnete er, aber ich redete ihm scharf ins Gewissen, bis er sich da=mit entschuldigte, daß er die Dame nicht gekannt habe. — „Um so schlimmer," sagte ich, „daß Sie ein solcher Trottoir=Wüstling sind, der wildfremden Töchtern anständiger Familien nachstellt." — „Ueberdies," sagte er, „empfahl ich mich sofort, als ich vom Doktor hörte, die Dame, welche unter seinem Schutze stände, sei seine Braut. War diese Dame Ihre Fräulein Tochter, so kann man ja gratuliren!" — „Ist das wahr?" fragte ich. — Nun spielte er den Beleidigten. Wie ich einen Zweifel in seine Worte setzen könnte? — „Gut," erwiderte ich, „ich will Ihren jugendlichen Leichtsinn verzeihen, wenn Sie mir geloben, sich zu bessern und den Mund zu halten." Das versprach er, und da es kühl wurde und er vorgab, an Husten zu leiden, hielt er es für nützlich, wieder in die Stadt zu fahren. Ich wußte ja auch genug.

Wir Andern waren noch lange sehr vergnügt. Betti blühte auf wie eine Rose und Onkel Fritz tanzte wie toll mit den Bauer=mädchen. Herr Max, der Freund von Felix, war ziemlich still, und als ich ihn fragte, warum er so ernst sei, da sagte er, daß er sich an dem Glück seines Freundes freue. Ich entgegnete kein Wort hierauf, aber innerlich posaunte ich förmlich den Düppler Sieges=marsch vor lauter Frohlocken. Die beiden Freunde mußten sich

ausgesprochen haben, und worüber, das brauchte mir Niemand erst
klar zu machen. So helle bin ich längst. Als wir später zum
Abendbrod nach unserer kleinen bescheidenen Sommerwohnung
gingen, sagte mein Karl unterwegs: „Wilhelmine, ich glaube, die
Firma ‚Buchholz und Sohn‘ würde sich gut ausnehmen. Er ist
ein prächtiger Mensch — aber thu' mir die einzige Liebe und treibe
nicht nach.“ — „Karl,“ stimmte ich zu, „wie Du meinst. Ich sehe
auch ein, daß gut Ding Weile haben will. Uebrigens bleibt Emmi
jetzt bei mir in Tegel; wenn der Doktor es aufrichtig meint, weiß
er ja, wo sie zu finden ist.“

„Was ist mit dem Doktor, Wilhelmine?“

„Paß auf, ich werde doch noch seine Schwiegermutter, und
dann rechne ich mit ihm ab. Er hat zu viel auf dem Kerbholz!“

Wir waren noch fidel zusammen, bis die Herren wieder in die
Stadt zurück mußten. — In der Nacht träumte mir, der Doktor
und Emmi führen auf der Pferdebahn davon und ich lief hinter=
drein und konnte sie nicht einholen. Hoffentlich bedeutet der Traum
nichts Böses.

Geheimnisse.

Wenn es kalt wird, ziehe ich die Stadt doch dem Lande vor.
Als die Blätter draußen auch anfingen modefarben auszusehen,
siedelten wir wieder nach Berlin über. Krauses gingen viel früher
als wir, weil seine Ferien um waren, und ich war froh, daß sie sich
trollten. Am vorletzten Tag haben sie, wie ich von den Leuten er=
fuhr, bei denen sie gewohnt hatten, Muck in die Pfanne gekriegt und
mit saurer Sauce verzehrt. Ich begreife nicht, wie man solche
Arglist fertig bringt. Ein so reizendes Wesen, wie Muck war!
Nun die Menschen sind ja nicht alle gleich in ihren feineren Em=
pfindungen.

Im nächsten Sommer gehen wir wieder nach Tegel, vielleicht
gehe ich allein. Dann besuche ich die alten lieben Plätze im Walde,
setze mich auf der Karlshöhe ins Gras, und denke an die Ver=
gangenheit und an die Zukunft, plaudere in Gedanken mit den
Töchtern, die wohl schwerlich bei mir sein werden, weil.... nun
weil sie nicht da sind.

Mittlerweile waren die weihnachtlichen Zeiten wieder gekom=
men, wo Eins Geheimnisse vor dem Andern hat, Jung vor Alt und
Alt vor Jung, die so eifrig behütet werden, als gäb' es das größte
Unglück von der Welt, wenn sie verrathen würden. Und doch sind
sie lauter Liebe.

Aber mitunter hat diese Liebe doch auch einen etwas bittern
Beigeschmack, und da das Bittere überhaupt nicht mein Fall ist, so
danke ich für den Freudenkelch, in dem man mir Wermuth kre=
denzt.

Wenn die Kinder klein sind, so ist es nicht schwer, ohne daß sie
es merken, hinter ihre kleinen Geheimnisse zu kommen, man muß
sich sogar in Acht nehmen, daß man sie ihnen nicht abstößt, wie die
Blätter einer Rose, die schon zu lange am Stengel gesessen hat.
Wachsen die Kinder heran, dann lernen sie schon besser auf sich
achten und wissen zu schweigen, wenn auch ihr ganzes Wesen zum
Verräther an dem wird, was sie mit dem kleinen Herzen nicht fest
genug umschließen können. Sind sie aber allmälig groß geworden,
und lieben sie noch etwas Anderes, als ihren Herrgott und ihre
Eltern, dann sind sie verschlossen wie der Berg, in dem der ver=
wunschene Prinz sitzt. Wollen die Mütter jedoch wissen, wie der
Prinz mit Tauf= und Familiennamen heißt, dann müssen sie schon
den Zufall abwarten und die Spur wie ein Kriminalbeamter ver=
folgen. Man war doch auch einmal jung, und weiß recht gut, wie
es hergeht! —

Meine beiden Töchter hatten sich rechtzeitig mit den nöthigen
Stickmaterialien zur Weihnachtszeit versorgt und da heutzutage
nicht blos die Wischtücher und Topflappen, sondern sogar die
Scheuerwische mit neu=altdeutschen Mustern verziert werden, so
widersetzte ich mich der Stickerei auch nicht. Sie ist einmal Mode,
und immer noch besser, als das zeitraubende Romanlesen, denn
was geht es Jemand an, ob sich Zweie kriegen oder sich nicht krie=
gen, die man doch nicht kennt?

Die Kinder waren sehr thätig; namentlich die Emmi. Fragte
ich einmal wie verloren: „Nun, Emmi, Du wirst uns diese Weih=
nachten wohl ganz außerordentlich überraschen?" dann wurde sie
verlegen und sagte: „Mache Dich nur nicht auf zu viel gefaßt,
Mama, Du weißt ja: Wenig, aber von Herzen!" Da sie aber die
halben Nächte aufsaß, konnte ich mich nicht beruhigen und legte

mich daher, wie es Pflicht jeder Mutter ist, aufs Spioniren. — So
genau ich auch aufpaßte.... sie war zu schlau, und obgleich ich mit
jedem Tage fester davon überzeugt wurde, daß sie ein Geheimniß
vor mir hegte, das nicht in gestickten Taschentüchern oder dergleichen
bestand, gelang es mir doch nicht, einen Anhaltspunkt zu gewin=
nen. — Wenn ich Betti danach fragte, so bekam ich die Antwort:
„Mir sagt sie auch nicht, was sie vorhat," und mit meinem Karl
wollte ich darüber nicht sprechen, denn der war in der letzten Zeit
stets so guter Laune, daß ich sie ihm mit Familienquengeleien nicht
verderben wollte. Hätte ich aber doch nur gesprochen, obgleich sich
noch Alles zum Besten gewendet hat. Jedenfalls hätte ich einen
Leib voll Aerger weniger gehabt.

Eines Abends, Emmi und Betti saßen in ihrem Zimmer und
arbeiteten an den Weihnachtssachen, und ich gab meinen Gedanken
Audienz — klingelte es. Ich wie ein Schießhund hinaus, denn ich
hatte mir fest vorgenommen, auch nicht die kleinste Kleinigkeit un=
kontrollirt ins Haus zu lassen, und öffne. — „Is et hier richtig bei
Buchholzens?" fragte Jemand, der wie ein Handwerkerlehrling
aussah. — „Ja wohl," antwortete ich, „hier ist es bei Buchholzens."
— „Jut," antwortete er, „ick habe mit die Fräulein Emmi zu spre=
chen." Mit einem Male fiel es mir wie Schuppen von den Augen.
„Hier ist der Schlüssel zu dem Geheimniß," rief es in meinem In=
nern, und ohne mich lange zu besinnen, sagte ich: „Das ist ja sehr
schön, das Fräulein Emmi bin ich." — „Da sind Se wohl uf's
Lager liesen jeblieben?" fragte das freche Geschöpf. „Na, vielleicht
helfen de Hosenbreejer noch!" Bei diesen Worten holte er ein
Packet heraus, in dem zwei halbfertige Hosenträger waren, die er
sich wie zur Probe über die Schultern schlug. „Der Meester läßt
jrüßen und so'n langen Leib, wo die zu paßten, hätte doch wohl
keen Mensch, wenn er nich als Riese jeboren wäre. Oder aber,
es wollte Eener die Hosenbreejer jleich als Steeje jebrauchen."

„Ja wohl, mein Sohn, sie sind zu lang," erwiderte ich, so
ruhig ich konnte. „Ich werde noch einmal nachmessen. Spreche
in einer halben Stunde wieder vor. Hier ist ein Groschen!" —
„Behalten Sie den man so lange, bis ick retourkomme und Sie mir
die anderen dazujehörigen Nickel ooch jeben. Abje! —"

Der unverschämte Patron ging. — Ich besah mir die Hosen=
träger. Sie waren mit feinster Seide gestickt, lauter Rosenknospen

und Vergißmeinnicht; eine wahnsinnig mühevolle Arbeit, aber mindestens um einen halben Meter zu lang. Für wen aber hatte das Kind sich so abrabazzt? — Dies mußte ich erfahren! — Ich also die Treppe hinauf nach dem Zimmer der Töchter. Ich klopfte an, damit sie Zeit haben sollten, ihre Weihnachtsgeheimnisse zu verbergen, und trat darauf ein, als wüßte ich von gar nichts: „Emmi," sagte ich, „es war eben ein junger Bursche da, der brachte diese Hosenträger. Sie sind ja viel zu lang!" — Emmi blickte mich ganz geisterhaft an und rief: „Ach, nun ist Alles verloren!" — „Was ist verloren?" rief ich erschreckt. — „Und wir hatten uns Alle so sehr darauf gefreut." — „Aber Kind — — ?"

„Da siehst Du wieder, was darnach kommt, wenn Du Dich in Alles hineinmischest, Mama," sagte Betti vorwurfsvoll. — „Wieso?" — „Nun, was hilft jetzt noch das Heimlichthun? Du giebst ja doch nicht eher Frieden, als bis Du Alles haarklein weißt. Emmi ist mit dem Doktor Wrenzchen verlobt, und Papa hat es zugegeben, und Dr. Wrenzchens Eltern sind damit einverstanden, und Dir wollten wir das Brautpaar zum Weihnachten als Ueberraschung aufbauen. Die Hosenträger sind natürlich für den Doktor, der immer so furchtbar kurz in den Hosenbeinen ist, und um dem Uebel abzuhelfen, sind sie wohl zu lang gerathen. So, nun weißt Du Alles; die dummen Dinger (sie deutete auf die Rosen- und Vergißmeinnicht-Riemen) hätten Dich ja doch bald auf die richtige Spur gebracht.

Ich mußte mich setzen. Emmi verlobt mit dem Doktor! Hinter meinem Rücken! Ohne mein Wissen! — Mir war zu Muthe wie einem König, dem man seine Herrschaft nimmt. Meine Autorität in der Familie war untergraben. Und von wem? Von einem Fremdling. Von diesem Doktor, der mir schon so oft entgegen gewesen war und nun heimtückisch meinen Karl für sich gewonnen hatte. Dies war zuviel. Wäre ich mit dem Kopf in vollem Laufe gegen eine Wand gerannt, ich hätte nicht verbiesterter dasitzen können, als jetzt.

Mein erstes Gefühl war, in eine laute Lache auszubrechen, aber ich hielt an mich, denn von mir hing jetzt das Glück meines Kindes ab; mit dem Doktor konnte ich die betreffenden Hühner ja noch so oft und so lange pflücken, bis einer von uns auf der Bahre liegen würde. Ich faßte mich daher, erhob mich und ging bewegt

auf Emmi zu und umarmte und küßte sie. „Meinen Segen hast
Du," sagte ich. „Wäre der Doktor hier.... ich würde ihn gleich
mitsegnen." — „Ist gut, Mama!" sagte Betti lächelnd und verschwand.

Ich war nun allein mit Emmi, und das Kind schüttete jetzt
sein ganzes Herz in meinen Mutterbusen aus: immer bunt durcheinander, bald ganz Lustiges, bald Verständiges, aber Alles, was
es sprach, hatte Zusammenhang, denn Jegliches bezog sich auf den
Doktor. — Sie wäre ihm stets gut gewesen und er ihr auch, nur
mit Gewalt hätte er nicht glücklich gemacht werden wollen. „Und
dann trafen wir uns auf der Pferdebahn, und als ein Herr mich
Abends einmal verfolgte, nahm er mich in seinen Schutz. Es war
Herr Kleines, das Ekel. Der Doktor sagte, um ihn los zu werden,
ich sei seine Braut; es war aber nur Scherz. Und eines Tages —
wir fuhren wieder einmal zufällig in der Pferdebahn — da sah er
mich an und streckte mir seine Hand entgegen und ich gab ihm die
meine. Da waren wir einig. — „Ohne eine Wort zu sagen?" —
„Ohne ein Wort. Aber da war es Ernst. Und wie ich die Pferde-
bahnen rasend gern leiden kann, das glaubst Du gar nicht, Mama.
Dem Doktor sind sie auch sein Liebstes!" Mit einem Kusse schloß
ich der kleinen Schwätzerin den Mund. Sie war aber auch zum
Küssen, wie sie so dastand mit leuchtenden Augen und gerötheten
Wangen, so jung, so jung, so lebensfroh und durchglüht vom
Morgenroth der ersten Liebe. Ich muß sagen, ich gönnte sie dem
Doktor eigentlich nicht, aber sie lieben sich, und ich war machtlos.

Betti kam wieder und sagte, sie hätte zum Doktor geschickt, damit er seinen Theil vom Segen abbekäme, aber er wäre bis neun
Uhr auf der Praxis und nach Neune könnte er nicht ausgehen, weil
seine Treppen gemalt würden. — „Kann er denn nicht die Hintertreppe hinabsteigen?" — „Es ist keine zweite Treppe in dem Hause,
Mama!" sagte Emmi, „so gemüthlich es sonst ist." — „Du warst
schon bei ihm im Hause?" — „Gewiß, mit Papa und den alten
Wrenzchens ... ach, sind das prächtige, liebe Leute. —"

„Ohne mich?" fuhr ich entrüstet auf.

„Ja, Mama. Du wolltest ihn doch immer so gern zum
Schwiegersohn haben, und da dachten wir, ihn Dir zu Weihnachten
zu bescheeren," sagte Emmi. — „Wer kam auf den niedlichen Gedanken?" fragte ich. — „Natürlich der Doktor. O, Mama, er ist

so klug und gescheut," rief Emmi. — „Und wenn Du wüßtest, wie
liebevoll er sein kann — —."

„Emmi!" rief ich schmerzlich, „ist Deine Mutter Dir gar
nichts mehr und dieser Doktor, der wie ein Wolf in die Hürden
bricht, Alles?   Ist das der Dank dafür, daß ich Dich geboren und
groß gezogen habe, daß ich Dich hütete wie meinen Augapfel, daß
Ihr nun Alle miteinander mich kalt stellt wegen dieses Doktors?
Vielleicht ist es sein Glück, daß die Farbe auf den Treppen erst
morgen früh trocken ist, wer weiß, wenn er hier wäre, ob ich...."

Emmi legte leise ihre Arme auf meine Schulter. „Hat die
Großmutter auch so gescholten, als Du Papa's Braut wurdest?"
fragte sie und sah mich glückselig lächelnd an. — „Nein....nein
.... Kind.... ich schelte ja auch nicht. Nur, daß Ihr mich an
Eurem Glücke nicht schon längst habt theilnehmen lassen.... das
verdrießt mich!"

„Und wir glaubten, wir würden Dir eine Weihnachtsfreude
bereiten, wie nie zuvor. Es geschah ja nur aus Liebe, daß wir
schwiegen!"

Das Kind hatte Recht und ich gab mich denn auch bald zufrie=
den. Als der Bursche kam, händigte ich ihm die Hosenträger wie=
der ein und gab ihm das Maß von meinem Karl mit, der ist einen
Kopf länger als der Doktor, so daß sie wohl passen werden, wenn
er sie hochschnallt. — Mein Karl kam erst spät aus seinem Bezirks=
verein nach Hause. Allzu liebenswürdig war ich freilich nicht
gegen ihn, denn er sollte empfinden, daß man eine Frau nicht un=
gestraft hintenansetzt, einerlei, ob Weihnachtsüberraschungen beab=
sichtigt werden oder nicht, die ja nun doch dahin sind.

Ich ließ ihn am andern Morgen mit Seelenruhe die Zeit ver=
schlafen. — Warum ist er auch so? — —

Der heilige Abend rückte immer näher heran. Die Pfeffer=
kuchen kamen, die Tannenbäume und mit ihnen der ganze Weih=
nachtszauber. Auch in den Zeitungen und Journalen erschienen
die kleinen Festgeschichten, die ich jedoch konsequent überschlage.
Warum? — Weil sie alle so schrecklich traurig sind. Eins ist ja
meistens krank, entweder die Mutter oder der Vater oder das Kind,
und das Gesunde hat dann in seiner grenzenlosen Betrübniß irgend=
wo draußen eine gute Begegnung und zum Schluß wird ein Tan=
nenbaum angezündet und die Noth ist aus. Wenn so viele wohl=

habende Fremde in der Welt herum liefen, wie um die Weihnachtszeit in den Novellen, dann müßte man doch auch einmal aus
Bekanntenkreisen von einem solchen glückspendenden Weihnachts-
onkel hören, aber da das nie der Fall ist, glaube ich, daß die Er-
zählungsschreiber diese Art von Wohlthätern nur als Kühlsalbe
gebrauchen, um den künstlichen Schmerz zu lindern, den sie dem
zartfühlenden Leser mit dem armen kranken Menschen versetzt
haben. Wer es weiß, wieviel Elend in der Welt ist, der braucht
nicht noch nachgemachtes dazu, der versteht es zu finden und lernt
das Helfen gar bald. Deshalb bin ich gegen die erdichtete Weih-
nachtstrübsal.

Ich kenne Leute, die es durchaus nicht reichlich haben und denen
ein Spendir-Fremder sehr zu paß käme, aber sie behelfen sich auch
ohne ihn und sind trotzdem zufrieden. Das habe ich so recht an
Weigelts gesehen, die ich am Heiligabend besuchte.

In unserem Hause war diesmal die Bescheerung spät angesetzt,
weil der Doktor vor zehn Uhr nicht zu uns kommen konnte. Da
dachte ich denn, du gehst vorher nach Weigelts und hilfst der jungen
Frau, die das Mädchen wieder abgeschafft hat, um zu sparen und
sich allein im Hausstand plagt. Um sieben war ich bei ihr auf der
vierten Etage, und sie freute sich sehr, als ich kam.

Der Mann hatte gesagt, daß er vom Bureau aus auf den
Weihnachtsmarkt gehen würde, und war noch nicht da. So konnten wir Beiden Manches ganz unter uns besprechen, und da Auguste
mir Alles vertraut, wußte ich bald, wie es bei Weigelts zugeht.
Aus den Schulden sind sie immer noch nicht, die erste auf Borg
genommene Einrichtung war zu theuer und seit der Junge da ist,
kann sie mit Handarbeit nur wenig dazu verdienen. Wenn ein
Weinachtsonkel aus Amerika käme und sie von dem Möbelhändler
befreite, wären sie schön heraus, aber die giebt es leider nur auf
dem Papier.

Trotzdem aber war Auguste keineswegs verzagt. Im Gegentheil, sie war vergnügt, wie noch nie, denn zum ersten Mal baute
sie ihrem Jungen auf, der erste Baum stand für den kleinen Kerl
geschmückt da und harrte auf den Augenblick, in dem zwei helle
Kinderaugen seinen Lichterglanz trinken sollten. Der Stamm-
halter, wie sie ihn nennen, lag in seinem Bettchen und schlief.

„Ich bin fertig mit Allem," sagte Auguste, „nur mein Mann

fehlt noch." — „Ich wundre mich, daß Du ganz allein zu Stande kommst," entgegnete ich, „Deine Wohnung ist in Ordnung, zum Abendessen steht Alles vorbereitet, die Bescheerung hast Du aufgebaut.... wie wurde Dir das möglich?" — „Ganz einfach," erwiderte sie fröhlich, „ich habe ein Zauberwort; seitdem ich das kenne, geht mir Alles rasch von den Händen." — „Und wie heißt das Wort?" fragte ich neugierig. — „Dalli, dalli!" antwortete sie lachend. „Es ist ja eigentlich polnisch," fügte sie hinzu, „aber es sagt sich so leicht, viel bequemer als flink, flink, und klingt dabei lustig. Wenn ich eine Arbeit anfange, dann rufe ich mir leise ‚dalli, dalli‘ zu; laufe ich auf dem Markte ein, heißt es: ‚dalli, dalli‘, sonst erwacht der Junge, ehe Du nach Hause kommst. Wasche ich mein Geschirr in der Küche auf, scheure ich die Wohnung, immer geht's, ‚dalli, dalli‘, und so kommt es, daß ich ganz allein zur rechten Zeit mit meinem Hausstand in Ordnung bin."

Das gefiel mir gar wohl, und da wirklich Alles sauber war, mußte ich gestehen, daß Auguste nicht nur dalli, sondern auch gründlich bei ihren Arbeiten ist.

Als nun der Mann kam, wurde er gleich mit dem Bescheid in das Schlafzimmer gewiesen, den Jungen aufzunehmen und munter zu machen, und als er dann von drinnen rief: „Wir sind präsentabel," brannten auch schon die Lichter an dem Bäumchen. — Er trat mit dem Jungen auf dem Arme ein und blieb an der Thür stehen. Der Kleine streckte dem Lichte die Händchen entgegen und sah mit großen Augen das Wunder an. Dann aber rief er: „Da, da!" und Auguste eilte auf ihn zu und küßte ihn und küßte ihren Mann, und der hielt sie fest umschlungen. Der Freudenlaut aus dem lallenden Munde hatte sie glückselig gemacht. Es war Weihnacht in dem Stübchen auf der vierten Etage. — Dann kamen die Ueberraschungen. Sie beschenkte ihren Mann, und er hatte Mancherlei für sie. Jeder hatte sich gewünscht, was er bekam, und ganz außer sich war Auguste über einen messingenen Mörser, den sie bis jetzt sehr entbehrt hatte; nur fand sie ihn viel zu kostbar.

Auch die Kleinigkeiten, welche ich mitgebracht hatte, machten ihnen Vergnügen. Ich blieb, bis Auguste das Abendbrod bereitet hatte, und amüsirte mich an dem Jungen. „Er wird groß und stark!" sagte Herr Weigelt, und der Junge kreischte vor Lust, während er seinem Vater die Haare zerzauste. Nachher ging ich, so viel

Auguste mich auch zu bleiben bat. „Kinder," sagte ich, „am liebsten seib Ihr heute doch ganz unter Euch!" —

Als ich auf die Straße trat, raunte die Menschheit mehr als gewöhnlich. Jeder wollte nach Hause und gar viele trugen Packete, etliche ein Tannenbäumchen, das sie noch billig erstanden hatten, manche aber gingen langsam, als wenn sie Etwas suchten. Vielleicht die Weihnachtsfreude? Waren sie einsam in der großen Stadt und verlassen? Wer weiß es.... ich kannte sie nicht. Aber Alle gingen sie an dem Hause vorbei, wo der Weihnachtsjubel so hell und rein eingekehrt war, wie ich möchte, daß er Jedem bescheert würde. Und was war es, genau besehen? — Ein kleiner Krabauter und ein messingener Mörser.

Bei uns sah es noch nicht weihnachtlich aus, als ich nach Hause kam, denn es wurde auf den Doktor gewartet. Aufgebaut hatten mein Karl und ich schon am Nachmittage. Emmi war sehr unruhig, das sind Bräute ja auch meistens, wenn ihr Abgott in Sicht ist. Dann trat Onkel Fritz an; nun wußte ich Bescheid, denn die offizielle Verlobungsfeier hatte ich immer noch hinausgeschoben, und mit Onkel Fritz verabredet, den Doktor an Heiligabend heimlich ins Haus zu schmuggeln. Wenn er aufgebaut werden sollte, so wollte ich es besorgen, das war mein Amt. Ich ging unbemerkt in das Bescheerungszimmer, in das Onkel Fritz den Doktor eingelassen hatte. Da stand er wie ein Einbrecher in der Nacht. Ich begrüßte ihn und er sagte mir guten Abend, aber er schien nicht recht zu wissen, womit er sich entschuldigen sollte. „Helfen Sie mir, den Baum anzünden," munterte ich ihn auf, und gab ihm die Tändsticker. — Er benahm sich so anstellig dabei, daß ich scherzend sagte: „Sie sind zum Familienvater wie geboren." Dann mußte er sich in einen blumenbekränzten Lehnstuhl vor den Tisch hinsetzen, auf dem der Baum stand, und als ich ihn mir darauf ansah, machte er sich ganz prachtvoll, beinahe so reputirlich, wie ein Kirchenrath.

Nun öffnete ich die Thür und überrascht blickten sie Alle auf den brennenden Baum und den Doktor. Das hatten sie nicht erwartet. Emmi rief jedoch gleich: „Da ist er!" und flog auf ihn zu, und wir freuten uns über die beiden Menschenkinder, die sich die Hände gereicht hatten und über die der Christbaum sein strahlendes Licht ergoß. In ihren Augen erglänzte aber noch ein Helleres, Leuchtenderes als der Kerzenschein! Und das war die Liebe. Mein

Karl ging auf ihn zu und bot ihm die Rechte, in welche der Doktor
einschlug. „Der erste Weihnachtsabend in unserer Familie, die
nun auch die ihrige ist, lieber Doktor," sagte mein Karl, „möge
seine milde Feier das Band noch fester knüpfen, das uns vereint.
Gemeinsam in Freude, gemeinsam in Leid. Wir gehören zu einander!"

Ich wurde ganz gerührt, als mein Karl so sprach, aber ich ließ
nichts merken und sagte: „Nun laßt uns doch sehen, was der
Weihnachtsmann gebracht hat." Das war denn Vielerlei. Der
Doktor war sehr glücklich über seinen Aufbau, an dem mich jedoch
eine heimlich von Onkel Fritz hingelegte Gabe empörte, nämlich ein
eleganter Skatblock mit der Devise: ‚Wer giebt denn?' Mir hatte
Onkel Fritz ein Theaterstück bescheert, das den Titel: ‚Rezept gegen
Schwiegermütter' trug und das ich gleich bei Seite that. Emmi
bekam von ihm eine kleine Pferdebahn, worüber sie sich jedoch
keineswegs erzürnt stellte. Der Doktor hatte sich sehr angegriffen
und überraschte Emmi mit einer prachtvollen Kette nebst Medaillon, indem sich sein Portrait befand, so daß ich ihm wegen seiner
Verschwendung Vorwürfe machen mußte. Er meinte aber, die
Sachen behielten ja ihren Werth.

„Du kannst Dir keinen solideren Schwiegersohn wünschen,"
sagte Onkel Fritz mir im Vertrauen, „denn er mauert beim Skat."
— „Das ist mir unverständlich," entgegnete ich, „aber ich weiß
leider, daß er verschwendet, besonders an seinen Geburtstagen." —
„Wer hat das gesagt?" — „Du selbst." — Fritz lachte laut auf. —
„Die einzigen Unkosten, die er macht, ist, daß er sich zur Feier des
Tages die Haare schneiden läßt; wir erzählen aber überall von
seiner vermeintlichen Ueppigkeit, damit er geuzt wird." — „Und ich
auch?" fragte ich. — „Du auch!" lachte er. — Ich lachte aber nicht
mit. „Fritz, das darf nicht wieder vorkommen," sagte ich, „allein
schon Emmi's wegen nicht. Bedenke, wenn sie die Achtung vor
ihrem Zukünftigen verlöre, denn nichts setzt den Menschen mehr
herab als Utzereien." — „Werde nur nicht sentimental, Wilhelmine, sondern thue, was Deines Amtes ist und rühre einen
Ordentlichen an.... ohne Punsch ist keine Verlobung rechtskräf-
tig!" — —

Wir punschten so zu sagen mit Andacht. Onkel Fritz ließ aber
das Necken doch nicht, denn er sah öfters nach der Uhr und rief

jedesmal dem Doktor zu: „Wenn Du noch einen Lachs fangen willst, wird es die höchste Eisenbahn!" Der Doktor aber meinte, er könnte ja nicht fort, seine Braut hielte ihn fest an der Hand. — Wie hübsch es klang, als er meine Tochter seine Braut nannte! Es ist ja auch der größte Erfolg, den eine Mutter haben kann, wenn alle Sorgen, alle Liebe, alle Erziehung und die vielen Unkosten schließlich mit dem Brautkranze gekrönt werden. Liebt der Doktor Emmi von ganzem Herzen, so wird er gewiß den Karten entsagen und selbst das solideste Mauern aufgeben. Ich werde nicht aufhören, an seiner Besserung zu arbeiten.

Mein Karl hielt mir am andern Morgen vor, ich hätte einen kleinen Zacken gehabt. „Karl," entgegnete ich ohne jede Spur von Unmuth, „es war nicht einmal ein Spitz; nur die Freude,.... die pure Freude!"

———o———

Emmi's Trousseau.

Früher, als ich noch jung war, begnügten sich die Bräute mit der Ausstattung: jetzt muß es aber ja ein Trousseau sein. Im Grunde genommen ist ein Trousseau allerdings nichts Anderes als das, was man sonst Aussteuer nannte, nur mit dem Unterschiede, daß der Trousseau firlefanziger ist und lange nicht so gediegen, wie das, was wir früher mitbekamen: mehr Spitzen und Kanten und altdeutsche Muster.... nur keine Haltbarkeit. Ich sagte mir jedoch: „Wilhelmine, du richtest die Aussteuer nach alter solider Weise ein. Der Doktor ist wohlgenährt und wiegt sein Theil, der kann keine gebrechlichen Möbel gebrauchen, und wenn die Betttücher nicht von erster Güte sind, müssen sie in ein paar Jahren hin sein. Der Chlorkalk frißt den modernen Fummel ja gleich kurz und klein.

Einige Tage nach der Verlobung theilten mir die jungen Leute mit, daß sie gesonnen seien, die Hochzeit nicht auf die lange Bank zu schieben. „Hat das denn solche Eile?" fragte ich. „Der Brautstand ist so sehr lieblich," bemerkte ich dem Doktor, „daß es unrecht ist, ihn abzukürzen. Giebt er den jungen Leuten nicht Muße, sich recht von Herzen kennen zu lernen? Giebt er dem Bräutigam nicht Gelegenheit, sich aufmerksam gegen seine Braut zu erweisen, und sind nicht so viele Vorbereitungen zu treffen, damit der neue

Hausstand sich ausnimmt, als wäre er direkt für den Laden gearbeitet?" Der Doktor meinte jedoch, er für seine Person sei gegen
jedes Gezerre und die Praxis ließe ihm keine Zeit zu überflüssigem
Courschneiden.

„Lieber Schwiegersohn," sagte ich darauf, „sich angenehm bei
seinen Nebenmenschen machen, ist nie überflüssig, zumal wenn dieselben in nähere verwandtschaftliche Verhältnisse zu einander treten.
Ich für mein Theil beanspruche auch weiter keine Rücksichten, als
die, welche eine Schwiegermutter verlangen kann und muß, der das
Glück ihrer Tochter auf der Seele liegt." — Hierauf entgegnete der
Doktor, daß er mich sehr schätze und mir gerne in allen billigen
Dingen zustimme, daß jedoch im Uebrigen sein Wille den Ausschlag
gäbe. Auch ihm läge daran, Emmi glücklich zu machen, aber nicht
nach den Vorschriften Anderer und nicht auf Kosten seiner persön-
sönlichen Freiheit. — Mit den ‚Anderen‘ meinte er natürlich nur
mich. Ich bezwang mich und sagte: „Gut denn, ganz wie Sie
wollen, aber übereilt wird die Aussteuer nicht. Dafür bin ich die
Mutter."

Die Eile war mir sehr verhaßt, aber geht heutzutage nicht
Alles im Galopp? Sonst wußte man, wenn die Crocus und
Maiblumen blühen, ist Frühjahr; jetzt werden die armen Dinger
gejagt und gequält, daß sie schon um Weihnachten im Gange sind.
Sonst brach der Flieder erst auf, wenn die Nachtigallen gekommen
waren; jetzt steht er schon im Januar blühend hinter den Fenstern
der Blumenläden. Aber wie sieht er auch aus! Wie dürftig und
gelb sind seine Blätter, wie miesepeterig sind seine Zweige, wie bett-
lägerig seine Blüthen.

Und ganz so verhält es sich mit dem kurzen Brautstand.
Sonst, wenn die Aussteuer angeschafft wurde, hatte man Zeit,
Alles gründlich und vorsorglich zu überlegen. Jedes Stück, das
genäht wurde, bekam sein Recht und wurde Einem lieb und vertraut, weil mancher Gedanke mit hineingenäht wurde, manche
Hoffnung und viel Freude, wie sie nur einmal im Menschenherzen
wohnt, nämlich während des Brautstandes. Ich weiß das noch
recht gut von meiner eigenen Jugend her. Ach, wie war die Zeit
schön!

Nun geht es, als wenn Jemand mit der Peitsche dahinter
stände. Die Nähmaschine muß Alles zusammenrasseln, aber hat

die Gefühl? Akkurat macht sie ihre Arbeit, das ist wahr, aber
Liebe kann sie nicht in den Stoff hineinnähen, den sie mit Höllen=
geschwindigkeit durchprickelt. Denn Liebe will Zeit haben. Es
mag daher ganz passend sein, die heutige Aussteuer Trousseau zu
nennen.

Ich machte mich mit den Töchtern daran, so viel wie nur
irgend möglich nach alter Manier herzustellen. Eine, die nicht
weiß, wie viel Arbeit und Mühe ein Stück Leinenzeug kostet, geht
nachher gewissenlos mit den guten Sachen um, und ehe man sich's
versieht, sind die feinen Servietten Wischtücher.

Der Doktor wohnt sehr nett, aber es ist ein altes Haus, in dem
er sich angesiedelt hat, und die Zimmer reichen nicht aus. Er
braucht ein Wartezimmer und ein Sprechzimmer schon allein für
sein Geschäft. Wo bleibt da die gute Stube? Hierüber mußte es
ja zu Kämpfen kommen. Er meinte, wenn er nicht gerade Sprech=
stunde habe, könnte seine Frau sich in dem Sprech= und Studir=
zimmer es so bequem machen, wie sie wollte. Das wäre eine Zu=
muthung, warf ich ihm ein, es sei nothwendig, die obere Etage
zuzunehmen. Hierauf sagte er, daß er durchaus keine Lust ver=
spüre, sich für den Hauswirth abzuschinden. Die Etage liefe nicht
weg, die könnte man später auch noch haben. — „Aber wo bleibt die
gute Stube?" rief ich entsetzt. — „Was sollen wir mit einem Auf=
bewahrungsraum für Möbel?" fragte er. „Die guten Stuben,
die alle Jubeljahre einmal gebraucht werden, sind für den Mittel=
stand ein dummer Luxus. Die Familie murkst in den Hinter=
zimmern herum, um nach vorn heraus ein Möbelmagazin zu haben,
das nur des Scheuern und Reinmachens wegen da ist. Den Un=
sinn mache ich nicht mit." — „Wenn Sie die Welt auf den Kopf
stellen wollen, so muß ich mich wohl fügen," antwortete ich spitz,
aber ich begehrte nicht weiter auf, weil das Standesamt noch sein
Wort nicht gesprochen hatte. Im Stillen gelobte ich mir, meinen
Willen schon durchzusetzen, wenn der Doktor nur erst dingfest ge=
macht worden sei. Verlobungen sind heutzutage ja von einer Un=
sicherheit, daß man erst aufathmen kann, wenn Standesamt und
Kirche ihre Schuldigkeit gethan haben. Ich bin für Beide, denn
doppelt hält besser.

Auch von einem Umzug wollte er nichts wissen. „Meine
Kundschaft weiß, wo sie mich findet," sagte er. „Glauben Sie

mir, es ist in Berlin schwer für einen jungen Arzt, sich Praxis zu verschaffen, denn es fehlt nicht viel an fünfzehnhundert Aerzten." — „Dies ist ja erschreckend!" rief ich. „Und Alle wollen existiren. Kann es denn so viel Ungesundheit geben, daß Alle genug davon haben? Berlin ist doch eigentlich haarsträubend." — Als ich diese Konkurrenz erfahren hatte, fiel es mir nicht ein, weiter mit dem Wohnungswechsel auf ihn einzubringen. Man muß ja Gott dan= ken, wenn er Leute krank werden läßt, und es wäre geradezu sünd= haft, wenn der Himmel mal ein Einsehen mit den Doktoren hat und für Leidende sorgt, den Patienten den Weg zu ihnen zu er= schweren. — Neu hergerichtet muß die Wohnung jedoch werden, so propper sie auch ist, denn wenn ein Junggeselle auch noch so nett horstet, ist es doch etwas Anderes, wenn eine Frau in das Haus kommt. „Das Ameublement besorgen wir, lieber Doktor," sagte ich, „einfach, aber gediegen, oder sind Sie für das modern Stil= volle?" Er meinte, die stilvollen Möbel wären wohl mehr zum Ansehen, als zum Daraufsitzen, aber das Eßzimmer möchte er gern modern haben, wenn er sonst auch die Bequemlichkeit der Alter= thümelei vorzöge. Was die Betten anbelangte, so wäre er für reelle Tischlerarbeit und gegen alle neueren Surrogate. „Seien Sie nur unbesorgt," erwiderte ich, „die Betten sollen eine Wohnung für sich werden. Ich lasse sie eigens anfertigen, auf die gekaufte Waare ist ja kein Verlaß. In Biesenthal bin ich auf einer Landpartie mit Uebernachtung sogar einmal mit einer nagelneuen Bettstelle nieder= gebrochen." Er bedauerte mich nachträglich und hoffte von einer so erfahrenen Frau das Beste in Betreff der häuslichen Einrichtung, zumal er von Küchengeräth gar keine Ahnung hätte.

„Wo aber stellen wir das Büffet hin?" fragte ich ihn, als wir seine Wohnung auf die neue Einrichtung hin musterten, „ich denke, wenn wir das eine Büchergestell auf den Boden schaffen, so gewin= nen wir einen passenden Platz dafür." — „Wie kann ich mich von den Büchern trennen?" rief er. Ich nahm eine von den alten Scharteken, um ihm zu zeigen, wie viel Raum sie wegnehmen, und schlug sie dabei auf. „Doktor!" rief ich, nachdem ich mich von meinem Entsetzen erholt hatte, „wozu gebrauchen Sie Bücher, in denen Menschen mit abgezogener Haut abgebildet sind? So viel ich weiß, zieht kein Doktor den Leuten das Fell ab und Ihr Examen haben Sie lange gemacht. Was sollen daher so gräßliche Bücher in

dem Zimmer, worin Emmi sich während Ihrer Abwesenheit auf-
hält? Bedenken Sie, wenn das Kind zufällig diesen Band in die
Hände bekäme, es könnte den Tod davon haben. Die Doktorbücher
müssen auf den Boden." — An solche Bücher würde Emmi sich
schon gewöhnen. — „Nie," sagte ich. Er wurde ärgerlich und entgegnete heftig: „Das muß ich besser wissen. Die Bücher gebrauche
ich und sie bleiben hier unten." — „Wie Sie wollen," sagte ich und
nahm Hut und Shawl. „Da habe ich eine nette Schlange an meinen Busen gelegt," sagte ich zu mir selbst. „Aber nur Geduld,
mein Herr Doktor. Keine gute Stube und so abscheuliche Bücher
in dem Zimmer, das wäre ja zu allerliebst!" —

Und zu Hause saß Emmi glückstrahlend und nähte an ihrem
Trousseau. — „Wenn Du wüßtest, was Dich erwartet, Du armes
Kind," seufzte ich in mich hinein, „aber sei unbesorgt, Du hast eine
Mutter, die ihr Junges wie eine aufgebrachte Löwin in Schutz
nehmen wird. Sobald die Zeit nur erst da ist, dann weiß ich, wo-
hin die Bücher kommen!"

Ich half Emmi, denn es gab noch viel zu schaffen. „Mama,"
sagte sie, „solches Vergnügen habe ich noch nie an einer Arbeit gehabt, als wie an dem himmlischen Trousseau."

--------o--------

Der letzte Kaffee.

Als ich noch klein war, hatten wir in der Schule auch vom
Moloch, aber ich konnte mich natürlich in meiner sechs- bis sieben-
jährigen Unschuld nicht in die Gefühle der Mütter hineinversetzen,
die gezwungen waren, ihre lieben, kleinen, herzigen Engel einem
mit Coaks geheizten eisernen Unthier auf die glühenden Arme zu
legen, so viel Mühe der Herr Lehrer sich auch gab, uns den Abscheu
vor falschen Nebengöttern beizubringen. Jetzt aber, da der Tag
immer näher rückt, an dem ich als willenlose Brautmutter meine
süße Emmi dem Doktor überliefern muß, fange ich allmälig an zu
begreifen, was sich mit dem Moloch hat. Freilich versprechen die
Bräutigame ja stets, ihre Zukünftige auf den Händen zu tragen;
aber was sind das für Hände? — Molochsklauen!

Die Zustände werden mit jedem Tage opferhafter. Nicht allein
die Vorbereitungen deuten mit schrecklicher Unabwendbarkeit auf

jenen Moment der Trennung, an den Alles mahnt: die Aussteuer, das Herumgelaufe in den Geschäften, die Einrichtung von der Wohnung des Doktors, und vor allen Dingen das Brautkleid, sondern auch die Abschiednehmerei von den harmlosen Freuden eines sanft dahinfließenden Mädchendaseins erwecken den wehmüthigen Gedanken: es wird anders, wer aber weiß, wie es wird?

Neulich hatten wir den letzten Leseabend bei Polizeilieutenants. Diese Abende waren stets sehr hübsch und namentlich geistig bildend, denn wenn wir Alle um einen großen Tisch herum saßen und ein klassisches Stück mit vertheilten Rollen lasen, so empfanden wir stets die Größe unserer Dichterheroen und zwar viel besser, als wenn man sie auf der Bühne sieht, da doch, wie einstimmig aus den Kritiken hervorgeht, die Schauspieler nicht gehörig vom Geist der Klassizität durchdrungen sind. Natürlich waren die Herren total ausgeschlossen, weil sofort andere Interessen mitspielen, sobald bunte Reihe gemacht wird, und das Ganze nachher auf ein improvisirtes Tanzvergnügen ausläuft. Ohne Herren dagegen spürt man nur das Walten des Genius und die Bildung strömt unverfälscht in die jugendlichen Gemüther. Wir älteren Damen übernahmen aus Vorsicht die Liebhaberrollen, und Alle waren der Meinung, daß ich die Luise Millerin in ‚Kabale und Liebe‘ ganz vortrefflich gelesen hätte. Die Polizeilieutenanten hatte den Ferdinand inne, und die Lady Milfort überschlugen wir, weil Schiller bei dieser Person doch zu wenig Rücksicht auf Lesekränzchen genommen hat. Waren wir mit dem Klassischen durch, dann wurde ein bischen nett gegessen, und man verabschiedete sich mit dem Bewußtsein, einen in jeder Beziehung genußreichen Abend verbracht zu haben. Wir haben allerdings ausgemacht, daß das Essen nur sehr einfach sein sollte, da doch das Geistige die Hauptsache und das Materielle die Nebensache ist, aber weil die Leseabende bei den verschiedenen Familien herumgingen, wollte die Eine es immer noch besser geben als die Andere, und so wurde denn zum Schluß der Saison, wenn die Letzten daran waren, mitunter ein wenig zu reichlich aufgetischt. Wir hatten bei der Polizeilieutenanten sogar zwei süße Speisen.

„Sie handeln gegen die ursprüngliche Verabredung, meine Liebe,“ sagte ich deshalb zur Polizeilieutenanten, als ich sah, wie sie sich angestrengt hatte. — „Es ist der letzte Leseabend, den Ihre Emmi mitmacht," antwortete sie, „da wollte ich ihr doch zeigen, wie lieb wir sie haben; sie ißt Chokoladenpudding mit Crême ja so gern." — „Siehst Du, Emmi," rief ich, „wie charmant die Frau Polizeilieutenanten es mit Dir meint. Hast Du Dich auch schon bei ihr bedankt, daß sie eigens um Deinetwillen den vorzüglichen Pudding bereitet hat?" — Emmi wurde ganz gerührt und ent- gegnete, die Frau Polizeilieutenanten wäre immer so außerordent- lich freundlich gegen sie gewesen, sie wüßte gar nicht, wie sie das wieder gut machen sollte. — „Behalten Sie uns nur in liebevollem Andenken," sagte diese, „die neuen Verhältnisse werden Sie nur zu leicht von Ihren alten Freunden trennen." — Wie recht die Frau hatte! Nun standen zwei der jungen Damen auf und holten einen in Seidenpapier eingewickelten Gegenstand aus der anderen Stube, den sie mit großer Feierlichkeit auf den Tisch stellten. Die ältere von den Beiden — es war Amanda Kulecke, für die Onkel Fritz einmal eine Zeitlang schwärmte — hielt darauf eine kleine Anrede, in der sie sagte, daß nun Spiel und Tanz für Emmi bald vorbei sein werde. Doch wie auch die Zukunft sich gestalten möge, was sie auch an dunklen und heiteren Loosen in ihrem Füllhorn verberge, das Reich des Idealen sei ihr geöffnet, dieses Reich habe Schiller aufgeschlossen, der an den Leseabenden so ganz der ihrige geworden sei. Zum Andenken an die dem Höheren geweiht gewesenen Stun- den widmeten die Freundinnen der scheidenden Freundin ein kleines Zeichen der Erinnerung. Hierbei nahm sie das Seidenpapier von dem Gegenstand herunter. Es war eine niedliche Büste von Schil- ler'n, mit Grünspan in den Haaren, auf einem schwarzen Posta- mente, an dem sich ein Thermometer befindet, so daß dieses Geschenk auch praktisch auf dem Schreibtische zu verwerthen ist. Dann de- klamirte sie noch die Verse: ‚Es prüfe, was sich ewig bindet,' und stürzte zum Schluß Emmi mit einem Kuß in die Arme. Nun kamen die Anderen auch alle und küßten Emmi und weinten dabei, und die war auch ganz aufgelöst.

Solche Scenen kamen in der letzten Zeit alle Augenblicke vor, nicht allein in dem Lesekränzchen, sondern auch im ‚Holbeinklub', wo die jungen Mädchen sich in altdeutschen Stickmustern üben, in den ‚Sonnabenden für englische Konversation' und den vielen klei- nen Unternehmungen, in welche die heutige Jugend sich einläßt, um irgend eine Sache zu fördern, von der wir zu unserer Zeit keine Ahnung hatten.

Dazu kamen nun die Besuche bei Bekannten, die stets mit einiger Wehmuth endigten, und deshalb macht das Kind immer mehr den Eindruck eines Opfers, das seinen Gespielinnen Lebewohl sagt und vor seinem traurigen Ende noch einmal geliebkost und bedauert wird. Das giebt den besten Nerven einen Schubs.

Selbstverständlich mußten wir uns revanchiren, denn wir essen nicht bei anderen Leuten herum, ohne uns etwas dagegen merken zu lassen, und deshalb sagte ich: „Emmi, lade Deine sämmtlichen Freundinnen zu einem splendiden Kaffee ein; es ist der letzte, den ich Dir zu Ehren gebe." Sie fragte ob der Doktor auch gebeten würde. „Das wäre noch schöner!" rief ich. „Man kann doch nicht einem einzelnen Herrn Zutritt zu einem Damen-Kaffee gestatten." — Wenn der Doktor nicht käme, verzichtete sie überhaupt. Es wäre zu reizend, wenn sie ihn ihren Freundinnen mal so recht zeigen könnte, und es ginge ja ganz gut, wenn später die Brüder und deren Freunde kämen, um ihre Schwestern abzuholen. „Aber wenn einige nun keine Brüder haben, wie die Kulecke?" — „Dann veranlassen wir Onkel Fritz, Herrn Kleines mitzubringen, der begleitet die Kulecke bis nach der Bülowstraße." — „Du weißt doch, wie Herr Kleines ist." — „Amanda Kulecke wird ihn schon zurechtweisen, wenn er Redensarten wagt, denn sie ist unbändig gescheut und sagt Jedem unverfroren ihre Meinung."

„Das ist wahr, wenn sie nicht ein gar zu rechthaberisches Wesen hätte, wäre Onkel Fritz vielleicht bei ihr 'reingeschlibbert und Du könntest sie jetzt Tante nennen."

Was half es, ich mußte nachgeben. Der letzte Kaffee sollte keinen Schatten auf die paar Tage werfen, die das Kind noch im Elternhause zu verleben hatte. Nein, das konnte ich nicht über das Herz bringen.

Zu meiner Zeit war es Sitte, daß kurz vor dem Hochzeitstage die Freundinnen der Braut zu ihr kamen und am Brautkleide nähen halfen. Jede machte ein paar Stiche an dem Besatz oder was sonst noch daran übrig gelassen war, damit man doch die Liebe sehen konnte, und ich finde diesen Gebrauch sehr hübsch, denn es knüpft sich dann an dieses Festgewand der Gedanke, es sei von Freun-

binnenhand bereitet, und der letzte Liebesdienst der anderen Gespie=
linnen, aus deren Kreis die Eine scheidet, so sehr auch die alte gute
Sitte an die Vorbereitungen zu einem Opfer schmerzlich erinnert.
Als ich meinem Karl gegenüber diese meine Ansicht aussprach,
machte er mir Vorwürfe und meinte, ich wühlte viel zu viel in
meinen Gefühlen, ich sollte nur dafür sorgen, daß die kleine Fest=
lichkeit recht lustig ausfiele. Aber ein Vater ist nie eine Mutter
und was weiß der überhaupt vom Moloch? —

Ich muß gestehen, daß, als am Nachmittage die jungen Mäd=
chen alle versammelt waren, der Anblick der Gesellschaft ein über=
aus anmuthiger war. In der Mitte des Zimmers, dem Fenster
zugewandt, hatten sie einen Halbkreis aus Stühlen gebildet, auf
denen Diejenigen saßen, welche gerade an dem Brautkleid nähten,
das weißschimmernd wie eine zarte Wolke zwischen ihnen ausge=
breitet lag. Die Anderen hatten Platz genommen, wie sich die
Gelegenheit fand, und machten allerlei Handarbeit und plauderten
nach Herzenslust, ich immer mitten dazwischen mit der Kaffeekanne
und dem Kuchenteller. Wie ist es doch köstlich, so die heran=
blühende Jugend in lieblicher Eintracht bei einander zu sehen: es
wird einem so zu Muthe, als wenn man im Frühjahr in
den eben belaubten Wald geht und die Sonne auf die zarten
grünen Blätter scheint, unter denen die kleinen Vögel zwitschern
und singen. Ich vergaß ganz, daß ich schon in ein höheres Register
gekommen war, und neckte mich mit den jungen Mädchen und
scherzte und lachte mit ihnen, als wenn ich dazu gehörte. Und wie
zärtlich waren sie gegen Emmi. Eine hielt sie meistens um die
Taille gefaßt, manchmal auch zweie, und küßten sie und blickten
ihr so freundlich in die Augen, als wären sie Schwestern. „Ganz
wie die Turteltauben," dachte ich bei mir, „und in eine so reizende
Taubenschaar schießen die Habichte hernieder und stören den Frie=
den." — Der Doktor hatte allerdings eine schöne Nußtorte für die
„Arbeiterinnen am Brautkleid" geschickt, aber mir verklebt man
nicht die Augen mit Torten, ich sehe tiefer, ich merke sehr wohl, daß
er ein Egoist ist, denn sonst würde er mir nicht in so vielen Dingen
entgegen sein, die ich für des Kindes Wohlergehen unabweisbar
halte. Nicht einmal die Hochzeitsreise will er machen, weil er seine
Patienten nicht verlassen kann, wie er sagt. — Flausen.

Als das Kleid fertig war, wurde Anprobe gehalten. Nein,

wie die Emmi entzückend aussah, als sie befangen und doch strah-
lend und in freudiger Erregung in das Zimmer trat, das war über
alle Begriffe und kann höchstens gemalt werden. Sie wagten sich
Alle nicht dicht an sie heran, sondern betrachteten sie mit stummer
Bewunderung aus einiger Entfernung. Nur Betti schloß sie in
ihre Arme und legte das Haupt traurig an ihre Wange.

Ob sie an Bergfeldt's Emil dachte? Ich mochte nicht danach
fragen, aber wäre mir in diesem Augenblick irgend Jemand von
dieser Familie in den Wurf gekommen, dann hätte es sicher ein
Erlebniß gegeben.

Betti ist stark von Charakter. „Ist nicht mein Schwesterchen
süß?" fragte sie die andern jungen Mädchen. Nun fing man an,
das Kleid zu loben und geradezu überirdisch zu finden. Es war
aber nicht das Kleid, das den überirdischen Eindruck machte, sondern Emmi, die es anhatte. Sie war so schön, wie alle die Anderen
zusammengenommen, und eigentlich noch ein bischen hübscher.

Als es dämmerte, trat der Doktor an. Emmi, die das Brautkleid längst wieder abgelegt hatte, war selig, als sie Arm in Arm
mit ihm bald nach dieser Gruppe von Freundinnen zog, bald nach
jener, und ich muß sagen, daß der Doktor die Prüfung sehr wohl
bestand, der er von so viel kritischen Mädchenaugen unterworfen
wurde: man sah es ihnen Allen an, daß sie Nichts an ihm auszu-
setzen hatten. Nur die Kulecke sagte ganz laut, ein Doktor wäre
nicht nach ihrem Geschmack, denn wenn die Patienten riefen, müßte
er davon, und das wäre nur halber Kram.

Ich antwortete ihr darauf, es sei ein sehr edler Beruf, den
Leidenden zu helfen, und immer besser, als Gift unter die Leute zu
bringen. Da hatte sie es. Kuleckes haben nämlich eine Schnaps-
fabrik.

Nachher stellten sich Onkel Fritz, Herr Kleines und eine Reihe
von jungen Leuten ein, die in einem brüderlichen oder vetterlichen
Verhältnisse zu den Damen stehen. Bis zum Abendbrod wurden
Gesellschaftsspiele gespielt, wobei der Doktor die meisten Pfänder
bekam, weil er immer mit Emmi tuschelte und deshalb schlecht aufpaßte. Wie haben wir uns amüsirt, als er zu ganz wunderlichen
Pfandeinlösungen verdonnert wurde, und wie schwitzte er, wenn er
in den Brunnen fallen mußte und so lange auf den Knien lag, bis

Emmi ihn erlöste. Es war zu spaßhaft. Herr Kleines, der stets Touren mit Küssen vorschlug, ward zuletzt gar nicht mehr gefragt. Er scheint wirklich manchmal nicht zu wissen, wo er sich befindet, so unterhaltend er auch sonst sein kann.

Nach dem Abendbrod ging der Tanz an. Onkel Fritz hatte Knallbonbons mit Papierkostümen besorgt und wußte es so einzurichten, daß der Doktor einen Hut in der Form eines großen Pantoffels bekam, worüber selbst mein Karl höchlichst vergnügt war. Der Doktor lachte auch und meinte, das sei nur äußerlich. Ich fürchte aber, er wird sich wenig gefallen lassen und wenn er das Kind unglücklich gemacht hat, ebenfalls sagen: das ist nur äußerlich. — Als Herrn Kleines nachher beim Abschiednehmen der Auftrag ward, mit Fräulein Kulecke nach der Bülowstraße zu zobbeln, die doch eine gehörige Ecke von der Landsbergerstraße abliegt, sah er sehr bekümmert aus, aber die Kulecke sagte: „Kommen Sie nur, ich sorge schon dafür, daß Ihnen Niemand was thut." Sie ist ja auch mindestens zwei Kopf größer, als Herr Kleines.

Als Alle gegangen waren und die Töchter sich zur Ruhe begeben hatten, blieben ich und mein Karl und Onkel Fritz noch ein wenig sitzen. Mein Karl sagte, der Doktor gefalle ihm von Tag zu Tag mehr, und ganz besonders habe er sich heute über sein harmloses Benehmen in dem Kreise der jungen Mädchen gefreut. — „Der und harmlos!" rief ich. — „Ich begreife nicht, woher Deine Antipathie gegen den Doktor kommt," entgegnete Onkel Fritz, „früher suchtest Du ihn doch auf alle mögliche Weise dingfest zu machen." — „Weil ich ihn nicht genau kannte," erwiderte ich, „laßt den Moloch nur erst geheizt sein." — „Ich verstehe Dich nicht, Wilhelmine, Du bist thöricht," sagte mein Karl. — „Ich thöricht? O nein. Euch ist es am Ende gleichgiltig, wenn ich geopfert werde und das Kind dazu. Erst wenn ich unter der Erde liege, wird Euch einleuchten, was Ihr an mir gehabt habt. Dann werdet Ihr sehen, wie sich der Doktor die Augen äußerlich mit Zwiebeln reibt und innerlich frohlockt. Und damit gute Nacht. Ihr werdet früh genug erfahren, wie es kommen wird."

—————o—————

Auf dem Bock.

Sie mögen wohl recht haben, wenn Sie mir erklären, daß, wenn ich aus dem Leben der Hauptstadt schreiben will, ich mich mehr um die Hauptstadt, als um meine Familienangelegenheiten kümmern möchte, da es gleichgiltig sei, was sich in der Landsberger= straße, und zumal in den vier Pfählen von Buchholzens, zutrage, aber ich habe auch recht, wenn ich behauptete, daß Manches ge= schrieben wird, was einem zartbesaiteten Damenherzen unverständ= lich ist, wie z. B. der Börsenbericht. Wir Damen kennen nur Eine Hausse und Baisse: in der Jugendzeit den Wechsel zwischen glü= hender Liebe und abkühlendem Schmollen, in den vernünftigeren Jahren: Erzürnen und Wiedervertragen. Was wäre das Leben auch ohne dies bischen Abwechslung? Eine Uhr ohne Perpendikel.

Damit wollte ich jedoch nur andeuten, daß eben Alles seine Berechtigung hat, Unangenehmes und Verletzendes natürlich ausge= nommen. Denn wenn Jemand einen Subskriptionsball beschreibt, so schildert er das Liebliche, die dunklen Augen, die entzückenden Reize, wie die Robe gerafft ist und wie sie aussieht, ob salmfarben oder goldigbräunlich, die Coiffüre und die Parure, aber die Augen= brauenschwärze zu Hause, das seifige Waschwasser in der Schüssel, die ausgekämmten Haare, die Schulden bei Gerson und die Schelte, welche die Zofe beim Ankleiden gekriegt hat, davon schweigt er.

So weit ich es vermag, will ich daher versuchen, Ihre Wünsche zu erfüllen und mich an die Hauptstadt halten und zwar nicht als Gattin und Mutter, sondern als Schriftstellerin, die vor nichts zurückbebt. Auf diese Weise wird es Ihnen erklärlich sein, wie ich auf den Bock kam.

Als ich Ihren Brief erhalten hatte, war ich zuerst wie aus den Wolken gesunken und sagte dann zu meinem Manne: „Karl, die Literatur hat doch so ihren Haken, denn was in aller Welt soll ich aus der Hauptstadt darstellen? Die Stadtbahn? Die neue Mauer vom botanischen Garten? Das elektrische Licht in der Leipziger= straße? Das ist zwar Alles noch ziemlich neu und aktuell, wie sie immer sagen, aber was weiß ich von diesen Dingen?" — Mein Karl half mir sinnen. Nach einer Pause fragte er: „Was meinst Du zu der Granitschale vor dem Museum?" — „Karl, die Schale ist ja schon so lange her." — „Oder zum Denkmal vom alten

Fritzen?" — „Das will ich mir überlegen." — Ich sann und
sann den ganzen Tag. Ich ging unter die Linden und sah mir
das Denkmal genau durch das Opernglas an, aber nachher mußte
ich meinem Karl doch gestehen, daß es mit dem alten Fritzen nichts
sei, und ich nicht wüßte, was ich über ihn schreiben sollte. „Du
glaubst nicht, wie furchtbar schwer die Hauptstadt ist," sagte ich,
„mein Gehirn thut so weh, als hätte es sich übermüde gelaufen!"
— „Warum quälst Du Dich ab, Wilhelmine?" fragte mein Karl
zärtlich. „Du hast ja nicht nöthig, über die Hauptstadt zu schreiben."
— „Meinst Du?" rief ich. „Was sollte wohl der Herr Redakteur
von mir denken? Soll es wieder einmal heißen, die Damen haben
wohl Talent, aber keine Fähigkeiten? O nein, ich weiß, was ich
mir und meinem Geschlechte schuldig bin: Morgen gehe ich wieder
auf die Suche.

Am Abend kam Onkel Fritz. „Was ist denn hier los?" fragte
er, als er mich und meinen Karl etwas einsilbig vorfand. — „Sie
will schreiben und hat keinen Stoff," sagte mein Karl.

„Das ist ja vortrefflich!" rief Onkel Fritz.

„Was ist vortrefflich?" herrschte ich ihn an. „Was willst Du
damit sagen? Willst Du Deine leibliche Schwester beleidigen?
Ich bitte Dich, was ist vortrefflich?" — „Komm' doch nur zu Dir,
Wilhelm," lachte Onkel Fritz (er nennt mich oft noch Wilhelm von
der Kinderzeit her, als wir beide Soldat spielten), „ich meine näm=
lich, wenn Du nichts zu schreiben hast, könnten wir morgen zu=
sammen auf den Bock gehen, dann hast Du ja Zeit. Das, meinte
ich, sei vortrefflich." — „Und Du glaubst, ich soll diese lahme Ent=
schuldigung gelten lassen?" — „Wilhelmine," fiel mein Karl ein,
„der Bock ist am Ende hauptstädtisch, wenn er auch am äußersten
Ende von Berlin liegt." — „Auf den Bock gehe ich nicht." —
„Krauses kommen auch!" sagte Onkel Fritz. — „Er oder sie?" —
„Beide, sie haben Hausbesuch, dem sie Berlin zeigen wollen!" —
„Hausbesuch? Männlich oder weiblich?" — „Weiblich." — „Jung
oder alt?" — „Natürlich jung, Wilhelmine!" — Aha, dachte ich,
hier liegen Fußangeln, wenn Onkel Fritz Dich Wilhelm nennt und
mit auf seine Fahrten mitnimmt, so ist etwas Tieferes verborgen.
Laut sagte ich darauf obenhin: „Ach ja, mein süßer Karl, Du
hast vielleicht nicht unrecht, der Bock könnte doch Etwas für meine

Feder sein, und wenn die Krausen mit ist, kann ich es wohl wagen, hinzugehen."

Wir verabredeten, daß Onkel Fritz uns am nächsten Abend gegen Fünfen abholen sollte, und dann gingen wir zur rechten Zeit schlafen. Ich fand die Ruhe sehr schwer, denn der Hausbesuch bei Krauses lag wie ein Nachtmarder auf mir. Was kann bei Krauses zu Besuch kommen? Onkel Fritz ist im Stande, sich wegzuwerfen. — —

Am andern Abend turnten wir nach dem Bock. Onkel Fritz nahm sehr gentiler Weise die Entrées für uns Dreie, und wir traten ein in das Lokal. Ein Glück, daß ich nicht nervös bin! Denken Sie sich zwei große Hallen, die wie ein Winkelmaß aneinanderpassen, und uns Drei dort stehen, wo die beiden Enden zusammenstoßen und die Ecke bilden, so daß wir links die eine und rechts die andere Halle vor uns haben. Diese Hallen sind blitzblau von Tabaksqualm, oben voll von Gaskronen, unten voll von Menschen, also oben hell, in der Mitte graublau und unten schwarz. Aus jeder Halle bringt nun ein Getöse auf den ahnungslosen Ankömmling ein, daß er nicht weiß, ob er bleiben oder sofort wieder fliehen soll, und zwar so viel Lärm, als zwei Musikchöre und eine tobende Menschheit zusammen vollführen können. Welche singen, welche klopfen mit den Seideln, welche schlagen mit den Spazierstöcken auf den Tisch, welche schreien, aber still ist Keiner. Dies muß man sich von Tausenden von Menschen vorstellen. Es ist, als wäre die Hölle losgelassen. O du Grundgütiger, dachte ich, wärst du hier nur erst wieder weg.

Nun hieß es Krauses suchen. Onkel Fritz fand sie gleich heraus, obschon er sonst nicht groß um die Krausen giebt, und wir schlängelten uns an ihren Tisch heran. Ehe ich aber zur Stelle kam, brüllte mich irgend ein Pachulke fürchterlich mit den Worten an: „Wo ist Nauke?" und ließ dicht vor meinem Gesicht eine Puppe auf und nieder tanzen, die sie Nauke nennen und dort von den Hausirknaben kaufen. Dies empörte mich, aber ich durfte nichts sagen, sondern mußte freundlich lächeln, weil auf dem Bock nichts übel genommen wird, sondern Alles Brüderlichkeit und Schwesterlichkeit ist. O, was habe ich Alles gesehen!

Zum Glück schwieg die Musik in unserer Halle gerade, als wir Platz nahmen, während der Mordspektakel in der anderen noch

fortbauerte, und so konnten wir uns denn begrüßen. Der Hausbesuch war richtig da und wurde mir als ein Fräulein Erika Lünne
aus Lingen an der Ems vorgestellt. Mein erstes Urtheil war:
Nicht übel; mein zweites: ein bischen viel Provinz, aber sauber,
sehr sauber. Jedoch hat sie was? Soviel ich weiß, sind die Lünnes
mit ihr, der Krausen, verwandt, und was die Krausen einbrachte,
das war nicht viel, und darauf würde ich doch sehen, daß sie einigermaßen so viel hätte, wie Onkel Fritz, denn wovon sie in Lingen
brillant leben, damit können sie in Berlin noch keine großen
Sprünge machen.

Was mich jedoch verdroß, das war die Katzenfreundlichkeit
mit der die Krausen Onkel Fritz unter die Nase ging. Ich merkte ja
gleich, worauf das abzielte, und daß sie die Sache schon für ausgemacht hielt. Hätte sie sonst wohl immer gefragt: „Nun, Erika,
wie gefällt Dir Berlin? Du würdest doch gewiß gerne in der
Hauptstadt bleiben, wenn Dich Jemand hier fesselte?" Und was
hatte sie dabei mit Onkel Fritz anzustoßen?

Ich wollte ihr gerade bemerken, daß Onkel Fritz ohne meine
Einwilligung nicht wählen würde, als die Musik den Bockwalzer
zu spielen anfing. Da habe ich denn zum ersten Male erlebt, was
eigentlich Rabau ist. Geschrieen und gekrieschen haben die Menschen, geklopft, getrampelt und gegröhlt, aber immer mit der Musik
im Takt. Einige tanzten auch, oder thaten so, wobei die Damen
bunte Papierkappen aufhatten und die Herren kaputte Hüte.

Fräulein Erika sagte kein Wort, sondern sah erschreckt auf das
Gewoge und trank auch nicht von dem Biere, das vor ihr stand.
Onkel Fritz blickte von Zeit zu Zeit verstohlen auf sie, obgleich er
sonst that, als kümmerte er sich gar nicht viel um ihre Gegenwart.
Aber man muß ihn kennen!

Als er später meinem Karl vorschlug, einmal nachzusehen, ob
sie Bekannte finden würden, bemerkte ich, wie sie ihm mit den
Augen folgte und wie sie mit einem Male ganz verstört aussehend
wurde. Ich wandte mich um und sah nun, wie einige von den
Damen mit den Papiermützen nicht nur Onkel Fritz sehr kamerad-
schaftlich festzuhalten suchten, sondern auch mit meinem Karl intim
zu werden anfingen. Ich sprang auf und drängte mich hin, aber
als ich kam, ließen die Damen ihre Puppen vor mir tanzen und
riefen höhnend: „Wo ist Rauke?"

„Karl, wir gehen!" — „Karl bleibt hier!" johlten die Damen,
„Karl ist zu nett!" — Ich entriß Einer den Nauke, denn ich war so
aufgebracht, daß ich nicht mehr wußte, was ich that, aber nun ward
der Lärm erst groß. Was geschah, weiß ich nicht genau mehr; mir
ist nur noch erinnerlich, daß mein Karl meine Partei nahm, und
daß dann die ganze Menschheit in ein langsames Schieben gerieth
und wir uns schließlich im Kühlen befanden. Ein Glück, daß mein
Karl einen älteren Cylinder aufgesetzt hatte, um den neuen wäre es
zu schade gewesen.

„Wo ist Fritz?" schrie ich vor Wuth, „er hat uns auf den Leim
gelockt?" — Onkel Fritz kam. Statt sich zu entschuldigen, machte
er mir Vorwürfe: „Wer auf den Bock gehe, müsse die Gebräuche
mitmachen." — „Wenn Eine meinen Karl anrührt, hat sie es mit
mir zu thun!" rief ich. — Ich wäre kindisch. — „So? Gut denn.
Lieber will ich kindisch sein, als mich an den Ton gewöhnen, der
dort herrscht. Deine Zukünftige soll wohl Bildung auf dem Bock
lernen? Gratulire!"

Nie habe ich Onkel Fritz so böse blickend gesehen, als jetzt, da
ich so gesprochen, aber er blieb ruhig. „Ich glaubte, Du würdest
Dich der Fremden annehmen, da Krauses so unvernünftig waren,
mit ihr nach dem Bock zu gehen. Du wußtest, daß ich das wünschte.
Statt dessen benimmst Du Dich unverständig wie immer." — „Was
gehen mich Deine Liebschaften an?" rief ich erbost, „aber das sage
ich Dir, über meine Schwelle kommt mir die Bockmamsell nicht."
— Ich merkte, wie Onkel Fritz die Hände ballte und vor Wuth
knirschte, jedoch er sagte nichts, sondern drehte sich kurz um und
ging in das Lokal zurück. Auch mein Karl schwieg, als wir nach
Hause strebten.

Mir war, als sei ich irgendwo aus einer Bodenluke gefallen,
so rasch war Alles vor sich gegangen. Und dennoch glaubte ich,
während mein Karl und ich dem Ausgange zuschwebten, ich hätte
Herrn Felix, der damals in Tegel den kleinen Knaben aus dem
See zog, gesehen und neben ihm eine Dame mit einer rothen Papier=
mütze auf dem Kopfe.

War es nur Einbildung oder war es Herr Felix wirklich ge=
wesen?

Ich fragte meinen Karl, ob er ihn auch gesehen? Er sagte:

„Laß junge Leute ihre Wege gehen. Was kümmerst Du Dich da=
rum?“ —

„Also er war es?“

„Beschwören kann und mag's ich nicht.“

———o———

Hochzeit.

Warum kamen Sie nicht zur Hochzeit von meiner Jüngsten
mit dem Doktor Wrenzchen? Vielleicht gerade ein Preßprozeßel=
chen, oder waren Sie schon eingeladen? Oder sind Sie nicht für
Hochzeiten? Es war schade, daß Sie nicht da waren, denn ich bin
überzeugt, Sie hätten sich amüsirt, wenn ich für meinen Theil auch
nicht viel Vergnügen gehabt habe, denn eine Brautmutter amüsirt
sich überhaupt nie. Sie lächelt wohl, sie sieht ungemein glücklich
in dem neuen Bordeaux=Seidenkleide mit echten Kanten aus, sie
sagt auch, daß sie sehr heiter ist, aber innerlich, da wachsen ihr Dor=
nen und Disteln.

Wie viel Mühe hat man, ehe Alles so weit ist. Erst die neue
Einrichtung für die jungen Leute. So etwas hat ja durchaus keine
Schwierigkeiten, wenn er danach ist und eine sorgsame Schwieger=
mutter walten läßt, die doch nur sein Bestes will. Aber wenn er
eigensinnig ist und stets mitredet, sich gegen das Nothwendigste
sträubt, weil er meint, ein Eßtisch für vierundzwanzig Personen
sei Luxus und für ein Damenschreibbüreau sei kein Platz, so hat
man bei jedem Stück seinen Aerger. Ich gebe ihm ja recht, daß
seine jetzige Wohnung ein bischen stark mit den neuen Möbeln be=
lastet wird, aber er muß doch an eine standesgemäße Etage für
später denken, und das thut er mir zum Trotze nicht. Und keine
gute Stube! Unerhört!

Das größte Zimmer hat als Schlafstube eingerichtet werden
müssen, weil das hygienisch sei. Auch so eine unvernünftige Neue=
rung. Wir sind doch auch groß geworden ohne Hygiene.

Nun, ich fügte mich, aber ich konnte doch nicht unterlassen zu
sagen: „Lieber Doktor, ich will nur wünschen, daß Sie mit ihren
neumodischen Ansichten glücklich werden. Was meine Tochter an=
betrifft, so weiß die, daß ihr das altmodische Elternhaus zu jeder
Zeit offen steht, und sollte es Abends nach Elfen sein.“

Hierauf murmelte er etwas mir Unverständliches. Ich glaube, es war sein Glück, daß er nur murmelte, denn Geduld ist ein Faß mit sehr dünnem Boden. Ferner hatte ich gehofft, daß er sich doch noch zu einer Hochzeitsreise entschließen werde, aber, als ich ihm sogar zu verstehen gab, daß selbst Köchinnen, wenn sie Hochzeit machten, mindestens nach Bernau oder Biesenthal gingen, ließ er sich auf nichts ein, sondern erklärte, seine Praxis verböte ihm das Reisen, da er einen schwer=kranken Patienten habe, den er nicht verlassen könne, und den durchzubringen sein Stolz sei. Auch hierin mußte ich mich fügen, wenn auch mit einiger Schroffheit.

Dann kamen die Einladungen zur Hochzeit. Wen sollte man nehmen und wen nicht? Er hat seine Bekanntschaft und wir haben die unsere. Wenn mein Karl nicht so vernünftig gewesen wäre und gesagt hätte: „Lieber ein paar Einladungen mehr, als Leute vor den Kopf stoßen," ich glaube, wir säßen noch zu Gericht über Diesen und Jenen, und so gingen denn seine elf medizinischen Freunde durch. Man braucht ja auch Tänzer.

Natürlich waren Krauses ebenfalls gebeten. Sie, die Krausen, kam am nächsten Tage heran und fragte, ob sie ihren kleinen Eduard nicht mitbringen könnte, das Kind hätte noch nie eine Hochzeit mitgemacht und freute sich so sehr darauf. Ich antwortete: „Meine Liebe, wir haben nur auf Erwachsene gerechnet, und wegen des einen Jungen können wir doch keinen Musikantentisch etabliren."

Dies nahm sie allerdings krumm, aber seitdem ich aus Tegel weiß, wie niederträchtig die Kröte ist — den Muck hat er auch heimlich so gequält, daß sie ihn braten mußten, um ihm ein angenehmeres Dasein zu verschaffen —, mag ich den Schlingel nicht mehr leiden und ließ sie ungestört den Mund schief ziehen. Dagegen gestattete ich ihr, den Hausbesuch mitzunehmen, das Fräulein Erika aus Lingen an der Ems, obwohl ich recht gut merkte, daß es auf Onkel Fritz abgesehen ist. Ich redete daher sehr ernst mit Onkel Fritz und sagte: „Es ist unmöglich, daß wir mit Krauses in ein verwandtschaftliches Verhältniß treten, denn wir bekommen einen Doktor in die Familie, und deshalb merke Dir: ‚Diese Haideblume blüht nicht für Dich.'" — Onkel Fritz entgegnete: „Habe nur keine Angst, Wilhelmine. Sobald einmal eine Prinzessin durch Berlin reist, mache ich der einen Antrag, die wird Dir hoffentlich gut genug sein!" — Die Antwort war ausreichend für

mich, denn wenn er patzig wird, beabsichtigt er stets das Gegentheil
von dem zu thun, was ich für richtig halte.

Es war mir daher sehr lieb, daß der Doktor auf jeglichen
Polterabend verzichtete, denn die Krausen hätte diese Gelegenheit
benutzt, die mit allen Reizen ausgestattete Haideblume Onkel Fritz
unter die Augen zu führen. Vielleicht hätte er gar mit ihr zusam=
men gepoltert, sie meinetwegen als Ems-Nixe und er als Spree=
Wassermann, und Herr Kleines wäre gewissenlos genug gewesen,
ihnen das Gedicht dazu zu verfertigen. Zum Glück ward nichts
daraus.

War es ein Wunder, daß ich unter all' diesen Sorgen sichtlich
litt, so daß mein Karl sagte, er wünschte, die Hochzeit wäre nur erst
vorüber, damit ich wieder in meine alte Verfassung käme? —

Der Hochzeitsmorgen brach denn auch richtig an: für viele,
viele Menschen ein ganz gewöhnlicher Werkeltag, für mich ein
Angsttag und für das Kind ein Festtag. Emmi war ganz Glück.
Als sie mir guten Morgen bot und mich dabei so innig umarmte
und küßte und wieder küßte und aus ihren Augen ein so seliges
Vertrauen leuchtete, als sei die Zukunft ein heller lichter Tag und
der Weg, den sie mit dem Doktor gehen sollte, ein sanfter Pfad,
von dem kleine emsige Engel alles Ungemach hinweggeharkt hätten,
da überkam mich auch der Gedanke, es könnte nichts anders als gut
werden. Was aber sind Hoffnungen? Streuzucker für den Rha=
barber des menschlichen Lebens.

Um ein Uhr kam der Doktor mit seinem Freunde, dem Doktor
Faber, als Trauzeugen und holte Emmi nach dem Standesamte
ab. Mein Karl und Onkel Fritz waren die anderen Zeugen und
begleiteten sie. Ich für meine Person schloß mich nicht an, da ich
Wichtiges zu thun hatte.

Sollte das Kind so ohne alle Poesie in das neue Leben treten?
Nein, es mußte ein Ersatz für die ausfallende Hochzeitsreise ge=
schaffen werden und der bestand darin, daß wir heimlich des Dok=
tors Wohnung mit Blumen dekorirten. Diesen glücklichen Ge=
danken hatte Auguste Weigelt gehabt, und die Gute war mir nun
behilflich, während das Kind von dem herzlosen Staate dem Doktor
gerichtlich zugesprochen wurde, das Haus zu schmücken. Die Treppe
faßten wir mit Guirlanden ein und ebenso die Thüren. Das
Wohnzimmer verwandelten wir in einen Blumengarten und das

Schlafzimmer in eine Art von Palmenhaus. Es sah wundervoll aus, so daß Auguste meinte, noch nie etwas Entzückenderes gesehen zu haben. Die Ueberzüge waren ja auch wie frisch gefallener Schnee und leuchteten ordentlich durch die grünen Büsche, die pyramiden= förmig vor den Betten aufgebaut waren. „Wenn die Ampel brennt, muß das Ganze einen Effekt machen, wie tausend und eine Nacht," sagte ich.

„Geradezu märchenhaft!" bestätigte Auguste, „wenn die Töpfe nur nicht so dumpfig nach dem Gewächshause röchen."

„Weißt Du was, Auguste," rief ich, „lauf rasch in einen Par= fümerieladen und hole Orangenblüthenessenz, damit besprengen wir die Gewächse, und die Beiden glauben dann, sie wären in Nizza, wenn sie hier so hereintreten. Ich weiß von Italien her, wie sinn= umschmeichelnd gerade Orangenduft ist."

Dies gefiel Augusten sehr; ich gab ihr eine Mark und sie rannte davon.

Während sie fort war, überzeugte ich mich noch einmal gründ= lich, daß es in dem Hause an nichts fehlte. Man konnte es für einen Puppenschrank halten, so allerliebst war Alles. Selbst für einen neuen Stiefelknecht war gesorgt; den hatte Onkel Fritz ge= stiftet.

Auguste hatte sich geeilt, und wir übertünchten den Moder= geruch rasch mit der Essenz und gingen ab, denn wir hatten zu Hause ein kleines Frühstück, da die Trauung erst um vier Uhr sein sollte, und das Hochzeitsmahl im Englischen Hause um Fünfen.

Als wir ankamen, waren die Herren schon wieder retour und hatten Hunger. Herr Doktor Paper sagte mir einige liebenswür= dige Worte und gratulirte, was ich ihm um so höher aufnahm, als Onkel Fritz Emmi fortwährend Frau Doktorin titulirte und die ganze Angelegenheit sehr auf die leichte Schulter nahm. Emmi be= nahm sich keine Idee anders als sonst, wenn der Doktor zu Besuch kam, und doch war sie nun schon verheirathet. Doktor Wrenzchen verhielt sich ziemlich still und das gefiel mir. Einmal mußte er doch einsehen, welche Verantwortung er auf sich lud, als er anderer Leute Tochter zur Frau begehrte.

Das Frühstück verlief jedoch recht gemüthlich. Herr Dr. Paper brachte einen erquickenden Toast aus, wir stießen auf das Wohl des jungen Paares an und unterhielten uns, bis es Zeit war, an die Toilette zu gehen.

Zwischendurch wurden allerlei Hochzeitsgeschenke gebracht, manches Nützliche und auch manches Unbrauchbare, wie z. B. zwei Champagnerkühler, da Doktor Wrenzchen doch sehr gegen den selbstgekauften Sekt ist, von den elf Doktoren zwei sehr schöne silberne Armleuchter und von Herrn Kleines ein Bassin mit Goldfischen, die Emmi jedoch nicht ausstehen kann. Onkel Fritz rieth ihr, die Fische grün zu kochen und den Napf zum Aufbewahren von Backpflaumen zu benutzen. Von der Polizeilieutenanten kam ein prachtvolles Brautbouquet aus Myrthen und Orangenblüthen, gerade als das Paar in die Brautkutsche stieg.

Wie reizend sahen die Beiden in dem feinen Wagen aus! Emmi in dem weißen Kleide mit dem duftigen Schleier und dem grünen Kranze auf den goldblonden Haaren war so lieblich, wie eine Braut an ihrem Ehrentage nur sein kann, und der Doktor, so glatt und nagelneu von Kopf bis zu Fuß, nahm sich so weihevoll aus, wie ein frisch eingebundenes Gesangbuch. Man konnte wirklich nichts an ihnen tadeln; es saß Alles.

Dazu die Brautjungfern mit ihren Bouquets und die vielen anderen Damen in eleganter Toilette und die Herren im Ballanzuge.... es war eine stille Pracht. So prunkhaft hatte ich mir das Ganze doch nicht vorgestellt. Die sämmtliche Landsbergerstraße guckte aus dem Fenster, als wir nach der Kirche fuhren.

Wie nun die Beiden vor dem Altar standen, wurde mir sehr weich. Eine Mutter denkt doch auch an die Zukunft. Würde der Doktor auch wohl immer so gut zu ihr sein, wie mein Karl zu mir? Und was dann, wenn sie uneins würden und das Glück davonzöge? Was dann? Was dann?

Derselbe Pastor, der Emmi konfirmirt hatte, traute sie nun auch. Die Liebe höre nimmer auf, sprach er, die wäre wie die Sonne, welche hell und klar aufgeht und unbeirrt ihre Bahn wandelt. Und wenn auch Wolken sie bisweilen verdunkelten, so bräche sie doch wieder siegreich hervor, bis sie am Abend in mildem Feuer sanft verglühe. So sei die Menschenliebe. Und noch herrlicher sei die Gottesliebe, die nie vergehe, nie erlösche, wenn wir in Sorge und Erbenkummer auch vermeinten, sie wäre verschwunden. Aber wenn wir fest an sie glauben, so verläßt uns die tröstende Hoff-

nung nicht, und Ungemach und Leid müssen der ewigen Liebe wei=
chen. — Dann ging er auf den Beruf des Arztes ein, der ihn oft
von der Gattin Seite riefe, daß sie darob nicht unmuthig werde,
sondern seine Wege segne, die ihn zu Kranken und Leidenden füh=
ren. Und ihm sagte er, daß Liebe nur mit Liebe vergolten werden
könne, er solle sie lieb und werth halten, die ihm von ganzem
Herzen vertraute und Vater und Mutter verließe, um ihm zu
folgen.

Als die Ringe gewechselt wurden und der Pastor ihre Hände
vereinigte, brach die Sonne seitlich durch das Fenster und beleuchtete
das Paar mit goldigem Scheine. Die Klänge der Orgel brausten
durch den weiten Kirchenraum, wie Festjubel über Glück und
Freude. Auch ich war einigermaßen getröstet und dachte: „Der
liebe Gott wird es schon gut machen; im Uebrigen siehst du nach
dem Rechten, Wilhelmine."

Und nun ging das Gratuliren los. Es wurde viel geküßt und
handgeschüttelt; Sonnenschein und Orgelklang dazu.

Als wir abfahren wollten, kam Emmi und flüsterte eilig:
„Mama, sei so gut, nimm mein Bouquet und gieb mir das Deine."
— — „Warum das, Emmi?" — „Siehst Du denn nicht, daß
Orangenblüthen darin sind?" — „Ja.... aber." — „Du weißt
doch, Mama, daß Franz sie nicht riechen kann, sie machen ihm
Kopfschmerzen!"

Ich stand noch wie versteinert, als die Brautkutsche schon
längst davon gefahren war. „Herr im Himmelsthrone," dachte
ich, „und wir haben den ganzen Palmengarten mit Orangen=
blüthenessenz besprengt. — Auguste." rief ich, „Auguste, wir müssen
lüften!" — — —

Wie ich eigentlich ins Englische Haus gekommen bin, das weiß
ich nicht mehr; ich riß immer in Gedanken die Fenster in des Dok=
tors Wohnung auf, zu Höherem konnte sich mein Geist nicht auf=
schwingen. Und dann saßen wir endlich bei Tisch und aßen und
tranken. Es schmeckte ihnen Allen gut, und da es ziemlich warm
war, spülten sie auch ordentlich nach, wie sich das auf einer fidelen
Hochzeit gehört. Ich allein konnte mich der allgemeinen Fröhlich=
keit nicht anschließen und vermochte von den Gerichten immer nur
ein wenig zu kosten, blos um zu wissen, was die Leute gekocht hatten.
Sattessen indessen war nicht.

Ich hatte ja einen vortrefflichen Platz. Der alte Herr Wrenz=
chen führte mich zu Tisch und mein Karl des Doktors Mutter. Sie
ist so sanft und gut und hält große Stücke auf ihn. Manches er=
zählte sie mir von seiner Jugend, wie er so rasch durch das Gym=
nasium gekommen sei und immer die besten Zeugnisse nach Hause
gebracht habe, wie er nachher auf der Universität so solide und
fleißig gewesen und dabei doch lustig und unverfroren. Das hörte
ich sehr gerne, aber im Stillen mußte ich mir sagen: was nützen
die besten Schulzeugnisse und die tugendhafteste Studenten=Soli=
dität in der Ehe? Da kommt es manchmal ganz anders.

Emmi und der Doktor machten sich reizend schön nebeneinander
hinter den großen Bouquets, die ihnen zu Ehren auf die Tafel ge=
stellt waren, aber so oft ich hinsah, gab mir das Blumenwerk jedes=
mal einen Stich durch das Herz, weil es mich an die Orangen=
blüthenessenz erinnerte. Auguste, die gute, hatte mir zwar die
Versicherung gegeben, daß alle Fenster sperrangelweit aufständen
und der Geruch schon fast gänzlich abgezogen wäre, aber meine
innere Unruhe wollte doch nicht weichen. Ich hatte schon die Idee,
die ganzen Grünigkeiten wieder vom Gärtner abholen zu lassen,
aber das ging nicht: was würde die Nachbarschaft davon gedacht
haben? Außerdem waren sie für acht Tage gemiethet und im Vor=
aus bezahlt.

Sonst sah die Tafel wirklich entzückend aus. Allein blos die
elf Doktoren, denen man die höhere Bildung schon von ferne an=
merkte, dazwischen immer abwechselnd eine junge oder doch wenig=
stens eine jüngere Dame, dann der Polizeilieutenant in der Sonn=
tagsuniform, was unermeßlich schmückte, und alle die Anderen.
Herr Weigelt hatte allerdings einen Frack von etwas sehr merkwür=
digem Schnitt an, und seinen weißen Shlips hatte Auguste ein
bischen gar zu blau gekriegt, weil sie die kleinen Sachen in der
Waschschüssel wäscht, aber er war so herzlich vergnügt und lächelte
immer so gut beiwege vor sich hin, daß es auf sein Aeußeres gar
nicht ankam. Er hatts ja auch nicht so dazu, wie Andere.

Onkel Fritz dagegen war von Kopf bis zu Fuß elegant: den
Frack nach der neuesten Mode und die Lackstiefel zum ersten Male
an. Wegen meiner oder wegen des jungen Paares hätte er sich
ganz gewiß nicht in Unkosten gestürzt, aber um in den Augen seiner
Tischnachbarin etwas vorzustellen, mußte er sich natürlich nobel

machen. Und sie, die Erika, that bereits, als wären die Verlo=
bungskarten schon heimlich gedruckt. Wenn Jemand an das Glas
klopfte, um eine Rede zu halten, überfiel mich jedesmal die tödtliche
Angst: „Jetzt wird das freudige Ereigniß publik gemacht!" und
der Bissen im Munde ward mir zu Galle.

Und eine andere Verlobung, die ich so gerne gesehen hätte, kam
nicht zu Stande. Ausdrücklich hatte ich Herrn Felix durch ein
längeres Schreiben eingeladen, aber trotzdem lehnte er ab. Was
soll das heißen? Ist es ihm peinlich, daß wir ihn neulich auf dem
Bock in nicht gerade der besten Gesellschaft trafen? Warum soll
ein junger Mann den Bock nicht einmal besuchen? Wir waren ja
auch da! Als ich Betti Herrn Felix' Absage mittheilte, sprach sie
zwar kein Wort, aber sie ward blaß, ganz blaß, wie eine Sterbende,
daß ich fürchterlich erschrak. Gleich darauf war sie jedoch wieder
ruhig und versuchte zu lächeln. Dann ging sie auf ihr Zimmer
und kramte in ihren Schubladen, und als sie wieder herunterkam,
that sie, als sei Alles beim Alten. Was kann da blos passirt sein?
Er wird mich doch nicht verachten, weil ich das Lokal damals ohne
meinen Willen verließ?

Ich hatte ihr Herrn Kleines als Tischnachbarn gegeben und sie
schien sich auch ganz gut mit ihm zu unterhalten. Später erzählte
sie mir, sie hätte nur die Hälfte von seinen Witzen verstanden, einige
davon wären ihr unfaßbar gewesen und die anderen hätte er mit
dem Essen hinuntergeschluckt. Es giebt ja Leute, die gleichzeitig
den Mund voll haben und erzählen.

Sehr schöne Toaste wurden ausgebracht: ernste und heitere
und solche, die gar keine wurden, weil die Redner immer anderswo
hinkamen, als worauf sie hinauswollten. Dr. Paber sprach im
Namen seiner Kollegen und wünschte, daß der Doktor über sein
neues Glück die alten Freunde, namentlich ihre gemüthlichen,
wissenschaftlichen Abende nicht vergessen möchte. — Und der Dok=
tor antwortete. Er versprach, die alte Freundschaft von dem
Gymnasium und von der Universität her stets hoch zu halten; seine
Frau werde gewiß damit einverstanden sein, daß er im Verein mit
Kollegen die Wissenschaft pflege. — Und das verkündete er kalt=
blütig vor allen Hochzeitsgästen. Die Wissenschaft kenne ich doch:
Skat heißt sie. Aber das sind die Folgen vom Gymnasium und
der Universität. Machen die guten Zeugnisse Emmi glücklich, wenn

er ins Wirthshaus geht und sie allein zu Hause sitzen muß? Nie=
mals.

Zwischendurch wurden Tafellieder gesungen, die eigens zu
diesem Zwecke verfertigt waren. Dem Gebildeten macht ja das
Dichten auch durchaus keine Schwierigkeiten, wenn er nur die Zeit
dazu hat. Ein Lied jedoch, das Herr Kleines auf die Brautjungfern
zu verfassen sich unterfangen hatte, war geradezu unglaublich. Die
jungen Damen, welche mit meinen Töchtern verkehren, sind sammt
und sonders aus wohlerzogenen Familien und denen hatte er zuge=
muthet, zu singen:

> Schönheit ist gemacht zu lieben,
> Ernste Stirne ziemt ihr nicht;
> Ihren Hang zu sanften Trieben,
> Sollen Mädchen nie verschieben,
> Wenn die Jugend Rosen bricht.

Zum Glück ließ sich das Gereimsel nach keiner Melodie singen,
und als daher mein Karl aufstand und verkündete: wir wollten
lieber aufhören, da das Lied zu schwer sei, fiel mir ein reeller
Mühlstein vom Herzen. Nach Tisch habe ich aber Herrn Kleines
meine Meinung gesagt und ihm erklärt, er könne für die öffentlichen
Blätter so viel dichten, wie er wollte, für Familien wäre jedoch seine
Poesie ungeeignet.

Ich war froh, als das Tafeln ein Ende hatte, und Onkel
Fritzens Verlobung nicht mehr in Szene gesetzt werden konnte.
Während abgeräumt wurde, tranken wir im Nebensaal Kaffee, und
dann ging der Ball an.

Dr. Wrenzchen und Emmi eröffneten ihn, dann folgten die elf
Doktoren mit den Brautjungfern und einigen jüngeren Damen,
was Onkel Fritz als Festordner so arrangirt hatte, weil er, wie er
sagte, gerne einmal ein Dutzend tanzende Doktoren hinter einander
sehen wollte. Es war auch einzig.

Wir Aelteren nahmen natürlich auch Theil an dem Reigen.
Mein Karl und ich tanzten in Erinnerung an unseren eigenen
Hochzeitstag einen Wehmuthswalzer. „Karl,‟ sagte ich, „wir sind
beide ein bischen kompleter als damals.‟ — „Aber noch ebenso
glücklich,‟ antwortete er. — Ich schwieg. Konnte ich ihn an all'
meinem Kummer betheiligen? Nein, das wäre grausam gewesen.
Ueberdies ist das Weib ja zum Leiden und Dulden geboren.

Man mußte jedoch den elf Doktoren lassen, daß sie das Fest entschieden verherrlichten. Je weiter die Zeit rückte, um so mehr packten sie den gewohnten Ernst ihres Berufes ein und gaben sich dem Vergnügen hin, als wären sie wieder fröhliche Studenten. Und wie wußten sie die Damen zu unterhalten! Nun, ein Studirter versteht ja auch mehr als vom Wetter und Theater, und gute Tän= zer waren sie Alle. Ich habe mit jedem einen Pflichttanz durch= gemacht.

Als es schon ziemlich in die Nacht hineinging, wollte der Dok= tor aufbrechen. „Emmi amüsirt sich so prächtig," sagte ich und bat ihn, noch zu bleiben, wenigstens den Kotillon über. Jede Mi= nute Lüftung war ja ein Gewinn. Er gab auch nach.

Nun war aber das Malheur mit Herrn Weigelt. Er kann ja Nichts vertragen, das ist wahr, aber warum mußte er auch noch tanzen und das immer mit den nieblichsten jungen Damen? Da kam es denn, daß er mit Polizeilieutenants Mila nicht schlecht hin= schlug, worüber dieser ihn zur Rede stellte. Das wollte er sich nicht gefallen lassen, sondern erging sich in Redensarten und tanzte ruhig weiter. Als er nachher aber zärtlich gegen die Erika werben wollte, griff Onkel Fritz ihn und brachte ihn nach dem Herrenzimmer, wo es gediegenen Rothwein, Bowle und Hofbräu gab. Was sie da mit dem Unglückswurm aufgestellt haben, weiß ich nicht: genug, er befand sich in einem kläglichen Zustande, als Auguste mich angst= erfüllt heranholte. Da saß er ganz zerklüftet und nannte sich einen Rabenvater, der sein Kind zu Hause ließe und Orgien feierte. Sie sollten ihn nur gleich begraben, und ob Auguste ihm verzeihen könnte? Gottlob waren ja elf Doktoren da. Der eine rieth Eis an, der andere schwarzen Kaffee, der dritte Hofbräu, der vierte Salmiakgeist, der fünfte verschrieb schon Etwas. Aber Herr Wei= gelt ließ Keinen an sich kommen. In ihrer Verzweiflung schleppte Auguste meinen Schwiegersohn herbei, und zu dem hatte er Ver= trauen; aber sobald der Doktor wieder gehen wollte, wimmerte er und bat ihn, zu bleiben, und hielt ihn fest. Und es war mittler= weile die höchste Zeit, daß das junge Paar verschwand, denn ein= zelne Gäste machten sich schon auf den Heimweg. Was war da zu thun?

Aber wozu ist mein Schwiegersohn Arzt, und wozu waren noch elf andere da? „Hat keiner von den Kollegen eine Morphium=

spritze bei sich?“ fragte er. Zum Glück kam ein halbes Dutzend zum Vorschein. Da wurde Herr Weigelt denn gepiekt und nach zehn Minuten hatten sie ihn so total betäubt, daß er, von mehreren Doktoren begleitet, wie ein hilfloses Packet per Droschke nach Hause transportirt werden konnte. Es muß ein schrecklicher Anblick sein, wenn sie Jemand so gebracht bringen.

Als das junge Paar das Fest verließ, graute der Morgen schon; sie waren so ziemlich die Letzten. — Mein Karl meinte, es sei eine lustige Hochzeit gewesen, als er sich auf die rechte Seite legte. Lustig? O ja, für andere Leute, nur nicht für mich. Ich sah noch die Sonne aufgehen, ehe ich in eine Art von Betäubung fiel, die jedoch nicht lange dauerte, denn die Sorge jagte mich frühzeitig wieder auf. — — —

Am andern Morgen, um gegen Neune, machte ich mich auf den Weg nach Emmi. Es war mir unmöglich, länger im Hause zu bleiben, denn ich hatte das Gefühl, als sei irgend etwas Gräßliches passirt. Und so war es denn ja auch. — Meine Ahnungen haben mich noch nie betrogen.

Als ich klingelte, und die Magd mir öffnete, merkte ich gleich, daß nicht Alles richtig sei, denn als ich fragte: „Ist die Herrschaft schon zu sprechen?“ erhielt ich ein langgedehntes „O ja!“ zur Antwort, „Frau Doktorin sind oben.“ — Also allein. Ich hinauf. Der Schreck, als ich das Kind sah. Du meine Güte! Auf dem neuen Sopha saß sie noch im Ballkleid und weinte, daß einem das Herz brechen konnte. „Kind, Emmi!“ rief ich, „was ist Dir?“ — „Ach, Mama, ich bin das unglücklichste Geschöpf der Welt!“ — „Nanu? Hat er Dich gar geschlagen?“ — „Wer?“ — „Wer anders, als Dein Mann, dieser Heuchler!“ — „Mama, kein Wort über Franz, er ist die Güte selbst. Du beleidigst mich, wenn Du ihn beleidigst.“ — Das sagte sie ganz energisch und hörte auf zu weinen. — „Aber Kind, was ist denn los?“ — „Du bist schuld, Du allein,“ rief sie. — „Da hört's doch auf!“ rief ich. „Ich? Schuld? Woran denn? Ist das der Dank dafür, daß ich Euer Haus so poetisch schmückte?“ — „Du hast gewiß nichts Böses gewollt,“ entgegnete Emmi vorwurfsvoll, „aber warum hast Du Alles mit Orangenblüthen begossen?“ — „Wieso denn? Was sagte er?“ — „Als wir ankamen, freute er sich sehr über die Blumen auf der Treppe, dann faßte er mich an der Hand und führte mich ins

Wohnzimmer. „Dies ist unser Heim," sagte er, „mein liebes klei=
nes Weib. Mit uns ist das Glück über die Schwelle getreten; daß
wir es halten, dafür wollen wir sorgen!" — Er zog mich an sich
und küßte mich. „Wo kommen nur die vermaledeiten Orangen
her?" fragte er mit einem Male. — Wir suchten aber wir entdeckten
keine. Da zuletzt fand er denn heraus, daß die Palmen im Schlaf=
zimmer so strenge dufteten." — „Schalt er?" — „Nein, er sagte
nur, Deine Mutter hat es freilich gut gemeint, aber die Gewächse
müssen hinaus." — „Da rieft Ihr das Mädchen?" — „Bewahre,
was sollte die? Wir hätten uns ja vor ihr genirt. Ich faßte mit
an, und wir schleppten die Töpfe auf den Korridor. Das war sehr
scherzhaft, und wir lachten viel dabei. Als wir damit fertig waren,
und er sagte, es sei nett, eine Frau zu haben, die sich vor der Arbeit
nicht scheute, da — — —" — „Na und da?" — „Da klingelte es,
und er mußte fort zu seinem Patienten, der so schwer krank ist." —
„Nun daran bin ich doch nicht schuld?" — „Ich komme so bald als
möglich wieder," sagte er. — „Ich warte," rief ich ihm nach. „Und ich
wartete, und er kam nicht. Ich ging auf und ab. — Er kam nicht.
Ich sah aus dem Fenster seiner Arbeitsstube. Er kam nicht. Ich
setzte mich nieder. Er kam immer noch nicht. Ich fing an zu
weinen, aber ich hielt an mich und dachte an die schönen Worte, die
der Pastor über Franzen's Beruf gesagt hatte. Ich nahm mir auch
vor, eine richtige Doktorin zu werden, aber es wurde mir über=
menschlich schwer. Um auf andere Gedanken zu kommen, nahm
ich ein Buch, nur um drin zu blättern." — „Eins von seinen
Büchern?" — „Das große da. Als ich es aufschlug, erblickte ich
einen zersetzten Menschen. Ich schrie laut auf." — „Und ich sagte
ihm doch, er sollte die alten ekelhaften Bücher nach dem Boden
schaffen!" — „Nun fing ich an, mich zu graulen. So ganz allein
bei den Büchern, o, wie war mir zu Muthe." — „Du armes Kind.
Dies ist schauderhaft." — „Um halb sieben schickte er nach seinen
Instrumenten und ließ sagen, er müßte operiren, wenn es so weit
sei. Und nun ist er noch nicht wieder zurück!" — Sie brach von
Neuem in Thränen aus.

Nach längerer Zeit gelang es mir jedoch, sie zu beruhigen. Ich
half ihr Morgentoilette machen und überredete sie, sich ein wenig
niederzulegen. Das that sie denn, und da Jugend ihren Schlaf
haben will, schlummerte sie bald ein.

Als sie schlief, schlich ich mich hinaus und untersuchte den Klingelzug von der Nachtglocke. Es war ein ganz gewöhnlicher Draht. „Was willst Du den Doktor noch erst abwarten?" sagte ich. „Es giebt ja doch nur eine Szene wegen der verabsäumten Hochzeitsreise und der abscheulichen Bücher. Geh' lieber deiner Wege, Wilhelmine!"

Ehe ich aber ging, holte ich eine Scheere aus Emmi's Nähtisch und knipste den Draht unten an der Hausthür mitten durch.

„So," sagte ich, „nun laß sie läuten!"

Nach der Hochzeit.

Man mag es machen, wie man will, seinen Aerger und seine Nackenschläge bekommt man doch, die werden einem förmlich angeboren.

Daß die Polizeilieutenanten es in einer Gesellschaft für sehr dickthuerisch gehalten hat, daß wir die Hochzeit im Englischen Hause gaben, will ich ihr gerne verzeihen, denn unter uns gesagt, sie stammt aus kleinlichen Verhältnissen, aber daß sie gesagt hat, in der Bowle wäre mehr Selterwasser als Champagner gewesen, das ist eine Verleumdung. Es war Alles vom ersten Ende, denn wenn ich etwas gebe, dann gebe ich es gut. Ich kann ihr jeden Tag die Rechnungen zeigen. Außerdem möchte ich wissen, ob wir die elf Doktoren so vergnügt mit Selterwasser gekriegt hätten?

Aber das ist das Wenigste; den größten Aerger hat mir die Krausen bereitet, und noch größeren Onkel Fritz.

Ich hatte der Krausen abgeschlagen, ihren kleinen Eduard mitzubringen, da Hochzeiten keineswegs für Kinder sind. Aber um ihr zu zeigen, daß ich durchaus nicht so sei, bat ich sie, den kleinen Eduard am folgenden Tage zu uns zu schicken, da sollte er denn Kuchen haben und allerlei gute Sachen, die vom Frühstück übrig geblieben waren.

Hätte sie Takt besessen, so würde sie gesagt haben: „Ich danke Ihnen sehr für die Freundlichkeit, aber einen Tag nach der Hochzeit kann ich Ihnen den Jungen doch wohl nicht zumuthen." — Aber Gott bewahre!

Also Eduard trat an. Da Betti nicht die geringste Lust hatte, sich mit ihm zu beschäftigen, so mußte ich mich mit ihm abgeben, und da Knaben in seinem Alter schluckgierig sind wie die jungen Wölfe, sorgte ich denn dafür, daß er Etwas zu präpeln bekam.

Er ließ sich auch gut schmecken, was ihm vorgesetzt wurde, Chokolade und Torte und einen ganzen Teller voll kleinem Gebäck, von dem wir noch öfters hätten gut haben können. Als er damit fertig war, fragte ich: „Soll Tante Dir noch eine schöne große Stulle schneiden?" — „Nein," sagte er, „Stullen mag ich nicht." — „Soll Tante Dir noch eine Tasse Chokolade einschenken?" — „Du bist ja gar nicht meine Tante," lachte er. — „Du hast mich doch sonst immer Tante genannt." — „Ja, als ich noch klein war," entgegnete er. „Mama hat mir verboten, zu All und Jeder Tante zu sagen; das thun nur ganz gräßlich kleine dumme Kinder. Aber..." — Er schwieg plötzlich. Halt, dachte ich, hier sitzt es, und fragte lächelnd weiter: „Nun, aber?" — „Du könntest ja meine Tante werden, wenn Hochzeit wird. Dann komme ich auch mit." — „Hochzeit? Mit wem denn?" Er lachte. „Nun, Eduardchen, sag' doch. Mit wem?" — „Ach, wie Du dumm bist; das weißt Du nicht einmal?" — „So sag' doch: ich verrathe nichts." — „Ach, wie Du neugierig bist. Nun kriegst Du es gar nicht zu wissen." — Und dabei grinste die Kröte mich so infam an, daß es mir in den Fingern kribbelte — aber, ‚Gewehr in Ruh‘ beherrschte ich mich, denn nun wollte ich auf den Grund sehen, ob sie Onkel Fritz wirklich verkuppelt hatten, einen so hübschen gebildeten Mann in den besten Jahren, der die ausgezeichnetsten Partien machen kann? Ich danke. — „Eduardchen," fragte ich, „magst Du gern Himbeergelee?" — „Du giebst mir ja doch keins." — „Gewiß." — „Aber ich sage doch nichts." Wäre ich meinen natürlichen Empfindungen gefolgt, so hätte ich den Jungen jetzt an die freie Atmosphäre gesetzt, und das wäre auch wohl das einzig Richtige gewesen, aber in meiner Verblendung stand ich jedoch auf und holte das Himbeereingemachte. Es war so wie so überjährig.

„Sag' einmal," fing ich darauf so ganz verloren an, „Onkel Fritz kommt wohl oft bei Euch zu Besuch?" — „Neulich war er erst da." — „Blieb er lange?" — „Das weiß ich nicht." — „Ihr freut Euch wohl sehr, wenn er kommt?" — „Ach nein, er ist immer so unangenehm gegen mich." — „Das muß er nicht. Aber Papa freut sich wohl über seinen Besuch?" — „Papa freut sich, wenn Mama

es haben will." — „Und Tante Erika, was sagt die dazu?" — „Die
muß immer ihr bestes Kleid anziehen." — „Du hast Tante Erika
wohl sehr lieb?" — „O ja, wenn ich mit zur Hochzeit komme." —
„Dafür will ich schon sorgen, daß Du mitkommst." — „Das glaub'
ich nicht, sonst hätte ich diesmal mitdürfen. Mama hat aber ge=
sagt, Du wolltest nicht." — „Ihr sprecht wohl schon viel von der
Hochzeit?" — „Das weiß ich nicht." — Nun hatte er sein Gelee von
dem Teller bereits abgeleckt.

„Das weißt Du recht gut. Aber sage Deiner Mama nur:
erstens dächte Onkel Fritz gar nicht daran, sich zu verheirathen, und
zweitens thäte sie unrecht, von Hochzeiten zu quatschen, die nie sein
werden. Onkel Fritz ist liebenswürdig gegen jede Dame, ohne daß
gleich von Heirathen die Rede ist. Und nun glaube ich, bist Du
satt und kannst nach Hause gehen."

Ich war ordentlich erleichtert, als die Range das Haus ver=
lassen hatte. Nicht einmal bedanken that er sich; aber das kann
man bei einer Erziehung auch nicht verlangen, wo der Vater eine
Null ist und die Mutter sich Alles von dem Jungen gefallen läßt.

Es dauerte keine halbe Stunde, als die Krausen angetrabt kam.
Allein schon wie sie an der Klingel riß: man hätte glauben können,
Berlin sollte untergehen.

Sie käme nur auf einen Augenblick, sagte sie. Aber sie müßte
sich aussprechen. „Bitte," sagte ich, „nehmen Sie Platz." — Und
nun ging es los. Sie hätte immer große Stücke auf mich gehalten,
aber das fände sie nicht hübsch, daß ich die Kinder anderer Leute
einlüde, um sie auszufragen, wie es in anderer Leute Familien her=
ginge. Was in ihrem Hause passirte, das könnte Jedermann
wissen, aber durch ihren Knaben ließe sie sich keine guten Rath=
schläge geben. Ich ließ sie ausreden, denn gegen an konnte ich doch
nicht; ihr gingen ja die Sprechwerkzeuge wie eine Zahnbürste im
Munde. „Meine beste Frau Krausen," sagte ich dann, „es fällt
Niemand ein, anderen Leuten Vorschriften zu machen, aber sie
können es mir nicht verdenken, wenn ich nicht wünsche, daß man
meinen jüngeren Bruder mit irgend einer Beliebigen verheirathet."
— Davon wäre gar keine Rede und mir könnte es gleich sein, wel=
ches Kleid ihr Hausbesuch anzöge. Darüber brauchte ich mich nicht
aufzuhalten.

Wer das gethan hätte? „Nun Sie, meine Liebe, mein Eduard
hat mir Alles wieder erzählt, das Kind hat ein so wunderbares Gedächtniß.“ — Dann hätte das Kind geflunkert. — Wie ich so etwas
sagen könnte. — „Er hat von dem Kleid erzählt!“ rief ich erbost,
„nicht ich.“ — Das unschuldige Kind, so etwas fiele ihm ja gar
nicht ein. — „Habe ich denn etwa gelogen?“ — „Bewahre, das sage
ich ja nicht ... Aber Sie haben dem Kinde Himbeergelee gegeben
und es ausgehorcht, und ihm, was weiß ich Alles erzählt, und nun
sitzt meine Cousine da und ist grenzenlos herunter. Sie haben das
arme Mädchen mit Ihrem Bruder Fritz ins Gerede gebracht....
jetzt ist es seine Ehrenpflicht, sie zu heirathen.

Ich war wie erschlagen. Ich mußte ein paar Mal Athem
holen, ehe ich einen Ton reden konnte. „Was? Ich? Nein,
meine Beste, Sie wollen diese Partie. Sie haben darauf zuge-
strebt.“ — „Denke nicht daran!“ — „Woher weiß Ihr Eduard
denn Bescheid?“ — „Der Himmel mag wissen, was Sie Alles aus
dem harmlosen Kinde herausgefragt haben.“ — „Aber er sagte
doch, daß er mit zur Hochzeit kommen sollte, wenn Erika und
Onkel Fritz....“

„So?“ — Dies So war so lang wie die Chausseestraße mit
der Müllerstraße daran. „Da sind Sie irr', meine Beste. Das
Kind wollte so gerne auf Emmi's Hochzeit, aber da Sie es durchaus nicht zugaben, trösteten wir den Kleinen und sagten, er sollte
mit, wenn Tante Erika Hochzeit gäbe.“ — „So? und mit wem,
wenn ich fragen darf?“ — „Mit wem? das war ja ganz gleich,
wenn Eduard sich nur zufrieden gab. Namen sind gar nicht genannt worden. Haben Sie dem Kinde vielleicht irgend einen Namen auf die Zunge gelegt? Wir sind viel zu vorsichtig in solchen
Dingen.“

„Aber Eduard sagte, er wüßte Alles, er wollte nur nichts
sagen....“ — „Kennen Sie die Kinder denn nicht besser? Wie oft
sagen die kleinen Seelen aus Scherz: ich weiß Etwas, was Du
nicht weißt, und hinterher wissen sie wirklich nichts. Eduard ist ja
immer so spaßhaft. Nein, meine Beste, auf Kinderreden kann man
nichts geben, und Sie hätten deshalb nicht nöthig gehabt, mir durch
den Kleinen gute Lehren sagen zu lassen. Und was meine Cousine
betrifft, so wird Ihr Herr Bruder gewiß ehrenwerth handeln. Darüber spreche ich mit ihm.“ — Und süß lächelnd ging sie wieder.

Soll ich nun noch den Aufstand erzählen, den ich am selbigen Abend mit Onkel Fritz hatte? Die Krausen war bei ihm gewesen — extra zu ihm gerannt — und er kam in der gehörigen Verfassung an. Aeußerlich schien er ziemlich ruhig, aber die Augenbrauen saßen ihm dicht aneinander; er grollte innerlich nicht schlecht. „Was meinst Du nun, Wilhelmine," fragte er, „wenn ich jetzt gleich auf der Stelle meinen Antrag mache? Ich habe ihr die Cour geschnitten, das gestehe ich gerne zu, allein mich in keiner Beziehung gebunden; aber nun liegt die Sache anders." — „Also, Du findest sie passabel?" — „Mehr als das, aber zum Heirathen war ich keineswegs entschlossen." — „Und nun?" — „Die Kranie sagt, daß sie über das Geschwätz untröstlich ist. Sie ist gekränkt, Wilhel= mine, sie leidet. Kann ich das mit ansehen?" — „Hast Du denn das gesehen?" — „Nein, die Kranie sagt es." — „Die lügt!" — „Wilhelmine!" — „O, vertheidige sie nur. Die ganze Familie lügt; sie, der abscheuliche Junge, der Vater.... nein, der nicht, der ist ein Nachtwächter." — „Erika auch?" — „Fritz, thu' mir den Gefallen und rede nicht so familiär von ihr. Bedenke Deine Zu= kunft. Sie hat keinen Groschen."

„Ich verdiene mehr, als sie und ich gebrauchen werden." — „Fritz! Du denkst doch nicht im Ernste an die.... die...." — „Kein Wort weiter, Wilhelmine. Ich bin selbstständig und thue, was ich will. Adje!"

Er ging.

Am anderen Tage erwartete ich eine Anzeige von Onkel Fritzens Verlobung, statt dessen erfuhr ich, daß die betreffende Erika Knall und Fall in ihre Heimath zurückgereist sei. Wer soll daraus klug werden? Frage ich Onkel Fritz darnach, so sagte er kalt lächelnd: „Gieb mir erst Himbeergelee, dann sollst Du Alles wissen." — Diesen Winter arrangire ich Liebhabertheater, und dann werde ich es schon so einrichten, daß er das Haidekraut vergißt.

Wie gesagt, man kommt nicht aus den Sorgen heraus, weder vor, noch nach der Hochzeit.

Die erste Gesellschaft.

Es ist ja ganz natürlich, daß jung verheirathete Leute, wenn sie sich erst ein wenig ausgesprochen haben, daran denken, einen geselligen Kreis zu etabliren, damit etwas Abwechselung in das Einerlei des Daseins gelangt, das meistens ziemlich immer dieselbe Guitarre ist. Wozu hat man auch die neue Einrichtung, den Ausziehtisch, das komplete Service mit Zwiebelmuster, das feine Gedeck und die zwölf Renaissancestühle mit echten gothischen Lehnen, wenn man sie den Leuten nicht zeigen kann? Der Doktor und Emmi können doch nicht allein auf dem Dutzend Stühle herumrutschen, ganz abgesehen davon, daß es wahre Marterbänke sind, die man noch drei Tage hernach im Kreuz verspürt, wegen ihren steilen Lehnen. Aber Er wollte sie ja so haben.

Ich bin durchaus nicht ruhmredig, aber ich kann wohl sagen, daß Emmi eine Erziehung genossen hat, die sich sehen lassen kann. In der Schule das Ideale, wie die Klassiker, Botanik und Zeichnen, bei einer verwittweten Regierungsräthin die feinen Handarbeiten und im Hause das Praktische, und mir däucht, die Boucletten, wie Emmi sie bei mir gelernt hat, braucht der Doktor keineswegs eine ungeeignete Nahrung zu nennen. Mein Karl ißt sie stets sehr gerne und Brot muß hinein.

Das Gesellschaftgeben ist jedoch eine längere Erfahrungssache, und deshalb hielt ich es für meine Pflicht, dem Kinde mit Rath und That zur Seite zu stehen, denn wenn dem Doktor die Meinung Anderer auch gleichgiltig ist, mir kann es nicht passen, wenn es nachher heißt, die Gesellschaft hätte keinen Schick gehabt. So etwas fällt immer auf die Mutter zurück.

Zuerst war zu bedenken, wer Alles eingeladen werden sollte. Wir kamen dabei auf zweiundzwanzig Nothwendige, aber dies ging nicht an, weil nur zwölf Stühle vorhanden sind, weshalb getrennt werden mußte. Der Doktor sagte, er wollte die Bekanntschaft in zwei Garnituren eintheilen, in eine jüngere und eine ältere, und mit der jüngeren Garnitur den Anfang machen. Das hieß mit anderen Worten: „Verehrte Schwiegermama, für Sie wird nicht mitgekocht.“ — Ich erwiderte mit dem Rest des mir zu Gebote stehenden Lächelns: „Ganz, wie Ihnen beliebt, wir brauchen dann nicht so viele Umstände zu machen.“ — Er entgegnete, es fiele ihm

nicht ein, zu knausern, einen anständigen Happen=Pappen müsse es
geben, das sei man in Berliner Bürgerkreisen gewöhnt. Ueber die
Verhältnisse hinaus wollte er jedoch auch nicht gehen. — „Was denn
zum Beispiel?" fragte ich. — „Krebse," sagte er, „die sind noch
prachtvoll und sehr billig, weil die meisten Leute glauben, die
Krebszeit wäre mit dem August vorbei; Micha läßt mir die besten
aussuchen, da wir befreundet mit einander sind." — „Gut," erwi=
derte ich, „also von den billigen Krebsen. Und dann?" — „Gans,"
meinte Emmi. — „Eine Gans ist zu theuer und verschlägt nicht ge=
nug," sagte der Doktor, „Kalbskeule thut mehr aus, namentlich
wenn reichlich Sauce und Kartoffeln dabei gegeben werden." —
„Kartoffeln in Massen sind sehr unfein," wagte ich zu bemerken.
— „Wem sie nicht fein genug sind, der braucht sie nicht zu essen,"
sagte der Doktor. — „Und die süße Speise?" fragte ich. — „Irgend
so ein Brei von Reismehl," bestimmte der Doktor, „damit kommt
man am weitesten." — „Warum nicht lieber gleich Plötzenseer blaue
Grütze?" rief ich, diesen Vorschlag mit einem leichten Anflug von
Scherz abweisend. — „Das kann ja Jeder machen, wie er will," er=
widerte der Doktor. — Man wird eben in dem Hause nicht ver=
standen.

Als ich heimkam, fragte mein Mann mich nach dem Resultat
der vorbereitenden Sitzung. „Karl," sagte ich, „es wird nahrhaft
zugehen, aber den Reismehlkleister werde ich schon hintertreiben.
Blamiren soll meine Tochter sich nicht." —

Emmi, das ahnungslose liebe Wesen, war überglücklich in dem
Gedanken, ihre erste Gesellschaft zu geben, und zeigte sich deshalb
mit Allem einverstanden, was Er beorderte, denn als ich ihr sagte,
daß wenigstens eine Torte heran müßte, antwortete sie, daß sie
schon eine Probe gekocht habe, die ihr Mann vorzüglich gefunden
hätte, zumal der große Topf voll höchstens auf achtzig Pfennige zu
stehen käme. — „Hast Du denn die Eier mitgerechnet?" Es ginge
auch ohne Eier, meinte sie. Ich konnte nichts mehr ändern.

Mit wahren Sorgen erwartete ich daher den Tag der Gesell=
schaft. Mein Karl und ich und Betti waren geladen; so viel An=
standsgefühl hatte der Doktor doch gehabt, die Angehörigen seiner
Frau nicht zu übergehen. Dann hatten sie noch Weigelts gebeten,
Herrn Dr. Paber, Assessor Lehmann mit Frau, Herrn Kleines und
Fräulein Kulecke. Das Dutzend Stühle war ausgerechnet besetzt.

„Was in aller Welt wollt Ihr mit Weigelts," fragte ich Emmi, als wir am Nachmittage gemeinschaftlich den Tisch deckten. — „Er ist zwar ein bischen Trompeter," antwortete sie, „aber Franz meint, er spielte ganz gut Skat." — „Skat?" rief ich entsetzt. — „Nun ja doch," sagte Emmi, „es werden gerade zwei Partien komplet." — „Und was sollen die Damen anfangen, wenn die Herren Nichts hören und sehen, als ihr verwahrlostes Spiel?" — „Dafür ist die Kulecken gebeten, die wird uns etwas deklamiren, denn sie hat ein ungemeines Organ." — „Wie ein Feldwebel," fügte ich bitter hinzu. —

Um Achten kamen die ersten, das heißt wir Buchholzens hatten uns etwas früher eingefunden, um im Nothfalle die Honneurs zu machen. Es ließ sich nicht leugnen: die Wohnung nahm sich blendend aus.

Alles neu und propper, Grünes vor den Fenstern, ein Blumenkörbchen auf dem Sophatisch, die Lampen hell und freundlich, und Emmi, halbschüchtern wie eine junge Fee, wartete auf ihre Gäste.

Weigelts kamen ziemlich unfein mit dem Glockenschlag. Emmi begrüßte Auguste herzlich, und Herr Weigelt sagte, er wüßte die Ehre sehr zu schätzen, daß man Auguste und ihn eingeladen hätte. Natürlich hatte er wieder einen Shlips um, wie ihn kein Mensch mehr trägt. Dann kam die Kulecken, die mit ihrer Baßstimme die Wohnung außerordentlich poetisch fand, hernach trat Dr. Paber an, der, gebildet, wie er immer ist, einige sehr verbindliche Worte für mich hatte und mich vom letzten Male her, daß wir uns sahen, überraschend verjüngt und geistig frisch fand.

Assessor Lehmann, einer von Seinen intimen Freunden, hatte sich, obgleich die anderen im Ueberrock waren, in einen Frack gezwängt, der den Doktor zu einigen Witzen veranlaßte, worüber Herr Lehmann noch verlegener wurde, als er schon beim Eintritt war. Die Frau sagte auch nicht viel.

Herr Kleines war der Letzte und hatte sich ein Paar rothbraune Handschuhe über die Finger gezogen, daß er aussah, als hätte er eben Blutwurst gemacht; der Himmel mag wissen, welcher Gesellschaftsklasse er mit solchen Aeußerlichkeiten imponiren will?

„So," sagte ich zu Emmi, „nun wollen wir die Krebse aufsetzen, die jüngere Garnitur ist ja beisammen. Bleibe Du nur bei den Gästen —."

„Sind das die Krebse alle?" fragte ich das Mädchen in der Küche. — „Ja wohl, Madame!" — „Die langen nicht." — „Es giebt ja noch Braten und Speise." — „Wo ist die Speise?" — „Drin in der Kammer." — Ich nahm ein Licht und ging in die Kammer. — Richtig, da standen drei Schüsseln mit dem Brei. Ich probirte — keine Kraft und kein Saft; man hätte ebensogut die Zunge zum Fenster hinaushängen können. „Nun," dachte ich, „es ist ja Sein Wille."

Als ich kopfschüttelnd die drei Unglücksnäpfe ansah, hörte ich etwas krabbeln und zurschen. „Was mag das sein?" fragte ich mich und leuchtete in der Kammer herum. Das Geräusch kam aus einem Korbe unter dem Tisch. Was war drin, als ich den Deckel abnahm? Krebse, und was für welche, wahre Riesen.

„Da sind ja noch welche!" rief ich entrüstet, „und Sie sagen, es wären keine mehr da?" — „Laß' Madame die man stehen, die hat der Herr selbst für morgen ausgesucht. Die ißt er allein zum Frühstück!" — „Erst kommen die Gäste," erwiderte ich und wollte die eben entdeckten Krebse in den Kessel werfen, aber die freche Person stellte sich vor den Feuerherd und schrie: „An den Herd lasse ich Niemand 'ran, und wenn es dem Deubel seine Schwiegermutter wäre!" — „Das wollen wir sehen," entgegnete ich, und ging Emmi holen. Es war Er, der aus dieser Person sprach, das merkte ich nur zu gut, aber diese Partei durfte nicht recht behalten, Emmi mußte mir beistehen. Emmi folgte mir willig, als ich sie heraus= rief. „Kind," sagte ich, als wir auf dem Flur waren, „Euer Mädchen hat mich eben tödtlich beleidigt; entweder sie bittet mich fußfällig um Verzeihung, oder ich verlasse Euer Haus auf der Stelle." — „Aber, Mama, was ist denn geschehen?" — Ich er= zählte ihr, was vorgefallen war. „Gewiß hast Du angefangen, Mama." — „Was? Du stellst Dich auf die Seite dieser Kreatur?" — „Sie hat sich noch nie etwas zu Schulden kommen lassen." — „Du kündigst ihr sofort." — „Unmöglich; sie ist so tüchtig und wir sind so zufrieden mit ihr." — „Also Du opferst Deine eigene Mutter dieser respektwidrigen Person? Gut!" —

In diesem Augenblick kam der Doktor heraus, dem die Krebse schon zu lange ausblieben. Und dabei waren sie noch nicht ein= mal im Kessel. „Herr Doktor," sagte ich mit Würde, „Sie werden nicht dulden, daß man mich in Ihrem Hause beleidigt." — „I, wo

werb' ich?" entgegnete er. „Kommen Sie nur rein in die gute
Stube. Ihnen soll kein Mensch etwas thun." — Ob er glaubte,
daß ein Scherz englisches Pflaster für die Wunden sei, die das aus=
geborene Scheusal von Köchin mir geschlagen hatte? Ich hielt es
für meine Pflicht, ihm Alles genau auseinander zu setzen, wie ich
die Krebse hätte rascheln gehört, und wie die impertinente Person
wissentlich gelogen hätte, wie ich das Recht gehabt hätte, entrüstet
zu sein, wie sie sich vor den Herd gestellt hätte und mit welch pöbel=
haften Ausdrücken sie sich gegen mich benommen. Und was sagte
Er? „Das ist ja nur äußerlich, Schwiegermamachen. Seien Sie
kein Frosch und kommen Sie herein." — „Nein," rief ich, „ent=
weder die Person geht, oder ich!" — Emmi stand rathlos, der Dok=
tor suchte sie zu trösten, und aus der Küche vernahm man, wie der
Koch=Drache mit der Kohlenschippe und dem Geschirr herumwarf,
als seien dort unklug gewordene Wilde zu Gange. „Da hören
Sie, wie sie tobt," rief ich, „und so etwas dulden Sie in Ihrem
Hause? Das ist ja eine nette Zucht."

Nun kam mein Karl, um zu sehen, wo wir blieben. „Die Uhr
ist schon nach Neune," rief er, „wir sind Alle sehr hungrig." Ich
erzählte ihm, was passirt war, was die Köchin gesagt hatte, was
Emmi sagte, was der Doktor sagte und was ich sagte. „Hier ist mei=
nes Bleibens nicht länger," schloß ich. — Mein Karl überlegte einen
Moment. „Wilhelmine," sagte er dann ruhig, „verdirb den jungen
Leuten nicht die erste Gesellschaft. Mische Dich nicht in ihre An=
gelegenheiten; Du weißt doch, als wir jung verheirathet waren,
ging auch nicht Alles am Schnürchen, wie nachher später. Es sind
lauter gute Freunde da, die weniger darauf sehen, daß Alles voll=
kommen ist, als daß man gerne giebt —." — „Und sich die größten
Krebse für den anderen Tag zurücklegt," rief ich. — „Wilhelmine,
wir sind hier zu Gast. Ich bitte Dich, sei liebenswürdig." — Er
nahm mich unter den Arm und führte mich zu der Gesellschaft.
Emmi ging in die Küche.

In der Gesellschaft herrschte ein Ton, wie bei einem Begräb=
niß, selbst die Späße, welche Herr Kleines zum Besten gab, fanden
nur Anstandsbeifall. Laut gelacht hat außer ihm Niemand da=
rüber. Natürlich waren alle überhungrig, denn Leute wie Weigelts
sparen am Mittagbrod, wenn sie auf den Abend eingeladen worden

sind. Es war daher wie eine Erlösung, als Emmi sagte, es sei
angerichtet.

Der Doktor führte die Assessorin Lehmann, der Assessor die
Weigelten, Herr Kleines meine Betti, mein Karl die Emmi, Herr
Weigelt die Kulecken und Dr. Paber mich.

Die paar Krebse waren bald geliefert. Emmi aß einen und
ich daukte überhaupt, damit doch einige für die Gäste nachblieben.
Der Doktor aber hielt sich daran und bemerkte, sie wären trefflich
von Salz.

„Es sind wohl die allerletzten der Saison, Franz?" fragte Dr.
Paber, als er auf mein Nöthigen noch einen Krebs aus der Schüssel
nahm, die ja so gut wie leer auf den Tisch gekommen war. — „Nun
ja, mein guter Paber," antwortete der Doktor, „so viele giebt es
natürlich nicht mehr wie im Sommer. Aber man überladet sich
nicht und kann auch noch von dem Folgenden essen."

„Gesünder ist es," bestätigte Dr. Paber. — „O," sagte ich, „es
giebt Leute, die zum Frühstück ein ganzes Schock essen." Dies be-
zweifelten sowohl Dr. Paber als Emmi's Gemahl. — Ich wußte
aber, was ich wußte. — Heuchler!

Dann kam die Kalbskeule; Emmi hätte Ihm sagen müssen,
daß wir Alle uns garnichts daraus machen, wenn sie auch Sein
Mageneligir ist. Sie war besser als ich erwartet hatte, nur die
Sauce war zu reichlich und zu dünne. Und solche Köchin behält
man! Dr. Paber brachte den ersten Toast aus, nachdem der Doktor, wie das so Mode ist, seine Gäste willkommen geheißen hatte.
Dr. Paber spricht sehr gut, aber er war doch nicht genau unterrichtet,
denn er wünschte dem jungen Hause Glück und Frieden, wie bisher. Auf das Glück stieß ich mit an, denn ich bin keine Rabenmutter, aber über den Frieden mußte ich innerlich ein Hohngelächter
aufschlagen. Friede mit einem solchen Trampel von Mädchen in
der Küche! Lächerbar!

Herr Kleines hielt darauf eine gereimte Tischrede, Jeder kriegte
seinen Vers. Auf mich hatte er gedichtet: „Schwiegermütter sind
oft Fluchholz -- ausgenommen ist die Buchholz." Sie lachten Alle
darüber, nur Herr Weigelt nicht und ich nicht. Er nicht, weil er
den Mund gerade voll Kartoffeln hatte, und ich nicht, weil ich mich
verletzt fühlte, denn Fluchholz ist kein deutsches Wort und nur eine
Marlice, die der Reim mit sich bringt. Ist aber die Poesie dazu

ba, den Nebenmenschen Unannehmlichkeiten zu bereiten? That Lessing je so etwas? O nein, er war tolerant! Wenn Herr Kleines hingegangen wäre, die Rieke in der Küche anzusingen, mir wäre es recht gewesen, die hätte ihm schon festen Dichterlohn ausgezahlt. Ich aber schwieg und litt.

Daß mir in dieser Stimmung der Reismehlpamp erst recht nicht mundete, das wird begreiflich sein. Herr Kleines aber aß davon, wie ein deutscher Dichter, dem der Hungerriemen abgenommen worden ist, wie Herr Dr. Paber treffend bemerkte, dessen männliche Geschmacksorgane sich auch gegen diesen libberigen Kinderbrei sträubten. „Die Speise schmeckt wie das Nichts, aus dem die Welt geschaffen wurde," sagte ich. — „Ganz derselben Ansicht," entgegnete er, „nur wagte ich sie nicht zu äußern." — Ueberhaupt muß ich sagen, Herr Dr. Paber beobachtet sehr gut und ist hochgebildet, und wenn Betti Eindruck auf ihn machte, ich würde ihn, wenn auch nicht gerade ermuthigen, so doch auch nicht mit Hindernissen abschrecken. Wer nun noch nicht satt war, der konnte sich an Butterbrod und bereits davoneilenden Kuhkäse halten. So sehr die Geruchsnerven Anderer auch davon beleidigt werden, so arg ist Er darnach.

Wie Alles, so nahm auch das Mahl ein Ende.... nur die Speise nicht, die hätte noch für 'ne Bauernhochzeit gereicht, wo sie bekanntlich drei Tage essen.

Nach Tisch setzten die Herren sich an die Spieltische und wir Damen blieben unter uns. Die Assessorin Lehmann war mittlerweile aufgethaut und erzählte allerlei allerliebste kleine Schnurren und verstand so niedliche Legespiele mit Zündhölzchen, worüber man sich den Kopf ordentlich zerbrechen mußte, daß wir uns recht nett amüsirten. „Wie traurig," dachte ich, „daß ich dies Haus später nur als Besuch betreten kann, ohne abzunehmen, nur im Fluge, ganz wie zufällig."

Die Herren spielten eifrig und tranken Patzenhofer Bier dazu. Wenn sämmtlich ausgetrunken war, machten sie eine General-Einschenk-Pause, wie Dr. Paber scherzend bemerkte, damit nicht so viel Zeit vergeudet würde. Eine solche Pause benutzte nun Fräulein Kuleke, die längst eifersüchtig auf die fidele kleine Assessorin geworden war, um auch den Herren ihre Deklamation zukommen zu lassen.

Sie sich also in die Thür zwischen den beiden Zimmern hinge-

stellt und los! Wir bekamen alle Gänsehäute, so wie wir dasaßen.
Sie hatte nämlich ein Stück vor, in dem Anfangs der junge Krieger
fällt, der dann später bluttriefend Nachts als Geist ankommt und
seiner Braut sagt, wenn sie noch mehr blutige Thränen weinte,
dann müßte er in seinem Sarge im Blut schwimmen und rettungs-
los darin ersaufen. Herr Kleines hatte sich rasch einen von seinen
rothbraunen Handschuhen angezogen und griff, ohne daß die Kulecke
es sehen konnte, mit der Blutwursthand um die Thüreinfassung,
worüber Auguste Weigelt aschgrau vor Schreck wurde, zumal die
Kulecke mit ihrem Baß die Grabesstimme schauderhaft natürlich
nachmachen konnte. Die Herren spendeten lebhaften, aber kurzen
Beifall und setzten sich dann rasch wieder zum Spiel.

Die Munterkeit der kleinen Assessorin war jedoch gründlichst
hinwegdeklamirt und die unserige desgleichen, wenn ich für meine
Person überhaupt von Munterkeit reden konnte, so daß wir unserm
Schöpfer dankten, als die letzten Spiele angesagt wurden. Der
Doktor hatte gewonnen und gab Emmi seinen Gewinn, wie er stets
thut, den sie dann in einen Spartopf für zukünftige Ausgaben steckt.
Dadurch will er sie natürlich nur liebevoll stimmen, wenn er Abends
bis Mitternacht bei seinen Skatbrüdern hockt. Wäre ich in Emmi's
Stelle, — — — doch wozu guten Rath geben, man will mich in
diesem Hause ja doch nur los sein.

Um gegen Zwei gingen wir Alle. Das Mädchen stand mit
dem Licht an der Hausthür, um die Trinkgeldsteuer für das Ge-
habte einzukassiren. Ich schritt erhaben an dieser Küchen-Walküre
vorbei, ohne ihr auch nur einen Blick zuzuwerfen. Sie soll schon
erfahren, was es heißt, sich gegen die Mutter aufzulehnen, wenn die
Tochter ihre erste Gesellschaft giebt. Das wäre noch schöner!

Onkel Fritzens Weihnachten.

Sie werden sich gewiß gewundert haben, daß Onkel Fritz nicht
mit auf der ersten Gesellschaft beim Doktor war, da die Beiden
sonst doch durch den Kitt der Spießgenossenschaft am Skattisch eng
mit einander verbunden sind, aber es hatte seine guten Gründe,
warum er keine Krebse abbekam. Onkel Fritz war nämlich verreist.

Bei einem Kaufmann fällt es nicht auf, wenn er auf die Reise geht, namentlich nicht, wenn wieder Weihnacht in Sicht ist und den Kunden außerhalb das Neueste vorgelegt werden muß, was in Berlin schon seit vorigem Jahre auf den überwundenen Standpunkt gesetzt wurde. Berlin muß jetzt alles stilvoll haben, weshalb Leute, die es können, sich eigens einen Architekten halten, den sie zu Rathe ziehen, bevor sie irgend ein Stück Dings kaufen, worauf dieser in seinen Kunstbüchern nachschlägt. Ich bin blos neugierig, wann es wohl Mode sein wird, daß die Familienväter statt des Hausrockes einen eisernen Harnisch anziehen, damit sie zu den Möbeln passen? Und wo soll der Kaufmann mit den Waaren bleiben, die keinen Stil abgekriegt haben? Hinaus damit nach auswärts, wo die Kunstpflege noch nicht in Saat geschossen ist und die Leute sich ohne Spucknäpfe aus Cuivrepoli behelfen. Onkel Fritzens Reise war daher durchaus nichts Ungewöhnliches. Im Gegentheil, der Eifer für sein Geschäft konnte nur sympathisch berühren, denn Thätigkeit ist das beste Mittel gegen Unbesonnenheit. Man kann sich aber auch täuschen.

Ich hoffte, daß die Erika-Angelegenheit ein für allemal erledigt sei. Die Krausen wollte die Verlobung Onkel Fritzens mit ihrer Verwandten allerdings erzwingen, aber als sie den Beiden den Heirathsrevolver auf die Brust setzte, reiste Erika tief gekränkt in ihre Heimath ab, was ich ihr sehr hoch anrechnete. Onkel Fritz schien auch damit zufrieden zu sein, denn er ließ sich nichts merken. Und doch war nicht Alles in Ordnung, wie ich bald erfahren sollte.

Als Onkel Fritz nämlich retour kam, war er wie umgewandelt, so daß mein Karl vermuthete, er hätte große Verluste gehabt. Wie sich aber herausstellte, waren nicht blos die Gelder prompt eingegangen, sondern er hatte auch noch brillante Aufträge mitgebracht. Wie sollte man sich daher sein bedripptes Wesen erklären? „Karl," sagte ich zu meinem Mann, „Du sollst sehen, es ist die Liebe. Frage ihn nur unter der Hand, wo er überall gewesen ist, das Uebrige will ich schon besorgen." — Mein Karl antwortete, er mische sich nicht in die Privatangelegenheiten Anderer, worauf ich nicht umhin konnte, zu erwidern, daß es die Pflicht jedes Menschen sei, das Wohl seines Nächsten zu beobachten. Er meinte aber, Onkel Fritz würde kratzbürstig, wenn er spürte, daß man ihn aushorchen wollte. Hierin mußte ich ihm leider Recht geben. Mir kam aber ein schlauer

Gedanke. „Du gehst einfach zur Krausen," sagte ich mir, „und kannst bei dieser Gelegenheit den neuen Winterumhang anziehen. Das ärgert sie und wenn ihr der Neid zu Kopf steigt, kramt sie alle Bosheit aus, die sie in sich hat. Passirt ist Etwas und zwar nichts Gutes. Wenn sie's weiß, kommt sie schon heraus damit."

Ich also zur Krausen, so wenig Geneigtheit ich auch für sie hegte. Anfangs ließ sie sich nichts merken, aber ich brachte die Sprache nach und nach auf Onkel Fritz, daß sein Geschäft außer= ordentlich im Schwung sei, und er ans Heirathen denken müsse. Es könne ihm ja auch gar nicht fehlen, er wäre überall willkom= men. „So?" sagte sie. „Es gäbe vielleicht doch Familien, die anderer Meinung wären." — Dann wüßte sie mehr als ich. — Das thäte sie auch, ob er mir den Korb denn nicht gezeigt hätte, mit dem er von der Reise zurückgekehrt sei? — „Sie irren sich, meine Liebe," antwortete ich. — „O nein, fragen Sie ihn nur selbst, was Erika's Eltern und Verwandte von ihm denken. Es ist ja ein wahres Glück, daß das Mädchen keinen unüberlegten Schritt ge= than hat, als es hier zu Besuch war." — Ich erwiderte, Onkel Fritz hätte es mit der kleinen unbedeutenden Person niemals ernst gemeint. — „Was wollte er denn in Lingen?" fuhr sie triumphirend heraus. — „Er hat überall Geschäfte," antwortete ich. — Nun wußte ich ge= nug und kürzte meine Visite rasch ab, aber ich lud die Krausen nicht ein, mich bald einmal zu besuchen.

Am nächsten Sonntag aß Onkel Fritz bei uns zu Mittag. Als mein Karl sich zurückgezogen hatte, um die Augen ein bischen zu wärmen, und Betti mit ihrer Weihnachtsarbeit zu Polizeilieute= nants gegangen war, blieb ich mit Fritz allein. Er fing jedoch nicht an und ich mochte auch nicht mit dem ersten Wort heraus. Er las die Zeitung und ich that, als wenn ich zum Fenster hinaus= sah und die Uhr tickte dazu. Aber als ich bemerkte, daß er die Annoncen schon zum zweiten Male wieder anfing, konnte ich den peinlichen Zustand nicht länger ertragen. „Sag mir doch, Fritz," fing ich an, „was hast Du eigentlich? Du weißt doch, daß Du mir Alles anvertrauen kannst. Was soll Dein Drucksen und Wrucksen?" — „Ich bin verstimmt," antwortete er, „es wird sich schon wieder geben." — „Warum bist Du verstimmt? — — — Du schweigst? — — Was ist Dir in Lingen passirt?" — Er sprang auf. — „Was weißt Du von Lingen?" rief er heftig. — „Blos was die Krausen

mir erzählt hat.“ — „Die Krausen ist eine alte Klatschliese.“ —
„Das weiß ich. Aber wie kommt sie dazu, mir zu sagen, sie hätten
Dich dort gründlichst abfallen lassen?“

Onkel Fritz ging eine Weile hastig im Zimmer auf und ab.
Dann blieb er plötzlich vor mir stehen und fragte: „Und wenn sie
die Wahrheit gesagt hätte?“ — „Das wäre mir unbegreiflich,“ er=
widerte ich.

„Weil Du nicht weißt, was Provinzphilister sind,“ antwortete
er. Und nun beichtete er ordentlich und vernünftig. Er hatte
seinen Verdruß zu lange allein getragen, er mußte sich aussprechen.

Es war ihm unmöglich gewesen, die Erika zu vergessen, und so
hatte er sich denn nach Lingen aufgemacht, um sich ihrer Familie
vorzustellen und das Jawort zu holen. Man hatte ihn natürlich
sehr freundlich aufgenommen, denn wenn ein junger Mann bei
einer wildfremden Familie antritt, in der sich eine verheirathbare
Tochter befindet, weiß doch Jeder gleich Wieso und Warum? Er
hatte aber nur gethan als wenn er der Geschäfte wegen gekommen
wäre, und sich erlaubt, den Alten zur Table d’hote einzuladen. Wie
Onkel Fritz nun einmal ist, hatte er über das Essen räsonnirt und
namentlich auf den Wein gescholten, worauf der Alte ihn fragte, er
wäre wohl ziemlich verwöhnt? — Das gerade nicht, aber sein
ordentliches Glas Wein müßte er bei Tische haben. Der Alte sei
darauf ziemlich schweigsam geworden und hätte ihn immer schief
von der Seite angesehen.

„Gewiß konnte er Dein Dickethun nicht leiden,“ bemerkte ich.
— „Möglich, aber trotzdem lud er mich wieder zum Abend zu sich
ein. In der Zwischenzeit suchte ich das Lokal auf, wo es dort das
beste Bier giebt, denn was sollte ich in dem Neste anfangen?“ —
„Und kamst angeheitert zu ihm?“ — „Bewahre. Die Stammgäste am
Nebentisch erzählten sich Anekdoten, die schon vor Alter eine Glatze
hatten, daß ich bald heulend floh. Ich machte mich daher früher
zum Besuch auf, als vielleicht nothwendig war. Wie ich nun in
das Haus trat, hörte ich Mordsgeschrei.“ — „Was war denn los?“
— „Erika’s jüngste Geschwister mußten gerade Wurmsamen ein=
nehmen, und den mochten sie wohl nicht. Es ist noch ein ganzes
Nest voll Kinder da. In kleinen Städten scheint Kindtaufe das
größte Vergnügen zu sein, das sie kennen. Auch eine Großmutter
entwickelte sich, die mit einem Löffel vor den Kleinen stand und sie

knuffte, wenn sie nicht schlucken wollten. Ich wollte schon Leine
ziehen, weil ich solche Art Schinderei nicht sehen kann, als der Alte
herankam und mir einen Spaziergang vorschlug, weil die Damen
noch nicht auf meinen Empfang vorbereitet seien. Ich also mit
ihm los zur Stadt hinaus. Landschaftliche Schönheiten nur für
Einheimische vorhanden. Als wir eine Stunde gegangen waren,
fragte ich, ob das Wirthshaus noch nicht käme? Du weißt, Wilhelmine, trockene Spaziergänge kann ich nicht ausstehen. Am andern Ende vom Wege muß immer ein Lokal liegen, sonst danke ich
für das Herumlaufen in der Natur." — „Und was antwortete er?"
— „Nichts!" — „Und wie war es nachher am Abend?" — „Zum
Umkommen. Eine Flasche Wein wurde spendirt. Davon tranken
er und ich und die Großmutter, die sich Zucker hineinrührte." —
„Und wie war Erika?" — „Blümerant. Sie wußte nicht, ob sie
sprechen sollte oder nicht." — „Und wovon spracht Ihr?" — „Daß
Berlin schrecklich verderbt sei, wie man immer in den Zeitungen
lese. Die Großmutter meinte, es würden wohl jeden Tag einige
auf der Straße tobtgeschlagen, und Treue und Glauben sollte es ja
gar nicht mehr geben. Sie dankte Ihrem Herrgott, daß sie nie nach
diesem Sündenpfuhl gekommen sei. Da müßte ja Jeder an seiner
Seele Schaden nehmen, krächzte sie." — „Das ließest Du Dir doch
nicht gefallen?" — „Ich antwortete, Fräulein Erika würde das
wohl besser wissen." — „O ja," höhnte die Großmutter, „Erika hat
uns erzählt, wie sie auf dem Bock war. Wir kennen Berlin viel
genauer, als Sie glauben; wir sind hier solide und mäßig, und
haben deswegen alle Achtung vor den Berlinern. Ja, das haben
wir. Es ist ja Alles ungesund da, sogar die Kinder müssen vom
Magistrat ins Bad geschickt werden, weil die gewissenlosen Eltern
sie vernachlässigen. Das haben wir nicht nöthig, wir sorgen zur
rechten Zeit dafür, daß sie bekommen, was nothwendig ist." —
Das hatte ich allerdings mit meinen eigenen Augen gesehen; die
bloße Erinnerung daran machte mir Soodbrennen. Ich drückte
mich deshalb rechtzeitig und nahm noch im Hotel einen Nachttrunk,
um den Gedanken an den Wurmsamen und den übrigen klein-
städtischen Familienmuff loszuwerden."

„Fritz, so viel merke ich bereits; die Großmutter war gegen
Dich." — „Alle mit einander," rief er. „Als ich am anderen Tage
den Alten fragte, ob er mir seine Tochter geben wollte, sagte er, es

thäte ihm leid, aber nach Allem, was er in Lingen über mich er=
fahren hätte, glaubte er nicht, daß ich sein Kind glücklich machen
würde, da ich das Wirthshaus und gutes Leben doch wohl einer ge=
ordneten soliden Häuslichkeit vorzöge.   Der Efel!"

Ich schwieg, um nicht wie ein unbarmherziger Samariter Salz
und Pfeffer in seine frisch aufgerissenen Wunden zu streuen.   Nach
einer Weile sagte ich: „Fritz, die Leute kennen Berliner Art und
Weise nicht, weil die Zeitungen nur immer das Miserable schreiben
und selten Gutes und Löbliches, aber wenn Du vernünftig gewesen
wärest, hättest Du weniger Durst produzirt." — „Es war ja nicht
der Rede werth." — „Für Leute, die nie etwas trinken, schon mehr
als genug.   Doch woher kommt das?   Von Deinem Ruder= und
Kegelklub." — „Wilhelmine, ich verbitte mir jede Bemerkung über
Dinge, die Du nicht kennst." — „Auch gut," erwiderte ich, „Du bist
aufgeregt.... aber Du kannst nicht leugnen, daß mit der Kegel=
kugel schon manches Glück aus der Welt getrudelt worden ist." —
„Wenns lauter Pudel waren, magst Du recht haben," sagte er spöt=
tisch. — „Hast Du Erika noch gesprochen?" — „Die ist ebenso, wie
die Andern.   Sie hat Furcht vor der Großmutter.   Gott weiß,
was die ihr eingegeben hat." — „Und nun ist Alles aus zwischen
Euch?" — „Das scheint so." — „Fritz, wer weiß, ob es nicht ein
großes Glück ist, daß es so kam." — „Glück?   Du weißt nicht, wie
lieb ich das Mädchen hatte.   Nun verheirathe ich mich nie und
nimmer." — „Unsinn, es wird Dir noch über, in den Kneipen zu
sitzen und im Senftopf zu rühren, bis die Anderen kommen und
das Skatspiel losgeht.   Denk' an mich." — „Du redest, wie Du es
verstehst," sagte er; „wenn ich auch mit Spreewasser getauft bin, so
bin ich doch nicht damit großgezogen." — Und nun ging er.

Im Grunde genommen that er mir sehr leid.   Er war nicht
mehr der alte lustige Onkel Fritz; es mußte ihm nahe gegangen
sein.   Und es wurmte mich, daß die Krauien recht behielt.   Aber
Schuld ist das Rudern und Kegeln doch.   Wenn man bedenkt, daß
die jungen Leute sich auf dem Wasser einen Appetit heranarbeiten,
den sie hinterher stillen müssen, damit sie bei siegreichen Kräften
bleiben, so kann es ja gar nicht anders kommen.   Der Restaurateur
muß ihnen so reichlich geben, daß es kaum auf eine Speisekarte geht,
und damit der auf seine Kosten kommt, fühlen sie sich verpflichtet,
theure Weine zu trinken.   Und das thun sie auch, denn anständig

sind sie. Das wissen die Großmütter aber nicht; ich habe auch noch nie eine rudernde Großmutter gesehen.

Onkel Fritz hat uns schon öfter in sein Mittagsstammlokal eingeladen, und ich kann nicht anders sagen, als: die jungen Leute sind sehr nett. Im Benehmen gebildet, gar nicht wie sonst Boots=leute, ohne seemännische Ausdrücke, nur mit geeignetem Appetit und genauer Kenntniß der Weinkarte. Dies letztere war Onkel Fritzens Verderben auf der Brautfahrt. Ich glaube aber, wenn Fritzens Freund King an seiner Stelle gewesen wäre, dann hätten sie sich noch heftiger gewundert, denn Fritz ist eigentlich nur Amateur, wo=gegen King, wie mir erzählt wurde, selbst im Schlafe rudert, wenn er lebhaft träumt, und darum schon Morgens um sechs mit Durst aufwacht. Den hätte die Großmutter kennen lernen müssen.... das hätte ich ihr gegönnt!

Thatsächlich ärgerte mich Onkel Fritzens Abfall jedoch sehr: lieber die Erika, als gar keine. Ganz derselben Ansicht war mein Karl, der auch gerne gesehen hätte, wenn Onkel Fritz endlich unter dem Pantoffel angelangt wäre, denn mein Abgott von Mann hat in den Jahren das häusliche Glück an meiner Seite schätzen ge=lernt. —

Ich habe schon manchen Weihnachten erlebt und mich jedesmal gefreut, wenn er vor der Thür stand und Einlaß begehrte, diesmal aber sehnte ich ihn nicht gerade herbei. Aber was hilft das Sträu=ben gegen den Kalender? Nichts. Und so kam der heilige Abend heran. Wir konnten unmöglich so vergnügt sein wie sonst, uns fehlte der alte frohe Onkel Fritz. Ein Jeder merkte ihm ja an, daß er sich zwingen mußte, vergnügt zu sein, und das that mir in der Seele weh und meinem Karl. Emmi und der Doktor, die auch bei uns waren, kümmerten sich nur um sich selbst, er scheint noch ver=liebter zu sein, als er es als Bräutigam war, wenigstens äußerlich, und Emmi, hat außer für ihn, für Niemand Sinn. Betti mochte wohl ahnen, daß Onkel Fritz einen stillen Kummer mit sich herum=trug, denn sie that ihr Möglichstes, ihm Freundlichkeiten zu erwei=sen, was sonst gar nicht ihre Sache ist, denn sie wird immer ver=schlossener und einsilbiger. Ich sah aber, wie ihr das Auge feucht wurde, wenn er ihr dankend zunickte. Das arme Mädchen ist ja auch nicht glücklich.

Ich wünschte daher innerlich, der Abend möchte nur erst herum sein, und hieß daher die Köchin sich beeilen.

Noch ehe die Karpfen gar waren, kam aber Jemand und das war einer von Stephan seinen mit einem Schreibebrief an Onkel Fritz. Als der den Poststempel erblickte, überkam es ihn wie ein Schreck, er sah ihn an und wieder an. Dann eilte er in das andere Zimmer, um den Brief zu öffnen; ich wollte hintendrein, aber mein Karl hielt mich am Rock fest. Erst nach einiger Zeit ließ er mich frei und nun ging ich nach Onkel Fritz. Der saß auf einem Stuhl neben dem Tisch und hielt in der Hand einen kleinen Zweig, auf den das volle Licht der Lampe fiel. Es war ein Zweiglein Haidekraut.

Ich trat leise zu ihm und legte sanft meine Hand auf seine Schulter — da brach er in Thränen aus.

Ich ließ ihn gewähren. Eine ganze Weile, denn ich sah, wie es ihn hatte und er vergebens mit aller Gewalt kämpfte, der kräftige Mann gegen das schwache Herz in der Brust. „Wilhelm," sagte er dann, und ein lustiges Lächeln flog über seine Züge, „Wilhelm, trotz der Großmutter!"

Und nun war es wieder der alte Onkel Fritz. — Ein köstlicher Weihnachten!

*   *   *

Wird Onkel Fritz das Glück finden, das ihm das Zweiglein Haidekraut verkündete? Wird der Doktor mit der Zeit ein Muster-schwiegersohn werden? Wie wird es Betti ergehen, wird die Firma einst „Buchholz und Sohn" heißen? Und Bergfeldt's Emil, wird er nie bereuen, sich verkauft zu haben? Was wird aus dem kleinen Krause?

Das Alles wird die Zeit durch Frau Wilhelminens Feder offenbaren, die Zeit, welche nicht nur das goldene Runenseil der Großen und Hohen durch ihre Hände gleiten läßt, sondern auch das Hausgespinnst unserer Freunde aus der Landsbergerstraße.

Dornröslein.

Von

Arnold Wellmer.

Wer aus Leipzig kommt ohn' Weib,
Aus Halle mit gesundem Leib,
Aus Heidelberg ohn' Wunden,
Aus Marbach ohne Schrunden,
Aus Jena ungeschlagen —
Der kann von Glücke sagen.

Altes Studentenlied.

I.

Das Ball= oder Flatterröslein.
(Rosa spinosula.)

Wie alle jungen Mädchen in dem gesegneten Alter von
fünfzehn Jahren — wenn sie die Pension oder doch die höhere
Töchterschule und die kurzen Kleider hinter sich haben — so
hatte auch meine Schwester Toni mit ihren elf intimsten Busen=
freundinnen ihren regelmäßigen Freitag=Nachmittag=Englischen=
Kaffee! Da wurden dann wohl — um die englische Ehre zu
retten — ein Kapitel aus Boz' Weihnachtsgeschichten oder
einige Gedichte von Burns gelesen, wobei Stickereien und
Häkelnadeln in den zweiundzwanzig nicht lesenden Händen als
nothwendige Staffage sichtbar wurden — dann aber wurde
natürlich echt deutsch Kaffee getrunken und noch deutscher dabei
geplaudert: über diesen neuen Mantel und jenes reizende Stick=
muster und tausend süße kleine knospende Angelegenheiten eines
Dutzends fünfzehnjähriger Mädchenherzen. Nanni setzte sich
auch wohl an den Flügel und stolperte ihr Paradestück: Weber's
Aufforderung zum Tanz! und Fanny, die seit ihrer ersten

„hoffnungslosen" Neigung große sentimentale Anlagen ent=
wickelte, sang mit großem Gefühl;

> Ich hab' im Traum geweinet,
> Mir träumte, Du wärest mir gut,
> Ich wachte auf und noch lange
> Floß meine Thränenfluth....

Zwischendurch gab es weißen Reiskäse mit Himbeersauce,
Chocoladencrême mit Vanille oder Windbeutel mit natürlich
sauer gewordener Sahne.... Und zuletzt, wenn der englische
Kaffee in unserem Hause war, dann steckte Schwester Toni
ihren hübschen, rosigen Lockenkopf in mein Arbeitsstübchen und
sagte mit ihrer schwesterlichsten Liebenswürdigkeit: Rick, bist
Du noch nicht bald mit Deinen Schularbeiten fertig?

Diese Frage hatte ich schon seit einer Stunde in vollster
Ungeduld erwartet und mit den Arbeiten hatte es den ganzen
Nachmittag nichts Gescheidtes werden wollen. Ich that also
das Gescheidteste, was ich thun konnte, ich schob meinen Homer
und Cicero's fulminante Rede gegen den Catilina sehr energisch
zurück und vertröstete die beiden alten Herren: Morgen früh
um sechs sehen wir uns wieder; die alte Küchen=Hanne soll
uns wecken. Und nun machte ich auf's Sorgfältigste Toilette
und verschwendete viel Veilchenpomade — o, Wanda hatte mir
ja vor wenigen Wochen gestanden, daß sie Veilchenodeur über
Alles liebe — und ich liebte die hübsche, süße, braunlockige
Wanda noch tausendmal mehr, als sie den Veilchenodeur.....

Der Spiegel hatte mir schon einige Dutzend Male gesagt,
daß ich in meinem Sonntagsanzuge mit der veilchenblauen
Cravatte ein gar nicht übler Sekundaner sei.... Endlich kam
Toni mit ihrer so sehnsüchtig erwarteten Frage nach meinen
Schularbeiten — ha! wie mich dies Wort demüthigte!

Ich las natürlich wieder eifrig im Homer.... — Warum
meinst Du, Toni?

— Ich wollte Dich sonst bitten, ein wenig zu uns zu
kommen und etwas Leben in die Gesellschaft zu bringen. Man

kann doch nicht ewig Englisch lesen und Kaffee trinken, und Pfänderspiel ohne Herren ist auch langweilig — und ich als Wirthin habe überdies die Verpflichtung, meine Gäste angenehm zu unterhalten.... Ich habe Dir auch zwei Windbeutel, die Du so gern ißt, aufgehoben!

— Aber Toni, kann ich wohl so zu Euch kommen, wie ich geh' und steh'?

Toni lachte und drohte mir mit dem Finger: — Ei Du Schelm, jetzt seh' ich erst, daß Du Dich bereits zum süßen Adonis herausgeputzt hast — für Wanda Torfstecher.... O, mein verliebter junger Herr, wir sind nicht blind!

Wie mich das ärgerte — aber ich ging doch gar zu gern mit in den englischen Kaffee und ich brachte Leben unter die zwölf Jungfräulein. Ich spielte und sang allerlei lustige Studentenlieder — und zuletzt sangen meine Zuhörerinnen schon ganz tapfer im zwölfstimmigen Chor mit:

> Edite — bibite, collegiales,
> Post multa saecula pocula nulla!

Auch das Pfänderspiel, das in der geschlossenen Damengesellschaft vorhin durchaus nicht hatte in Fluß kommen wollen, blühte zur hellen Fröhlichkeit auf.... Dann setzte Toni sich ans Klavier und spielte ihren einzigen Hopser, den sie in acht Jahren Klavierstunde, à 15 Silbergroschen, glücklich gelernt hatte, mit leidlichem Takte.... und ich flog selig mit der süßen, rosigen, braunlockigen Wanda Torfstecher dahin.... Die fünf größten Freundinnen banden sich ihre weißen Taschentücher um den Arm und tanzten als Herren. Das waren sie von der Tanzstunde der höheren Töchterschule her ja noch gewohnt. O, wie glücklich war ich, daß meine Wanda viel zu klein und süß war, um als Herr fungiren zu können! Und doch durfte ich nicht immer mit Wanda Torfstecher tanzen. Ich hatte meiner Schwester feierlich die Hand darauf geben müssen, mit ihren Freundinnen hübsch nach der Reihe zu tanzen, damit sie sich

nicht zurückgesetzt fühlten — „denn das, Rick, bin ich als Wir=
thin ihnen schuldig!"

Aber das ließ ich mir nicht nehmen, daß ich mit Wanda
Torfstecher immer einmal mehr die Runde herum hüpfte und
sie vor allen Dingen ritterlich nach Hause begleitete.... Wir
gingen dann so langsam, und als ich einst sogar wagte, wie in
Gedanken einen weiten Umweg um den Festungswall zu machen,
da sah sie mich nur fragend an. Ich drückte ihr feurig die
kleine Hand, sie erröthete, aber sie lächelte und ich fühlte einen
leisen Gegendruck.... Und draußen unter den dichten Bäumen
der Festungspromenade küßte ich sie zum ersten Mal....meam
rosam — mein Lieb....

Wir waren sehr glücklich — ein ganzes, reiches Jahr hin=
durch. Es war eine süße, verschwiegene Liebe — nur Schwester
Toni und die andern zehn intimsten Busenfreundinnen wußten
darum.

Ich war inzwischen Primaner geworden und rechnete schon
in den verzwicktesten höchsten Potenzen aus, wie viel Jahre,
Monate und Tage ich noch gebrauchen würde, bis ich als pro=
movirter Doktor meine süße Wanda zur Frau Doktorin machen
könne.

Aber es sollte anders kommen. Wanda besuchte ihren
ersten erwachsenen Ball. Mit den größten Opfern hatte ich
ihr von meinem bescheidenen Taschengelde ein prächtiges Ball=
bouquet dazu gebracht. Sie war die lieblichste Ballkönigin..
und mir, dem Gymnasiasten, war der Ball eine verbotene
Frucht! — Sie tanzte drei Polkas, zwei Quadrillen und einen
dreiviertelstündigen Cotillon mit einem glänzenden rothen Hu=
sarenoffizier, von dessen horizontal dressirtem, blondem Schnau=
zer man sich in den Offizierkreisen und höheren Töchterschulen
mit Begeisterung erzählte, daß er von einer Spitze bis zur an=
dern neunundeinhalb Zoll und drei Linien messe.... Und schon
am andern Tage sah die gefeierte Ballrose Wanda Torfstecher
mit eisiger Vornehmheit auf die Anbetung eines simplen Pri=

manere herab. Als ich Mittags, meine kleine leberne Bücher-
mappe unter'm Arm, Wanda auf der Straße traf und im alten
vertrauten Tone fragte: — Wie hat sich mea rosa auf dem
Ball amüsirt? — da ward sie purpurroth bis in die Ohrzipfel-
chen hinab und sagte, wenn auch mit etwas zitternder Stimme,
doch mit wohlberechneter Kühle: — Davon kann keine Rede
mehr sein — es war ein Irrthum — ich wünsche Ihnen einen
guten Tag, Herr Gymnasiast!

Ich stand wie betäubt da. Sie winkte mir à la große
Dame zu — und ließ mich stehen.

Das war das erste Weh meines jungen siebzehnjährigen
Herzens.

In dem lateinischen Aufsatze, den ich am Nachmittage
schrieb, waren nicht weniger als 19½ Fehler. Als der Professor
mir dies Resultat mit bedenklichem Kopfschütteln und noch be-
denklicherem Hinweise auf das bevorstehende Abiturientenexamen
mittheilte, kam ich wieder zu mir. Ich wollte meine erste, bit-
terste Enttäuschung wie ein Mann tragen.... Und, wie ich
ihre Treulosigkeit trug, sollte sie, die Kokette, die Falsche, erfahren.

Ihrem Bruder, der ein halbes Jahr früher als ich das
Gymnasium verließ, schrieb ich ins Stammbuch:

Freund, thut Dich ein Lieb verlassen,
Darfst Du nicht gleich Alle hassen;
Denk', es sind ja alte Schosen:
Ohne Dornen keine Rosen;
Wie kein Sommer ohne Mücken
So kein Mädchen ohne Tücken!

.... Ich wußte, daß Wanda dies lesen würde.

Zu meiner Beschämung muß ich gestehen, daß dies nicht
die einzige Rache meines von den Dornen des süßen, bösen
Flatterrösleins Wanda Torfstecher verwundeten Herzens war.

Ich kam mit Wanda in einer musikalischen Gesellschaft
zusammen. „Wir knirten uns höflich den höflichsten Knix" —

als sähen wir uns zum ersten Mal. Ich hatte eine hübsche Tenorstimme und sollte etwas singen. Ich setzte mich ans Clavier und sang:

> Ich sah ein Röslein am Wege stehn,
> Es war so blühend und wunderschön,
> Es hauchte Liebe weit um sich her,
> Ich wollt' es pflücken — da stach's mich sehr!
>
> Doch hört nur weiter, was drauf geschehn,
> Ich ging von dannen und ließ es stehn....
> Und eh' sein Ende der Tag erreicht:
> War's von der Sonne ganz ausgebleicht!
>
> Ihr lieben Mädchen, dies sing' ich Euch:
> Ihr seid in Allem dem Röschen gleich,
> Ihr lockt durch Schönheit uns um Euch her —
> Und seid dann spröde — und quält uns sehr....

Weiter kam ich nicht. Eine Unruhe im Zimmer ließ mich umschauen. Wanda saß todtenbleich da, die Freundinnen waren mit Riechfläschchen um sie beschäftigt.

Ahnte sie, daß ich ihr ein Bild der Zukunft gesungen?

> Und eh' sein Ende der Tag erreicht,
> War's von der Sonne ganz ausgebleicht....

Ja, ein prächtiger rother Husarenoffizier mit 9½zölligem Schnauzer hat beim Heirathen sehr darauf zu sehen, ob seine Auserkorene wenigstens 12000 Thaler Caution stellen kann...

Arme Wanda! Arme rosa spinosula!

———

II.
Die Universitätsrose.
(Rosa spinosa academica.)

Das Schlimmste bei dieser Art von Rosen ist, daß man an ihre Dornen gar nicht denkt — bis man sie furchtbar tief im eigenen Fleische fühlt.

Ich studirte seit einem Vierteljahre in Leipzig Medizin und

hatte von der verwittweten Frau Geheimen Registratorin Fette=
henne ein freundliches und sehr wohlfeiles Erkerstübchen ge=
miethet. Bessere Wirthinnen, als die Mutter und ihre hoch=
sommerliche Tochter Alexandra, kann sich ein Student mit einem
sehr knappen Wechsel von 250 Thalern kaum wünschen. Wenn
ich Morgens mich kaum rühre, so klopft es schon bescheidentlich
leise an meine Stubenthür. Ich ziehe die Gürtelschnur an mei=
nem Schlafrock geschwind etwas sittsamer zusammen und öffne.
Mit einem lieblichen „Guten Morgen, wohl geträumt?" reicht
ein schneeweißer Negligé=Arm mir das appetitlichste Kaffeebrett
mit köstlich duftendem Anti=Blümchen=Kaffee und einer Fülle
von niedlichen Buttersemmeln durch die Thürspalte — ein herz=
liches „Guten Appetit" und die Thür schließt sich wieder.

Ja, ein kapitales Mädchen, die Alexandra Fettehenne —
schon etwas hoch in den Neunundzwanzigern, stark auf der
Schattenseite des Lebens.... Aber was geht das mich an?
Das ist ganz ihre Sache! So viel steht fest, daß in ganz
Leipzig kein Student ein so delikates Frühstück hat, wie ich —
und hätte sein Wechsel eine Null mehr, als der meinige.

Das waren so meine regelmäßigen angenehmen Morgen=
kaffeebetrachtungen.

Und wenn ich dann ins Colleg gehe und Schlafrock und
Pantoffeln, Pfeifenasche und Haarbürste und allerlei Toiletten=
stücke liegen in unnachahmlicher Ungrazie nach meiner schlechten
Gewohnheit auf Tischen und Stühlen und auf der Erde umher
.... komm' ich gegen Abend wieder nach Hause, da sieht meine
Bude so sauber und zierlich aus, wie eine Puppenstube auf dem
Weihnachtstisch. Und stets duftet ein Strauß frischer Blumen
auf meinem Schreibtische.... Gute Alexandra, menschen=
freundlichste alte Jungfer!

Diese wahrhaft mütterliche, selbstlose Fürsorge der beiden
alten Damen rührte mich tief.

Und schon wieder klopft es bescheiden an meine Thür — o,
ich kenne dieses Klopfen Abends um sieben Uhr sehr gut....

Es klingt besonders meinem gesunden neunzehnjährigen Magen, der mit dem 250-Thalerwechsel stets in rebellischem Kampfe lebt, immer so angenehm verheißungsvoll....

Herein! rufe ich mit meinen liebenswürdigsten Tönen.

Jetzt öffnet sich die Thür schon etwas weiter als heute Morgen. Fräulein Alexandra Fettehenne steht in ganzer Figur und voller Toilette vor mir. Das arme Altjungfern-Röschen, von dem ich nie erfahren habe, wie hoch es schon in die Neun-undzwanziger aufgeschossen, ist durchaus nicht schön — auch wohl kaum vor zwanzig Jahren einmal hübsch gewesen. Sie ist sehr lang, sehr mager, sehr eckig, sehr hochblond, sehr blut-arm und sehr leberreich. Das muß ich als halbsemestriger Mediziner verstehen! Aber wenn sie jetzt die himmelblauen Lippen öffnet und mit liebevollem Lächeln flötet: Mama, läßt den Herrn Studiosus bitten, uns zu einer Tasse Thee und zu einem frugalen Butterbrob zu beehren! — ja, dann sieht Ale-xandra Fettehenne sehr angenehm aus. O, ich weiß ja aus vierteljähriger Erfahrung, daß diese „frugalen Butterbrobe" eitel leerer Schall sind....

Und wer, meine schönen und unschönen Leser, hat jetzt das Herz, den ersten Stein auf mich zu werfen, wenn ich hier offen bekenne, daß ich mir die englischen Beefsteaks, die französischen Cotelettes und die deutschen Setzeier mit Schinken in dem wohnlichen Putzstübchen der Frau Geheimen Registratorin Fettehenne vortrefflich schmecken lasse, während Mutter und Tochter nicht müde werden, mir immer neue leckere Bissen auf den Teller zu legen und mir einen ganz achtbaren Theepunsch zu kredenzen?.... Ja, wenn ich mich sogar für schuldig erkläre, redlich bemüht zu sein, dieser Liebenswürdigkeit durch das Auf-gebot meiner ganzen burschikosen Galanterie zu danken?.....

Aber ehe Sie werfen, meine Damen, denken Sie daran: wahrhaftig, der arme Junge hat einen ewigen neunzehnjährigen Appetit und einen sehr vergänglichen Wechsel von 250 Tha-lern....

Und daß das arme Alexandra-Röschen meine Galanterie
so sehr zu schätzen scheint, daß sie mit wunderbarer Erfindungs-
gabe ihr immer neue Blüthen zu entlocken weiß.... ja, das
waren damals in meinen Augen die einzigen unbequemen
Dörnlein dieser verblühten rosa.... Wenn ich aber meinen
wirklich lächerlich kleinen „Monats-Hauspump" ansah — dann
stumpften sich diese Stachelchen fast bis zum Verschwinden ab.

Aber endlich, nach neun Monaten, brach die Katastrophe
über mich herein — um so furchtbarer, als ich ganz unvorbe-
reitet war.

Ich esse bei der Frau Geheimen Registratorin Fettehenne
in Leipzig mein abendliches Beefsteak mit drei daraufgeschla-
genen Eiern. Das Beefsteak ist ungewöhnlich groß — aber
ich in meiner Unschuld lasse es mir vortrefflich schmecken.

Da verschwindet Alexandra Fettehenne mit einem gar
liebevollen Blick auf mich aus dem Zimmer. Ich denke: sie
ist doch ein gutes Thierchen — wie sie sich freut, daß es Dir
so schmeckt!

Die alte Mama aber nimmt plötzlich eine gar ehrwürdige
Miene und Stimme an. Sie spricht mir lang und breit von
den weiblichen und häuslichen Tugenden ihrer Alexandra, die
so ganz dazu geschaffen sei, einen Mann glücklich zu machen...
von ihrer reichen Ausstattung und den zweitausend Thalern in
16⅔prozentigen Berlin-Potsdam-Magdeburger Eisenbahn-
Stammactien — wie eine solide, wirthschaftliche Hausfrau, die
ihren Mann zärtlich liebe, mehr werth sei als ein junges, putz-
süchtiges, flatterhaftes Ding.... und wie sie als Mutter sich
schon lange schmerzlich darüber gewundert habe, daß ich nach
dem vielen Guten, das ich in ihrem Hause genossen, und
nach den unzweideutigsten Aufmerksamkeiten, die ich ihrer
Tochter doch nur in Einem Sinne erwiesen haben könne, noch
immer nicht mit einem offenen, ehrlichen Geständniß vor sie
getreten und sie um die Hand ihrer Tochter gebeten habe —
wozu sie mir nun die Gelegenheit geben wolle....

Der Bissen Beefsteak in meinem erstarrten Munde ist während dieser langen mütterlichen Standrede immer größer und größer gequollen — jetzt droht er mich zu ersticken —

— Aber, Madame, sie könnte ja meine Mutter sein! — und ich habe schon die Thürklinke in der Hand — Beefsteak und Theepunsch resignirt im Stich lassend....

— Verräther, das hätten Sie früher bedenken sollen, ehe Sie sich Schweiß und Blut einer armen Wittwe so gut schmecken ließen.... Aber es gibt Gott sei Dank noch Mittel, um einen Verführer der Unschuld zu zwingen....

Doch ich hörte nichts mehr als einen hellen Aufschrei in der Küche: „Mein Richard...." Dann war ich ohne Mütze die Treppe hinuntergesprungen und rannte aus dem Unglücks= hause heraus, wie von den Furien der unschuldig verspeisten englischen Beefsteaks, französischen Cotelettes und deutschen Setzeier mit Schinken verfolgt....

Ich bin nie wieder in jenes Unglückshaus zurückgekehrt. Die Nacht verbrachte ich qualvoll auf dem harten Sopha mei= nes Freundes Murr. Als ich mein Herz durch Erzählung meines Unglücks erleichtert, wollte Kater Murr sich ausschütten vor Lachen: — Ja, mein Junge, die alten Jungfern sind die Schlimmsten —

> Und die Moral von der Geschicht:
> Reich keiner alten Jungfer keinen Finger nicht!
> Gleich will sie gehn ins Ehgericht —
> Alt=Jungfernrose am schlimmsten sticht!

Beim Morgengrauen fuhr ich mit der Bahn nach Halle. Freund Murr hatte mir versprochen, meine Sachen nachzu= schicken und meine Adresse nicht an meine Wirthinnen zu ver= rathen.

Er schrieb mir bei der Uebersendung: Ich habe meine ganze Grobheit aufbieten müssen, Deine Sachen loszueisen — aber Dich haben sie noch nicht ganz aufgegeben! Sei auf Deiner Hut, armer Schatz!

Ich kam in den ersten Tagen in Halle aus der fieberhaf=
testen Aufregung gar nicht heraus. Und eines Nachmittags
hörte ich wirklich ein eigenthümliches, mir so bekanntes Schnau=
fen, wie der seltsam kurze Hals und die Fettlast der Geheimen
Frau Registratorin es mit sich brachten.... Ich saß wie ge=
lähmt da.... Da hörte ich auch Alexandra Fettehenne's ver=
rostete Harfenstimme fragen, ob der Herr Studiosus zu Hause
.... Das gab mir den Löwenmuth der Verzweiflung wieder
— Ich sprang an die Thür — der Riegel war eingerostet....
Zwei Stock aus dem Fenster? — Sie würden Deine zerschmet=
terte Leiche noch für ihr Eigenthum erklären.... Ha! Da
steht ja das großmächtige Kleiderspinde, in dem Dein einziges
Gesellschaftsmöbel so einsam trauert.... Und ich krieche leise
ins Kleiderspinde zu dem melancholischen Frack und ziehe die
Thüre dicht hinter mir zu....

— Der Herr scheint doch nicht zu Hause zu sein! sagte
meine Hallische Wirthin; das begreife ich nicht, vor fünf Mi=
nuten hörte ich ihn doch noch singen....

— Ha! Er singt noch? Das Ungeheuer! jammerte
Alexandra Fettehenne: was singt er?

— Ich hab' ihn stets nur ein Lied singen hören, sagte die
Wirthin:

> Wer aus Leipzig kommt ohn' Weib,
> Aus Halle mit gesundem Leib,
> Aus Heidelberg ohn' Wunden,
> Aus Marbach ohne Schrunden,
> Aus Jena ungeschlagen,
> Der kann von Glücke sagen...

— Abscheulich!

— Sind die Damen vielleicht aus Leipzig?

— Wir werden warten, bis der Herr nach Hause kommt.

Und sie ließen sich auf meinem Sopha häuslich nieder —
und die qualvollsten vier Stunden meines Lebens begannen...
Was ich in dieser Zeit über mein armes Ich ergehen hörte,

wolle der theilnehmende Leser mir erlassen. Aber es war ge=
nug, mich für mein ganzes Leben von der Eitelkeit zu kuriren.
Das war auch das Wenigste, was mich quälte. Vielmehr be=
unruhigte mich der Gedanke: O, wenn sie auf den unglück=
lichen Einfall kämen und eine gründliche Visitation in Deinem
Zimmer hielten, wenn sie Dich im Kleiderspinde fänden....
Ha, wenn Dir in dieser verzwickten Lage der Fuß einschliefe,
wenn Du Dich nothwendig rühren müßtest, oder wenn der
Odeur, der noch vom letzten Leipziger Florball her in Deinem
Frack steckt, Dir in die Nase stiege und ein unaufhaltsames
Niesen auspreßte.... O, wie würden sie über Dich herfallen
mit — ihrer entsetzlichen Liebe....

Minute auf Minute, Stunde auf Stunde schlich qualvoll
träge durch mein finsteres, enges Gefängniß. Niemand wird
meine Kreuz= und Lendenschmerzen, meine Angst, meine Höllen=
pein nachfühlen können — — denn noch Niemand hat unter
ähnlichen Verhältnissen vier Stunden in seinem eigenen Kleider=
spinde gefangen gesessen!

Als der Wächter endlich, endlich die zehnte Stunde rief,
da habe ich zum ersten Mal in meinem Leben, „die Lumpen=
glocke" gesegnet, die Stunde, in der jeder Student die Kneipe
verlassen muß und jeder sorgliche Philister seine Hausthüre
schließt. Mit Mühe und Grobheit bewog meine Wirthin end=
lich die Damen zum Aufbruch.

— So werden wir denn den sauberen Herrn vor der
Hausthüre erwarten! sagte die sanfte Alexandra resignirt.

Mit steifsten Gliedern und furchtbaren Kreuz= und Lenden=
schmerzen kroch ich aus dem Kleiderspinde hervor. In allem
Ernst besah ich mein neunzehnjähriges Haupt im Spiegel, ob
es nicht in diesen vier Stunden schneeweiß geworden. Man
hat ja Beispiele für solche Wirkungen der Furcht, des Grauens,
der Angst.

Ich erschrak vor meinen bleichen, abgespannten Zügen.
Aber einen weißen Kopf hatte ich doch noch nicht.

Wie lange Frau und Fräulein Fettehenne noch vor meiner Hausthür auf Posten gestanden, habe ich nie erfahren. Als sie am andern Morgen und noch zwei Tage lang wiederkehrten, wurden sie von meiner wohlinstruirten Wirthin so nachdrücklich empfangen, daß sie endlich die Liebesexecution aufgaben und nach Leipzig zurückdampften!

Ja, eine Hallische Studentenwirthin hat Haare auf den Zähnen.

Der Himmel behüte Dich aber, mein junger Leser, vor den Dornen der „Altjungfernrosen," absonderlich auf Universitäten. Sie haben Widerhaken.

———

III.

Die Klatschrose.
(Rosa spinosissima — die dornenreichste Rose).

Ich hatte mein medizinisches Staatsexamen mit Numero Eins glücklich hinter mir, und ich fand, daß mir der Doctorhut sehr hübsch stand. Ich war nie so verschwenderisch mit Visitenkarten gewesen, wie seit dem Tage, an dem unter meinem Namen zum ersten Male „doct. med." stand. Ich sann ordentlich darauf, wie ich mit Anstand noch einige Dutzend Karten los werden könnte. Aufwärterin, Stiefelputzer, Briefträger, Schneider u. s. w. hatten die kleine marmorirte, goldgeränderte Karte hoffentlich an ihren Spiegel gesteckt — natürlich nur wegen meiner neuen Adresse. Dienstmänner durchflogen mit meiner Karte zu Bestellungen die ganze Stadt — natürlich zu ihrer Legitimation. Und ich redete mir und Schwester Toni und Jedem, der es hören wollte, gern ein: nur auf diese Weise kann ein junger Doctor bekannt werden — Praxis bekommen.

Warum soll ich wegen dieser kleinen Doctor=Eitelkeit erröthen? — Cosi fan tutti, machen sie's doch Alle so, die neugebackenen Herren Doctores medicinae et philosophiae.

Also der „praktische Arzt" war fertig — nur die „Praxis" fehlte noch.

Da las ich denn eines Tages nicht ohne Herzklopfen im Inseratentheil der „Vossischen Zeitung":

Für junge Aerzte.

In Paddensumpfheim, einer blühenden Stadt Hinterpommerns mit zweitausend Seelen, nur sieben Meilen weit von der Eisenbahn entfernt, ist soeben der einzige praktische Arzt an Altersschwäche gestorben. Seine Bücher erweisen eine Jahreseinnahme von 750 Thalern. Junge, liebevolle, praktische Aerzte, Wund= ärzte und Geburtshelfer wollen sich mit Einsendung ihrer Photographie und Darlegung ihrer persönlichen Verhält= nisse baldgefälligst an den Unterzeichneten wenden. Ver= heirathete Bewerber werden nicht berücksichtigt, unver= lobten wird der Vorzug gegeben. Das Leben in Padden= sumpfheim ist ebenso angenehm als wohlfeil. Für das erste Jahr garantirt der Unterzeichnete ein Jahresein= kommen von 500 Thalern.

Magistratus.
Huckebein, Bürgermeister.

Ich entführte die Beilage von Tante Vossen der Conditorei und lief damit zu meinem sehr welterfahrenen Pathen Timo= theus, der als früherer Weinreisender ein gut Stück Menschen= leben gesehen hatte.

— Natürlich, Junge, setzest Du Dich gleich hin und schreibst an den hochlöblichen Magistratus von Paddensumpf= heim in Hinterpommern. Du hast ja all' jene vortrefflichen Eigenschaften, die Senatus populusque Paddensumpfheimi= cus verlangen: jung, liebevoll, unverheirathet, unverlobt — und, so viel ich davon verstehe, kann sich Deine Photographie aller Orten sehen lassen — besonders, seit Du Dir einen so koketten Henri-quatre hast stehen lassen...

— Aber, Herr Pathe, das Alles scheint mir ja gerade für einen Doctor der Arzneikunst pure Nebensache zu sein.

— Kindskopf, Du redest, wie Du es verstehst. Für eine Stadt von hundert=, fünfzig=, zehntausend Einwohnern sind's freilich Lappalien, aber für die zweitausend Seelen und schönen Seelchen von Paddensumpfheim im hintersten Hinterpommern ist ein junger, liebevoller, unverlobter, hübscher Doktor mit einem Henri-quatre ein Weltereigniß. Also geschwind, setz' Dich hin und schreibe recht „liebevoll" und liebenswürdig und zeige mir dann das Concept — ich werde dann noch ein wenig appetitliches gebranntes Mäusemehl hineinstreuen. Und vergiß nicht die Photographie — Toni soll die hellste heraussuchen — ein wenig schmachtend ätherisch... Das rührt feminine Herzen am tiefsten... Ich wette, Herr Bürgermeister Huckebein könnte ganz en famille „Sieben Mädchen in Uniform" auf= führen, ohne genöthigt zu sein, bei Senat und Volk eine kleine Töchteranleihe zu machen.

— Wenn nur Hinterpommern nicht gar zu weit aus der Welt wäre...

— Und besonders von Halle, mein Junge, nicht wahr?

— Warum betonst Du das so sehr, Onkelchen?

— Nun, ich meinte nur, Rick:

Halle liegt im Thale,
Wo's so viele schöne Mädchen giebt
Als Bierfisch in der Saale...

Aber, à propos, Herr Doctor, warum wurdest Du vorhin so roth bei der Nichtverlobtsein=Bedingung?

Ich fühlte, daß ich bei dem schalkhaften, klugen Blick des alten Timotheus noch um einige Nuancen röther wurde. Und dann stotterte ich eine ungereimte Betheuerung über die andere,

daß ich in meinem jungen, unschuldsvollen Leben noch nie so
furchtbar gefrevelt hätte, mich zu verloben!

— Nun, laß es gut sein, Nick — in der Zeitung hab' ich's
ja noch nicht gelesen und eine Verlobungskarte hättest Du
Deinem alten Pathen doch auch wohl geschickt!

* * *

Ich war wirklich der Berufene, auf dem Kirchhofe von
Pabbensumpfheim meine ersten medizinischen Lorbeeren zu
pflücken. Der Herr Bürgermeister hatte mir eigenhändig einen
überaus liebenswürdigen und nur wenig unorthographischen
Brief geschrieben und mich eingeladen, sein Haus zunächst als
das meinige anzusehen, bis ich eine bessere Wohnung gefunden.

Die Eisenbahn hatte ich hinter mir, und ich humpelte im
Postwagen träge die sieben Meilen Landweg auf Pabbensumpf=
heim zu. Es war ein nasser, melancholischer Octobertag, und
es ging auf der unchaussirten, aufgeweichten, lehmigen Straße
nur langsam vorwärts, trotz der vier lebensmüden Pferde, die
so unglücklich waren, den fast immer leeren Postwagen all=
wöchentlich zweimal nach Pabbensumpfheim schleppen zu müssen.
Oefter war keine Postverbindung von der übrigen Welt dahin.

Endlich, als ich schon fast ebenso weltschmerzlich drein=
schaute, wie meine vier Postgäule, rasselten wir über ein Stück
grasbewachsener Chaussee. Ich bekam wieder Lebensmuth, und
ich rief mir das Abschiedswort meines alten Pathen Timotheus
ins Gedächtniß: — Kopf hoch, Nick, und steh' fest, was auch
immer kommen mag. Es ist Deine erste selbstständige und
selbstthätige Stellung im Leben; mache ihr und Deinem alten
Pathen Ehre!

Ja, das will ich, Röschen, Du bist ja mein süßer Lohn,
der mir für mein Arbeiten und Streben winkt — — nur Deinet=
wegen nehme ich sogar Hinterpommern auf mich! Und schon
konnt' ich zuversichtlich froh in den hinterpommerschen dicken
Regentag hinaus singen:

An der Saale kühlem Strande
Blüht ein Röslein hold und mild;
Blätter glüh'n so rein und rosig,
Und sein Duften küßt so kosig,
Und mein Herze birgt sein Bild...

Ah! ein Chausseehaus... Welch' eine Augenerquickung in dieser regennassen Einöde — und dort eine Tafel am Hause:

„Dies Haus darf bei Ein Thaler Strafe nicht umge=
fahren werden.

Paddensumpfheim, 1. Mai 1866.
Magistratus.
Huckebein, Bürgermeister."

— Schwager, fahrt mal gleich das Haus um, den Thaler Strafe bezahl' ich... Ha! ha! ha! das wäre ja ein Hauptulk, mit dem ich in meiner ersten Philisterstadt debütire. — Und die alte thatenburstige, übermüthige Studentenlaune kam wieder über mich, trotz meiner besten Philistervorsätze.

Der Schwager sah mich mit seinen großen, wasserblauen, leeren Glotzaugen und seinem weitaufgerissenen Munde verdutzt an, dann entglitt es dem Gehege seiner prachtvollen Schwarz=brodzähne nicht ohne Selbstgefühl: — Eine königliche Post zahlt kein Chausseegeld, hat also keinen Profit davon, wenn sie auf jenem Feldwege hinter dem Chausseehause herumfährt!

— Ha! an diesem klassischen Deutsch erkenn' ich meine Paddensumpfheimer und zunächst ihr bürgerliches Oberhaupt!

Und dann sah ich einen spitzen Kirchthurm aus dem Nebel=meer auftauchen und dicht vor mir eine lange Gasse von stroh=gedeckten Scheunen mit Lehmwänden... Halt, schon wieder eine schwarz=weiße Magistratstafel:

„In Paddensumpfheim dürfen Pferde, Kühe, Ziegen,
Schweine, Gänse u. s. w. Abends nicht mit Talglichtern
oder Thranlampen, Pfeifen oder Cigarren, sondern nur
mit Stalllaternen gefüttert werden!"

Großer Huckebein, welch' gesegnete Magen müßen Pabben=
sumpfheim zu Theil geworden sein, wenn schon das liebe unver=
nünftige Vieh Stalllaternen verbaut!

Wir fuhren gegen Abend durch eine lange, lange Straße
mit einstöckigen, niedrigen Häusern, vor denen Düngerhaufen
und allerlei Ackergeräth lagen. Daß ich in einer Stadt war,
spürten der Postwagen und ich selber nur zu deutlich an den Seen
und Gebirgsketten des hochlöblichen Straßenpflasters. Und in
allen Häusern zeigten sich an den hundertjährigen, kleinen, son=
nenblinden Fenstern die Köpfe meiner arglosen Opfer, den Post=
wagen und den einen Passagier mit augenscheinlichstem Interesse
betrachtend. Ha! wenn sie ahnten, daß ihr zukünftiger Kirch=
hofslieferant in diesem gelben Kasten sitzt — wie würden sie ihn
dann erst anstaunen!

Nach und nach erweiterte sich diese lange Straße zu einem
beulenartigen Auswuchs, um sich dann allmählich wieder zu ver=
engen. Diese Beule nannte Pabbensumpfheim seinen Markt=
platz. Hier zeigten sich sogar einige zweistöckige Häuser, vor
denen keine instrumenta rustica mystische Andeutungen machten.

Wir hielten vor der Post. Eine langmagere Frauennase,
aus einem langmageren, sehr resoluten Gesichte aufragend,
guckte aus der Hausthür vor — dann verschwand sie plötzlich
wieder mit einem Seitenblick auf ihre trotz der vorgerückten
Tages= und Jahreszeit sehr wenig vorgeschrittene Toilette, und
ich hörte eine schrille, harte Stimme, die trefflich zu der mageren,
resoluten Nase paßte: — Kamerar — der neue Doctor ist da,
ich erkenne ihn nach der Photographie an dem hübschen Ziegen=
bart, — zieh' Dir geschwind den Sonntagsrock an und nöthige
ihn herein, ich will mir nur die Haube mit dem gelben Bande
aufsetzen; sei sehr liebenswürdig, Kamerar — denke an Lorchen
und Bertchen und Gustchen und — Eine Thüre klappte — ich
hörte nicht weiter, an wen der Herr Kamerarius sonst noch bei
meinem „hübschen Ziegenbart" denken sollte.

Kaum stand ich ziemlich rathlos auf dem Pflaster, so hüpfte

mir aus dem Posthause ein kleines, dürres, bewegliches Männ=
chen entgegen, das noch die letzte Hand daran legte, einen
blanken, etwas schlottrigen, apfelgrünen Rock um die mageren
Gliederchen zu drapiren: — Habe ich die Ehre? Herr Doctor
Wendel? freut mich ungemein, bin der Kamerarius Pfeffer=
korn, auch Apotheker und Postmeister hiesiger Stadt und kann
dem Herrn Doctor auch mein Schnitt=, Colonial= und Material=
waarenlager auf's Beste empfehlen, vortreffliche Cigarren,
Hosen= und Rockzeug, — Alles, was der gentile Mann ge=
braucht... Aber bitte, wollen Sie nicht hineinspazieren? Die
Frau Kamerariussin würde sich unendlich freuen, Ihnen ein
Schälchen Thee vorsetzen zu dürfen — und erst meine Töchter
Lorchen und Bertchen und Gustchen und ...

Aber da stand schon ein anderer großer, stattlicher Mann
mit sehr breitem, rothem Gesicht und dem unzweideutigsten
Bürgermeisterbauche vor mir. Er war noch ganz außer Athem
von dem schnellen Gange über den Markt herüber.

Unzweifelhaft hatte auch er sich in der Verfassung der Frau
Kamerariussin befunden und erst ein wenig Toilette machen
müssen. Die Chemisettbänder waren nicht zugebunden und
baumelten an beiden Seiten der stark vorgebirgigen, grau und
roth melirten, unzugeknöpften Weste vor, und die engen, blauen
Beinkleider waren bis über die hohen Stiefel hinaufgerutscht.

— Nein, Kamerar, der Doctor ist mein Gast! keuchte der
echauffirte Bürgermeister hervor und nahm zärtlich meine beiden
Hände in seine schwammigen zehn Finger.

Also das war der große klassische Germane von Pabben=
sumpfheim!

— Aber meine Kamerariussin erwartet den Doktor ganz
bestimmt; sie setzt sich nur erst die Staatshaube auf und ...
Lorchen und Bertchen und Gustchen und ...

— Sehen Sie, Kamerar, die Bürgermeisterin steht da
schon in vollem Wichs vor der Thür!

Richtig, drüben unter den beiden herbstlichen Lindenbäumen

stand eine kleine, kugelrunde Figur, die unaufhörlich zu mir herüberknixte und mit einem weißen Taschentuche wehte. Ich konnte nicht umhin, der Frau Bürgermeisterin mein Compliment zu machen.

Da knixte es aber auch schon aus der Postmeisterei heraus: citronengelb bebändert, feuerroth umhangen, süß lächelnd, mit der spitzesten Nase, die ich in meinem Leben gesehen. — Ach, da kommen wir freilich zu spät, den Herrn Doctor zu bitten, in unserem niederen Hause fürlieb zu nehmen — Die Frau Bürger-mei-ste-rin mit ihrer „Bildung" und ihren acht schönen Töchtern geht freilich vor! . . .

Onkel Timotheus, da hast Du doch falsch prophezeit: „acht Mädchen in Uniform," — das war selbst für Louis Angely's Phantasie zu starker Tabak.

Der Bürgermeister nahm mich am Arm, die Nase der Frau Postmeisterin ward noch um einige Winkelgrade spitzer und lief ganz gelbgrün an. — Wenn die gnädige Frau Bürgermeisterin es erlaubt, beehrt uns der Herr Doctor vielleicht ein ander Mal mit seinem Besuche! lächelte sie furchtbar süß-giftig.

Ich warf noch einen Blick auf die Postmeisterei, da sah ich an den Fensterscheiben fünf gelbgrüne Flecke . . . Es waren fünf plattgedrückte, spitze Mädchennasen, neue Ausgaben von der scharfen Landzunge der Frau Kamerarin.

— Ein spinöses Weib, die Kamerariussin, sagte der Bürgermeister beim Fortgehen; sie kann nicht erwarten, ihre fünf Hopfenstangen an den Mann zu bringen. Mit den Leuten müssen Sie gar keinen Umgang halten. Keine Spur von Bildung in dem Hause! sagt meine Minona. Ein gescheidtes Weib, die Bürgermeisterin, Doctor, und gebildet, wie nur eine aus der Residenz. War auch in ihren Mädchenjahren elf Monate in Berlin, um die letzte Politur wegzubekommen, und von der Mutter haben meine Töchter das wieder gelernt. Sie spielen Klavier und singen — entzückend. Sie sollen sehen,

Doctorchen — der einzige passende Umgang in Paddensumpf=
heim für einen gebildeten Mann! . . .

Die kleine, runde Bürgermeisterin knixte und lächelte und
tuchwedelte noch immer uns entgegen, wie von der Tarantel
gestochen. In meiner Verlegenheit warf ich einen Blick auf
das stattliche, zweistöckige, weiße Haus der Bürgermeisterei; da
schimmerten mir an den blanken Scheiben acht plattgedrückte,
thalerrunde, weiße Nasenknöpfe entgegen, und rundherum brei=
teten sich ebensoviel weiß=rosige, runde Apfelgesichter aus —
wie ein Erdbeerapfel dem andern gleich.

— Meine Frau, die Bürgermeisterin, Doctorchen, ein
wahres ‚Conservationslexikon‘ von Bildung —

— O Huckebein, Du machst mich erröthen durch Deine
süffisanten Elloschen — Ihre obstruirteste Dienerin, Herr
Doctor — bitte die Ehre zu haben hineinzuspazieren . . .
Hier meine Töchter Claudina, Lucretia, Euthilda, Petronella,
Theodosia, Veronika, Adelgunda und Modesta . . .

Ebenso viele erröthende Erdbeerapfelgesichter und tiefe
Automatenknixe — und Doctorverbeugungen.

— Nicht wahr, hübsche Namen, Herr Doctor? fuhr die
glückliche achtfache Mutter wie ein Mühlrad fort. Ja, seit ich
so insolent war, in Berlin vor der delikatiösesten Gesellschaft zu
persistiren, habe ich eine furchtbare Obstination gegen so commu=
nale Namen, wie Gustchen, Bertchen, Lorchen — und sonstige
Ordinäritäten, welche die Frau Kamerariussin, Apothekerin,
Postmeisterin und Gewürzkrämerin für ihre schönen Töchter
aus dem Kalender auswählte . . . Nicht wahr, Herr Doctor,
eine reizende Frau, die Pfefferkornin? Hi! hi! hi! Conver=
siren Sie Ihr Herzchen nur gut gegen diese holde Fee Bohnen=
stange und ihre hölzernen Klapperpüppchen — hi! hi! Wie
rührend schön singt der größte Dichter Kotzebue doch in seiner
Verzweiflung:

„Wer — wer — nie. . . .“

Dies wurde mit einer gewissen graziösen Handbewegung

gegen Claudina bis Modesta gesagt, wie in einem wohleinge-
paukten Schulexamen, und die sechzehn rothen Lippen öffneten
sich und entluden sich im wohlgeübten Chore taktfest mit gleichem
Silbenfall:

> Wer niemals einen Rausch gehabt,
> Der ist....

— Nein, nein, das meine ich nicht. Ihr wißt ja:

> Wer nieder sank....

Und wieder skandirte der Chor, als sagte er in der hun-
dertköpfigen Klippschule das Ein mal Eins auf:

> Wer nieder sank in Lieb' zu ihren Füßen,
> Deß blut'ge Sehnsuchtsthränen mußten fließen....

Triumphirend sahen mich Vater und Mutter an; der
Bürgermeister flüsterte mir ziemlich hörbar zu: O, Doctorchen,
die Mädchen können noch viele so hübsche Liederchen hersagen —
das Alles haben sie von ihrer Mutter...

Ich fühlte mich zum ersten Mal in meinem jungen Leben
etwas verlegen — vor dieser hinterpommerschen Bildung, bis
ein gewisser nichtswürdiger Humor über mich kam und ich mich
rechtschaffen bemühte, womöglich noch hinterpommersch-gebil-
deter zu sein.

Ich machte der Bügermeisterin und ihren acht Ebenbildern
mit einer wahren Wuth den Hof... Die Mutter strahlte
und übertraf sich selber in falschen Fremdwörtern. Die Töchter
wurden immer röther und zeigten mir auf alle Galanterie
stets als Antwort — ihre weißen, lachenden Perlzähne.

Zum Abendbrot gab es zwei kolossale Gänsebraten, wie
dergleichen eben nur in Pommern wachsen, ganz vollgestopft mit
Semmelkrumen und Aepfeln und Backpflaumen. Ich war so
glücklich, zwischen Claudine und Lucretia zu sitzen, die mich fast
zu Tode fütterten mit immer neuen, mit liebenswürdigster Gewalt auf meinen Teller gehäuften Kolossal-Portionen.

Dabei roch es in dem ganzen Hause entsetzlich nach frisch=
gegerbtem Leder. Der Herr Bürgermeister war auch zugleich
Lohgerbermeister von Pabbensumpfheim.

Nach dem Abendbrod klimperte Claudine schauerlich ein
Stücklein aus der „Stummen," zirpte Lucretia ohrzerreißend:
„Zerdrück' die Thräne nicht in Deinem Auge, es macht die
Thräne Dir so engelschön!" leierte Euthilba lachmuskeler=
schütternd: „Als ich auf meiner Bleiche mein Stücklein Garn
begoß!" — und alle Acht präsentirten mir auf einen Wink der
Mutter die von ihnen gestickten und gehäkelten Morgenschuhe,
Hosenträger, Faulenzer, Nadelkissen, Lampenschirme und noch
viele andere Mißgeburten der fetten Händchen . . . Und ich
Unglückswurm mußte Alles — Alles überschwenglich bewun=
dern. Dabei wurde auch der Stadtklatsch nicht vergessen, und
als ich Abends in meinem sauber mit Kalk getünchten Schlaf=
zimmer — Dank meinen fleißigen Turnübungen und mit Hülfe
eines Stuhls glücklich auf die vier unmenschlich dicken Unter=
betten und die drei gewaltigen Kopfkissen des hochgethürmten
Wolkenbettes, von denen eins mehr Federn im Leibe hatte als
das opulenteste Berliner Bett in seinen sämmtlichen Stücken
zusammengenommen, hinaufvoltigirt war — da kannte ich so
ziemlich alle Pabbensumpfheimer Kriegs= und Friedensverhält=
nisse — ich wußte, was ich als „unverlobter Doctor" zu er=
warten hatte — und ich segnete zum ersten Mal die angstvollen
Lebenserfahrungen, welche mir aus den Beefsteaks und Cote=
lettes und Setzeiern mit Schinken von Fräulein Alexandra
Fettehenne's altjüngferlichen Händen in Leipzig erwachsen waren
— und jene qualvollen Stunden in meinem Hallischen Kleider=
spinde.

Das Wort „Röschen" nahm ich in meinen ersten Traum
in Pabbensumpfheim mit hinein — — und solch' erster Traum
in einem neuen Ort soll ja bedeutungsvoll sein.

Am andern Morgen in aller Frühe war schon der unge=
waschene, unfrisirte, holzpantöffliche Küchengeist der Post=

meisterin da, mit einem Compliment von Herrn und Frau
Kamerar, und der Herr Doctor möchten doch so gut sein und
mal hinüberkommen, Lämmchen wäre über Nacht so krank
geworden . . .

— Lämmchen? fragte ich entsetzt; dachte ich doch schon,
daß ich auch als Viehdoctor in Pabbensumpfheim fungiren
solle.

— Der Balg heißt Wilhelm — die alberne Person ‚flattirt‘
aber immer mit ihrem Lämmchen. Ha! Die Schlange — die
ganze Krankheitsgeschichte ist nur erfunden, um Sie hinüber zu
locken und uns abspenstig zu machen . . . wie es ihr schon ein
Mal mit dem Provisor aus der Apotheke gelungen ist. Das
wäre mein Tod, liebster Herr Doctor! — Und die Bürger=
meisterin zerfloß in Wehmuth und Wuth.

Und richtig: Lämmchen Kamerar, ein dicker, vierjähriger
Weltbürger, war so gesund wie ein Fisch. Anstandshalber
und als kluger Doctor machte ich jedoch ein sehr ernstes Gesicht
und verschrieb Lämmchen ein Wiener Tränklein. Die Post=
meisterin und die Fortsetzungen jener sechs spitzen Nasen, die ich
gestern schon am Fenster bemerkt hatte — als Bilderräthsel ab=
konterfeit, würde jeder meiner Leser gewiß auf die „sieben
magern Kühe Aegyptens“ rathen, — hatten bereits große Toi=
lette gemacht, und ich mußte zum Frühstück mit kaltem Gänse=
braten und syrupsüßem Ungarwein bleiben. Mit den Einzel=
heiten will ich meine Leser nicht ermüden. Was mir in Kennt=
niß der inneren Angelegenheiten von Pabbensumpfheim noch
mangelte, wurde mir durch das „mütterliche Vertrauen“ der
Frau Kamerarin und die scharfen Zünglein ihrer sechs Eben=
bilder bei diesem „Déjeuner à la fourchette“ bis zum Ueber=
fließen eingetrichtert. Und damit mir ja kein Tröpflein von
diesem unappetitlichen Spülwasser fehlte, bekam ich bei meinen
nothgedrungenen Antrittsvisiten bei dem Herrn Senator und
Gastwirth, dem Bürgerworthalter und Schneidermeister, den
Stadtverordneten: Bierbrauer, Buchbinder, Handschuhmacher

u. f. w. von den verschiedenen Innen dieser „Honoratioren" von Paddensumpfheim stets dieselbe Brühe noch einmal aufgetischt — mit unendlich vielen guten Rathschlägen, wie ich mich bei der inneren Zerrissenheit und dem Bürgerkriege von Paddensumpfheim zu verhalten habe — natürlich „nur zu meinem Besten!"

Ja, Paddensumpfheim war — wie einst Verona in Montecchi und Capuletti, Schweden in Hüte und Mützen und England in Weiße und Rothe Rosen — in zwei Parteien zerrissen, die sich haßten, chikanirten, beneideten, verleumdeten, beklatschten. An der Spitze der einen Partei stand die fette Frau Bürgermeisterin mit ihren acht fetten Töchtern und ihrer Bildung; an der der andern die magere Frau Kamerarin mit ihren sechs magern Ebenbildern. Wir wollen diese Paddensumpfheimer Montecchi und Capuletti darum kurzweg die Fetten und die Mageren nennen. Und wie der Leser gewiß bereits ahnt, war dieser Bürgerkrieg einzig und allein um den einen galanten Apothekerprovisor entbrannt, der erst Bürgermeisters Lucretia in auffallender Weise den Hof gemacht hatte und dann plötzlich zu dem syrupsüßen Ungarweine und Fräulein Bertha Pfefferkorn übergegangen war, — bis ihn ein feindliches Geschick: eine unüberwindliche und folgenreiche Neigung zu Ungar- und anderen Weinen auf ewig von Paddensumpfheims traulichen Gefilden und fetten Gänsebraten forttrieb!

Adonis war fort — aber der Feuerbrand, den er in die friedlichen Herzen der Fetten und Mageren geschleudert hatte, brannte noch immer furchtbar weiter.

Es gehörte mein ganzer alter Studentenhumor dazu, zwischen beiden Parteien die richtige Balance zu halten, das heißt vor allen Dingen mit keiner „Fetten" in den allsonnabendlichen Tanzkränzchen in der „Goldnen Gans" öfter zu tanzen, zu plaudern, zu lachen, als mit einer „Mageren".

Jede Partei schmollte mit mir wohl ein wenig, daß ich nicht öffentlich in ihr Lager überging — aber schließlich schrieben

sie es doch auf Rechnung meiner „Praxis". Und diese gestaltete
sich über Erwarten glänzend. Die Töchter Pabbensumpfheims
waren wunderbar stark von kleinen menschlichen Leiden, wie
Kopfschmerz, Zahnweh, Nasenbluten, Herzklopfen, Ohren=
sausen heimgesucht: — natürlich mußte der Doktor geholt
werden. Und immer wurde ich mit reizender Gewalt — ja,
die jungen schalkhaften Mädchen versteckten mir Hut und Doc=
torstock — zum Frühstück, Mittagbrod, Vesper oder zur „Nacht=
kost" zurückgehalten — und stets gab es kalten oder warmen
Gänsebraten, mit Semmeln, Aepfeln und Backpflaumen gefüllt.
War ich doch gerade in das „Fette=Gänse=Vierteljahr" Hinter=
pommerns hineingekommen. Ich hatte oft ernstlich Sorge,
Pabbensumpfheim möchte mir zum „Gänse=Kapua" werden.
„Und nach Weihnachten, Doctorchen, fängt das Fette=Schweine=
Vierteljahr an" — bekam ich oft, wie zum Trost, zu hören.

Aber ich sollte das Fette=Schweine=Vierteljahr in Pabben=
sumpfheim nicht mehr erleben.

Eines Morgens, es war kurz vor Weihnachten, betrat ich
die Bürgermeisterei, um mich nach Petronella's Befinden um=
zusehen. Ich war noch am Abend zu ihr citirt, da das süße
Kind etwas zu stark soupirt hatte. Wie ich an der Küchenthür
vorübergehe, höre ich drinnen zwei mir sehr bekannte Stimmen
heftig reden. Ich wollte meinen Ohren kaum trauen. Die
Thür war nur angelehnt: — richtig: durch die Thürspalte sah
ich sie Beide im tiefsten Negligé einträchtig bei einander sitzen,
die gestern noch die grimmigsten Feindinnen waren, die Häupter
der Fetten und der Mageren — Frau Bürgermeisterin Hucke=
bein und Frau Kamerar Pfefferkorn; und Lämmchen erfreute
sich auf seiner Mutter Schooß an einem riesigen Stück Pfeffer=
kuchen.

Da hörte ich meinen Namen — und in wenig zärtlichem
Tone. Unwillkürlich blieb ich stehen.

— Dieses Scheusal, dieser Scheinheilige — uns ein ganz=

zes Vierteljahr so schändlich zu hintergehen — thut so unschuldig,
als ob er kein Wässerchen trüben könnte....

— Und hat eine Braut, eine wirkliche, heimlich verlobte
Braut — o, dieser Don Johann, Vinpar (Vampyr), Blau=
barossa — und wagt es, als lediger Doctor nach Pabbensumpf=
heim zu kommen und mit unsern Töchtern zu tanzen und unsere
Gänsebraten zu verzehren — — Aber nun erzählen Sie mir
ausführlich, liebste Frau Kamerariussin, was und wie Sie Alles
erfahren haben....

— Ja, Frau Bürgermeisterin, schon lange war mir das
viele Geschreibe des sauberen Doctors nach der verrufenen
Studentenstadt Halle nicht ganz richtig vorgekommen, wenn
auch auf der Adresse ein Herr Doctor Schnabel stand — und
dann die vielen Antworten aus Halle mit einer so frauenzimmer=
lichen Handschrift und das viele Fragen des windigen Patrons
bei meinem Postmeister nach Briefen. Schon oft hatte ich solch
einen Brief, sie waren obenein alle recommandirt, in der Hand
gehabt und verkehrt gegen den Spiegel oder gegen das Licht
gehalten und Verthchen und Gustchen hatten sich fast die Augen
dran ausgeguckt — keine Silbe war zu lesen. Die Briefeinlage
war stets in Zeitungspapier gewickelt. Endlich heute Morgen,
wie ich die Briefe revidire, da finde ich wieder einen an den
Herrn Doctor — und er war dies Mal nicht zugesiegelt, nur
zugeklebt. Darin habe ich nun einige Erfahrung; — ich weiche
den Kleber behutsam mit lauem Wasser auf und — denken Sie
sich mein Entsetzen! — finde einen regelrechten Liebesbrief von
einem zuckersüßen Röschen aus Halle an ihren Herzensbräuti=
gam — unsern scheinheiligen Doctor — und nächstens soll die
Verlobung in die Zeitung kommen, da der Herr Doctor ja be=
reits eine so hübsche Praxis in Pabbensumpfheim habe....
Hä! hä! hä! und eine Frau ernähren könne — ha! mit un=
serm Schweiß und Blut — niederträchtig! Und da hielt ich
mich nicht länger und rannte zu Ihnen herüber, um auch Ihnen
die Augen zu öffnen, Frau Bürgermeisterin, welch' eine Natter

Sie bis jetzt an Ihrem Gänsebusen groß gezogen — — und
wir wollen Alles vergessen, was wegen des Provisors zwischen
uns vorgefallen, und fest zusammenhalten gegen diese giftige
Kröte und ihm das Leben hier so schwer machen, daß der
Hungerleider sich bald wieder auf die Socken macht....

— Ja, das wollen wir, Frau Nachbarin.... ein einig,
einig Volk von Schwestern....

Und die beiden würdigen Klatschschwestern haben redlich
Wort gehalten.... Ich war von Stund an ein ausgestoßener
Paria, ein gehetztes Wild, von hundert scharfen Zungenbornen
wüthigster Klatschrosen gestachelt und — ein Doctor ohne
Praxis....

Nach vierzehn Tagen verließ ich im grauen Morgendunkel
Pabbensumpfheim auf immer. Erst draußen vor der Stadt
bestieg ich den Postwagen, um mir die letzten Dornen vor der
Postmeisterei zu ersparen.

———

IV.

Das Eva-Röslein.

(Rosa vix spinosa.)

Pabbensumpfheim liegt zwei Jahre hinter mir. Ich bin
Arzt — ja Arzt mit einer hübschen, geordneten Praxis in einer
mittelgroßen, freundlichen Stadt am Rhein. Ich benutze eine
Mußestunde, meine auf Erfahrungen basirten Rosenstudien
zum Nutzen und Frommen der lieben, jungen Welt niederzu-
schreiben.

Da greift eine hübsche, kleine, rosige Hand, mit lachenden
Grübchen auf den rundlichen Fingergliedern, auf meinen
Schreibtisch und nimmt die ersten Blätter meines Manu-
scripts. Ja, diese hübsche, verwöhnte Hand weiß, daß sie dies
ungestraft thun darf.... Und jetzt packen mich gar zwei dieser
rosigen Finger am Ohrzipfel und wenden mir den Kopf herum

und ich schau' in ein komisch-zorniges, süßes Rosengesicht, von goldblonden Locken umwallt — und zwei große, sonnige, tief-blaue Kinderaugen mühen sich vergebens ab, mich durch furcht-bare Blitze zu zerschmettern, und von den leicht gekräuselten Rosenlippen perlt ein allerliebstes kleines Schmollen: — Ei, ei, mein Herr Doctor Richard Wendel, auf welchen Wegen er-tappt man Sie da — hier steht ja entsetzlich schwarz auf weiß zu lesen: Dornröslein — und was bin ich denn?

Mea rosa, wie die alten Lateiner sagten, mein Herzlieb, wie wir verliebten Deutschen frei übersetzen!

— Schmeichler! So entgeht man mir nicht; bleibst Du dabei, Doctor: Dornröslein?

— Ja, Schatz, so verlangt es die naturgeschichtliche Wahr-heit!

— Ich gebe Dir fünf Minuten Bedenkzeit; dann hole ich mir Deine letzte Antwort, böser Mann!

Sie setzt sich zum Kanarienvogel in den „Schmollwinkel", ihre Epheulaube mit der Blumenstellage.

Ich benütze die fünf Minuten, dem Leser noch einige pflichtschuldige Aufklärung über dies rosige, schmollende Per-sönchen zu geben.

Vor drei Wintern lief ein junger Student auf der Saale bei Halle Schlittschuh. Er war entsetzlich weiberscheu, nachdem er sich einst vier Stunden vor einer alten Leipziger Jungfer in seinem eigenen Kleiderspinde verkrochen hatte. Da sah er vor sich eine allerliebste, rosige, goldlockige Schlittschuhläuferin an der Hand eines kleinen Bruders über das Eis gleiten — Ei! welche Anmuth in jeder Bewegung....! Doch der weiber-scheue Student wollte sich ja nie wieder um ein Femininum kümmern.... Er lief nach einer andern Seite des Eises. Aber wunderbar! Alle Augenblicke machte er einen Kreislauf auf einem Bein, und immer wieder traf sein Auge die aller-liebste, rosige, kleine Schlittschuhläuferin.... Halt! Was ist das? Der Riemen ihres einen Schlittschuhes ist aufgegangen

und sie weiß es nicht — ein Tritt darauf — und sie wird auf's
Eis hinstürzen.... Nein, da müssen alle weiberfeindlichen
Grundsätze weichen! Hier, Rick, erfordert es Deine Ritterehre,
eine Ausnahme zu machen.... Und schon saust der Student
mit Windeseile auf sie zu: — Mein Fräulein....

Sie stutzt — sie tritt auf den leidigen Riemen.... und
wenn der Student sie nicht in seinen Armen aufgefangen hätte,
sie wäre wahrhaftig auf's Eis gestürzt....

Dieser Augenblick war entscheidend — für's Leben. Sie
hatten sich so tief in die Augen geschaut, daß gar keine Rettung
mehr aus dieser seligen Tiefe war. Sie trafen sich jeden Nach=
mittag auf dem Eise — ganz ohne Verabredung. Sie glitten,
nach der alten, gemüthlichen Hallischen Ungenirtheit plaudernd
und scherzend, nebeneinander über die belebte Saale dahin.
Sie sahen sich — ebenfalls ohne Verabredung — in den „ge=
mischten" Vorlesungen des Professor Gosche über neuere Lite=
ratur — und Studiosus Rick wurde sogar plötzlich ein sehr
eifriges Mitglied des akademischen Singekränzchens.... wußte
er doch, daß er Röschen, sein heißgeliebtes Röschen, dort im
Sopran sehen, daß sie ihn anlächeln würde mit den tiefen,
leuchtenden Augen voller Liebe....

Und wieder spüre ich die kleinen, warmpulsirenden Finger
an meinem linken Ohrzipfel: — Die fünf Minuten Bedenkzeit
sind um, mein kluger, naturwissenschaftlicher Herr Doctor —
bin ich noch eine Rose mit Dornen?

— Ja, Frau Doctorin — der naturgeschichtlichen Wahr=
heit die Ehre.... Denn braucht ein dornenloses Röschen in
der Studirstube ihres Herrn Gemahls einen Schmollwinkel —
und ist er auch noch so reizend von Epheu und Blumen aufge=
baut....? Und zieht ein dornenloses Röschen ihren Herrn und
Gebieter so furchtbar am Ohrzipfel? Nein, Kind, auf dieser
armen, dornenreichen Erde gibt es keine volle Ausnahme von
der Regel: Ohne Dornen keine Rosen! — Aber wie? Ein

Thränlein, mea rosa?   Gib mir einen Kuß, Kind, und ich schreibe hier noch hin:

Mein Dornröslein ist eine rosa vix spinosa, eine kaum dornige Rose, ja, so wenig spinosa, als einem Eva-Röslein im Erbengarten möglich ist.... und ihr Doctor ist der glücklichste aller Doctoren — er möchte von seinem Röschen sogar nicht ein einzig Dörnlein missen....

Die Belagerung.

Vor alter Zeit ward eine Stadt
Von Feinden eingeschlossen,
Und Tag und Nacht mit einer Saat
Von Kugeln heiß begossen.
Die Mauer trotzte zwar dem Sturm;
Doch bald begann der Hungerwurm
In zwanzigtausend Magen
Mit scharfem Zahn zu nagen.

Wie Schatten lief das Volk herum
Und schrie: „Ergebt euch, Narren!
Der Hunger zieht mich schief und krumm;
Ich kann nicht länger harren!" —
Da schritt mit Löwenmut herbei
Ein Meister von der Schneiderei,
Gebietend: „Still, ihr Memmen!
Ich will dies Unglück hemmen!" —

Drauf ließ sich dieser kühne Held
In eine Bockshaut nähen
Und sich als Bock von aller Welt
Stracks auf der Mauer sehen.
Er meckerte vom hohen Wall
Auch so natürlich, daß der Schall
Die Feind' im Lager thörte.

„Ha!" fluchten sie: „Hol' euch die Pest!
Am klügsten wär's, wir gingen.
Nun läßt sich doch das Teufelsnest
Auch nicht durch Hunger zwingen.
Das Volk hat Fleisch noch, wie man spürt;
Seht, auf dem Wall herumspaziert
Ein wohlgenährtes Böckchen
Und meckert wie ein Glöckchen!"

Sie brachen auf, und bald war schon
Kein Feind mehr in der Runde.
Doch Undank ist der Erde Lohn!
Denn seit derselben Stunde,

Da dieser Schneiderheld die Stadt
Als Ziegenbock befreiet hat,
Gefiel's dem rohen Haufen,
Die Schneider so zu taufen.

E. Langbein.

Mamsell Schmöle.

Was ist die alte Mamsell Schmöle
Für eine liebe treue Seele!
Sie spricht zu ihrer Dienerin:
Ach, Rieke, geh Sie da nicht hin!
Was will Sie da im goldnen Löben
Heut Abend auf und nieder schweben?
Denn wedelt nicht bei Spiel und Tanz
Der Teufel fröhlich mit dem Schwanz?
Und überhaupt, was ist es nütz?
Sie quält sich ab, Sie kommt in Schwitz,
Sie geht hinaus, erkältet sich
Und hustet dann ganz fürchterlich.
Drum bleibe Sie bei mir nur lieber!
Und, Rieke, geh Sie mal hinüber
Und hole Sie von Kaufmann Fräse
Ein Viertel guten Schweizerkäse,
Und sei Sie aber ja ja ja
Gleich zur Minute wieder da!

So ist die gute Mamsell Schmöle
Besorgt für Riekens Heil der Seele.
Ja später noch, in stiller Nacht,
Ist sie auf diesen Zweck bedacht
Und schleicht an Riekens Kammerthür
Und schaut, ob auch die Rieke hier,
Und ob sie auch in Frieden ruht
Und daß ihr ja nicht Wer was thut,
Was sich nun einmal nicht gehört,
Was gottlos und beneidenswerth.

W. Busch.

Am Geburtstage der Kirchenrätin Griesbach.

Im Namen seines kleinen Sohnes Karl.

(1796.)

———

Mach auf, Frau Griesbach! ich bin da,
Und klopf' an deine Thüre.
Mich schickt Papa und die Mama,
Daß ich dir gratuliere.

Ich bringe nichts, als ein Gedicht
Zu deines Tages Feier;
Denn alles, wie die Mutter spricht,
Ist so entsetzlich teuer.

Sag selbst, was ich dir wünschen soll;
Ich weiß nichts zu erdenken.
Du hast ja Küch' und Keller voll,
Nichts fehlt in deinen Schränken.

Es wachsen fast dir auf den Tisch
Die Spargeln und die Schoten;
Die Stachelbeeren blühen frisch,
Und so die Renegloten.

Bei Stachelbeeren fällt mir ein,
Die schmecken gar zu süße;
Und wenn sie werden zeitig sein,
So sorge, daß ich's wisse.

Viel fette Schweine mästest du,
Und giebst den Hühnern Futter,
Die Kuh im Stalle ruft muh! muh!
Und giebt dir Milch und Butter.

Es haben alle dich so gern,
Die alten und die jungen,
Und deinem lieben, braven Herrn
Ist alles wohl gelungen.

Du bist wohl auf, Gott Lob und Dank!
Mußt's auch fein immerbleiben;

Ja, höre! werde ja nicht krank,
Daß sie dir nichts verschreiben.

Nun lebe wohl! ich sag' abe.
Gelt? ich war heut bescheiden.
Doch könntest du mir, eh' ich geh',
'ne Butterbemme schneiden.   Schiller.

———o———

Der Verblüffte.

———

Sie ging zum Sonntagstanze;
Schön klang Musikgetön',
Und sie im grünen Kranze,
Sie war so wunderschön.

Heut', dacht' ich, mußt du's wagen,
Du kannst ja mit ihr gehn,
Ihr dies und jenes sagen
Und ihr dein Herz gestehn.

Ich lief ihr nach, sie eilte
Dahin am Lerchenhain,
Und wo der Weg sich teilte,
Da holt' ich sie erst ein.

Sie fragte, was ich wollte,
Und ach! ich wußte nicht,
Was ich ihr sagen sollte;
Mir brannte das Gesicht.

Und wißt ihr, was ich sagte?
Mir war nicht wohl dabei;
Ich sagte nichts und fragte,
Ob heute Sonntag sei.

Die böse Hirtin machte
Ein Stirnchen ernst und kraus;
Sie sah mich an und lachte
Den blöden Schäfer aus.

Wenn dies mit mir so bliebe,
Ich würd' am Ende stumm.
Ach, glaubt es nur, die Liebe,
Die macht den Menschen dumm.

E. A. Tiedge.

———◦———

Der böse Näscher.

———

Ihr kennt ihn doch schon manches Jahr,
Wißt, was es für ein Vogel war;
Wie er in allen Gartenräumen
Herumgeflattert auf den Bäumen;
Wie er die hübschen rothen Beeren,
Die andern Leuten zugehören,
Mit seinem Schnabel angepickt
Und sich ganz lasterhaft erquickt.
Nun hat sich dieser böse Näscher,
Gardinenschleicher, Mädchenhäscher,
Der manchen Biedermann gequält,
Am Ende selber noch vermählt.
Nun legt er seine Stirn in Falten,
Fängt eine Predigt an zu halten
Und möchte uns von Tugend schwatzen.
Ei, so ein alter Schlingel! Kaum
Hat er 'nen eignen Kirschenbaum,
So schimpft er auf die Spatzen.

W. Busch.

———◦———

Worscht gege Worscht.

———

Mein Glatzkobb mächt mer viel Verdruß,
Hätt ich doch noch mein Hoor!
Dann was ich jetz als höre muß,
Des dhut nit wohl fors Ohr.

Die Täg haww ich so halw im Brand,
E Schwowemädel gjobbt:

Daß mar die Hase dort zu Land
Schtatt abzuzieche robbt.

„Jo werrle, sächt se, liewer Schatz,
„So mächt mar's in meim Dort;
„J sieh 's jo wohl an Ihrer Glatz;
„Sie waret au scho boort!"

Der Witz hot eegentlich keen Sinn,
Daun 's is jo schtadtbekannt,
Daß ich dort nie geweeßt noch bin,
In ihrem Schwowoland.

Was babb 's? heut sächt schun jedi Bas,
Die häbb mich heeme gschickt,
Un ich krich den gerobbde Has
In eemfort vorgerückt.

Drum merk sich's Jeder, was ich sag:
Wer Schwowemädle fobbt, —
Des is e Lubers-Menscheschlag, —
Der werd gewiß gellobbt!

K. G. Nadler.

Thomas Haase.

Thomas Haase mußt' erscheinen
Bei dem Amt der Conscribirten.
Als sie dort ihn visitirten,
Fing er an gar sehr zu weinen.
Sprechend: „He — Herr Offizier,
Ni — ni — nichts se — fehlet mir,
Aber sto — sto — stottern thu' ich!
Der versetzte: „Sei nur ruhig,
Denn man braucht Dich nicht zum Sprechen,
Sondern nur zum Hau'n und Stechen!
„Aber,“ sagte Thomas weiter,
„Wenn vor einem Ze — Ze — Zelte
Man als Wa — Wa — Wacht mich stellte,
Und die Fei — Fei — Feindes Reiter
Spre — spre — sprengten auf mich ein,
Könnt ich nicht: We — Werda! schrei'n.“
Lächelnd sprach der Offizier:
„Das thut auch nichts, glaube mir,
Wenn die Wach' nur schreien kann,
Auf das Wort kommt's da nicht an!“
Immer stärker weinte Haase,
So daß ihm die hellen Thränen
Liefen über Wang' und Nase,
„Ach ich mu — muß noch erwähnen,“
Schrie er: se — se — setzen wir,
Ein Fei — Feind hau — haut nach mir,

Ober ſch — ſch — ſchießt ſogar,
O, ich a — a — armer Narr!
Au — au — aus wär's mi — mit mir,
Denn nicht ſchne — ſchne — ſchnell, wie Ihr,
Könnt' Pa — Pa — Pardon ich ſchrei'n!"

Caſtelli.

Die alte Jungfer.
(Pfälziſch).

Nee, nee, mit mir is Nir!
Die Locke hänge ſchlapp un werr,
Das Kinn werd ſchbiß, die Packe derr,
Da hilft kee Schmink un Wichs!

Die Zeide sin vorbei,
Wo ich mit Rose jung bekränzt
Beim Kottiljon als Schbern geglänzt
Im holde Lewensmai!

Wos wor ich beiwelsnett!
Mein Aerm so schbramm, — es wor e Luscht,
Un kugelrund die jungi Bruscht —
Jetz bin ich wie e Brett!

Do les' ich noch sein Brief —
Dem Krone=Schorsch sein Billet-doux...
Do heeßt's: „Mei holber Engel Du!" —
Die Sach' ging leiber schief...

Es hot nit solle sein!
Mein Babber wollt' halt höher 'naus.
„Der Lausbub? Nee! To werd Nix draus!
Do sein mir viel ze fein!"

No ja, nu sitz' ich hier!
Die Zeid vergieng im schbebe Schribb —
Den Rentieh, nee, ben mocht' ich nit, —
Dumm wor er, wie e Schbier.

Der Rentieh brägb die Schulb —
Ter brab meim gube Schorsch in's Licht;
Ich hädb' en sunscht wohl boch gekricht
Mit Hoffnung un Gebulb.

Schun achtunbbreißig Johr!
Nee, nee, ba babb't kee Leigne mehr:
Mei Fillhorn is for'sch Lewe leer,
Dabrinwer bin ich klor!

Ach Gott, des geht Eim bief!
Ich un der Schbiegel, — mir verschbehn's!
Ach, eemol noch — es sieht's boch Keens? —
Kiss' ich meim Schorsch sein Brief.

Un bann — ins Feier 'nein!
Wos? Thräne! Vorwärts! Nit schenirt!

Jetzt heeßt b'r'ſch, forſch un coraſchirt
E albi Jungfer ſein!   Ernſt Eckſtein.

---o---

Minnedank.

Sommernacht war heiß und ſchwül,
Schlaflos lag ich auf dem Pfül,
Dacht an meine Traute.
Was ich dachte, ward Gedicht,
Und beim erſten Morgenlicht
Sang ich's ſchon zur Laute.

Thau an allen Blättern hing,
Vor der Liebſten Haus ich ging
Auf bekannten Wegen.
Wie ich meine Laute ſtimm'
Leiſe leiſe zimzerlim,
Thut ſich der Vorhang regen.

In die Höh' mein Singen bringt
Gleich der Lerche, wenn ſie ſchwingt
Aufwärts ihr Gefieder.
Fenſterlein wird aufgethan,
Und ein Arm wie Marzipan
Wirft mir ein Röslein nieder.

Klappt ein Röslein denn ſo laut?
Weh', was hat mein Aug' erſchaut!
Einen Kupferdreier.
Träf' ein Wetterſtrahl mich gleich,
Schlüg' er mich mit einem Streich
Bis ins Erdenfeuer!

Fällt kein Blitz vom Himmel nicht
Und der Sonne Rundgeſicht
Lacht durch Wolkenſtreifen,
Auf dem Wetterhahn von Blech
Sitzt ein Sperling breit und frech,
Thut ein Spottlied pfeifen.   R. Baumbach.

---o---

Hans ist an Allem Schuld.

Ein reicher Kaufmann hatte schon
Seit lange seines Pächter's Sohn
Vom Dorf zu sich in Dienst genommen.
Nun war zu nächsten Ostertagen,
Um seinen Pachtzins abzutragen
Der Pächter in die Stadt gekommen,
Und schon im Hof des Hauses traf
Er seinen Sohn.   „Ach, das ist brav,
Daß Ihr mich heimsucht, Vater!" — „Sag,
Wie geht dir's denn mein Hans?"" — „Je nun,
Zwar hab' ich etwas viel zu thun,
Doch arbeit' ich, was ich vermag.
Und da ist Herr und Frau zufrieden;
Doch, ach! die Leute hier im Haus,
Sie machen's wahrlich mir zu kraus,
Mit denen komm' der Henker aus.
Die münzen's, das ist ganz entschieden,
Auf mich allein, und wenn etwas geschieht,
Das etwas dumm ist und verschroben,
So wird's gewiß auf mich geschoben,
Und über mich das Wetter zieht;
Denn wo ein Stuhl nicht richtig steht,
Ein Federkiel verloren geht,
Ein Fenster etwa bricht in Trümmer,
Ein Fleck ist in dem schönen Zimmer,
Da schrei'n sie zum Erbarmen dann:
Das hat der Hans, der Hans gethan!"
Als so in seinem Herzensdrange
Sein Unglück Hans dem Vater klagt,
Entstand ein Lärmen auf dem Gange,
Und Alles ruft und Alles fragt
Nach Hansen. — „Ja, hier bin ich, hier!
Was soll's denn wieder sein mit mir?"
„„Zur Hebamm', Hans, lauf', lauf' geschwinde,
Die Frau geht eben jetzt zu Kinde!""
„Ich eile, Vater! Wartet mein,
Gleich werd' ich wieder bei Euch sein,

Damit Ihr dann ein Beispiel sehet,
Wie man es treibt mit Eurem Sohn;
Denn daß die Frau zu Kinde gehet,
Da geben sie, ich hör' es schon,
Mir sicher auch die Schuld davon.

———o———

Die Deputation.

———

(Mel.: Ein freies Leben führen wir rc.)

Die Bäuch, die Bäuch, die dicke Bäuch,
Die Bäuch sin unser Schade!
's wär gscheidder werrlich, sag ich euch,
Mir Bäcker häbbe gar keen Bäuch,
Keen Backe un keen Wade.

Noch Billigkeit un noch Vernunst
Is unser Tar zu nieder,
Drum war aach unser ganzi Zunft
Bei ihrer letschte Zsammekunft
Wie 'n eenzger Mann darwider.

Mir sage unserm Zunftschkriwent:
Jetz, Alber, schpitz dein Fedder,
Schreib, daß mar nimmer lewe könnt,
Mach e Lamento ohne End,
Sunscht hol dich 's Dunnerwedder!

Er hot gedahn sein Schuldigkeit,
Die Schrift war schier zum Flenne,
So kläglich, wie die dheuer Zeit,
E Chrischt, e Judd, e Terk, e Heid,
Hätt sich erbarme könne.

Mir knöchle siwwe Mann eraus,
Zufällig lauder dicke,
Die gehn zum Präsident ins Haus
Un rücke mit der Bittschrift raus,
Un denke 's durchzubrücke.

Die Deputation.

Was hot der Präsident gedhan?
Ter lest die Schrift un lächelt:
„Ihr Herrn, guckt Euch nur selwer an,
„Euch sicht mar doch keen Mangel an;" —
Tes war nig gut geknöchelt!

Mir gucke an uns in der Rund, —
To war nir mehr zu mache;
Mir Fetzekerl, all kuchelrund,
E Jeder wiegt dreihunnert Pund, —
Uns selwer war's zum Lache.

Doch wäre mer jetz herzlich froh,
Wär schun die Gschicht vergesse;
Jetz heeßt's: „Die simwe Küh sin do,
„Die magre Küh vum Pharao,
Un hawwe nir zu freße."

Trum noch e Mol: die Bäuch, die Bäuch,
Die Bäuch sin unser Schade!
's wär gscheidder werrlich, sag ich euch,
Mir Bäcker häbbe gar keen Bäuch,
Keen Backe un keen Wade'.   K. G. Nabler.

———o———

Pandoffel odder Korb.

———

Meim Nochbarsmann sein Töchderle
Wär lang keen Mädche mehr,
Sie wär Madamm, wie Annere, —
Wann nit e Item wär.

Was for e Item? — Gell, ihr meent
Sie wär villeicht nit schön?
Obber wollt e Jumfer ewig sein, —
Obber hätt keen Geld? — O neen!

Nir vun dem Allem is der Grund;
Sie is e sauwer Kind;

Sie is nit kalt, die Eltre reich,
Un doch geht's nit so gschwind.

Wer halt so in ihr Aage-guckt, —
Dann 's Aag is wie e Buch!
Der hot am bloße Tibbelblatt
Schun vor der Hand genuch.

Do schteht; „Pandoffel oder Korb!"
(Wie üwwer meim Gedicht)
„Un wer 's Pandöffelche nit mag,
„E Körbche dun mer kricht."

Un rum un um im ganze Buch
Findt sich keen anner Wort,
Dann 's hot schun Mancher neingeguckt,
Un All sin widder fort.

For die is 's jetz emol nig gut
Daß Alles lese kann;

Wär 's annerscht, hätt des schöne Kind
Gewiß schun lang en Mann.

Un item, sicht mar, 's is e Lüg
Wann 's heeßt die Lieb wär blind;
Ich glaab's nit eh'r, als bis ich hör,
Daß die en Freier findt.

's is freilich, — wann so Jeder guckt,
To sindt aa Jeder was,
Un ich wollt, ich hätt gar nir gsacht;
Drum denkt, 's war norr e Gschpaß.

Toch meen ich, wann e Mädele
Ihr Aage niederschlächt,
Daß nit so Jeder gucke kann, —
Daß sich's do besser mächt.   K. G. Nadler.

———o———

Wärst du ein Bächlein!

Wärst du ein Bächlein, ich ein Bach,
So eilt ich dir geschwinde nach.
Und wenn ich dich gefunden hätt
In deinem Blumenuferbett;
Wie wollt ich mich in dich ergießen
Und ganz mit dir zusammenfließen,
Du vielgeliebtes Mädchen du!
Dann strömten wir bei Nacht und Tage
Vereint im süßen Wellenschlage
Dem Meere zu.   W. Busch.

———o———

Tugend und Laster.

Ach, ich fühl es! Keine Tugend
Ist so recht nach meinem Sinn;
Stets befind ich mich am wohlsten,
Wenn ich damit fertig bin.

Dahingegen so ein Laster,
Ja, das macht mir viel Pläsir;
Und ich hab die hübschen Sachen
Lieber vor als hinter mir.

W. Busch.

Kuriose Geschichte.

Ich bin einmal etwas hinausspaziert,
Da ist mir ein närrisch Ding passiert:
Ich sah einen Jäger am Waldeshang,
Ritt auf und nieder den See entlang;

Viel Hirsche sprangen am Wege dicht;
Was that der Jäger? — Er schoß sie nicht,
Er blies ein Lied in den Wald hinein —
Nun sagt mir, ihr Leut', was soll das sein?

Und als ich weiter bin fortspaziert,
Ist wieder ein närrisch Ding passiert:
In kleinem Kahn eine Fischerin
Fuhr stets am Waldeshange dahin;

Rings sprangen die Fischlein im Abendlicht;
Was that das Mädchen? — Es sing sie nicht,
Es sang ein Lied in den Wald hinein —
Nun sagt mir, ihr Leut', was soll das sein?

Und als ich wieder zurückspaziert,
Da ist mir das närrischste Ding passiert:
Ein leeres Pferd mir entgegen kam,
Im See ein leerer Nachen schwamm.

Und als ich ging an den Erlen vorbei,
Was hört' ich drinnen? — Da flüsterten zwei
Und 's war schon spät und Mondenschein —
Nun sagt mir, ihr Leut', was soll das sein?

Robert Reinick.

Das gute Frauenzimmer.

Hoch verehr ich ohne Frage
Dieses gute Frauenzimmer.
Seit dem segensreichen Tage,
Da ich sie zuerst erblickt,
Hat mich immer hoch entzückt
Ihre rosenfrische Jugend,
Ihre Sittsamkeit und Tugend
Und die herrlichen Talente.
Aber dennoch denk ich immer,
Daß es auch nicht schaden könnte,
Wäre sie ein Bissel schlimmer.   W. Busch.

———o———

Krieg ohne Mittel.

Sie hat Nichts und du desgleichen;
Dennoch wollt ihr, wie ich sehe,
Zu dem Bund der heiligen Ehe
Euch bereits die Hände reichen.

Kinder, seid ihr denn bei Sinnen?
Ueberlegt euch das Kapitel!
Ohne die gehörgen Mittel
Soll man keinen Krieg beginnen.   W. Busch.

———o———

Er war ein grundgescheiter Mann,
Sehr weise und hocherfahren;
Er trug ein graumelirtes Haar,
Dieweil er schon ziemlich bei Jahren.

Er war ein abgesagter Feind
Des Lachens und des Scherzens
Und war doch der größte Narr am Hof
Der Königin seines Herzens.   W. Busch.

———o———